# 프랭크 스코필드
## Frank W. Schofield
1889-1970

# 프랭크 스코필드
Frank W. Schofield

Publishing Date: December 25, 2014
Published by The KIATS Press, Seoul, Korea
Publishing Director: Kim Jae-hyun
English Translators & Editors: John S. Park, Kim Myung-jun, Jera Blomquist
Korean Translator: KIATS Translation Team
Book Design: Park Song-hwa
ISBN: 978-89-93447-67-5 (04230)

Printed and bound in Korea

Copyright © 2014 by the KIATS Press
All rights reserved. No portion of this book may be reproduced by any process or technique without the formal consent of the KIATS Press. For permission please contact The KIATS Press, #1, 228, Hangangno-1ga, Yongsan-gu, Seoul, Korea.

발행일: 2014년 12월 25일 초판 발행
　　　　2016년 4월 12일 2쇄 발행
발행처: 한국고등신학연구원(KIATS)
발행인: 김재현
영어번역 및 편집: John S. Park, 김명준, Jera Blomquist
한글번역: KIATS 번역팀
한글편집: 강은혜, 류명균, 김지연, 최선화, 김다미
디자인: 박송화
ISBN: 978-89-93447-67-5 (04230)

본 출판물의 저작권은 한국고등신학연구원(KIATS)에 있습니다.
사전동의 없이 무단으로 복사 또는 전재하여 사용할 수 없습니다.

* 이 도서의 국립중앙도서관 출판예정도서목록(CIP)은 서지정보유통지원시스템 홈페이지 (http://seoji.nl.go.kr)와 국가자료공동목록시스템(http://www.nl.go.kr/kolisnet)에서 이용 하실 수 있습니다. (CIP제어번호 : CIP2014035338)

선교사 시리즈 **005**
Missionary Series in Korean Christianity **005**

# 프랭크 스코필드
# Frank W. Schofield

작품 선집 | Essential Writings

# Contents | 차례

- 한글본 | **Korean**

- 한국의 독립과 부패 추방을 위해 싸운 캐나다 선교사
  프랭크 윌리엄 스코필드 | **A Canadian Missionary Who Fought for the Independence of Korea and the Eradication of Corruption Frank William Schofield**

- 프랭크 스코필드 연보 | **Chronology**
- 참고 문헌 | **References**

- 영어본 | **English**

# 발행사

예수님께서는 '천국은 마치 여자가 가루 서 말 속에 넣은 누룩 같다'고 하셨다. 아주 적은 양의 누룩이 가루 서 말을 완전히 변화시키는 것처럼 하나님의 통치를 받아 순종하는 천국 백성을 통해 세상을 새롭게 하는 것이 하나님의 뜻이다. 한국의 초대 교회 성도들은 그 숫자는 미미했지만, 누룩처럼 세상을 새롭게 했고, 이 땅의 교육, 문화, 복지, 의료, 독립운동의 한 복판에 서 있었다. 천황 숭배를 강요하는 일본의 압제를 거부하고 대한 독립만세를 외쳤던 3·1 운동에 교회가 주도적으로 참여한 건 어쩌면 당연한 일이었다.

화성 지역의 교회들은 3·1 운동의 선두에 서서 만세를 불렀고 그 결과 일제로부터 엄청난 박해를 받아야 했다. 제암리교회를 비롯해 수촌교회·사강교회가 불에 탔고, 수많은 그리스도인이 잡혀가거나 목숨을 잃었다.

스코필드는 바로 이 엄청난 항거를 전 세계에 알렸다. 일본의 방해를 뚫고 현장의 목소리를 사진에 담아 전 세계에 알림으로써 한국민이 살아 있다는 것과 일제의 악행을 온 세계가 알게 되었다.

이제 이 시대의 화성시 교회들이 역사 속에 묻혀 있는 스코필드를 세상에 알리려 한다. 그렇게 함으로써 그가 알리고 싶어 했던 우리 선배들의 이야기를 다시 우리 가슴에 담으려 한다. 그래서 오늘날의 교회들도 누룩과 같이 세상을 아름답게 변화시키는 귀한 일에 쓰임 받기를 간절히 소망한다.

- 화성시기독교총연합회 증경회장 이규현 목사

## 인사의 글

화성은 백두대간을 등의 허리로 삼고 수도권과 서해안 중심을 움켜쥐고 있는 배꼽과 같은 지역이다. 서울의 1.4배 되는 넓은 화성에는 자랑스러운 선조들의 유산이 있다. 일제강점기 암흑의 시기에 이어진 3·1 운동의 불길은 화성에서 강력하게 타올랐다.

그로 인한 일본의 잔악한 방화로 수촌리·제암리·우정·장안의 많은 마을이 불탔으며, 서신교회·수촌교회·제암리교회 등 여러 교회가 불탔다.

캐나다 선교사 스코필드는 제암리 사건을 접하고 기차와 자전거를 타고 화성에 도착해 삼엄한 경계망을 뚫고 그 살육의 현장을 사진으로 찍어 세계에 알림으로 세계의 눈이 억압받고 있는 조선 땅으로 향하게 했다.

그런데 안타까운 것은 이 역사가 아직 화성시민 모두가 자랑스러워할 문화로 자리 잡지 못했다는 것과 이 자랑스러운 유산을 후손들에게 물려줄 자료도 많이 발굴하지 못했다는 것이다. 특히 교회와 성도들이 많은 핍박을 받았는데 여기에 대한 자료도 너무나 부족하다.

이에 화성시기독교총연합회에서는 3·1 운동사업단을 만들어 스코필드와 이필주 목사를 비롯한 이 지역 인물들을 알리고 기념하는 일을 시작하고자 한다. 그 첫 번째 시도로 화성시의 여러 교회의 협조를 얻어 스코필드 작품집을 출간하게 되었다. 이 책이 화성시민으로서의 자긍심을 높이고, 우리의 고장을 더 사랑하게 되며, 나라에 충성하는 시민으로 의식이 높아지며 선조들의 훌륭한 전통을 이어가는 화성의 교회가 되기를 기대한다.

화성시기독교총연합회 3·1 운동 기념사업단 단장 이명식 목사

Section 1

## [한글 번역본 Korean Version]

### 1부  3·1 운동과 3·1정신 ··· 11

하나로 뭉친 "독립만세"
파고다 공원
의·용기·자유의 승리
3·1 운동
그 날, 그 때, 1919년 3월 1일, 오늘, 이 때, 1963년 3월 1일
'3·1 독립선언기념탑' 제막식에 스코필드 박사의 축사
3·1절과 일본과 젊은이
3·1 운동은 한국정신의 상징
병상의 3·1 운동 '제34인' 스코필드 박사

### 2부  불의와 부정에 맞서 싸운 개혁가 ··· 47

2-1 일제 시대
제암리 학살
수촌리 만행사건들에 대한 보고
한국에 대한 일본제국 조사위원회
한국인의 마음을 발견하는 것
한국에 대한 일본의 도전-불가능한 정책
캐나다 또는 아일랜드 조사의 필요성

새로운 정권에 대한 비평적이고 건설적인 검토
헌병제도의 폐지
실패의 몇 가지 원인
프랭크 헤론 스미스 목사에 대한 답변
한국은 압제자의 멍에 아래 신음하고 있다
한국의 미래: 하라 총리와의 인터뷰
서대문 형무소의 진실
한국에서의 고문: 미즈노 박사가 해결할 문제
한국에서 죄수들에 대한 고문
한국의 불안 때문에 비난받는 선교
그릇된 한국 보고

2-2 해방 이후
민심은 공포에 잠겨 있다 의사당 앞에 무장경관이라니
내가 보는 한국혁명
나는 이렇게 본다 한국의 군사혁명
3·15를 말하는 스코필드 박사
뒤숭숭한 제2의 조국 스코필드 박사, 박 의장에 서한
나도 한국의 분신, 할 말은 해야겠다
내핍은 수범에서만
투옥당해야 마땅한 인물

사건의 전모 밝혀야
한국에서의 불안
온통 분열의 와중
부정부패 근절에 강한 책임감을
정설과 역설과 허영, 서울대의 문제점

## 3부　조선의 벗 … 195

3-1 조선의 벗에게 보내는 권면의 글
조선발전의 요결
사랑하는 조선동포
조선의 친구여
경애하는 조선 형제에게
정직은 번영에의 유일한 길이다

3-2 조선의 벗을 위한 구제, 장학사업
스코필드가 친구들에게 보내는 편지 (1)
스코필드가 친구들에게 보내는 편지 (2)
스코필드가 친구들에게 보내는 편지 (3)
스코필드가 친구들에게 보내는 편지 (4)
진주

## 4부   스코필드와 기독교 … 235

나의 경애하는 조선의 형제여
취임 전 일요일에 새로운 대통령 박정희를 위한 기도
세계에서 가장 큰 힘
한국교회 어제와 오늘
나는 왜 돌아왔나
선과 악-시대단상 (1)
부활-시대단상 (2)
과학을 넘어선 기독교 사상-시대단상 (3)
무신론적 인문주의-시대단상 (4)
추석과 진정한 의미의 감사-시대단상 (5)
한 어린 아이와 예수의 죽음-시대단상 (6)
석호필 박사의 최후
어렵고 기나긴 경주

한국의 독립과 부패 추방을 위해 싸운
캐나다 선교사 프랭크 윌리암 스코필드 - 김재현(KIATS)

연보
참고문헌

*일러두기

1. 이 책은 원칙적으로 스코필드가 직접 쓴 1차 자료를 수록하였으나 독자의 이해를 돕기 위한 일부 2차 자료가 포함되어 있다.
2. 이해를 돕기 위해 한자를 추가하거나 원문의 의미를 변화시키지 않는 범위에서 조사 등의 보조어를 첨가했다.
3. 본문 중 원문에 표기된 괄호는 [ ]로, 독자의 이해를 돕기 위해 추가한 괄호는 ( )로 표기했다.
4. 글의 제목 옆에 원문의 언어를 알 수 있도록 영어 원문은 (E)로, 한글 원문은 (K)로 표기하였다.

# 1부

## 3·1 운동과 3·1정신

한국을 10년간이나 침묵시키고, 억눌러 오던 헌병과 경찰의 공포는 "만세! 독립만세!"를 외치는 백성의 함성 앞에 사라져 버렸다. 그 날은 실로 해방의 날이었다.

오늘 우리는 위대한 승리를 축하하게 되었다. 이 승리란 독재·부패·잔인성 그리고 악이라는 추한 부류에 속하는 다른 모든 요소에 대한 의와 용기 그리고 자유의 승리인 것이다.

# 하나로 뭉친 "독립만세"⁽ᴷ⁾

3·1절 50돌 스코필드 박사 특별기고

그 함성 온 장안에
일본인 집에 들어가 생생한 순간 촬영

 민족 대표 33인이 1919년 3월 1일 강경한 어조로 일본으로부터 완전한 독립을 선언한 후 벌써 50년이 흘러갔다니 믿어지지가 않는다. 당시 이 소식은 한국인이 이미 철저히 일본에 동화되었다고 굳게 믿고 있던 일본 관헌들에게는 불쾌하고 가슴 서늘한 소식이었다. 무슨 체면으로 이제 그들이 이루어 놓은 업적을 운운할 수 있겠는가.

 그 날 오후 2시 10분 파고다 공원에 모였던 수백 명의 학생이 10여 년간 억눌려 온 감정을 터뜨려 "만세, 독립만세"를 외치자, 뇌성벽력 같은 소리에 공원 근처에 살던 시민들도 매우 놀랐다. 공원 문을 쏟아져 나온 학생들은 종로거리를 달리며 몸에 숨겼던 선언서를 길가에 뿌리며 거리를 누볐다. 윌슨Thomas W. Wilson(1856-1924) 대통령이 주장한 '약소민족의 자결권'이 실현되는 신세계가 시작된 것이다. 시위 학생들은 덕수궁 문 앞에 당도하자 붕어崩御하신 고종에게 조의를 표하느라 잠시 멈춰섰다.

 그러나 무슨 영문인지를 모르고 모여든 사람들이 이들로부터 자주독립의 소식을 듣고 환호성을 올리는 바람에 기쁨과 흥분은 또 한 번 소용돌이쳤다. 시청 앞 광장은 사람들로 들끓기 시작했다. 서울은 이미 3월 3일에 있을 고종의 장례식을 보기 위해 몰려든 사람들로 만원 상태였는데, 이들이 3월 1일에 '나라의 탄생'을 목격했으니 이는 고향에 가져갈 좋은 소식이었다.

이갑성 씨(1886-1981)의 부탁으로 사진을 맡았던 나는 초조해지기 시작했다. 공원에서 쏟아져 나오는 인파는 빨리 움직이는데다 사방에 빽빽이 들어찬 인파는 더 큰 문제였다. 나는 무슨 수를 써서라도 시위 군중을 내려다볼 수 있는 곳에 위치를 잡아야 했다. 그러기 위해서는 일본인 지역에 들어갈 수밖에 없었다. 나는 어느 일본인 케이크 가게 2층에 올라가 침실로 통하는 문이 열려 있는 것을 보고는 신을 벗을 사이도 없이 베란다로 나가 급히 셔터를 눌렀다. 다시 급히 돌아서 나오다 주인과 마주쳐 고맙다는 인사말을 했으나 그 일본인의 대답은 불손한 것 같았다. 그러나 사진은 아주 잘 나왔다.

한국이 자유를 얻었다는 3·1 운동 소식은 급속히 퍼졌다. 암흑의 노예생활이 끝나고 자유의 날이 온 것이다. 그들은 이에 대해 확신하고 있었다. 밤 깊도록 학생들은 만세를 외쳤다. 야간통행 금지령이 내린 후에도 이 '불법한 외침'은 계속되어 시민들의 사기를 돋우고 일본인 순경과 군인들을 골려 주었다. 순경들의 수는 점차 증가해 갔다.

이날 오후 4시 30분경 기마 순경이 나타나 시청 앞 광장의 사람들을 몰아내기 시작했다. 날이 어두워진 후 나는 3·1 운동에 관계한 한 사람인 이용설 씨(1895-1993) 집에 잠깐 들러 이 운동의 '시작이 좋았다.'는 데 의견의 일치를 보았다.

3월 1일에 관한 위의 간단한 스케치로 전국 대부분의 큰 도시나 읍에서 일어났던 시위가 어떠했는지는 짐작할 줄로 안다.

서울에서 폭력이 적었던 것은 서울에 있었던 수많은 외국인 때문이었다. 얼마 안 돼 이런 시위는 일본인 지배자에 대한 증오가 팽배했던 것처럼 전국 방방곡곡으로 퍼졌다. 한국에 와 있는 대부분의 일본인은 불친절하고 세련되지 못했으며 교양이 없었다. 그들은 잔인한 헌병이거나 거칠고 난폭한 순경, 아니면 한국인들을 모든 면에서 자기들보다 열등하다고 보는 옹졸한 관리들이었다.

한국인들은 동양척식주식회사같이 잘 조직된 약탈자나 일본인 개인에게 경제적으로 큰 손실을 보고 있었다. 말하자면 학자가 무인武人보다 우수한 것처럼 한국인들은 뛰어난 문화를 가졌지만, 약하고 우유부단했던 한국을 천황에 대한 신봉과 지독하고 봉건적 군국 분위기에 젖은 문화를 가진 자들이 정복한 것이다. 만약 한국을 정복한 나라가 일본이 아니라 군사 기술과 황제 신봉 외에도 법률에 대한 공정에 큰 관심을 보였던 로마였다면, 그들은 한국을 완전히 정복하는 데 성공했을 것이다. 아마 법률의 공정성이란 점에서 로마에 비길 만한 제국은 찾기 힘들 것이다.

이상재 씨(1850-1927)도 일찍이 조선총독부에 "당신들은 사소한 일과 정작 중대한 일을 구분할 줄 몰라 남을 지배할 자격이 없다. 독립문에 새겨신 태극기에 페인트칠을 했다고 해서 화를 내고 소방대를 보냈다는 것을 생각해 봐라."고 솔직히 말해 준

일이 있다. 3·1 운동 당시 어느 날 아침 독립문에 새겨진 태극기가 곱게 단청되었는데, 이때에는 태극기를 소유하거나 당국의 인정을 받지 않은 역사책을 지니고 있는 것은 법에 어긋나는 일이었다.

일주일 혹은 열흘 내에 고등 교육을 받은 사람이든 무식한 사람이든, 거의 모든 시민이 다같이 어떤 형태로든 항거했다는 사실은 중요한 것이다. 당시 국민은 하나로 뭉쳐 있었다.

그 좋은 예의 하나로 종로의 가게들이 5일 동안 모두 문을 닫았던 것을 들 수 있다. 상인들도 3·1 운동에 대해 그들이 동조하고 있다는 것을 시위한 셈이었다. 하루 이틀이 지나자 가게 문을 열라는 명령을 받았다. 그러나 이들은 이 명령을 거부했다. 그러자 일본 순경들은 문을 열든지 잡혀가든지 둘 중의 하나를 택하라고 강요하기 시작했다. 그러나 순경들이 문턱에 와 있으면 문이 슬슬 열렸지만, 이들이 떠나기만 하면 문은 또 닫혔다.

### 학살소식에 수원까지 달려
### 민족 비길 값있는 일 하자

일본인 순경과 군인·헌병들이 제암리 주민을 많이 학살했다는 소문이 서울까지 들렸다. 이 소문은 너무나 중대한 것이어서 그 진위를 곧 밝혀야만 했다. 여행 허가를 받을 수 없었던 나는 자전거를 갖고 부산행 아침 열차로 수원까지 갔다. 그리고 한 농부의 도움으로 경찰 주재소와 헌병 초소를 거치지 않고도 제암리에 당도할 수 있었다. 논둑 길을 돌아서자 지금도 잊혀지지 않는 광경이 눈앞에 펼쳐졌다. 마을은 불타버렸고 아직도 여기저기서 연기가 나고 있었다.

20여 명의 헌병과 군인들이 한 줄로 늘어서 있고, 그 앞에는 아낙네들이 역시 한 줄로 서서 취조를 받고 있었다. 일본인들은 외국인이 온 것을 보고 매우 놀랐다. 한 장교가 나에게 다가왔다. 통역을 내세워 마을에 온 이유를 물었다. 나는 끔찍한 소문을 듣고 왔으니 사실을 알려 달라고 간청했다. 그는 현재 조사 중이어서 아무것도 모른다고 대답했다. 나는 "이 마을에 남자가 하나도 없고 여인들만 있는 것은 사실이 아니냐?"고 반문했으나 아무 정보도 얻을 수 없었다. 아무도 나한테 말을 하려 들지 않았다. 마을 사람들은 모두 겁을 먹고 있었다.

나는 수촌으로 발길을 돌렸다. 수촌 마을을 내려다볼 수 있는 언덕에 다다랐을 때 놀랍게도 한 할머니가 "당신은 교인이오?"라고 물었다. "그렇다."고 대답하자 일본 군인이 저지른 일을 가서 보라고 했다. 마을 사람들이 거의 잠든 한밤중에 일본 군인들은 초가집에 불을 질렀다. 마을의 초가집들이 반 이상 불타버렸다. 시위한 데 대한 보복이었다.

한 남자는 팔을 칼에 찔린 상처를 입은 채 방안에 누워 있었다. 일본 군인들은 이 마을을 며칠 동안 점령했었으며, 마을 사람들은 이들이 다시 올까 봐 겁을 먹고 있었다. 내가 제암리로 돌아온 것은 그날 오후 늦게였다. 일본 관헌들은 모두 떠났고, 남편을 잃은 불쌍한 아낙네들이 어린애들을 데리고 내 주위에 몰려들어 그동안에 겪은 비극을 얘기해 주었다.

비극의 제암리를 떠난 지 며칠 후 나는 부상당한 학생들 7-8명이 선교사 병원에 입원해 있는 평북 선천으로 갔다. 수많은 시위 학생을 체포한 경찰은 앞으로는 시위를 못 하도록 이들 중 몇몇에게 본때를 보여 주기로 작정했다. 연사흘을 매일같이 십자가처럼 생긴 판때기에 학생들을 붙들어 매어 놓고 하루 30대씩 매질을 계속해서 며칠 만에 여러 명이 목숨을 잃었고 생명을 부지한 학생들은 병원에 입원했다.

이 정보가 신의주 경찰서장에게 들어갔다. 급히 소집된 한 무리의 경찰들이 내가 사진을 찍고 있을 때 병원에 도착했다. 이들의 지휘자는 나를 보고 화가 머리끝까지 올라 자신이 카메라 입을 가로막고 "사진을 찍어선 안 돼."라고 소리쳤다.

나는 상당히 값있는 것을 그에게 보여 주었다. 그것은 내가 일본 조선군사령관 고지마小島 장군의 친구라는 것을 은근히 알려 주는 '고지마'의 명함이었다. 그의 명함은 얻기 힘든 것이므로 다루기 힘든 일본 관헌들의 태도를 일변시키는 데 기적을 나타내 주기도 했다. 그러나 이번만은 달랐다. 잠시 후 나는 명함을 돌려받기는 했으나 병원에서는 내쫓겼다. 그 후 서울로 돌아와 고지마를 만나 내 입장을 해명했다. 그러나 그는 기분이 상해 있으며, 내가 국제적 분규를 일으키고 있다고 힐난했다.

한국 안에서는 중요한 일은 아무것도 할 수 없다는 것이 명백했다. 으뜸가는 군국주의자인 하세가와長谷川 총독으로부터 저 말단 순경이나 군인들에 이르기까지, 한국을 조용하게 만드는 방법은 폭력이라는 것을 기정사실로 믿고 있었다. 나는 조용히 동경으로 건너가 하라 다카시原敬 수상을 비롯하여 당시 의회의장인 가네코 긴타로金子堅太郎, 시바다 사부로柴田三郎, 아베阿部 등을 만났다.

이들을 만난 결과 두 가지 사실을 곧 알아냈다. 그 첫째는 군의 계략 때문에 이들이 한국 사정에 백지라는 것이었고, 또 한 가지 사실은 일본에 있는 일본인들은 한국에 나와 있는 일본인들과는 다르다는 것이었다. 본국에 있는 일본인들은 세련되었으며, 서로 상대방을 동등한 사람으로 대우하고 있었다. 그러나 한국에 있는 일본인들은 한국인이 자기들보다 열등하다 믿고, 그렇게 대했다.

흔히 들어온 이 영웅적이고 시련에 찬 3·1 운동 당시의 이야기를 끝맺으면서 나는 '적은 것이나마 민족의 대시련에 비길 만한 값이 있는 일을 하자.'고 간절히 요망要望하고 싶다. 어느 겨울 아침에라도 국립도서관 앞에는 문을 열기를 기다려 줄을 서고 있는 수백 명의 학생을 볼 수 있다. 그들의 집은 비좁고 시끄러워 집에서는 공부할 곳이 없는 것이다. 기념식이 아무리 웅장하고 동상이 아무리 장엄하더라도 기념식과 동상만으로 3·1정신을 살릴 수 없으며, 사랑과 정의의 행동이 없다면 3·1정신은 쓰러져갈 것이 분명하다.

우리는 가능한 한 파고다 공원에 가까운 곳에 3·1 학생 연구회관을 건립해야 한다. 풍요한 사회나 복지국가에 앞서 정의의 사회부터 이룩해야 한다. 이것만이 헛되이 안전만을 찾는 현 세계에서 힘을 가져다주는 길이다. 기원전 6백 년에 플라톤은 말하기를 '지상의 사물 중 신을 가장 많이 닮은 것은 정의의 인간'이라고 했다.

〈동아일보〉 1969. 2. 28; 3. 1

# 파고다 공원(K)

> 다음의 글은 기미년 3·1 운동을 목격하였을 뿐만 아니라 이갑성 씨의 요청으로 갖은 위험을 무릅쓰고 당시의 역사적 광경을 두루 촬영하였던 캐나다인 스코필드 박사가 본사(조선일보)에 보내온 특별 회고문이다.

어떤 지명 또는 인명은 듣기만 하여도 우리의 가슴 속에 곧 커다란 감동을 일으키고 지나간 가지가지의 영웅적 행동을 눈에 보듯이 상기시켜 준다. 한국 역사상 '파고다 공원'이라는 말만큼 깊은 감동을 일으킬 수 있는 말은 그리 흔하지 않다. 1919년 3월 1일 '파고다 공원'에서 선포된 한국의 독립선언은 진정 한국의 재생을 고하는 것이었기 때문이다. 10년간에 걸친 일본의 동화정책은 한국인으로 자유로운 독립국에서 다시 살 수 있는 희망, 즉 다른 사람과 같이 그들 속에 잠재하는 창조력을 자유로이 키우며 살아갈 수 있는 희망을 몽땅 빼앗아 버렸다.

그러나 한국인 중에는 혹독한 고통과 부정 앞에서도 그 신념이 절대로 꺾이지 않는 사람들이 여럿 있었다. 독립선언서에 서명한 33명의 애국자의 신념은 곧 전국에 확산되어 모든 사람이 새로운 희망을 품게 되었고, 그들은 압제자들의 위협에 대항하여 우레와 같은 '만세!' 소리로 응하였다. '파고다 공원'은 이 희망의 커다란 상징으로 언제까지나 남게 될 것이다.

3월 1일이 되면 우리는 또한 자기 일신의 안전을 하찮게 여기며 압제자들의 폭력에 대항하여, 신념으로 자유와 독립을 선언한 당시의 남녀노소에게 고마운 마음을 금할 수가 없다.

그들의 대부분은 해방을 보지 못하고 세상을 떠났으나 우리는 지금 그들이 생사를 걸고 싸운 자유를 물려받아 살고 있다. 그들의 용기와 신념을 찬양하고 공경하는 오늘, 우리는 우리가 물려받은 그 귀중한 자유의 선물을 길이 보존하도록 새로운 결의를 가다듬어야 하겠다.

> 고통받은 자, 약한 자를 위해 말 못하는 사람. 그는 노예이니라. 생각해야 할 진리에서 입을 다물고 뒷걸음칠 뿐, 증오도 조소도 욕도 못하는 사람. 그도 노예니라. 옳은 일이건만 두세 명이라고 해서 동조하지 않으려는 사람. 그도 노예이니라.
> – 탓셀 로웰Tassel Lowell

〈조선일보〉 1959. 3. 1

# 의·용기·자유의 승리(K)

### 4·19 학생의거4·19혁명 성공에 스코필드 박사 격려와 경고

"한국민족의 혼은 아직도 학생들 속에 살아 있음을 발견한다."고 늘 말해온 박사는 4·19 학생장거壯擧(장하고 큰 계획이나 거사)에 감격하여 27일 본사를 방문해 다음과 같은 담화를 사랑하는 한국 국민에게 전하고 갔다.

### 한국민에 대해 감사와 경고의 말씀

"사람이 먼저 하나님의 의를 구하면 모든 일이 형통하리라."
– 예수 그리스도
"선한 일을 하기 위하여는 천 일을 배워도 부족하고 악한 일을 하는 데는 한 시간을 배워도 충분하다." – 공자

오늘 우리는 위대한 승리를 축하하게 되었습니다. 이 승리란 독재·부패·잔인성 그리고 악이라는 추한 부류에 속하는 다른 모든 요소에 대한 의와 용기 그리고 자유의 승리인 것입니다.

우리는 겨우 한 달 전만 해도 국민을 두려움으로 위축시키고, 횡포와 경멸로 민주주의와 체면을 파괴하려고 위협했던 그 괴물과 같은 악이 한국 학생들의 용기와 희생으로 도전되어 파괴되었음을 결코 잊어서는 안 됩니다. 이처럼 용감한 청년 남녀들에게 우리는 모두 커다란 감사의 빚을 지고 있는 것입니

다. 그것은 용기와 도덕적 공분公憤의 장엄한 발로인 동시에 3·1 독립운동의 영웅적 정신의 부활이기도 했습니다.

이제 한 마디의 경고 말씀을 드리겠습니다. 우리는 우리 청년들의 승리가 우리 어른들의 어리석음에 의하여 상쇄相殺 될지도 모르는 심각한 상태에 직면하고 있습니다.

첫째, 우리는 악의 파멸이 의의 확립과 동일하지 않다는 사실을 인식하지 않으면 안 되겠습니다.

둘째, 우리는 국가의 이익을 어떤 개인적 또는 정치적 이익보다 아주 훨씬 앞세우지 않으면 안 되겠습니다.

셋째, 현재의 정치적 혼란 상태 및 당국의 급작스러운 약화로부터 건전한 기능을 가진 정부의 형성에 이르는 대단히 어려운 과도기에 우리는 인내와 관용, 그리고 믿음을 실천하지 않으면 안 되며, 비평은 건설적이어야 하겠습니다. 국가의 생명을 더럽힌 악은 하루나 일 년에 근절될 수 없고, 시간이 걸리는 것입니다.

넷째, 우리는 부득이 수동적으로 전 정부(이승만 정부)의 악을 받아들인 바 있는 사람들에 대한 복수와 박해를 삼가지 않으면 안 되겠습니다.

독립만세!

〈동아일보〉 1960. 4. 28

# 3·1 운동(K)

 맨주먹으로 용감하게 그들의 몸도 돌보지 않고, 완강한 제국주의의 권위에 항거하여 자유를 요구하며 일어선 많은 군중을 본 그때의 정경은 나에게는 참으로 잊을 수 없는 눈부신 광경이었습니다.

### 희망은 소생하다

 십 년간의 침묵과 굴욕 끝에 마침내 1919년 3월 1일 '파고다 공원'에서 학생들을 선두로 하여 한국민족은 한일동조동근韓日同祖同根(한국과 일본의 조상과 뿌리가 같음)이라는 새로운 단어를 만들었던 일본 지배자로부터의 자유와 독립을 선언하고야 말았습니다.

 3월 1일 시작한 이 항쟁은 몇 달 동안 계속하였으며 방방곡곡에서 만세 소리가 울렸습니다. 한국 각처의 감옥은 마치 손님들로 가득 찬 종로거리의 전차 모양같이 애국자들로 꽉꽉 들어찼던 것입니다.

 이갑성 씨는 나에게 사진을 찍어달라고 부탁을 했습니다. 그래서 '파고다 공원'에 집결한 군중을 정말 멋있게 찍었습니다.

 한국의 많은 선남선녀는 이 비극적 일에 몸을 바쳐서 투옥, 고문과 매, 죽음까지 사양하지 않았던 것입니다.

그들은 자유가 자기들 눈물의 결정이며 모든 수난 끝에는 기필코 독립이 오리라고 굳게 믿었습니다.

### 배신당한 희망

마침내 1945년 이 땅에 자유와 해방이 오고야 말았습니다. 그러나 자기 나라의 자유와 독립을 그렇게도 고대하면서 많은 고초를 겪은 많은 사람은 이미 사라진 뒤였습니다.

애국자 이승만(1875-1965)이 권력을 잡았으며, 모든 국민이 그를 믿었으나 그는 늙고 완고하며 권력만을 사랑하였습니다. 그는 곧 그 주위에 아첨하는 사람들로 둘러싸였으며, 이들은 자유당만을 위하여, 자신들만을 위하여 권력과 돈만을 생각하는 사람들이었습니다. 그들은 부하게 되었으며 썩고 거만해졌습니다. 또 일본에 사는 가난한 한국민의 희망을 기만하였습니다. 정녕코 그들은 자기 국민은 조금도 생각하지 않았습니다. 그들이 만든 신보안법은 북으로부터 침투해 오는 공산도배共産徒輩(공산주의를 지지하여 따르는 무리)보다는 자기들의 정적을 잡는 데 사용하였습니다. 경찰과 깡패는 그들의 앞잡이였으며, 부한 기업가들은 그들의 친구였습니다. 그러나 항상 악은 비극으로 끝을 맺는 것입니다.

1960년 3월 15일 대통령 선거에서 이승만 정권을 반대하는 용감한 시민들을 쏘고 매질하는 데 대하여 모든 국민의 분노는 터졌으며, 학도들이 선두에 서서 이승만과 그의 충복인 이기붕 도당의 썩고 맹폭한 정권을 타도하고야 말았습니다.

희망이 꺼지다

정직한 선거와 산더미 같은 공약으로 정권을 잡은 장면(1899-1966) 민주당 정권과 함께 희망은 다시 살아나기 시작하였으나 움트던 그 희망마저 곧 실망으로 바뀌었습니다. 개혁은 빈말로 변하고, 민주당은 당내 상호 간에 물고 뜯는 가운데 영웅적인 4·19혁명을 망각 속에 넣고 말았습니다. 갖가지 부패가 만연하여 눈먼 장님이라도 그 정부의 목적이 정권을 계속 유지해 보겠다는 심사임을 뻔히 알 수 있었습니다.

이 모든 것이 정통적인 민주주의적 방식으로 진행되었으며, 이는 어떤 소수의 미국인에게는 마음에 드는 일이기도 했으나 한국의 국가적 안전이 나날이 기울어져 간다는 사실에는 변함이 없었습니다. 대한민국에 가중되는 혼란은 북한 괴뢰에게 기쁨을 주었으며, 대한민국은 지도자 없는 아주 약한 나라로 전락했습니다.

다시 희망 소생

눈에 띄지 않은 몇몇 헌신적이며 애국적인 국군은 이러한 민주적인 슬로건에 선장과 나침반 없이 떠돌아다니는 배와 같은 한국의 위험한 처지를 직시하였습니다. 그들은 곧 구급적인 행동을 결정하였습니다. 5·16 미명을 기하여 한국정부를 인수하였던 것입니다.

이들은 그 어떠한 신화적인 것이 아니라 참다운 애국심과 헌신과 이념과 끝없는 용기를 말할 3·1정신을 소유한 이들이었습니다.

그들은 다음 다섯 가지를 수행하기를 결정하였습니다.

첫째는 어느 곳에서나 어떤 형태의 부패와도 싸운다는 것입니다. 박정희 대장의 영도領導 하에 이들은 진정한 민주주의는 부패한 나라에서는 완전히 기능할 수 없다는 것을 분명히 알고 있었습니다. 그들은 이 부패와 크게 싸워 이겼으며 아직도 부패와 싸우고 있는 것입니다.

둘째로 수백만의 가난한 농민들은 2할, 6할의 이자를 물어야 하는 그들을 짓누르는 부채로부터 구제를 받아야 한다고 주장했습니다.

셋째로 그들은 검소와 절약을 실천하고 장려하였습니다.

넷째, 도의道義라곤 거의 찾아볼 수 없는 이 나라에 이 국민을 훈련해야겠다는 필요성을 느꼈습니다.

다섯째, 한국에서의 가난과 실업은 산업을 일으킴으로써 제거할 수 있다는 것을 인식하였습니다. 대대적인 산업화의 계획이 시작되었습니다.

박정희 대장과 최고회의는 한국을 자주自主 하는 나라로 만들기 위하여 온갖 힘을 다하고 있습니다. 그들의 이러한 노력은 절대적으로 모든 국민이 호응을 하느냐 안 하느냐에 달려있습니다.

우리는 3·1 운동 정신인 의무와 진정한 애국심과 힘을 가진 헌신적 정신만 가진다면 한국은 성공할 것이나, 이를 바라만 본다면 우리는 반드시 실패하고야 말 것입니다.

한마디 더 첨가할 말은 대한민국의 힘은, 특별히 한국교회의 힘은 국민의 사기를 일으키는 데 절대 필요합니다. 그러나 이 힘이 빠져 있습니다.

교회는 잠자고 있으며, 교리와 교권문제로 싸우고 있을 뿐입니다. 지금 한국교회는 오늘날 한국을 재건하는 크나큰 운동에서 멀리 떨어져 있습니다. 한국교회는 회개하고 연합하여 이 결정적인 운동에 힘과 정신적인 지도를 아끼지 말아야 하겠습니다.

만세! 독립만세!

〈동아일보〉 1962. 3. 2

# 그 날, 그 때, 1919년 3월 1일,
# 오늘, 이 때, 1963년 3월 1일⁽ᴷ⁾

## 스코필드 박사 특별기고

> 3·1절에 즈음하여 스코필드 박사는 당시의 회고와 아울러, 우리 민족이 현재와 장래에 있어 3·1정신을 통하여 명심해야 할 몇 가지 사항을 들어 다음과 같은 지성至誠에 찬 글을 보내왔다.

기미년 3월 1일

1919년 3월 초하루는 33인의 애국자들이 횡포한 일본 정치에 저항운동을 시작한 날이므로 한국의 역사에 길이 남을 뜻 깊은 날이었다. 국권을 박탈하고, 자국에 동화시키려는 일본의 정책으로 굴욕의 십 년은 하나의 비극이자 또한 쓰라린 경험이었다. 한국이 지닌 값비싼 자유와 언어, 그리고 고래古來의 관습이나 전통은 해마다 가중되던 탄압으로 차츰차츰 자취를 감추게 되었다.

3·1 운동의 지도자들은 문제점을 명백히 알고 있었다. 생존할 수 있는 유일한 희망은 전국적으로 독립을 선언하는 것이었으며 그렇지 못할 경우 한국은 몇 해 못 가서 속국이 되어버리리라는 것이었다.

독립운동의 조직은 훌륭한 솜씨였으며 그 실행엔 비상한 용기가 있었다. 전국의 도시와 시골에서도 일제히 가담한 이 투쟁은 일본의 경찰이나 헌병이 반항하는 민중을 억압하고 '만세'의 절규를 진압하기 전에 벌써 몇 달 동안 계속되었다.

위대한 자유의 대가는 감옥이 아니면 폐허, 또는 죽음 그것이었다. 그러나 비록 겉으로는 실패했지만, 국민은 정신적인 승리를 쟁취했다. 일본 제국주의 정책은 계속 유지할 수 있었을지 모르나 국권 박탈이나 자국의 동화란 이미 하나의 공염불이 되고 말았다. 한국 국민은 1919년 모든 문제를 명확히 깨닫게 되었으며 가슴과 마음속의 숨은 보물을 도둑질하고 파괴하려는 모든 위협에 줄기차게 대항하였다. 지도자 간에 경쟁이 있었다면 그것은 자리나 권력을 위한 경쟁이 아니었고, 오로지 수난과 봉사를 위한 경쟁이었다.

계묘년 3월 1일

오늘날 우리는 한국이 분열되어 있음을 본다. 용감하고 험준하며 그림처럼 아름다운 북녘땅은 일본의 제국주의가 오히려 온정주의에 불과할 정도의 새로운 제국주의에 사로잡힌 잔인한 적들에게 지배되고 있다. 그들의 정치는 비인도적이고 파괴적이며 필요시에는 말살해 버리는 정치다.

아름다운 전야田野와 끝없이 굽이치는 언덕을 가진 남한은 널리 퍼져있던 악성부패에 응급수술을 하고 나서 회복하는 과정에 있다.

외과의사라고 할 수 있는 장군은 환자의 상황에 대하여 이제 보고서를 작성하였으며 그것은 모든 애국적인 국민들에게 경고가 될 것이다. 부하 의사들 간의 언쟁이나 불상용不相容(서로 너그러운 마음으로 받아들이지 않음)으로 인해서 장군은 크게 실망하고 있으며 환자의 건강을 우려하고 있다.

"수술 후의 상황에 변함이 없다면 회복할 가망은 없을 것이다." 병력을 뒤져보거나 장군의 이름을 독자들에게 말할 필요는 없다. '쿠데타'의 첫날부터 박 장군은 헌신적인 지도력을 발휘하였다. 부패에 대한 그의 투쟁은 조금도 늦추어지거나 흔들린 적이 없었다.

박 장군은 실업상태, 허약한 경제, 농업의 위축 및 정치적 불안정 등에 시대한 관심을 두고 이를 위한 재건과 개혁에 노력을 쏟아 왔지만 지나친 기우와 경험의 부족으로 인하여 약간의 과오를 범한 것이다. 해야 할 사업의 중요성과 잘못의 원인을 살펴볼 때 한층 더 요구되는 것은 이해와 과감한 노력일 것이다.

여러 해 동안 모든 정당은 개인의 욕심이나 당의 이익을 초월하여 국민의 복지를 가져오는 것이 무엇보다도 급선무라고 한결같이 주장해 왔지만, 정치인들은 거의 예외 없이 이기적이었음은 슬픈 일이다.

민주주의는 자유롭게 선출된 '국민대표들에 의한, 국민을 위한, 국민의 정부'라는 말로 정의되지만, 한국의 부끄러운 민주주의는 정치인을 위한, 정치인에 의한 국민의 정부였다.

만일, 차기 대통령 후보를 포기한 박정희 장군의 헌신적 결단이 우리의 낯간지러운 정권욕과 이기심을 뉘우칠 기회가 되지 못한다면 그분의 유례없는 애국적인 용단은 수포로 돌아가고 말 것이다. 우리는 이기주의와 부패 속에서 낡은 싸움을 벌여야 할 건가, 아니면 봉사와 희생의 3·1정신을 따라야 할 건가, 조속히 결단해야 한다. 우리로서 만약 올바른 선택에 실패할 때 구원의 여지 없이 우리 한국은 매국노와 비겁자들이 날뛰는 구렁텅이로 떨어질 운명에 처할 것이다.

〈동아일보〉 1963. 2. 28

# '3·1 독립선언기념탑' 제막식에 스코필드 박사의 축사⁽ᴷ⁾

> 3·1 운동 민족대표 33인과 함께 제34인으로 우리의 기억에 영원히 남을 스코필드 박사는 지난 15일에 있었던 '파고다 공원 3·1 독립선언기념탑' 제막식에서 행한 축사 전문을 본사에 보내왔다.

1945년 8월 15일은 거룩한 해방일로 한국의 역사에 언세나 간직될 것이며, 1919년 3월 1일과 마찬가지로 아무런 과장 없이 또 하나의 해방일로서 존중될 것이다. 성실한 한국민은 누구나 또 하나의 해방일을 학수고대하고 있다. 오늘날 '허공적인 선' 3·8선으로 말미암아 분단된 우리의 가족들이 공산압제로부터 해방되어 전처럼 통일 국가가 되는 또 하나의 해방일을 고대하고 있다.

3·1 운동 시 고난을 겪고 사망한 유명, 무명의 한국 애국지사들에 대한 이 기념비를 바치는 데는 이 날보다도 더 어울리는 날은 있을 수 없다. 국민이라는 것은 그 백성이 당대의 도전을 두려워 않고 맞서 나갈만한 용기와 특성이 있었을 때야 비로소 목숨을 부탁할 수 있다. 1919년 3월 1일, 정복자의 절대적인 권력은 도전을 받았다.

한국을 10년간이나 침묵시키고, 억눌러 오던 헌병과 경찰의 공포는 "만세! 독립만세!"를 외치는 백성의 함성 앞에 사라져 버렸다. 그 날은 실로 해방의 날이었다.

우리의 조상들이 기원하며 고난을 겪고 죽어간 그 한국은 오늘날 신념의 견지에서나 보일 따름이고, 실지로는 아직도 눈에 보이지 않는다. 오늘날 우리는 내부의 적으로부터 도전을 받고 있다.

이 적은 50년 전 외부로부터 침입한 일본의 제국주의와 똑같을 정도로 현실적이요, 위험스런 적이다. 그러나 우리는 부패·분열·싸움과 실패로 인하여 허약하다. 정당마다 그리고 위원회마다 권세와 지위를 갈구하는 사람들이 있다. 고을마다 그리고 거리마다 식량과 일터를 목마르게 찾는 사람들이 있다.

우리는 이기利己를 버리고, 한국, 오로지 한국을 위해서 봉사하려는 한 가지 거룩한 열망을 가진 남녀 지도자들이 나오기를 목마르게 호소한다.

3·1 운동 시 달갑게 감옥살이를 하고, 달갑게 죽음을 맞이한 선열들의 추념追念에 바친 오늘의 이 순간은, 오늘날 한국에 봉사하기를 열망하는 모든 사람에게 영광의 기념비일 것이요, 또한 자기의 이기적인 야망의 달성에 골몰하는 모든 자에겐 치욕의 기념비이기도 할 것이다.

〈동아일보〉 1963. 8. 17

# 3·1절과 일본과 젊은이⁽ᴷ⁾

### 스코필드 박사의 현실 진단

 스코필드 박사는 해마다 3·1절을 맞으면 일신의 안전을 돌보지 않고 일제의 폭력에 대항, 자유 독립을 외쳤던 뭇사람들에 대해 고마움이 더해간다고 했다.
 "그들의 대부분은 해방을 보지 못하고 세상을 떠났지만 우리는 그들이 들려준 자유를 누리며 사는 게 아니오." 하지만 세태는 무척 변했다고 스코필드 박사는 지적했다.
 "일제와 맞서 싸운 것이 엊그제 일 같은데…… 한일간에 조약이 맺어지고 국교가 되었으니……."
 이제야말로 국민 모두가 허리띠를 졸라매고 정신 바싹 차려야 할 때라고 이 이방인 독립유공자는 말한다. 역사의 소용돌이야 어떠했든 간에 지난 일만 탓하며 원망만 하고 있을 때가 아니라는 말이다.
 "양국관계가 정상화하여 일대일의 실력 대결로 맞선 이상 적극적인 참여의식과 주체적 자세의 확립이 한일국교가 트인 후 처음 맞는 3·1절에서 우리가 찾아야 할 의의가 아니겠느냐"고 강조했다.
 "앞으로 펼쳐질 새 시대의 역군은 젊은이들이야, 학생들이지."

기성세대보다는 새 세대에 더 깊고 폭넓은 희망을 건다고 백발이 성성한 스 박사는 젊은이들을 향해 말을 이었다.

"모든 문제는 밖에 있는 것이 아니라 안에 있는 거야."

비유하자면, 결핵 병균이 겁이 나서 아무 데도 못 간다면 이 세상을 살아갈 수 없는 것과 마찬가지라는 말이다.

"문제는 남에게 있는 것이 아니라 나에게 있다고 보아야 해. 스스로 부지런하고 정직하고 건강하다면 밖의 어떠한 병균이라도 막아낼 수 있어. 정신과 신체를 건전하게 하는 일이지."

한일 선린에서 정신 차려야 할 점은 외세침략에 대한 경계보다 국내의 부패를 막는 데 있다는 것이다.

"사직공원 부정매각, 철도청 의혹, 부정 분유 사건, 이렇게 하다가는 밖의 병균을 막을 수 없어요. 나만의 이익을 좇는다는 사고방식을 연장한 새 세대라면 볼 장 다 본거지."

마르고 약한 박사였지만 강인했다.

"3·1 운동을 통해 겪었던 일? 그때 세브란스 병원에 근무했었는데 만세운동이 일어나자 일본 경찰의 눈을 피해 가면서 사진을 찍어 일제의 야만적 살상행위를 해외에 폭로했어. 3·1 운동 직후인가. 그 해 4월 중순 경기도 화성시 장안면 수촌리, 제암리, 화수리 등 마을에서 독립만세를 부르던 마을 사람들이 일본경찰의 보복을 받아 1백여 호가 불타고 20명이 살해됐다는 소식이 있었지. 서울에서 자전거로 두 번씩이나 내려와 확인하고, 벌떼처럼 붙어 다니는 일경의 눈을 피해 사진을 찍어 영국으로 보냈었어."

야만적인 일제 행위는 영원히 기억에서 잊혀지지 않는다고 말하는 스 박사는 3월 1일이 되면 더욱 가슴이 뭉클해진다고 말했다.

"경계해야지. 조약상의 명문규정이 어떻든 간에…… 개 버릇 남 못 주고 세 살 버릇 여든까지 가는 법이니까. 하지만 옛날처럼 객관적이고 직접적인 재침再侵을 할 만큼 일본이 어리석지는 않아. 눈에 안 보이는 침략이지. 경제침식, 상품 시장화……. 일제의 만용을 체험치 못한 젊은이들은 특히, 조심해야 해. 일본을 좀 더 자세히 옳게 알 필요가 있어."

동교동 1번지 서울대 외인 교수 공관 중 10여 평 남짓한 양옥 한 채를 혼사 빌려 쓰며 10어 명의 고교생에게 성경 가르치는 것을 일과로 삼는 스 박사는 적적해 보였다.

"그러나 한일관계의 정상화는 역사 감각을 좇아 흐르는 대세에 맞는 필연적 과정……."이라고 말끝을 맺는 스 박사의 가슴엔 지난 26일 경희대에서 3·1 운동의 공로가 크다고 준 동 대학 대학장大學章이 커튼을 넘어 들어 온 햇빛을 받아 반짝이고 있었다.

〈조선일보〉 1966. 3. 2

# 3·1 운동은 한국정신의 상징⁽ᴷ⁾

나는 한국에 다시 왔다. 그것은 언제나 돌이켜지곤 하는 현실이기 때문이다. 50년 전 '파고다 공원'에서 태극기의 물결 속에 터지던 독립만세! 파고다에서의 그 광경이 지금도 바로 어제 일처럼 벅차게 가슴을 친다.

50년 전 나의 현실이었던 것처럼 나는 한국에 대하여 거역할 수 없는 현실적 명령을 듣는다. 일제의 압박과 모멸 속에서도 한국인은 그 순수함과 의로움을 굽히지 않았다.

나는 이 순수함Integrity과 의로움Righteousness이 천부의 재산이라는 신념을 변치 않고 있다. 분노하여 폭발할 때도 자기 동족의 핍박자 편에서 형제를 팔고 조국을 배반하여 세력을 누리고 재산을 쌓던 일부 현실주의자들을 나는 안다.

지고의 현실인 하나님이 영원한 것처럼 이들 이른바 현실주의자들이 영원하지는 못하다.

나는 또 다른 의미에서 현실주의자다. 그것도 과격한……. 내가 한국을 통해 느끼는 나의 현실은 50년 전이나 지금이나 변함이 없다. 지난 50년 동안 한국은 다른 나라와 같이 많이 공업화되었다. 서울은 고층건물이 늘어선 미국의 여느 도시처럼 변했다. 사실 나는 이 높은 건물이 과연 다 사용되고 있는지 언제나 의문스럽다. 한국 사람들이 허영으로 높은 건물을 세우지는 않았을 것으로 생각하고 싶다.

외모의 변화야 어떻든 나는 한국의 역사, 적어도 지난 50년간 내가 목격한 역사가 인고와 영웅적인 활동으로 이어진 것임을 믿고 있다. 나는 이 변함없는 역사의 흐름 속에서 영원한 한국의 현실을 발견하고 그것에 매혹되는 것이다. 일본은 물질적 이득을 위해 정신적인 것을 희생한 나라의 표본이다.

미국의 백인이 흑인을 대하는 것 이상으로 한국인을 대우한 일본의 비인도성은 무엇으로도 씻을 수 없다.

3·1 운동은 외부로부터의 압박에 대한 운동이었다. 그것은 힝싱 외세에 부딪힌 한국의 정신의 상징이다.

지금 나는 한국인의 정치상황은 모른다. '정치적 슬로건'은 쓰레기통에 처넣자는 게 나의 주장이다. 한국인은 3·1 운동과 같은 정신적 운동을 언제나 전개해야 할 것으로 생각한다. 내가 모든 친지의 만류를 무릅쓰고 한국에 온 것은 이러한 운동의 영원한 지지자가 되고 싶었기 때문이다.

우리의 운동은 참음과 사랑과 자비를 토대로 언제나 계속돼야 한다. '휠체어'에 앉은 노구의 병인이나 나무다리를 짚고 있는 불구의 여인이 미소를 짓고 사람을 대하는 그 참음과 사랑은 얼마나 아름다운가.

요즘은 원자시대라고 한다. 개인과 국가들이 모두 불안 속에 떨며 동맹으로, 혹은 대륙간 탄도미사일$^{ICBM}$로 안전을 구한다. 그러나 이것들은 언젠가는 사라진다. 로마제국, 대영제국이 없어지듯 오늘의 세계질서가 폭력으로 사라질 수 있다.

나는 한국의 현실을 안다. 분단된 현실은 더욱 슬프다. 공산주의를 종교로 믿고 있는 북한인들은 그들이 한국인이라고 생각하기 전에 공산주의자라고 생각한다. 통일의 가능성이 없어 보여 안타깝다.

  50돌 3·1 운동을 맞아 나는 그 감회를 표현할 수 없다. 우리 모두는 우리의 현실을 향상하도록 언제나 노력해야 한다. 3·1 운동이 가지는 현실은 변함이 없을 것이다.

〈중앙일보〉 1969. 3. 1

# 병상의 3·1 운동 '제34인' 스코필드 박사⁽ᴷ⁾

3·1 운동의 '제34인' 스코필드 박사, 3·1 운동이 터지기 3년 전 캐나다에서 부임해 온 선교사로 민족적인 항거의 모습을 카메라에 담아 국제 여론에 호소했던 그가 중태에 있다. 지병인 뇌동맥경화증과 폐기종, 서기에 감기의 기관지염이 겹쳐 국가보훈처의 주선으로 국립의료원 32병동 5호실에 입원, 26일은 혼수상태에 빠졌었다. 부속실에서 대기하는 동안 동물의 포효 같은 기침 소리가 흘러나오고 있다.

아침 식사를 끝내고 호흡을 조절 중이라고 그를 간호하는 태신자 양이 말했다. 간호사가 다녀가고 태 양이 다시 병실에 들어갔다가 나오더니 "울고 계세요." 한다.

3·1절이 되어야, 그것도 자기네 필요 때문에 사람들이 몰려오는 것이 박사는 무척 야속하다. 긴긴 장마철 혹은 겨울밤, 그는 얼마나 사람이 그리웠는지 모른다. "지금도 노여워하고 계시다. 그래서 안내하기가 두렵다."라고 태 양은 망설였다.

그러나 막상 기자를 보자 침대에 누운 채 그는 뼈만 남은 두 손을 떨며 내밀었다. "아, '동아일보' 당신은 나로 하여금 훌륭했던 당신네 선열들을 회상시켜 줍니다. 미스터 김, 김성수 (1891-1955), 나는 그를 잘 압니다. 그는 교육의 중요함을 깊이 인식하고 있었습니다. 교육, 특히 초등교육이 중요합니다. 국민의 정신을 바르게 길러야 해요. 부패와 싸울 줄 아는 국민이 되어야 합니다. 나는 떠나지 않습니다. 영원히 여러분들과 함께 일할 것입니다."

가까스로 흘러나오는 목소리는 임종을 지키는 듯한 착각을 느끼게 했다. 그러나 '부패'라는 단어는 우리말로 하도 힘주어 말을 했기 때문에 얼른 알아듣기 어려울 정도였다. 그는 작년 동아일보에 보낸 3·1절 50주년 특별 기고에서도 "풍요한 사회나 복지국가에 앞서 정의의 사회부터 이룩해야 한다."고 말했었다.

"51년 전과 오늘의 한국을 비교할 때 가장 큰 차이는?"

"사람들이 모두 돈, 돈 하게 된 것입니다. 상업주의가 만연하고 있습니다. 이것은 서양의 영향을 잘못 받은 것입니다. 당신네 선열들은 그렇지 않았습니다. 당신들은 원래 정신적인 것을 중시하는 대륙의 백성이었습니다. 지성적인 사람들이었습니다. 그것이 물질문명에 압도당했어요. 그 정신을 새로 길러 잘 조화를 이루어 나가도록 해야 합니다." 이러한 그의 사상은 누구의 영향이었을까?

"존경하는 인물이라도?"

"착한 사람이면 다 존경합니다. 리빙스턴<sup>David Livingston(1813-1873)</sup>을 좋아했습니다. 그 밖에 크롬웰<sup>Oliver Cromwell(1599-1658)</sup>, 셰익스피어<sup>William Shakespeare(1564-1616)</sup>······."

리빙스턴은 열 살 때 방직공장에 들어가 자력으로 신학·약학을 배우고 아프리카에 파견되었던 스코틀랜드의 선교사이다.

"나는 어렸을 때 노동조합을 보았습니다. 그때는 조합의 힘이 보잘것없었지요. 그러나 지금은 또 너무 강대해져 버렸습니다. 이것은 매우 의미심장한 일입니다. 나의 아버지는 학자였습니다. 그는 내가 자기의 일을 계승할 것을 바랐었지요. 그러나 나는 지상의 아버지보다 하늘의 아버지 뜻을 좇았습니다. 나는 예수의 사도입니다. 그는 나를 무엇으로든지 만들 수 있습니다."

숨이 가빠지고 눈에서는 주르르 눈물이 흘러내렸다. 태 양이 옆에서 수건으로 눈물을 닦아낸다. 무릅쓰고 "다시 태어나신다면 어떤 일을?"하고 묻자 그는 서슴지 않고 "세임 띵!"Same thing 하고 단호히 말했다.

"같은 일을 할 것입니다. 복음서를 익히고 생물학과 병리학과 법률학을 공부할 것입니다. 그리고 슬기로운 한국의 젊은이들과 모든 가능한 기회를 최대한으로 활용할 것입니다. 몇 해 전에 친지들이 어디 다른 곳으로 가보지 않겠느냐고 말했을 때, 나는 이렇게 대답했습니다. '어디에 보내든지 나는 한국인을 찾아낼 것이고, 그들을 가르치고, 죽든지 살든지 함께 예수의 가르침을 좇을 것이다.'라고."

다시 긴 기침을 했다. 더 말을 하게 하는 것이 무리일 것 같았다. 작별 인사를 하자 다시 두 손을 내민다.

"쾌유를 빌겠습니다."

"사실상 그것은 불가능합니다. 그러나 나는 기쁩니다."

테이블 위 영산홍 화분의 아래로 향한 꽃봉오리들이 곧 떨어질 눈물방울처럼 보인다. 그러나 그 화분의 붉은 리본에는 '축

쾌유'라고 적혀 있다. 정일권 총리를 포함한 여러 사람이 다녀 갔고, '쾌유를 기도하나이다.'라는 전보를 보내온 이도 있었다.

위문 전보라도 많았으면 하고 돌아서는 기자를 박사는 다시 불렀다. "짤막한 메시지를 적어 놓은 게 있습니다."

'3·1 운동(1919-1970)'이라는 프린트물이었다. 젊은이들에게 보내는 메시지이다.

"1919년 젊은이들과 늙은이들에게 진 큰 부채를 부디 잊지 마라. 한민족은 때로 항거하지 않으면 안 될 경우가 있다. 그렇지 않으면 그 혼까지 잃고 만다. 항거하지 않았다면 일종의 노예 상태를 쉽게 하거나 눈가림하게 했을 것이다."

〈동아일보〉 1970. 3. 2

## 2부

### 불의와 부정에 맞서 싸운 개혁가

# 2-1
# 일제 시대

# 제암리 학살⁽ᴱ⁾

1919년 3월 1일 한국인들이 독립선언을 한 후 일제는 민족주의자들을 다루는데 매우 극단적이고 잔혹한 방법을 계속해 사용했다. 경찰과 군인들의 행동은 점점 더 극단적이고 잔혹해졌으며, 이 보고서에 언급한 제암리 학살에서 절정을 이루었다. 위협, 체포, 총살, 창으로 찌르기, 고문과 이어지는 보고서에 나타난 살아있는 채로 태워 죽이는 것과 같은 잔학한 행위들은 일본 정부 입장에서는 외형상으로 평온함과 질서를 회복했다는 점에서 가장 성공적인 것처럼 보였을지 모른다.

그런 상황에서 '만세' 소리는 앞으로 50년 동안 외칠 수 없을 것이지만, 일본어로 만세라는 뜻의 '반자이ばんざい 소리도 몇몇 관제 행사에서 마음이 아닌 입술로 공허하게 읊조리는 것을 제외하고는 결코 다시 들리지 않을 것이다. 일제가 한국에서 채택한 방법들은 국민들을 두려워 떨게 하는 것이었고, 독일인들이 벨기에에서 행했던 것과 같이 일본 경찰과 군인들은 채택된 정책을 완벽하게 수행하였다. 두 나라 모두 결과는 같아서 단지 표면적인 고요함이 격렬한 저항을 은폐하고 있었지만, 이러한 은폐는 그런 저항들을 자제해야 하는 사람들의 몸과 영혼을 파괴하고 있었다.

학살에 관한 보고서는 논란이 되고 있는 그곳을 방문한 어떤 시람이 작성된 것이다. 많은 외국인이 작싱한 보고서도 이 보고서를 지지하고 있다. 나에게 다음과 같은 이야기를 전해 준 어떤 한 분이 먼저 그곳을 방문했고 그 다음 날 현장을 찾은 몇몇 외국인이 있었는데 그곳에 간 외국인들 모두가 선교사는 아니었다. 위에서 언급한 무리 중에서 선교사가 아닌 한 사람은 그가 현장에 있었을 때 사람의 살을 태우는 냄새가 자기 코를 진동시켰다고 돌아오는 길에 말해 주었다. 외국인들은 서울에 있는 정부요인들에게 보고서를 제출했으며, 나는 여기서 그들의 진술을 반박할 어떤 증거를 제출하는 것은 불가능했다고 언급하려 한다.

다음 진술은 정부에 제출된 보고서와 비록 몇몇 구체적인 점에서는 다를 수 있더라도 잔혹한 사건 전체를 요약하는 상당히 정확한 것으로 받아들일 수 있다. 그 이유는 나에게 정보를 제공한 사람이 위에서 언급한 것과 같이 자동차를 타고 현장을 방문했던 사람들보다 하루 앞서 현장에 있었기 때문이다. 다음은 내가 인터뷰를 통해 알게 된 진술이다.

### 수원, 제암리 학살

4월 17일 목요일에 어떤 외국인이 엄청나게 잔인하고 비극적인 일이 수원에서 남쪽으로 50리가량 떨어진 작은 촌에서 일어났다는 소식을 서울로 가져왔다. 그것은 다수의 기독교인이 한 교회에 갇혔는데, 갇힌 사람 모두가 상처를 입었거나 죽었고, 그때 그 사람들을 완벽하게 죽이기 위해 군인들이 교회에도 불을 붙였다는 이야기이다. 이 이야기는 너무나 잔혹해 사실이 아닐 것만 같았고, 만약 사실이라면 매우 심각한 문제였기 때문에 나는 개인적으로 그곳을 방문해 그 이야기를 확인해야겠다고 결심했다.

다음날 나는 기차를 타고 수원까지 가서 거기서부터 마을의 몇 킬로미터 안까지는 자전거를 타고 갔다. 일본 당국이 현장 방문을 완강히 반대할 것을 예상한 나는 그 마을 가까이에 있을지 모를 경찰서와 헌병대를 피해 산길을 넘어 몇 킬로미터를 돌아가는 방법으로 파괴된 마을 안에 도착할 수 있었다.

마을에 들어가기 전에 나는 여러 사람에게 기사에 난 불탄 마을에 대해 질문 했지만, 누구도 정확한 정보를 갖고 있지 않았고, 모두가 그 사건에 대해 말하는 것을 몹시 두려워하고 있었다. 나는 마지막으로 학살이 발생한 마을에 살던 한 어린 소년을 만났다. 그런데 그 역시 어떤 것도 말하지 않고 자신은 아무것도 모른다고만 하였다. 사람들이 두려움에 거의 마비되어 버렸다는 점에서 테러리즘은 성과를 거두고 있었다.

나는 길에서 방향을 돌려 마을 안으로 들어갔는데, 놀랍게도 조사를 진행하고 있는 한 무리의 정부 관료, 군인, 그리고 민간인들을 발견하였다. 이들 몇몇 관료들과 이야기를 나눈 후 나는 마을을 좀 더 자세히 조사하고 사진을 찍을 수 있도록 허락을 받았다.

나는 한국인들로부터는 어떠한 정보도 얻을 수 없었는데 그들, 특히 여성들은 멍하게 돌처럼 굳어 있는 것처럼 보였고, 젊은이들은 아무깃도 아는 깃이 없는 칙했다.

마을

그 마을은 완전히 파괴되어 있었다. 8채가량의 집이 남아 있었고 나머지 31채와 교회는 바닥까지 모두 불에 타 버렸다. 남아 있는 것이라곤 오이와 다른 먹을 것을 담아 놓는 장독들이었는데, 이것들도 파괴된 채로 줄을 지어 서 있었다.

사람들은 이리저리 흩어져 멍석과 짚 위에 앉아 있었고, 몇몇 사람들은 인접해 있는 언덕배기에 작은 움막들을 만들어 놓고, 거기에서 자신들의 행복했던 집이 무너진 모습을 말없이 바라보고 있었다. 그들이 무엇을 했기에 이처럼 잔인한 심판이 그들에게 닥친 것일까? 그들이 왜 갑자기 과부와 고아가 되어야 하는가? 분명 무언가 잘못되었다.

학살 이야기

오래지 않아 정부 관료들이 마을을 떠나고 일본 장교가 시야에서 멀리 사라졌을 때, 몇몇 불쌍하고 놀란 사람들의 혀가 풀렸고 그제야 그들은 분노하며 내게 다음과 같은 이야기를 털어놓았다.

4월 15일 화요일, 이른 오후에 몇몇 군인이 마을에 들어와 모든 성인 남성 기독교인들과 천도교인들에게 강의를 듣기 위해 교회 안으로 모이라고 명령했다. 모두 합해 약 23명의 남성이 명령을 받은 대로 교회로 가서 무슨 일인가 궁금해하면서 앉아 있었다. 군인들이 곧장 교회를 둘러싸고 창호지로 만들어진 창문을 통해 사격을 시작했을 때 사람들은 음모의 본질을 곧 파악하게 되었다. 그들 모두는 죽임을 당하거나 상처를 입었고, 냉혈한인 일본 군인들이 초가지붕과 나무로 만든 건물에 불을 붙이자 그것은 쉽게 타올랐다. 몇몇 사람들이 급하게 뛰어나와 피하려고 했지만, 바로 칼에 찔리거나 총살을 당했다. 피하려다가 실패한 여섯 구의 시체는 교회 밖에서 발견되었다.

총소리에 놀란 두 여성은 자신들의 남편에게 무슨 일이 일어났는지 보려고 밖으로 달려나가 군인들의 포위를 뚫고 교회로 가려고 애를 쓰다가 모두 잔인하게 살해되었다. 한 명은 19살의 젊은 여성이었는데 총검에 찔려 죽었고, 40세가 넘은 다른 여성은 총살되었다. 그들은 모두 기독교인들이었다. 군인들은 마을에 불을 지르고 떠났다.

이것이 세암리의 학살 이야기이다. 냉혈한 같은 야만성을 가진 자들이 한국인을 사정없이 두들겨 팬 이 일은 후에 일본 군인에게 오랫동안 오점으로 남을 것이고, 이 나라에서 저질러진 일본의 군사적 조처들은 세계에 분명히 알려질 것이다.

무지하고 야비한 일본 군인만이 아니라 이런 사건에 직접 연관이 되어 있지 않더라도 이 사실을 알고 있는 고위 장교들에게까지 이에 대한 책임을 물어야 한다. 일본 군대의 엄격한 군율을 생각한다면 그런 책임을 어떤 일개 이병이나 하사관에게 묻는 것은 불가능하다.

마을이 불탄 다음 날 마을에 있던 몇몇 외국인들이 불에 탄 사체 중 하나의 사진을 찍었는데, "사람의 살을 태우는 냄새는 끔찍했다."라고 말했다. 위의 모든 사항을 고려할 때 마을 사람이 모두 두려움으로 마비되었다는 점은 전혀 놀랄 일이 아니다. 동네의 몇몇 사람들은 나에게 이 이야기를 들려주었고, 그 모든 이야기는 한결같았다. 그 불쌍한 사람들이 자신들에게 닥칠지 모르는 더 가혹한 잔학 행위를 끊임없이 두려워하면서 나에게 자신들을 보호해 달라고 간청했다. 경찰들과 군인들이 언제 또 그들을 방문할지 자신들은 알 수 없었고, 다음번에는 그들이 전멸될지도 몰랐다.

이전에 미션스쿨을 마친 한 젊은 과부가 다가와 내 손을 잡고 자기 남편이 어떻게 살해당했는지 눈물을 흘리며 이야기했다. 그녀 뒤를 이어 여성들이 차례로 내게 와서 자신들의 고난을 이야기하면서 모두가 위로 받기를 열렬히 바랐다. 거의 모든 여성은 선교사들이 언제 다시 올 것인지를 물으면서도, 선교사들이 문제를 더 어렵게 만들 수 있다고 두려워하는 것처럼 보였다.

그들의 상황은 눈물겨웠다. 그러나 내가 거기 있다는 사실이 그들 위로 던져진 주술을 어느 정도 깨뜨린 것처럼 보였다. 그들은 자기 앞에 벌어진 일을 보다 차분하게 이해하기 시작했고, 상황을 깨닫기 시작하자 과부와 고아들의 울부짖는 소리가 작은 계곡을 가로질러 들렸다.

나는 그들에게 위로의 말을 하고 나서 그곳을 잠시 떠났다가 그날 저녁 다시 그곳에 들렸다. 내가 도착하자마자 한 젊은이가 내게 다가왔다. 그는 자신은 학살을 피했으나, 자기 아버지와 어머니 모두 살해당했다고 내게 이야기를 했다. 총소리에 놀란 그의 어머니는 자기 남편을 돕기 위해 교회로 갔지만, 위에서 언급한 것 같이 총살되었다.

모든 곳에서 마음을 찢어지게 만드는 광경들을 볼 수 있었다. 한 곳에서는 작은 소녀 하나가 슬픔에 잠겨 누워있는 자기 어머니를 위해 풀로 깨진 사기그릇을 이용해 저녁밥을 준비하고 있었다. 나는 멍석 위에 해진 천을 걸친 고아가 된 아이를 두고 자리를 떠났다.

### 마을 사람들이 말한 것

나는 그들이 왜 그렇게 잔인한 일을 겪어야 했는지, 그들이 어떤 특별한 이유를 알고 있는지를 알아내려고 애를 썼다.

그들은 마을에서 독립을 외치지는 않았지만, 여느 모든 한국인처럼 장터에서 다른 사람들과 함께 자유를 위해 소리를 질렀다고 말해 주있다. 그들은 그곳에 많은 기독교인이 살고 있었다는 이유를 제외하면, 자신들이 왜 그렇게 처벌을 당해야 했는지 그 이유를 알지 못했다. 몇몇 사람들은 헌병 한 명이 죽임을 당했고 헌병 주재소가 불에 탔기 때문이라고 생각했지만, 자신들이 그런 것이 아니고, 그 사건은 수 킬로미터나 떨어진 곳에서 벌어졌다. 그들은 일본 군인들이 벌인 행동에 대하여 어떤 합리적인 설명을 해줄 수가 없었다.

### 일본 경찰이 말한 것

경찰은 일본인이었고, 그 진술들은 통역되었기 때문에 주의를 기울여야 했다. 경찰은 불이 난 것은 한국인의 부주의로 생긴 결과이며, 그 불은 한 집에서 시작되어 퍼졌다고 말했다. 남성과 여성에게 총을 쏜 것에 대해서는 그 마을에 매우 나쁜 사람들이 있었는데, 그들이 체포되기를 거부했기 때문에 경찰들이 사살했다고 말했다. 이것이 그 경찰 진술의 핵심이다. 그렇게 비겁한 범죄에 대해 어떤 이유를 댄다는 것은 불가능했고, 군인과 경찰만이 그들의 잔학한 행동의 이유를 알고 있다.

나는 매우 높은 지위에 있는 장교가 "헌병 한 명이 살해를 당했소."라고 무심코 말했다고 알고 있다. 그는 그것이 이러한 잔혹한 행동을 저지른 것에 관한 충분한 이유가 된다고 생각했다. 그러나 그 헌병이 무방비 상태의 한국인 군중에게 총을 쏘아 몇몇을 죽이고, 상처를 입힌 다음에 살해되었다는 사실을 기억해야 한다.

개인적으로 나는 두 가지가 이런 범죄의 책임이 있는 사람들에게 영향을 미쳤다고 생각한다. (1) 그 마을에서 좀 멀리 떨어져 있는 헌병의 죽음, (2) 기독교인에 대한 극심한 증오.

이것이 내가 들은 이야기이다. 이것은 한국에서 군인들의 행동에 책임이 있는 자들에 대해 엄청난 불신을 반영하고 있다는 것을 부정할 수 없다. 총독은 이런 집단 사람들의 행동을 소홀히 여겼다고 알려졌는데, 만약 이번 사태와 연관된 모든 자를 재판에 넘겨 거대한 분노를 자아낸 일의 책임 있는 자들을 총살한다면 이 사태에 대한 총독의 말에 더 큰 신뢰가 쌓일 것이다. 이는 그들의 군사적인 권력을 남용한 자들을 기꺼이 처벌하리라는 것을 보여줄 뿐만 아니라, 한국인에게도 정의롭게 대할 것임을 증명해 줄 것이며, 한국에 있는 일본 군인은 더는 잘못을 저지를 수 없을 것이다.

# 수촌리 만행사건들에 대한 보고(E)

 다음 글은 수촌리를 방문해 거기서 저질러진 야만적인 행동들을 조사한 한 외국인과의 인터뷰 기사이다. 많은 선교사와 외국 관료들이 사건 다음날 그 현장을 방문했고, 그들의 진술도 다음과 같은 이야기들을 담고 있다. 서울에 있는 정부 기관들은 외국인늘이 목격한 사실들을 공식적으로 알기 때문에 그들 앞에 놓인 진술을 부정할 수 있는 위치에 있지 않다. 정부 또한 조사위원회를 파견하여 그 결과 주민들에게 음식을 공급하기로 하고 불타 버린 집들을 재건해 주기로 약속을 했다.

 이런 조처 자체가 잘못된 행위를 저질렀다는 점을 인정하는 것이며, 그런 사태가 다시는 일어나게 해서는 안 된다고 말한 것 또한 조선총독이 잘못을 인정하고 있다는 것이므로 좋은 기회이다. 좋은 의도에서 집들을 짓고, 과부들과 고아들에게 음식을 배분해 주는 행위 자체가 죽은 자들을 살려내지 못할 것이며, 그렇게 많은 무고한 사람이 잔인한 군인들의 손에서 당해야만 했던 고통을 보상하지 못할 것이다.

 많은 외국인이 불타고 살해당해 죽은 현장을 방문했다는 사실은 정부에 압력을 가했는데, 만약 외국인들이 그렇게 방문하지 않았다면 절대 정부의 조치가 그렇게 전개되지 않았을 것이다. 이러한 잔악한 행위가 결코 벌어지지 않았다고 부정하는 것이 도무지 쓸모가 없다는 점을 그들은 충분히 인식하고 있다. 그들에 대항하는 증거가 너무나 강력하다. 다음은 인터뷰 내용이다.

 수촌리라는 작은 마을은 이전에 보고된 학살 사건이 일어난 제암리에서 약 6-8킬로미터 떨어진 곳으로 어여쁜 계곡 사이에 아름답게 자리하고 있다. 나는 4월 17일 오후 4시경에 그 계곡 또는 마을의 외곽에 도착해 한 여성이 왼쪽 길로 이어지는 높은 제방 위에 앉아 있는 것을 보고, 내가 수촌리라는 마을에 도착했는지를 물었다. 그 여자는 "예, 수촌리는 언덕 아래에 자리하고 있어요."라고 대답을 했다. 마을과 관련해 한두 마디를 더 나눈 후에, 그녀는 떨리는 목소리로 내게 물었다. "당신은 기독교인이세요?" 내가 그렇다고 말하자, 그녀는 길을 가로질러 달려와 내 손을 잡고 감사를 표했다. 그녀는 마을이 불타고 교회는 파괴되었으며 많은 사람이 심하게 다쳤다고 말했다. 그녀는 내게 마을을 둘러보라고 간청했다. 나는 그 목적으로 이곳에 왔다고 밝히고, 먼저 마을에 들어가 보겠노라고 말했다. 내가 마을로 들어가기 전에 두 소년이 다가왔는데, 그들은 목사의 자녀들이라고 했다. 그들은 모두 제방 높은 곳에 서서 몇몇 일본 군인들이 지나가는 것을 걱정스레 지켜보고 있었다. 그들은 군인들을 상당히 두려워했고, 군인들이 돌아올지도 모른다는 공포를 느끼고 있었다.

마을

수촌리는 어여쁜 작은집들이 모여있는 아름다운 마을이었는데, 마을을 망친 자들이 그곳을 지나간 후에는 어둡고 잔인한 그들의 손자국이 아름다운 경관에 짙게 배겨 있었다. 좁은 골목길들은 잿더미로 덮여있고, 마흔두 채의 오두막집 중에서 여덟 채만이 남아있었다.

생존자들은 생명과 재산을 안전하게 지키는 것에 대해 아무 생각도 없었기에 잔해를 치우려는 노력을 거의 하지 않았다. 그리고 자신들의 가재도구를 모으려고 어떤 시도를 하는 것 자체가 또 다른 재난을 불러올 뿐이라는 사실을 분명하게 알고 두려워하고 있었다.

몇몇 나이 든 여성들은 자신의 몇 안 되는 세간 옆에 앉아 있었는데, 모두들 수심에 잠겨 있었다. 그들은 정신이 나간 것 같았으며 아무런 관심도 없어 보였다. 무자비한 불길이 그들의 집을 삼켜 버리고 모든 세간을 빼앗아 갈 때 그들도 함께 죽어버렸더라면 하고 후회하고 있는 건 아닌가 싶을 정도였다.

마을 밖 들판에서는 어린아이 몇 명이 나물을 캐고 있었다. 집 안에 간직하고 있던 쌀이며 양식들이 모두 불타버려 무엇이든 먹을 것을 구해야 했다. 마침 그 때 마을에는 경찰관과 군인이 없어서, 사람들은 내 주변으로 모여 들었다. 그들은 자기네의 불행을 나에게 호소하고 싶어 하는 것 같았다. 마을 사람들은 처음의 충격에서는 회복되어 있었지만 군인들이 또 다시 들어와 이전에 그들의 집을 파괴했을 때처럼 잔인하게 그들을 헤치지나 않을까 전전긍긍하고 있었다.

**4월 5일 범죄 이야기**

동이 트기 전 모두가 잠들어 있을 때에 몇몇 군인들이 마을에 들어와 집집이 돌아다니면서 초가지붕에 불을 놓았다. 초가지붕에는 재빨리 불이 붙어 집들이 파괴되었다. 사람들이 급하게 뛰쳐나왔고 온 마을이 불에 타고 있다는 것을 발견했다. 몇 사람이 불을 끄려고 했으나 군인들이 이를 곧바로 제지하여 총으로 그들을 쏘고 총검으로 찌르고 두들겨 팼다. 사람들은 자기 마을이 불에 타 재로 변해 가는 것을 서서 지켜볼 수밖에 없었다.

이처럼 흉악한 일을 끝낸 후에 군인들은 마을 사람들을 비참하게 버려두고 가버렸다. 죽은 사람은 한 사람뿐이었으나 많은 사람이 상처를 입었다고 했다. 혹시 바람이 불어 이 집 저 집에 불이 번진 것은 아니냐고 물었다. 하지만 "동네에 몇몇 장소에서 동시에 불이 붙었어요. 그리고 군인들이 성냥을 가지고 다니면서 많은 초가집에 불을 붙였어요."라는 대답이 돌아왔다.

마을을 조사해보니 집들 사이의 간격이 너무 멀어서 바람 같은 자연적인 방법으로 집집이 불이 번져 나가는 것은 불가능했다. 또 수촌리는 작은 골짜기와 언덕이 자연적 경계를 이루고 있어 마을이 세 부분으로 나뉘어져 있었다. 그런데도 세 군데 마을 모두가 어느 정도씩 파괴되어 있었다.

내가 상처를 입은 사람들을 보게 해 달라고 하자 주민들은 나를 어느 집 안방으로 데리고 갔다. 거기에는 중년 남성이 참으로 가련한 모습을 하고 있었다. 그의 왼쪽 팔꿈치는 칼에 베여 고름으로 가득 차 보통 크기보다 두 배나 부어 있었고, 붕대로 사용한 천 조각들이 흥건하게 젖어 있었다. 구역질이 날 정도로 냄새가 났다. 그 남성은 기독교인이었는데 마을이 불에 타오르자 밖으로 나갔다가 곧바로 군인의 공격을 받았다. 그는 군인이 칼이나 총에 붙은 단도 같은 것으로 자신을 베었다고 말했다. 그는 의사의 치료를 받지 못했고, 매우 아픔을 느끼고 있다고 말했다. 그의 호흡은 36정도였고, 맥박은 120이었다. 그가 대단히 고통스러울 것이며, 당장 병원으로 이송되지 않으면 아마 죽을지 모른다고 사람들에게 말했다. 상처 입은 사람을 씻기고 새로운 붕대를 감아주고서, 앞으로 더 주의를 기울이겠다고 약속을 하고서야 그 불쌍한 사람을 떠나 왔다.

나행히 다음날 그를 정부 병원으로 데려갈 조처를 했다. 지역 경찰은 환자를 병원으로 옮기기 전에 환자에게 상처를 입힌 사람은 일본인이 아니라고 주장했다. 하지만 나는 증거가 너무나 명확하다고 지적해 주었다. 이에 그 경찰은 이 사람이 매우 나쁜 성질을 가진 사람이었다고 대답하고, 환자를 거기에 두고 가버렸다.

내가 집을 나서려 하자 노인 한 분이 발을 절면서 내게로 와서 자신도 심하게 다쳤다고 말했다. 나는 그에게 상처를 보여달라고 말했다. 그는 바지를 걷어 올리더니 다리에 대여섯 개의 찔린 상처를 보여주었다. 어떻게 해서 그런 상처를 입었는지를 그에게 묻자, 그는 불이 나던 아침에 불에 타고 있던 집에서 밖으로 뛰어나왔을 때 군인이 총검으로 찔렀다고 대답했다. 그러고서 그는 다른 다리를 내게 보여주었는데 여러 곳에 시피렇고 누렇게 멍이 들어 있었다. 그것은 또 다른 군인이 갖고 있던 총의 개머리판으로 두들겨 맞아 생긴 것이었다. 이런 남성들이 '나쁜' 사람일 수도 있었겠지만, 나에게 그들은 해가 없는 사람들처럼 보였다. 그들이 진정 나쁜 사람들이었다면 일본인들은 정말로 위험하다고 간주한 다른 모든 사람을 제거해 버렸듯이 그들을 마을에서 제거했을지도 모른다.

나는 다른 집으로 가서 방 하나에 두 명의 남성이 바닥에 누워있는 것을 보았다. 내가 질문을 하자 그들은 일본 군인들에게 엄청 심하게 두들겨 맞아 움직일 수도 없다고 대답을 했다. 내가 기억한 이야기로는, 그들은 마을 밖으로 끌려와서 길가에서 곤봉으로 두들겨 맞았다. 나는 그들의 몸을 보았다. 타박을 당한 곳은 너무나 끔찍했고, 그 남자들은 비참한 상황에 처해 있었다.

교회가 불탄 것에 대하여 어떤 명확한 상황도 알아낼 수 없었는데, 교회에 우연히 불이 붙었는지 고의적으로 불이 붙었는지 나는 알지 못했다.

나는 마을 사람들에게 가서 상처 입은 사람을 병원으로 데리고 갈 준비를 하겠다고 말했는데, 이런 이유로 그들이 내게 말하기를 원했던 여러 이야기를 들을 수 없었다. 그들은 보호해 줄 것을 간청했고, 계속해서 "언제쯤 군인들이 떠날까요?", "언제 사람들이 와서 우리를 도와줄까요?" 등등을 말하며 울부짖었다. 마을 전체가 공포에 휩싸였고, 주민들은 군인들이 다시 와서 총을 쏘기 시작하거나 체포해 갈지 모른다는 끊임없는 두려움에 빠져 있었다.

도대체 이 사람들이 얼마나 놀랄만한 범죄를 저질렀기에 그렇게 난폭하게 대접을 받아야 하는가? 그들 자신도 그 이유를 잘 알지 못했다. 그들이 '만세'를 부른 것은 사실이지만, 모든 한국인이 만세를 부르지 않았는가? 헌병 한 명이 살해당했지만, 이 사건은 수촌리에서 상당히 멀리 떨어진 곳에서 일어났고, 이곳 사람들은 그 사실을 전혀 알지 못했다. 그런데도 이 시골 마을은 헌병 살해 사건 때문에 불타 버렸다. 한 마을을 이렇게 쓸모없이 불태워버리고 수많은 사람이 집을 잃어버리게 한 진짜 이유를 찾을 수 없었다.

일본의 이런 행위는 한국인들의 마음이 일본에 대항해 더 강퍅해지도록 만들고 있다. 사람들은 이제 자신이 어떠한 잘못을 저지르든지 그렇지 않든지 간에 일본인들이 자기들을 죽이려 한다고 느끼기 시작했고, 만약 죽어야 한다면 자기 나라의 해방을 위해 애쓰는 편이 낫겠다는 결론에 도달하였다.

그들이 어찌 되었든지 죽어야 한다면, 말하자면 자신들이 어떠한 형태나 모양으로 정의를 얻는 것이 불가능하다면, 그들 자신이 스스로 법이 정한 한계 안에서 살기 위해 애써야 할 이유가 무엇이겠는가?

추가 기록

이튿날 몇 명의 선교사가 마을을 방문했는데, 경찰이 그곳에 있었기 때문에 사람들은 어떤 것도 말을 할 수가 없었다.

평범한 날의 평범한 일상은 계속 되었고, 멀리서 종은 울리고 있었다. -버튼 Henry Burton

*Presbyterian Witness* 1919. 7. 26

# 한국에 대한 일본제국 조사위원회(E)

 수원에서 행한 잔학한 행위들에 대해 하라 총리가 〈재팬 애드버타이저〉가 공개한 보고서의 정확성을 묻는 최근 질문에 "어느 정도의 사실"이라고 회신을 했을 때 나는 상당히 놀랐다.

 이번 사건 때문에 자신들의 명예가 위험에 처한 하급자들이 총리에게 진실을 숨겨왔다는 것이 꽤 분명하다.

 기사는 모든 중요한 부분에서 사실이다. 최소한 23명이 총에 맞았고, 교회 안에서 불에 태워졌는데, 이 일은 한 중위의 명령으로 일어났다. 여성 두 명이 살해를 당했는데 한 명은 총에 맞았고, 다른 한 명은 군인들이 집으로 돌아가라고 명령했을 때 말을 듣지 않았기 때문에 칼질을 두 번이나 당해 머리가 그녀의 몸에서 거의 떨어져 나가 버렸다.

 군인들은 이웃 동네인 고주리에 사는 김 씨 집으로 가서, 거기에 살고 있던 늙은 부부의 세 명의 아들과 세 명의 남자 손자들 여섯 명을 붙잡아 밧줄로 모두 묶은 다음 총검으로 찔러 죽였다. 그중 가장 나이가 어린 아이는 15세였다. 늙은 남자는 무릎을 꿇고 그들의 목숨을 살려달라고 애원했다. 이 요청이 거부당하자, 군인들에게 자신 또한 죽여 달라고 애설했으나 그 요청마저 거부당했다. 군인들이 사내아이들의 몸을 불태우자 늙은 남자는 불타고 있는 더미 속으로 자신을 던져 넣으려 했지만, 그들은 이마저도 허락하지 않았다. 나는 며칠 전 그 늙은 남성을 보았는데, 그가 미쳐 버린 것은 당연하지 않은가?

나는 그 공개된 보고서가 약 17개의 마을이 불에 탔는데, 어떤 경우에는 몇 채의 집이, 또 다른 경우에는 모든 집이 불에 타서 그로 인해 수백 명의 사람이 집을 잃었다는 사실을 언급했는지는 모르겠다.

군인들이 사람들을 경계하고 서서 그들로 하여금 부서진 잔해를 제거하고 집을 새로 짓도록 재촉하는 것을 보는 것은 이상한 광경이었다. 나는 우연히 사본을 갖게 되었기에, 공식적인 보고서가 이밖에 다른 모든 상황에 대해 어떻게 이야기했는지 알고 있다. 한국의 오랜 관습에 따르면 마을에 불을 붙인다는 게 그 내용이었다.

"경찰이나 군인들이 한 마을에 들어가 범죄자들을 체포하려고 하면 그들은 재빨리 집에 불을 붙인다. 그러고 나면 사람들이 모두 밖으로 뛰어나오고, 범죄자들은 군중과 뒤섞여 잘도 빠져나간다. 이것이 한국인의 오랜 관습이다."

내가 농담을 하는 것이 아니라 우리가 한국에서 알고 있는 고위 군 장교의 말을 여러분에게 인용하는 것이다. 나는 그가 한국인의 습관에 대하여 아무것도 모르고, 자기의 부하 장교들의 보고서를 단순하게 믿고 있기에 그런 말을 한다는 것을 알고 있다. 지난 몇 달 동안 한국에서 2만 6천 명이 체포당했는데, 이 오래되고 이상한 한국인의 관습이 수원지역에 국한되었던 것이다.

〈재팬 애드버타이저〉 보고서가 최근에 1만 1천 명이 두들겨 맞았다는 것을 언급했다고 생각하지 않는다. 결과적으로 얼마나 많은 사람이 죽었는지 알지 못하지만, 나는 두 명의 죽음에 대하여는 확신하고 있다.

하라 총리가 잘못된 기사를 내보낸 신문사들에 대응할 생각이 있다는 점에서 나는 기쁘다. 한국에 준-공식적인 신문들이 있는데 그들이 억압을 받지 않을까 두렵기는 하다. 하지만 일본은 사실을 알아야만 하는데, 일본이 어떻게 그 사실을 알 수 있을까?

영국이 이집트에서 잘못을 저지르고 있었을 때에, 고故 루스벨트Franklin Delano Roosevelt(1882-1945) 대령이 아프리카에서 커다란 맹수사냥을 하고 돌아오는 길에 우연히 그곳을 지나가게 되었다. 영국식 복지가 이루어질 것으로 염원했지만, 현재의 정책이 실패했다고 생각한 몇몇 관료들이 루스벨트에게 말했다. "런던에 가시면 제발 진실을 말해 주십시오. 그들에게 이집트가 파괴되고 있다고 말해 주십시오." 모두가 이후 일어난 일을 잘 알고 있는데, 루스벨트는 런던으로 가서 자신의 유명한 길드홀Guildhall 연설에서 "통치할 것인가, 아니면 철수할 것인가?"라는 말을 영국 정부에 전했다.

루스벨트가 영국을 위해 했던 것처럼 일본을 위해, 즉 일본에 한국에 관한 진실을 말하는 일을 누가 할 수 있을까? 일본의 이익은 여기 한국에서 진실을 발견하는 것이다. 일본이 충격을 받을 수 있고 수치심을 느낄 수 있지만, 어떠한 비용을 치르더라도 일본은 진실을 알아야 한다. 하지만 일반적인 공식

통로를 통해서는 결코 진실을 알 수 없을 것이다.

군인들이 지배하는 한 이러한 분노는 하나의 웃음거리에 불과할지도 모르지만, 이 반도에 거주하고 있는 일본 지배하에 있는 1천 600만 명의 사람들에게는 농담이 아니다. 이것은 그들의 다채로운 역사에 일어났던 일 중에서 가장 중요한 문제이다.

나는 일본을 사랑하고, 의와 정의를 사랑하는 사람들이 한국에 오거나 사절단을 보내어 일본이 한국인의 상황에 대한 진정한 모습을 발견하고 늦었지만, 치료될 만한 일들이 펼쳐질 수 있기를 간청한다.

*The Japan Advertiser* 1919. 7. 1

# 한국인의 마음을 발견하는 것(E)

300년 전에 일본인들은 한국인 장인들을 발견하였다. 화강암으로 이루어진 언덕 깊은 곳에서 값진 광물들을 많이 발견하였고, 총독부의 가까운 동맹자였던 동양척식주식회사는 한국의 논밭이 가진 가치를 점점 알게 되었다. 한국인의 고분과 사찰들에 있는 보물들도 발굴해 빼앗아갔지만, 아직 일본인들이 발견하지 못한 것이 한가지 있는데, 그것은 명석한 일본인들이라도 한국인들 마음 자체를 뚫고 들어가는 것은 실패했다는 것이다. 한국인들의 생각은 여전히 하나의 비밀스러운 것으로 남아 있다. 자기 마음 상태를 여전히 통제하고 있으며, 자기 영혼으로 이르는 길을 통제하고 있다.

이웃 정복자의 문장은 자기 나라 군주의 옷소매, 자기 나라의 주화, 심지어 자기 집에 들어가는 출입문 입구에서 찾아볼 수 있다. 그러나 만약 한국인의 마음이 여전히 그 억압으로부터 자유롭다면, 정복과 동화정책이 실제로 진행되고 있다기보다는 환상에 불과할지 모른다.

한국에서 일본이 실패한 것은 대개 한국인의 마음을 발견하고 얻는 데 실패했기 때문이다. 한국인의 마음을 얻기 전에 발견하기라도 해야 하는데, 일본은 그렇게 하는 것도 실패했다.

현재의 소요는 일본이 한국인의 마음을 알 필요가 있다는 것을 보여준다. 일본인이 한국인이 무엇을 생각하고 있고 오랜 세월 동안 무슨 생각을 해왔는지를 알았다면, 어떠한 소요도 없었을 것이고 최소한 총독부가 갑작스러운 공격을 당하지도 않았을 것이다.

비밀스러운 움직임

독립을 위한 시위가 있기 하루나 이틀 전 밤에 한국인 한 명이 나에게 와서 자신의 몸 깊숙한 곳에서 그 유명한 대한독립선언서를 끄집어내던 것을 기억한다. 나는 상상할 수 없을 정도로 놀랐다. 나는 내가 한국인의 마음을 알고 있다고 생각했지만 그렇지 못했다. 나는 한국인들이 총독부에 대항해 많은 불만을 품고 있다는 것을 잘 알았고, 그러한 불만들을 계속해서 들어왔으며, 언젠가 시간이 무르익으면 속박에서 벗어나 자신들의 독립을 쟁취할 것이라는 이야기를 종종 들어왔다. 그러나 나는 그것이 헛된 꿈이라 생각했고, 한국인들이 그렇게 행동할 도덕적인 용기를 충분히 가지고 있다고 생각해 보지도 않았다.

바로 이 무렵 나는 우연히 일본인 친구를 한 명 만났는데, 그는 한국 학생들을 만날 특별한 기회를 가지고 있었고 그들의 마음을 어느 정도 알고 있을 법했다. 그래서 내가 불안과 소요의 가능성을 언급했지만, 그는 웃어넘겼다.

오히려 그는 한국인들이 일본인의 통치에 만족하고 있다고 말했다. 한국인들은 이전보다 훨씬 더 부유한 생활을 하고 있으며, 독립적인 국가를 가진 생활로 돌아갈 생각을 절대 하지 않을 것이고, 일본인의 손안에서 수많은 이익을 누리고 있다고 말했다. 이 일본인은 한국인의 마음을 알고 있다고 자신했지만, 불과 몇 시간 안에 독립의 함성이 한국 전역에서 솟아오를 것은 알지 못했다.

개선책들

나는 오늘 두 장의 사진을 보았는데 아주 많은 감동을 받았다. 하나는 1910년에 찍은 서대문 형무소 사진이었다. 형무소는 작았고(유일한 장점이었는데), 건물은 보잘것없고 나무로 지어졌는데 뒤에 있는 언덕은 인도와 같이 황폐했다. 다른 사진 하나는 1919년에 찍은 시대문 형무소였다. 건물들은 웅장하고 벽돌로 지어졌고, 형무소 면적은 거의 세 배 또는 네 배로 확장되었으며(유일한 단점인데), 모든 것이 말끔하고, 최신식처럼 보였는데 뒤에 있는 언덕들은 나뭇잎들로 무성했다. 그러나 형무소의 감방은 사람들로 넘쳐 흐를 정도였다. 왜일까? 그것은 일본이 한국인의 마음을 발견하지 못했기 때문이다.

나는 같이 있던 한국인에게 "당신은 이렇게 웅장한 기관과 일본이 행한 모든 개혁조치에 감사하십니까?"라고 물었는데, 그는 "예, 그런데 두 가지 이유로 그것들이 국민들에게 호소력을 갖지 못하고 있어요. 첫째, 한국인들은 지금까지 이루어진 모든 것에 대하여 처음에 약속된 것과 같이 협조해달라는 부탁을 받지도 않았고, 그렇다고 협조하는 일이 허락되지도 않았어요. 그래서 우리는 직접적인 관심이 없어요. 둘째, 이것 중 대부분이 직접적으로는 일본인의 이익을 위한 것이고 한국인의 이익은 부차적인 것이지요."라고 말했다. 그는 "형무소는 좋아요. 그러나 그것은 문어발식 동화정책을 수행하는 하나의 기관에 불과하므로 그렇게 크고 사람들로 가득 차 있는 것이 아닌가요?"라고 계속해서 말을 했다.

좋은 도로라고 해서 일본인과 한국인 모두에게 동등하게 유익이 되는 것은 아니지 않은가? 도로는 몰수된 땅과 강제노역에 근거해서 세워지지 않았나? 철도 역시 일본과 한국에 똑같이 필요했다. 학교, 은행, 조립산업 등 모든 것이 일본이 필요한 것이었고, 심지어 동화정책 아래 진행되었다. 나는 "이것은 사물을 보는 이기적이고 배은망덕한 방법은 아닌가?"라고 물었다.

### 우리는 동반자가 되기를 기대했다

그가 대답했다. "이것들이 모두 좋은 것이고 우리도 그것 모두를 필요로 했지만, 우리는 그러한 방식으로 그것들을 얻고 싶지는 않았어요. 우리는 주고받는 것 모두에 있어서 동반자가 되기를 기대했어요. 한국을 병탄할 때에 평등을 약속받았다는 점을 당신은 기억해야 해요. 도로, 철도, 학교와 은행에서 일본의 이익이 우리의 이익이었고, 그래서 우리는 그것을 얻었어요. 그러나 학무국, 일선 학교, 통신부, 철도사무국, 재무부와 일반 은행의 일자리에서 일본의 이익은 우리의 이익과 충돌을 일으켰고, 그래서 우리는 여기서 원했던 것을 얻지 못했지요. 일본인들이 약속한 모든 부분에서 동반자 관계를 맺으며 그들의 형제와 자매가 되는 대신, 우리는 단지 나무를 베거나 물을 긷는 자들이 되었을 뿐이에요. 그 점에서 우리는 저항을 한 거예요."

일본인들이 한국인들의 마음을 이 정도라도 알아차렸다면 어떠한 소요도 없었을 것이다.

나는 한국의 사정을 잘 안다고 생각하는 한 일본 친구에게 한국의 거의 모든 어린아이가 어떤 특정한 사람을 "자기 나라를 도적질해 먹은 인간"이라고 부른다는 사실을 말해 주었더니 그가 놀라워했다. 그 친구는 한국인들의 마음이 이처럼 과거의 역사에 머물러 있다는 사실을 알지 못했다. 그는 한국인들이 한일 병탄을 자기 모국을 기만적으로 팔아먹는 것으로 인식하고 있다는 사실도 알지 못했다. 그는 보통의 한국인들이 한국이 일본제국의 자녀가 되었을 때 일본을 1,600만 명의 한국인과 수백만 제곱마일의 땅을 도둑질해간 기가 막힌 도둑놈들로 여기고 있다는 사실도 알지 못했다. 이것은 쓰디쓴 약이겠지만 그러나 진실이다. 이것은 필자의 생각이 아니라 한국인의 마음을 알아차리기 위해 알아야 한다.

토지 문제

동양척식주식회사의 활동만큼 한국인의 마음을 주름지게 한 것은 없다. 한국인은 이 회사를 일본인 이민자들을 위해 한국인을 압박해서 그들의 고향 땅에서 몰아내는 거대한 기관으로 생각한다. 그들은 수백 명의 한국인이 매년 간도 지역으로 옮겨가야 한다고 말한다. 몇 주 전 한 작은 마을에서 하룻밤을 지냈는데, 잠자리에 들기 전에 나는 한국인들에게 가까이 가서 대화나 하자고 말했다. 나는 동양척식주식회사가 그 지역에서도 활동하는지를 물어보았다. "그러지요, 그들이 마을 전체를 소유하고 있지요."라고 대답을 했다. 그리고서 나는 각 사람에게 그들이 동양척식주식회사를 왜 그렇게 혐오하는지를 말해 주고, 자신들의 비참함을 명확하게 진술해 달라고 요청했다. 그들은 한국인들이 일본인들 때문에 그 땅에서 쫓겨나고 있다고 말했다. 매년 한 가구, 두 가구, 혹은 세 가구의 새로운 일본인 가정들이 들어와서 지금은 15가구가 되었다고 말했다. 자신들이 옛날에 왕에게 바치거나 자유 계층의 지주가 당시 정부에 바치는 것보다 더 무거운 임대료를 쌀이나 콩으로 그 회사에 물어야 했다. 회사 직원들은 정직하지 않게 임대료를 짜내었고, 사람들이 불평하면 그 땅에서 나가라는 말을 하거나 토지 소작을 보장해 주지도 않았다. 그리고 땅은 쉬운 조건에서 일본인만이 살 수 있었다. 모든 사람이 한국인들은 마치 죽은 사람이나 다를 바 없다고 말했다.

나는 이러한 진술이나 혹은 신문기사에 난 다른 비슷한 진술을 판단하고자 하는 것은 아니다. 그것이 옳은 것일 수 있고 그른 것일 수도 있기 때문에 중요한 것은 아니다. 총독부에 더 중요한 문제는 사람들이 그러한 이야기들을 믿는다는 것이다. 그런 비참한 일이 사실이든 꾸며낸 일이든지 상관없이 사람들에게 미치는 영향은 똑같다. 그들은 문제를 일으키는 회사를 혐오하고, 자신들이 믿기에 정의롭지 못한 일이 계속되게 허락하는 정부를 싫어한다.

결과적으로 저항과 소요가 일어났다. 다시 한 번 우리는 한국인의 마음을 알아차릴 필요를 느낀다. 정처 없이 이야기를 계속할 수도 있겠지만, 일본 정부가 통치하는 사람들의 마음을 알 필요가 있다는 것을 설명하기에는 충분하다.

정부의 무지

어떤 사람은 총독부가 이 모든 것을 알고 있다고 말할지 모르겠지만, 나는 총독부가 알고 있다고 생각하지 않는다. 총독부 관리들의 진술을 보아도 그들이 이 점을 전혀 알지 못하는 것 같고, 총독부가 이 모든 것을 알고 있다면 그것을 해결하려고 시도하지 않았을 리가 없기 때문이다.

그럼에도 불구하고 이 혼란이 지속하는 동안 필자를 계속해서 매우 놀라게 했던 것은 한국인의 마음을 알아가는 작업을 점차 피하고자 총독부가 기울여왔던 노력이다. 한국인들이 자신들의 마음을 보여주려고 아무리 애를 써도 총독부는 그 마음을 보지 않으려고 얼마나 확고한 자세를 취했는지 모른다.

예를 들면, 현재의 소요가 단지 몇몇 소요분자들이나 선교사들이나 불만 있는 학생들의 운동이 아니라 전국적인 운동이라는 것을 공식적으로 부인하는 것을 들 수 있다. 이상한 것은 총독부의 관리들만이 유일하게 이렇게 말한다는 것인데, 나는 백작 '이완용'을 제외하고 그런 견해를 가진 한국인을 만나본 적이 없다.

한국인들은 자신들의 심정을 나타내기 위해 다시금 노력했고, 가게들은 문을 닫았지만, 일본인의 시각에서는 자유를 외치는 한국 시위대의 요구에 일치하는 주장이 없어 보였다. 일본인 관점에서 민세운동은 단지 자신들의 이기적인 이익을 주장하려는 몇몇 소요꾼의 사악한 행위에 불과했다.

한국인들 중에 사탕이나 돈 몇 푼을 보상받기 위해 만세를 외친 사람은 없었고, 자기들의 영혼이 더 큰 자유를 부르짖었기 때문에 만세를 외친 것도 아니다. 그런데 이렇게 외친 수백만의 한국인들이 자신들의 마음을 드러내는 데 실패했다는 것은 얼마나 슬픈 일인가? 한국인들의 마음은 굴 껍데기보다 더 강력하게 닫혔고, 자신들의 마음이라는 안방의 비밀을 지붕 꼭대기에서 공개적으로 다시금 공표하는 데는 10년의 긴 세월이 걸릴지 모른다.

그렇다면 통치자들에게 자신들이 통치하는 사람들의 마음, 마음의 비밀을 아는 것이 갖는 실제적인 가치는 무엇인가? 그것은 모든 부분에서 가치를 갖는데, 현명한 총독부라면 그것이 바르고 합리적일 경우 한국인들의 마음에 맞게 토대를 놓고 그 위에 정책을 세워갈 것이다. 그러한 방법이 혁명이나, 볼셰비즘, 그리고 무정부로부터 정부를 구해 줄 것이다. 이렇게 되면 몇 주 전에 한 정부 관료가 내게 말했던 것처럼 "우리는 한민족을 동화시킬 것이야."라는 말을 하지 못하게 될 것이다. 국민의 마음은 진정한 정치가의 교과서가 되어야 한다.

### 개혁

개혁이 곧 다가오고 있지만, 사람들은 그러한 개혁들이 한국에서 적합한 정부를 세우는 데 과연 성공할 것인지에 의문을 가지고 있다. 개혁조치들이 도움을 받고자 하는 사람들의 마음을 파악하는 것에 토대를 두면 성공을 하겠지만, 그것들이 정치적인 야합 이상 아무것도 아닐 때는 실패가 될 것이다.

마지막으로 일본 정부가 한국인들의 마음을 어떻게 찾을 수 있을지에 대한 가장 중요한 질문에 도달했다. 분명히 말해 스파이 제도를 가지고 한국인들의 마음을 파악할 수는 없다. 일본은 러시아의 스파이 제도를 따랐지만, 러시아에서 그랬던 것처럼 한국에서 완전히 실패했다.

최선의 방법이며 또한 모든 선진국에서 따랐던 방법은 언론의 자유를 통해서이다. 한국인이나 외국인들 모두가 거짓말을 하고, 또다시 거짓말을 하며, 그리고서 이전의 거짓말들을 은폐하기 위해 마지막 몸부림으로 다시 한 번 거짓말하는 신문을 얼마나 혐오하는지 모른다. 너실 선 〈매일신보〉의 편집장이 내 이름으로 기고한 거짓 기사에 대하여 사과를 하면서 "우리는 총독부의 통제 아래에 있기 때문에 진실을 말할 수 없습니다."라고 말했다. 신문이란 국민들뿐만 아니라 정부의 입이다.

집회를 열 수 있는 권리는 언론의 자유를 확보하는 것만큼이나 중요하다. 마침내 군주제를 몰아낸 수많은 폭탄과 같은 힘이 토론에 쓰일 수 있었을 것이다. 국민들이 표출할 수 있다면, 그들은 쉽사리 폭발하지는 않을 것이다.

사람은 자기 친구에게는 마음을 보여주지만, 적에게는 절대로 보여주지 않는다. 일본인이 한국인을 자신의 친구로 만들지 않는 한 한국인을 결코 알지 못할 것이다. 나는 선교사나 사업가가 한국인을 지배하는 당국자보다 한국인의 마음을 더 잘 안다고 생각한다. 공격을 통해서는 사람의 마음을 얻을 수 없다. 꽃이 따스한 햇볕 아래에서 피는 것과 같이 사람의 마음도 우정이라는 따뜻한 영향 아래서 열리기 때문이다.

　한국을 지배하는 자들은 한국어를 모른다는 데서 심각한 결점을 가지고 있다. 만약 당신이 한국어로 말하는 것을 배우는 데 충분한 관심이 없다면, 한국인의 마음의 비밀을 알기 위해 더 나아간다는 것은 힘들 것이다.

　이 글이 산만하게 보일지 모르지만, 나는 몇 가지 근본적인 진실을 담고 있다고 생각한다. 일본이 한국인들의 마음을 동정하고, 더 충분히 알아차리기 전까지는 한국에서 성공적인 일본 통치는 이루어질 수 없을 것이다.

*The Japan Advertiser* 1919. 8. 2

# 한국에 대한 일본의 도전-불가능한 정책(E)

> 서울에 사는 스코필드 박사가 도쿄에서 몇 주간 머무르면서 영향력 있는 많은 일본인과 더불어 한국의 상황에 대하여 논의하였다. 지난주에 공표된 '개혁'에 대한 그의 입장이 이번 기사에 실리고 내일까지 이어질 것이다. 스코필드 박사는 일본인과 한국인들의 친구로서 기고했는데, 그는 한국과 일본의 국가적 운명이 하나로 결합하여야 한다고 인식하지만, 동화정책은 실수이고 불가능한 정책이라고 믿고 있다.

  일본 총리가 이제 막 발표한 '한국의 개혁'은 한국에 대한 최후통첩이나 다를 것이 없다고 생각할 수 있다. 한국 전역에서 울려 퍼진 '만세'라는 울부짖음은 한 가지 분명한 뜻이 있는데, 그것은 말살과 동화정책에 대항하는 한국의 저항이었다. 일본은 "우리는 계속해서 당신들을 동화시킬 것이요."라고 한국인의 분노에 분명한 어조로 답하고 있다. 이렇게 대답한 것은 일본이 엄청난 실수를 저지른 것이다. 한국인들은 빵을 요구했지만, 돌을 되받았다.

  더 나아가 일본은 현재 한국인들의 정신을 전혀 모른다는 것을 스스로 보여주었다. 한국인의 민족 정신이 가장 보잘것없던 10년 전에도 동화정책이 실패했다면, 민족정신이 홍수처럼 몰려오고 있는 현재에 같은 정책이 성공할 수 있을까? 10년 전 한국에서 일본의 문제가 1,600만 명의 조직화되지 않은 반역자들을 동화시키는 것이었다면, 오늘날의 과제는 1,700만 명의 조직화된 반역자들을 동화시켜야 한다는 것이다.

1천 명 이상이 죽고, 1천 5백여 명이 다쳤으며, 1만 3천 명이 태형(일본 경찰, 헌병이 한국인을 때리는 형벌)을 받았다. 2만 6천 명이 체포되었고, 1천 7백 명이 집을 잃었으며, 1천 7백만 명이 공포에 휩싸였다. 이 모든 것이 동화정책이라는 두려운 악몽에서 벗어나겠다는 희망 가운데 생긴 것이다. 이 모든 사태에 직면해서 한국이 그러한 도전을 순수하게 받아들이고 굴복할 것인가, 또는 전에 볼 수 없는 커다란 열의를 가지고 투쟁에 나서서 일본의 물리적인 힘에 대항해 한국인의 정신적인 힘을 모을 것인가? 새로운 한국을 깊이 있게 아는 사람만이 대답할 수 있을 것이다.

도쿄의 무지

나는 도쿄에서 한국의 상황을 알고 있다고 자부하는 몇몇 지도급 인사들과 함께 한국상황에 관해 이야기를 한 적이 있다. 사소하고 잔학한 행위들은 상당히 알려졌고 총체적인 권력남용과 악명 높은 형태의 인종차별에 대하여도 많이 알려졌지만, 새로운 한국의 정신에 대해서는 거의 알려진 것이 없었다. 한국인에 대하여 많이 알고 있었지만 진정한 한국인 자체에 대해서는 거의 알지 못했다.

예를 들면, 경찰이 남학생들의 선두에 서서 행진을 하던 젊은 한국인 교사에게 '만세'를 외치는 것을 중단하던가 그렇지 않으면 칼을 받으라고 명령한 사실은 지금에서야 알려졌다. 그 젊은 교사는 다시금 소리를 질렀고 치명적인 상처를 입고 쓰러져서도 "당신들은 내 육신은 죽일 수 있어도, 독립의 정신은 죽일 수 없소, 만세!"라고 소리를 질렀다. 경찰의 구타로 죽어갔던 다른 젊은 남성은 자기 손가락 끝을 물어뜯어 피로 '독립, 만세'라는 구호를 쓰려 했다.

현재 한국인의 정신을 보여주는 이러한 수많은 이야기는 도쿄에 있는 일본 정부에 알려지지 않았다. 일본 정부는 한국에 있는 자기들의 수하들이 보내온 보고서에 너무 깊이 의존해 있다. 결과적으로 일본정부는 호도되었으며, 교묘하게 속고 있다.

예를 들어, 조선총독부는 한국인의 소요가 전국적으로 일어난 운동이나는 것을 섣내 인성하지 않고 사실을 꾸준히 부정해 왔다. 그들은 또한 약 400여 명이 죽었다고 추산했으나 본국에 있는 많은 사람은 이런 잘못된 진술과 다른 여러 진술을 불행히도 믿고 있다. 이러한 무지함은 그러한 개혁이 왜 한국에 제시되었는지를 부분적으로는 설명해 주고 있다. 나는 기득권을 가진 사람들이 행여나 일본 정부로 하여금 한국의 개혁에 온화한 견해를 밝히도록 촉구했는지 궁금했다.

영국 정부는 민주주의가 좀 더 발전하면 인도가 멸망할거라고 자신하던 자본주의자들의 유언비어에 어리석게 귀를 기울였고, 이 때문에 인도 내의 문제가 일정 부분 발생했다는 점은 흥미롭다. 로데스 회사Rhodesian Chartered Company와 관련된 비슷한 소식이 남아프리카에서도 들려오고 있다.

나는 자치정부를 가진 한국에서 동양척식주식회사가 무엇을 할 수 있을지 궁금하다.

동화와 차별

동화란 진정 무엇을 뜻하는 말인가? 사람들은 그 단어의 의미를 생각하지도 않은 채 입만 나불거린다. 동화란 사회적인 권력을 가진 모든 위치에서 한국인을 제거하는 것을 의미한다. 권력이 없으면 반대하는 것도 있을 수 없다. 한국인의 언어, 한국 역사책들, 그리고 한국의 관습들은 모두 없어져야 한다. 전국에 걸쳐 신사가 건립되어야 하고, 제국주의적인 정신이 학교에서 고양되어야 하고, 새로운 언어인 일본어가 가정집에 도입되어야 한다. 그러면 거의 자동으로 환자들은 핏기가 없이 창백해지고 쉽게 휘둘리는 상태가 되어, 모형을 떠서 일본식으로 만들 수 있는 일종의 인간 점토가 된다. 한국인들은 그러한 정책을 완강하게 반대했다.

이제 잠시 민족차별로 눈을 돌려보자. 먹는 것이 생존에 필수적인 것과 같이 민족차별은 동화정책에 필수적이다. 민족차별은 동화정책을 수행하는 과정에서 우연히 생겨난 것이 아니다. 민족차별은 동화정책의 핵심 정신이고 본질이다. 민족차별과 동떨어진 동화란 불가능하다. 동화정책에 있어 민족차별은 특별한 도구라 생각해야 하는데 여기서 말하는 동화는 물론 강요된 동화를 뜻한다.

몇 분만 생각해 보아도 당신들은 이 점에 동의할 것이다. 그런데 당신을 죄악처럼 증오하면서 동화시키려는 목적까지 가지고 있는 사람들에게 언론의 자유, 출판의 자유, 정치적 자유와 같은 모든 권리를 부여한다면 당신이 그들을 동화시킬 수 있을 것으로 생각하는가? 동화되어야만 하는 자들이 동화시키려는 자들과 동등한 권력과 기회를 얻게 된다면 당연히 동화되어야 하는 자들은 동화되는 대신에 즉각 자신들의 독립을 선언할 것이다.

한국인에 대한 모든 차별을 제거하는 것과 동화정책을 유지하는 것을 동시에 논하는 것은 어리석다. 한국인들에게 언론의 자유란 '만세'를 외칠 수 있는 자유일 것이다. 한국인들에게 출판의 자유는 〈독립신문〉을 매일 발행할 수 있도록 허락하는 것일지 모른다. 이러한 것들이 부여되지 않는다면, 한국인은 차별을 받고 있는 것이다. 한국인들을 동화시키기 위해서는 한국인의 모든 순수한 이상과 열망을 일본적인 열망과 정신으로 바꾸어야만 한다. 한국에서 문제의 뿌리는 일본의 차별이 아니라 동화정책이고, 일본이 이런 정책을 고집하는 한 개혁조치들과 칙서들은 똑같이 무용지물이 될 것이다.

### 예전의 동화정책

데라우치寺內正毅 총독은 그러한 정책을 잘 이해하고 많은 진전을 이루었는데, 사실 그는 한국인들을 동화시키는 데 거의 성공할 뻔했다. 그러나 그는 민간정부로부터 충분한 지지를 받지 못했기 때문에 실패했다. 그리고서 하세가와長谷川好道 총독이 왔는데 자신의 전임자처럼 대단히 성공적인 동화정책을 펼치지는 못했지만 같은 정책을 따랐다. 결국, 그도 민정의 도움을 얻지 못해 어려움을 겪었으며, 이것은 하세가와의 직접적인 실패의 원인이었다.

이 총독들이 펼친 정책에서 내게 가장 심각한 충격을 준 것은 학무국(일본이 한국의 문교, 종교, 사회 행정 관장을 위해 설치한 행정조직)의 정책이었다. 교육과 동화란 동시에 나란히 존재할 수 없음에도 불구하고 그들은 어리석게도 그 일을 시도했으며, 결과는 당연히 실패로 끝났다.

우리는 누구에게 이런 실패의 책임이 있다고 보는가? 모두가 군국주의자를 비난한다. 군국주의자였던 그는 은으로 된 한 쌍의 꽃병들 외에 모든 것을 빼앗기고 수치를 당했지만, 총독의 동화정책 프로그램을 망친 자들은 아직도 공직에 남아있다.

현재 한국의 움직임을 주시해 온 사람이라면 누구나 한국인들이 무지하고 교육을 받지 못한 채로 남아있었다면 그런 문제들이 확실히 발생하지 않았을 것이라고 인정할 것이다. 동화정책의 근본적인 조건은 교육을 억압하는 것인데, 그럼에도 불구하고 한국에서 국립학교는 매년 증가하고 있다.

거의 모든 한국의 젊은이들은 가장 위험스러운 '민족자결주의 원칙'을 알고 있다. 그들은 세계대전의 의미를 이해한다. 한국인들은 표현의 자유를 열망하는 그들 뒤에 동정적인 사회여론이 있다는 것을 또한 깨닫고 있다. 그들은 심지어 독립국이 된 폴란드와 팔레스타인의 유대 국가에 대하여도 들어보았을 것이다. 그것이 동화정책이 실패한 진짜 이유이다.

한마디로 말해 이전의 동화정책이란 한국인들에게 꽉 쪼인 구속복straight jacket을 입혀 헌병과 경찰과 스파이들로 하여금 주의 깊게 감시하게 하는 것이었다. 불안감을 느끼는 약간의 기미만 보여도, "더 꽉 조이라."는 명령이 떨어진다. 다른 말로 하자면, 꿈틀거리는 생명체는 동화될 수가 없어서 몇 가지 더 심한 차별을 가해야 했다. 동화라는 꽉 조이는 구속복을 적절하게 사용하여 전문적인 군국주의자가 이를 시행했다면, 동화는 실제로 이루어졌을지도 모른다. 동화정책의 성공을 위한 두 가지 요소는 첫째, 그 정책이 군국주의자에 의해 독단적으로 수행되어야만 하고, 둘째 개혁의 본질이 아닌 오직 억압 외에는 어떤 것도 환자에게 허락되어서는 안 된다는 것이다.

새로운 동화정책

새로운 개혁이라는 것이 동화정책을 유지하고 있다는 것을 알고 많은 사람은 충격을 받았다. 그러나 개혁가들은 자신들이 모든 형태의 차별을 제기할 것이라고 선언했다. 이것은 "나는 싸움을 계속할 예정이지만, 총알 하나도 부대에 지급되지 않게 엄격한 명령을 내릴 것이다."라고 한 장군의 말과 매우 흡사하다. 이는 곧, 교도관들은 사라질 것이고 그들이 쓰던 억압수단들은 폐지될 것이지만, 불쌍한 한국인은 조이는 구속복에 남겨져 있어야 한다는 것을 뜻한다.

헌병들이 사라질 것이며 인종차별은 중단되리라는 것은 성명서에도 분명하게 나타나 있다. 환자들이 이전보다 훨씬 더 난폭하게 꿈틀거린다면, 꿈틀거리지 못하게 하는 구속복도 폐기될 것이다. 여기서 무슨 일이 일어날지를 지켜보는 것은 흥미롭다.

개혁가들은 한국 내의 문제의 원인은 동화가 아니라 민족차별이라고 분명하게 믿는다. 얼마나 잔악할 정도로 근시안적인가! 우리는 환자들이 '해를 끼치지 않는다는' 구속복에 묶여 있는 동안 개혁가들이 아래와 같이 처방한 것을 본다.

"땀띠 방지 가루Talcum Powder와 부드러운 비누를 같은 용량으로 처방한다. 헌병들이 학대하여 부어오르거나 민족차별을 과도하게 적용하여 분노한 부분들에는 '구속복을 입은 채' 이것을 바르도록 한다."

새로운 행정부 하에서 동화정책을 유지하는 것은 새로운 술을 헌 부대에 부어 넣으려는 옛 시대의 실수와 같다. 부대가 터지는 것을 막으려면 두 가지 방법 중 한 가지를 취해야 하는데, 교도관을 다시 불러들여 그들이 사용하던 옛 방법을 강하게 밀어붙이든지, 아니면 동화정책을 폐기하는 것이다. 동화라는 꽉 조인 옷은 군국주의의 도구이며, 점증하고 있는 민간정부에서는 설 자리가 없다.

### 동화정책에 대한 논쟁

총리의 다음과 같은 말에서 동화정책을 계속하는 것에 대한 진일보된 논쟁을 찾아볼 수 있다. "한국은 지리적으로 일본 본토와 하나로 연결되어 있고, 한국과 일본인들은 인종과 예절과 관습과 정서에서 서로가 밀접하게 연결되어 있다."

만약 이러한 말이 사실이라면, 한국과 일본은 자발적으로 하나가 될 것이고, 그 어떤 것도 서로가 상대방에게 이끌리는 것을 막을 수 없을 것이다. 그런데 우리가 보고 있는 상황은 어떠한가? 우리는 동화정책이 한국을 칼과 총검 끝으로 몰아세우고 있는 것을 본다. 한국인들이 학살당하고, 감옥에 투옥되고, 구타당하는 것을 본다. 나라 전체가 일어나 '만세' 소리로 이와 같은 잔인한 동화정책에서 풀려나고 싶은 열망을 온 세계에 선포하고 있다.

나는 '정서적 유사성'의 증거를 보고 싶다. 만약 이 두 나가가 그렇게 유사하다면, 한국인이 일본에 와서 몇 년을 살아도 일본에 동화되지 않고 하얀 옷을 입고 초가집에서 한국인으로 살아가는 것은 왜일까? 만약 일본 내에서 한국인을 동화시키기에 충분하지 않다면, 일본인이 한국에서 더 많은 변화를 이끌어낼 정도로 영향을 미칠 수 있을까? 일본에서 올해에만 일본인과 한국인 거주민들 사이에 20번이 넘는 싸움이 있었고, 그들 중 많은 경우가 심각한 싸움이었다는 사실을 수상은 알아야민 한다.

사례들

하라 수상이 한국 문제를 해결하려고 시도했던 것처럼 당신이 결별 사건을 해결하는 이혼 법정에서 재판한다고 가정해 보라. 그 결혼은 사랑해서 이루어진 것이 아니라, 두 가문을 결합하기 위해 부모들이 주선한 것이었다. 결혼을 주관하는 성직자의 조언에 따라 부부는 한몸이 되려고 10년 이상 지속적으로 노력했다. 남편은 처음에는 사랑과 순간순간 선물로 자기 아내를 동화시키려고 노력했지만, 그렇게 하는 데 실패하자 아내를 구타해서라도 동화시키려고 했다. 아내는 처음에 남편의 괴상한 행동에 적응하려고 애를 썼지만, 마침내 포기하고 가능한 모든 경우에 자신의 독립을 주장하면서 지난 3개월 동인을 보냈다.

이제 재판관의 현명한 판단을 들어보자. "부인 J의 출생지가 요크셔이고 당신의 남편 J는 요크셔에 가까운 랭커스터의 토박이라는 증거가 보여주듯이, 당신은 남편과 지리적으로 하나되어 있다는 사실을 기억하기를 바랍니다. 더군다나 남편 J에게 약간의 켈틱 민족의 피가 섞여 있는 것을 제외하고는 두 분 다 앵글로-색슨 족이라는 점에서 서로가 밀접하게 연결되어 있습니다. 나아가 제출된 증거는 각자가 집안의 가장이 되려고 열망한다는 점에서 생활태도도 유사하다는 것을 보여줍니다. 습관에서도 두 분 다 채식주의자이고 쌀을 많이 먹고 차를 마신다는 점에서 분명히 비슷하다고 나는 믿습니다. 내게는 당신들의 정서적인 측면도 같아 보이는 것 같은데, 그렇지 않으면 당신들이 어떻게 이 행복한 결혼생활을 같이해 올 수 있었겠습니까? 이 사건을 종결하는데 나는 당신들 두 분이 모든 차별을 내려놓고 너그럽게 사랑하기를 권고하고자 합니다. 그리고 J 씨에게 구타와 화를 나게 하는 사소한 일들을 중지할 것을 권면합니다. 그러면 당신의 좋은 아내가 목청을 돋우는 일이 없을 것임을 확신합니다. 당신의 말마따나, 분노한 고함은 단지 당신의 귀를 먹먹하게 만들고 계속할 경우 아내의 목소리를 완전히 잃어버리게 할 뿐입니다."

만약 이러한 해결책이 성공적일 수 있다면, 한국 문제에 대한 하라 수상의 정책도 성공적일 것이다.

*The Japan Advertiser* 1919. 8. 26

# 캐나다 또는 아일랜드 조사의 필요성(E)

 식자공들이 때때로 실수하는 것처럼 총리의 말에도 그런 실수가 스며들어 있는 것 같다. 인쇄된 글은 다음과 같다. "일본인과 한국인 양자 사이에 같은 군주를 가진 충성스러운 백성들로서 정치적인 차원이나, 사회적으로나, 또는 다른 경우에서 어떠한 차별이나 불평등이 존재하는 것을 허용할 수 없다. 이런 고려는 한일병합 시기에 포고된 일본제국의 칙서나 방금 게재된 신문에서 변함없이 유의사항으로 in view 등장하고 있다."

 단지 글자 하나에 실수가 생겨 i(in)를 o(on)로 대체시킨 것인데, 고려사항이 유의해 보는 것(in view)이 아닌 전시용(on view)으로 간주되어 온 것이다. 그런 고려사항이 유의사항으로 간주되어 왔다고 말하는 것은 진실과는 동떨어진 것이다. 모든 행정은 차별을 위한 것이고, 모든 것이 불가능한 동화정책 때문에 생긴 것이다.

 나는 미즈노 水野錬太郎 정무총감, 사이토 齋藤實 장군과 이런 개혁을 논의하면서 현재 행정부의 극악한 유린 때문에 그들이 얼마나 충격을 받았는지를 알았고, 그들은 하라 수상같이 차별의 근저에 있는 모든 악을 뿌리 뽑기 원하지만 동시에 모든 악의 진원지인 동화정책을 유지하기를 원한다는 것도 알 수 있었다. 그것은 흡사 똥 더미에는 전혀 신경을 쓰지 않으면서 파리를 없애겠다고 시도하는 것과 같았다.

한국을 위한 자치정부

 한국을 위한 자치정부는 그러한 문제에 유일하게 타당한 해결방안이다. 카토 자작은 이를 깨닫고 자치정부 정책을 채택할 것을 자문했다. 그러나 일본은 한국이 자치정부를 가지면 종국에는 독립으로 이어질 것을 두려워하여 카토의 제안을 거부했다. 이것은 필연적인 결과가 아니라, 오늘날 두 민족 사이에 존재하는 증오가 계속되도록 내버려 두었을 때 나타날 결과이다.

 영국은 자치정부를 가진 많은 식민지를 가지고 있고, 그들 중 하나인 캐나다는 어느 일정 시점에 독립문제를 논의했다. 영국은 만약 캐나다가 진정으로 자신이 독립하기를 바란다면 독립을 획득할 수 있다고 회신했다. 그런데 캐나다는 그 제안을 거부했다.

 한국은 시간이 지나면 한 국가로서 정당하게 대우를 받을 것이다. 이것이 동화이든, 자치정부이든, 또는 독립이든지 간에 일본은 그런 사실을 인정해야 할 것이다. 한국을 관대하게 대하는 것이 일본에도 이익이 될 것이다. 만약 한국이 현재 조치들에 대하여 지불하고 있는 만큼 한국의 모든 개혁조치에 대하여 동일하게 무거운 세금을 지불해야 한다면, 한국은 일본에 치명적인 적이 될 것이고, '동화'가 되었든지 독립이 되었든지 심각한 위협이 될 것이기 때문이다. 이점이 일본이 고려해야 할 가장 중요한 것이다.

 영국은 언젠가 아일랜드가 요구하는 것 대부분을 들어 주어야 할 것이다. 아일랜드의 요구를 좀 더 일찍 들어주는 것이 훨씬 더 현명한 정책이었을지 모른다. 그들의 요구를 들어주었다면 영국은 아일랜드와의 우호 관계를 유지할 수 있었을 것이다.

지난 10년 동안 한국은 엄청난 것을 얻었고, 사실상 새로운 나라가 되었다. 그런데 일본이 얻은 것은 무엇인가? 한국의 독립 혁명밖에는 아무것도 얻지 못했다. 또 다른 10년이 끝날 무렵에 한국은 틀림없이 또 하나의 엄청난 진전을 이룰 것이다.

일본의 현재의 정책이 한국에서 일어날 수 있는 두 번째 혁명 이상의 어떤 것을 한국에 제공할 수 있을까? 독립과 관련해서 일본이 독립의 도덕적 권리를 가지고 있듯이, 한국은 다른 어떤 나라도 천부석이고 도덕적 권리를 갖고 있다는 사실을 알 만큼 확실하고 충분히 성장하였다.

한국은 자신의 권리를 박탈당해서 독립국이 되는 권리를 상실했다. 그러나 만약 한국이 자신의 잃어버린 권리를 되찾고, 새로운 나라가 되어 국제사회의 일원으로 복귀하기에 충분하다면 어떤 도덕적인 근거로 독립 자격을 보류할 수 있을 것인가?

죄를 범하고 타락한 국가가 영원토록 처벌받는 것은 아니다. 한국은 독일처럼 끔찍한 방법으로 국제사회에 대항해 죄를 짓지 않았으나, 그럼에도 불구하고 독일은 독립국으로 남아 있고 세계의 여러 나라가 독일을 먹이고 입히는 일을 돕고 있다. 그러나 이는 필요 이상으로 훨씬 앞서 나가는 조치들이다.

한국인들에게 있어 자치 정부가 갖는 위대한 가치는 자치정부가 다른 어떤 개혁 수단들보다 훨씬 더 많이 민족적 차별로부터 정의와 자유를 보존해 줄 것이라는데 있다. 한국인들은 무자비한 불의에 의해 고통을 당하고 있는데, 한국인이 자기 나라를 통치하는데 실질적인 권력을 갖게 될 때에야 그것은 중단될 것이다.

인도에서 영국 정부가 성공한 것은 인도인이 자신들의 국가 정책을 상당 부분 직접 운영할 수 있게 허락했기 때문이다. 인도에서 영국이 실패한다면 이러한 정책을 충분할 정도로 수행하지 못했기 때문일 것이다. 영국은 전체 공무원 조직에서 단지 1천2백 명의 백인들이 3억이 넘는 인구를 통치한다.

데라우치는 한국에 있는 일본인 거주자들의 무례하고 불친절한 행동들에 대한 자신의 정책에 위험스런 요소가 있다는 것을 알았다. 나는 총독의 1914년의 보고서를 인용한다.

"그런데 한일병합에 앞서서 한국인들에 대하여 스스로 매우 오만하게 행동하고, 한국인들을 거의 존중하지 않고 대하는 일본인이 조선에 적지 않다는 말을 들을 수 있었다. 총독인 나는 한국인들을 대하는 일본인의 입장에서 그러한 태도가 고쳐지지 않고 남아있게 된다면, 한국인은 일본인들에 대하여 나쁜 감정을 고착시키게 될 것이고 양국 사이에 긴밀한 관계를 맺는 데 있어 큰 걸림돌이 될 것으로 생각한다."

데라우치는 예언자였다. 일본인들의 그런 행동은 계속되었고 한국에서 지금의 문제를 일으키는 데 이바지 했다.

칙서나 포고령들이 일본인들의 한국인에 대한 이런 불손한 태도를 변경시키는데 아무런 역할을 못 할 것이다. 유일한 희망은 자치정부 안에 있다.

### 헌병대의 제거

최근 헌병대와 관련이 있는 한 고위 관리가 "우리는 곧 제복을 바꿀 것이오."라고 말했다. 이러한 일에는 아주 실제적인 위험이 있다. 정부는 헌병들이 경찰로도 복무할 수 있으나, 정규경찰이 모집되는 대로 헌병들은 경찰부서에서 나갈 것이라 말했다. 이는 어떤 경우에서라도 행해져서는 안 된다. 헌병이 경찰력에 들어가게 된다면 정규경찰을 모집하는 일은 헌병을 대체할 만큼 결코 활발하게 전개되지 않을 것이다. 헌병을 6개월 정도의 기간을 두고 없애는 것이 훨씬 더 나은데, 그 정도 기간이면 경찰을 충분히 모집할 수 있기 때문이다.

경찰의 권한 또한 축소되어야 한다. 한 사람을 체포하고, 재판하고, 형을 선고할 권한을 가진 경찰을 생각해 보라. 이것은 경찰의 '즉결 처분'이라 불리는데, 1916년에서 1917년까지 경찰은 8만 2천 명이 연관된 5만 6천 건을 그런 식으로 처리했고, 그중 8만 1천 명이 넘는 숫자가 형을 선고받았다. 사람들이 헌병뿐만 아니라 경찰을 두려워하는 것이 놀랄만한 일이 아니다.

재판을 기다리는 한국인의 숫자는 1910년에 631명에서 1916년 15,259명이라는 엄청난 숫자로 증가했다. 유죄판결도 같은 기간 동안 6,290명에서 17,577명으로 증가했다. 이는 한국인들에게 유일하게 가능한 안전책은 자치정부의 통솔에 있다는 사실을 강조하는 것이다.

### 한가지 긍정적인 **부분**

한국에서 저질러진 범죄들을 조사할 필요가 있다고 한 하라 수상의 말은 개혁의 모든 범주에서 한가지 긍정적인 부분이다. 그러한 조사는 고위급으로 이루어진 조사단을 한국에 보내야만 가능할 것이다. 한국인들, 일본인들, 외국인들이 그러한 조사단 앞에서 증언할 수 있어야만 하기 때문이다. 만약 그와 같은 조사가 이루어지고 가해자들이 적절히 처벌된다면 좋은 인상이 한국 안에서뿐만 아니라 영국과 미국에서도 생길 것이다. 한국인들은 "좋네요. 마침내 나는 일본에 의해 정당하게 대우를 받고 있습니다. 우리 한국인들에게 신경을 써 주는 몇몇 일본인들이 확실히 있습니다."라고 말할 것이다.

수원 사건은 한국의 이쪽 끝에서 저쪽 끝까지 저질러진 모든 악한 행위 중에서 작은 부분에 지나지 않는다. 남성, 여성, 어린이들이 등에 총을 맞았고, 집으로 기어들어 간 다음에 죽었으며, 많은 곳에서 일본인들은 상처를 입은 사람을 치료해 주기를 거절하거나 그들을 그냥 내버려뒀다. 팔과 다리가 부러져 부상을 당한 사람들이 18명이나 있었는데 경찰 소속 의사가 인근에 살고 있었지만, 22시간 동안 어떠한 치료도 받지 못한 것을 나는 알고 있다. 3일 동안 물 한 모금 주어지지 않아서 부상을 당한 남성들은 자신들의 오줌을 마셨다. 나는 여성들이 나무에 묶인 채 아침부터 밤까지 맞고 발로 차인 것을 알고 있다. 나는 정부 당국이 기독교인들을 구타하고 교회들을 불태우거나 교회를 몰수하여 기독교를 뿌리 뽑으려 했던 지역을 알고 있는데, 한 곳에서는 교회를 몰수해 국립 초등학교로 바꾸어 버리기도 했다.

세계 주일학교 대회가 도쿄에서 열린다는 소식을 듣고 상당히 우스웠다. 한국에서 교회 재산에 가해진 손실은 6만 엔에서 7만 엔에 달했는데, 한국인들은 그렇게 부유한 사람들이 아니다. 그러나 하라 총리가 이러한 모든 잔혹 행위들을 조사하리라는 것은 무척 고무적인 일이다. 이것이 개혁에 있어서 한가지 긍정적인 점이다.

*The Japan Advertiser* 1919. 8. 27

# 새로운 정권에 대한 비평적이고 건설적인 검토(E)

 다음은 비평가의 관점에서 이전 정권의 잘못들을 담대하게 파헤치고 한국인들의 비통함을 치유하기 위한 새로운 정부의 노력을 솔직하게 파악하려는 총독부의 현재 상황을 묘사하는 짧은 연재 기사 중의 첫 번째이다.

 편안하게 앉아서 새로운 정부가 도입한 개혁들에 대하여 비평문을 쓰는 것은 비교적 쉬운 일이지만, 현재 한국을 통치하는 것은 아일랜드를 속국으로 만들거나 인도에 평화를 가져오는 것과 충분히 비교할 만한 일이다. 그 어떤 일본 정치인도 한국을 통치하는 사이토 총독보다 더 복잡하고 어려운 문제에 직면했던 사람은 없었다. 사이토 총독은 내부적으로는 실행 불가능한 통치방법인 동화정책에 의해 비판받는 한편, 보수적 정치인들과 테러리스트 같은 경찰, 극단적인 애국주의적 성향의 언론인들로부터도 비난을 받고 있으며, 외부적으로는 아직도 소요를 일으키면서 여전히 극단적인 개혁을 요구하고 있는 한국에 의해 어려움을 겪고 있다.

 새 총독은 기술적으로는 효과적 수단이라고 말할 수 있을지 모를 동화정책에 대한 통제권을 갖게 되었다. 하지만 실제로 동화정책은 기본적인 것부터 세부적인 면까지 완전히 망가져 있고, 비효율적이고 비도덕적이며 실행 가능성도 없으므로 폐기해야만 한다.

개혁정책이 성공하기 위해서는 단순하게 기술적인 변경이나 사소한 조직의 변화를 넘어선 것 이상이 필요하며, 전체적인 통치 정책과 관련해서 급진적인 변화가 필요한 상황이다. 흥분한 국민들의 분노를 달래 주어야 하고, 비관주의로 깊이 물들어 있는 국가에 희망을 심어야 한다. 민족의식의 증거인 새로운 정신에 어느 정도 표현의 기회를 부여해 주어야 하고, 무엇보다 신뢰가 고취되어야 한다. 빈번한 불의와 속임수의 결과는 의심과 불신뿐이다.

새로운 정부의 다음 결과가 어떻게 될 것인지를 이렇게 초기 단계에서 예측하는 것은 불가능하며, 더군다나 그것은 필자의 목적이 아니다. 이 기고문은 중요한 개혁적 수단들에 관한 정확한 설명을 제시하고, 같은 문제에 대하여 중도적인 한국인의 관점을 소개해 나갈 목적으로 쓴 것이다.

**입장과 전망**

한국의 개혁조치에 대하여 많은 대중적 관심이 쏟아졌고, '아마 곧 실행될', '금방 실행될 찰나에 있는', '적절한 시기에 실행될'이란 제목으로 변화에 대해 많은 기사가 쓰이고 발언되었다. 그러나 어떠한 개선책이 이루어졌는지, 그것이 어떻게 진행되었는지에 대한 묘사에만 그칠 뿐, 무엇보다 중요한 한국인들이 개선책의 결과를 어떻게 받아들였는지에 대해서는 그 어떤 분명한 설명도 없었다. 일본인의 관점에서 개혁이 성공적이라는 것은 근본적인 동화정책을 더 깊숙이 수행해야 한다는 것을 의미하며, 반면에 한국인의 차원에서 볼 때 성공적인 개혁은 동화정책을 약화하거나 좌절시키는 것을 의미한다. 이것을 우리가 기억할 때 우리는 개혁가가 직면한 문제의 복잡성을 이해할 수 있다. 그리하여 동화정책은 일본인 정부와 한국 국민 모두에게 다른 방식으로 개혁의 시금석이 되고 있다.

한가지 차원에서 일본의 모든 개혁은 본질상 도박과 흡사하다. 만약 개혁조치들이 정부 정책을 강화하는 쪽으로 기능하지 못하면 그것은 단지 한국인들 수중에 들어 있는 총알과 같아서 한국을 보다 강력하고 지능적인 일본의 적으로 만들어 버릴 것이기 때문이다. 정부관계자들도 이 상황을 잘 이해하고 있고, 이런 상황은 많은 불안과 경계와 두려움의 원인이 되어 몇몇 개혁조치들을 특징지어 주었다. 일본인들의 개인적인 착취는 제쳐놓고서라도 최근 한국의 무단정치는 제국주의적 관점에서 보면 실패로 끝나버렸다. 인력과 재정과 정보를 많이 지출한 후에 일본인들은 값비싼 혁명을 되돌려 받았고, 반면 한국인들은 무질서하고, 무지하고, 반역적인 나라에서 계몽되고 조직되고 통합적으로 변화되어갔다. 일본의 한국 통치의 다음 10년은 현재 개혁조치들의 효과에 따라 상당 부분 결정될 것이다. 이제 이러한 개혁조치들이 무엇인지를 살펴보고자 한다.

### 탁월한 선택

필자의 생각에는 한국통치와 연관되어 가장 가치가 있는 변화는 사이토를 총독 자리에 임명한 것이다. 임명소식이 알려지자 문관 출신 대신에 해군 장교 출신이 총독에 임명되었다는 사실에 상당히 많은 비판이 제기되었다.

외교적인 관점에서 볼 때 그의 임명은 어리석은 커다란 실수였으며, 문관 출신의 총독을 기대해 왔던 한국인에게는 실망감을 안겨준 것이었는데, 이러한 불리한 입장에도 불구하고 사이토 총독은 그와 개인적으로 접촉해 본 많은 한국인의 신뢰와 존경을 얻고 있다는 점에서 이미 성공하고 있다. 변화는 조슈번長州藩출신 육군 장교[하세가와 총독]에서 사쓰마번薩摩藩출신 해군 장교로 바뀐 것이 아니라, 반동적인 군국주의자에서 온화하고 민주적인 경향의 관료로 바뀌었다는 점이다.

어리석은 동화정책이 자유로운 통치자를 열망하는 한 인간의 진전을 방해하고 제한하는 것은 안타까운 일이다. 시간이 걸릴 수 있지만, 최고 통치자의 정신이 하부 구성원들과 모든 총독부 조직에 스며들어 마침내 더 큰 자유의사의 정신으로 변해갈 것이다.

편의상 여기서 언급할 수 있는 중요한 개혁조치란 이전까지 해 왔던 대로 총독을 천황 아래 놓을 뿐만 아니라 의회의 책임 아래 놓아두는 것이다. 내가 이러한 개혁의 가치를 한국인 친구에게 말했더니, 그는 "야마가타山縣有朋 대신과 원로정치인들이 살아있는 한 개혁이라는 것은 없다."라고 말했다. 그러나 그렇게 말도 안 되는 소리는 아니지 않는가!

옛것과 새것

사람들은 새로운 총독이 가진 일반적인 정신이 기적을 일구

어내고 모든 구시대 사람들의 마음을 바꿀 것이라고 기대하지 않는다. 단지 거주민들의 변화만이 어느 정도 효과가 있을 것이다. 총독이 도착하고 나서 곧바로 소집된 의회 총회에 참석한 한 한국인 대표가 다음과 같은 일을 필자에게 알려주었다.

"우리는 사이토 총독과 미즈노 정무총감의 연설을 듣고, 기분이 상당히 좋아졌습니다. 특히 이 신사들이 진짜 솔직하게 우리의 생각과 바라는 것들을 자신들에게 쏟아 놓으라고 말했을 때 우리는 새로운 시대가 시작되었다고 믿기 시작했습니다. 그러나 갑자기 끔찍한 실망감이 찾아왔습니다. 예전의 각료 중 한 사람이 무단정권 시대의 강압적이고 몰인정한 태도로 연설했기 때문입니다. 우리는 '의회를 개원하기 위해'서가 아니라 '지침을 듣기 위해' 소집되었다는 것을 알게 되었습니다. 그때부터 우리는 모두 낙담했고 회의는 실패로 돌아갔습니다."

### 언론의 자유?

마침내 한국인들에게 신문발행이 허가되었다. 10년 동안 한국인들은 신문다운 신문을 갖지 못한 채로 생활해 왔다. 〈매일신보〉와 다른 비슷한 '관제신문'이라 불린 것들은 진실을 너무 왜곡했다. 그 신문들은 일본 경찰의 통제 아래 들어가 있었기 때문에 존경받는 한국인은 몇몇 일본어 일간지를 구해보지 않는 한 신문을 거의 보지 않았다. 현재까지 어떤 신문도 발행된 적이 없어서 신문발행 허가가 나고 언론의 자유가 보장될 것인지는 두고 봐야 할 것이다.

신문발행을 감독하는 경무국 political police 총감은 상당히 관대한 정신을 표명했다. 일본 식민정부의 오랜 철천지원수인 어떤 정치적 망명자는 어느 한 일간지의 편집장으로 한국에 귀국하는 것을 허락받았다. 또 다른 정치범 역시 사면을 받아 같은 일간지에서 중요한 직책을 맡게 되었다.

모두 세 종류의 신문이 발행허가를 받았는데, 오직 한 신문 〈동아일보〉Dong-A Daily만이 한국인들의 관심을 끌었다. 나머지 두 신문은 동화정책을 지지하고, 그중 한 신문은 한국인들이 매국노로 간주하는 몇몇 사람들로부터 재정적인 후원을 받고 있었다. 한국인 발기인들에게 신문 허가를 부여하기 몇 주 전에 약 12개의 일본인 회사에 신문 허가를 내 준 것은 유감스럽게도 큰 실수였다.

### 교육개혁

교육제도에 여러 현명한 변화들이 도입되었지만, 한국인 학생들은 여전히 불만을 느끼고 있다. 그들은 지금 부여된 것 이상의 실질적인 것을 기대해왔다. 그러나 총독부의 교육부서가 어느 부서보다 거의 발전이 이루어지지 않았다는 점에서 학생들의 불평은 근거가 있는 것이다. 광범위하고 비용이 많이 드는 개혁조치들을 시급하게 요청하고 있지만, 정부는 그렇게 광범위한 개혁들을 시작하는 것이 최소한 지금 당장에는 불가능하다고 생각하고 있다.

380만 엔이라는 학교개혁 예산과 비교하면 1,500만 엔이라는 경찰개혁 예산은 학생들의 불만을 잠재우는 데 도움을 주지 못했다.

먼저 어떤 개혁조치들이 만들어졌는지 간략하게 살펴보도록 하겠다. (1) 가장 중요한 것은 입학 나이가 바뀐 것인데, 이제는 아이가 6살에 학교를 시작할 수 있다. 이전에는 이런 특혜가 일본인 아이들에게만 부여되었고, 한국인 아이들은 만 8살이 되어야만 공부를 들어갈 수 있었다. (2) 수업 기간을 2년 늘렸다. (3) 일본어 수업시간을 하루에 한 시간으로 줄였다. (4) 외국어 수업이 교과과정에 도입되었다. (5) 선생이 학생들의 특별한 필요에 맞게 어느 정도 재량권을 갖고 수업일정을 변경할 수 있도록 허락했다. (6) 한국인들이 초등학교 교장이 될 자격을 부여했고, 이미 18명이 교장에 임명되었다. (7) 다음 3년 동안 매년 100개의 학교가 설립될 것이다. 이러한 요소들이 새로운 교육칙령에 의해 만들어진 가장 중요한 변화들이다.

이러한 개혁조치의 진정한 가치를 이해하기 위해서는 개혁조치들이 충족시키고 만족하게 해야 할 현재의 요구사항에 대해 어느 정도 알고 있어야만 한다. (1) 정부는 한국인 인구 중에서 약 275명당 1명에게 교육을 제공하고 있지만, 일본인 인구 중에서는 9명당 1명이 정부에 의해서나 일본인 학교연합회를 통해 교육을 받고 있다. (2) 일본인 학교제도와 한국인 학교제도가 협력하는 데 실패했다. 개혁조치에도 불구하고, 일본인 학생들은 한국인 학생보다 고등학교 1년을 더 다닐 수 있게 해 놓았다. 이것은 여느 일본인 고등교육기관들에서 학업을 계속하려고 하는 한국 학생들에게는 상당한 불이익을 준다. 어디선가 1년을 보충해야 하는데, 정부는 불행하게도 이러한 보충이 이루어질 수 있는 공간을 제공하지 않는다. 이러한 차별이 제거되고 교육체계들이 조화를 이룬다면 매우 다행일 것이다.

도쿄에 있는 제국호텔에서 모인 매우 큰 선교사 모임에서 미즈노 경감이 자신의 개혁조치를 설명하면서 한 언급은 그런 변화를 감지할 수 있게 해준다. 나는 1919년 11월 22일 자 〈재팬 애드버타이저〉의 기사를 다음과 같이 인용한다.

"지금까지 한국에서의 교육기간은 초등학교 4년에 중학교 4년이었는데, 그러한 제도가 불합리하다는 것이 분명한 이상 일본 내 제도에 상응하게 두 개의 교육 연한들을 변경할 것이다."

비록 약속된 개혁은 도입되지 않았지만, 현재 존재하는 체계가 불합리하다는 것을 인정하였다는 사실은 매우 고무적이다. (3) 400개의 새로운 학교를 세우면 약 8만 명의 아이들에게 교육을 제공하게 되어, 교육이 필요한 180만 명 정도 중에서 총 약 15만 명을 교육할 수 있을 뿐이다. (4) 18명의 한국인 교장을 임명한 것은 올바른 방향으로 진일보한 것이지만, 일본인 학교 교장들이 약 500개 정도의 직을 차지하고 있지만, 많은 한국인은 아직도 채용되지 못하고 있다. (5) 고등교육을 받기 희망하는 수백 명의 한국 학생들을 위한 대학교 같은 어떤 형태의 기관도 아직 보이지 않는다. 1916년에 35만 명의 일본인 가운데 약 992명의 학생이 고등교육을 받았지만, 1,600만 명의 한국인 중에서 단지 968명만이 고등교육을 받았다고 추산한다. 대학은 한국인의 교육체계에서 가장 필요한 부분 중의 하나이다.

학교 안에 한국어 수업을 다시 시작하는 것이 가장 큰 요구사항이었다는 짐을 깨뜨렸다면 이러한 사소한 차별이나 결점들은 간과되었을 것이다. 조국에 대한 사랑 외에 하나의 국민에게 자신들의 언어보다 더 소중한 것은 아무것도 없다. 그러나 고전수업의 형태를 제외하고 학교에서 모국어 수업을 제거해 버리는 것은 지금도 그렇고, 앞으로도 한국인들을 매우 분노하게 할 것이다.

대중들이 이처럼 저항하는 원인을 발견하는 것은 어렵지 않다. 그것은 강압적인 동화정책이라는 오래된 문제이다. 같은 이유로 한국역사를 가르치는데 만족할만한 교과서를 사용하는 것도 금지하고 있다.

개혁조치들이 제거하는 데 실패한 한 가지는 성경교육의 금지이다. 이상한 이유로 일본은 심지어 총독부의 규칙에 순응하고 인준 학교로 교육 허가를 받은 4대문 안에 위치한 선교사 학교도 성경책을 교육할 수 없게 하였다. 이는 종교수업을 교과과정에서 제외하는 것뿐만 아니라 어떤 종류의 종교적인 훈련도 학교수업 전이나 후에라도 학교 건물 내에서 허락되지 않았다. 만약에 아침에 주기도문을 암송하거나 저녁에 감사기도를 드리려면, 그것마저도 선교사들 집의 뒷마당이나 배추를 심는 텃밭이나 다른 곳에서 해야 하지 학교 안이나 학교에 속한 땅에서는 하지 못했다.

불행하게도 개혁조치가 이뤄지지 못한 부분은 개혁조치가 이뤄진 부분이 갖는 가치마저 대단히 무의미하게 만들어버렸다. 그러나 학생들 사이에는 미래에 더 좋은 일들이 생길 것을 전조 하는 희망찬 시작이라고 믿는 낙관론자들도 있다.

*The Japan Advertiser* 1920. 3. 12

# 헌병제도의 폐지(E)

"헌병대를 즉각적으로 폐지하는 것이 어려운 지역을 제외하고는 이제 일본에서 시행된 것과 같은 방법으로 헌병대를 경찰부대로 대체하고 지역관리들의 통제 아래 놓도록 제안한다."

하라 총리가 선언한 개혁조치 중에서 이 같은 언급은 기쁜 마음으로 환영을 받았다. 그렇다. 하나의 기관으로서의 헌병대는 실질적으로 사라졌다. 헌병제의 폐지는 단순하지만 교묘한 방법으로 이루어졌다. 그러나 '헌병대'라는 간판이 '경찰서'가 새겨진 간판으로 바뀌었고, 건물 또한 바뀌었다. 그 안에 있던 사람들은 위협적인 카키색에서 더 완화된 상복 같은 검은색 제복으로 바꾸어 입고, 동시에 '경찰'이라는 새로운 이름으로 불렸다. 헌병제도는 그렇게 사라졌고, 그들이 '경찰력으로 대체될 것'이라는 하라 수상의 약속은 문자 그대로 지켜졌다.

일본의 새로운 정부가 한국인들 사이에서 신뢰를 만들어내는 것보다 더 중요한 것은 없다. 절대적으로 그러한 신뢰가 존재하지 않지만, 그럼에도 어떤 진전이라도 이루기 위해서 신뢰란 필수적이다.

한국인 중에 99.9%가 '헌병대의 폐지'를 깜짝 놀랄만한 속임수라고 생각하는 것은 결코 과장이 아니다. 한국인들은 새로운 정부가 진실성에 의심을 일으킬만한 것은 무엇이든 피하고자 대단히 주의를 기울일 것이라고 기대했다.

물론 변화는 더욱 외교적인 방법을 통해 이루어졌다. 사람들을 북에서 남으로 그리고 동에서 서로 이전시키고 재배치를 하는 동안에 이런저런 방법으로 제복이 바뀌었을 수도 있지 않았겠는가? 한국인들은 카키색 제복을 싫어한 것이 아니었다. 그들은 몇 년 동안 그렇게 잔인하고 불공평하게 행했던 사람들을 혐오한 것이다. 사람들은 헌병 폐지에 대한 약속이 헌병에 대한 것으로 생각했지, 간판이나 바지나 규칙들에 대한 것으로 생각하지 않았다.

한국인의 삶을 그토록 비참하게 만든 것은 이 모든 것 뒤에 숨어 있는 사악한 악령이었다. 관계기관의 번지르르한 변명은 이러한 변화가 제복을 바꾼 것을 훨씬 넘어선 것이고, 헌병이었던 사람들은 이제는 경찰이고, 전적으로 다른 문관의 통제 아래 있다는 것이다. 이 모든 것은 분명한 사실이고, 모두가 인정하듯이 좋은 개혁적 조치이지만, 헌병들이 경찰로 대체되어야 한다는 약속과는 전혀 관계가 없다. 왜냐하면, 전자는 경찰제도의 개혁이고 헌병제도의 폐지와는 상당히 별개의 문제이기 때문이다. 선언문을 읽은 영국과 일본에 사는 수백만 명의 사람들은 한국에 사는 몇몇 순진한 한국인들과 외국인들과 함께 그러한 개혁은 헌병의 제복에 대한 것이 아니라 사람에 대한 것으로 생각했다.

### 진정한 개혁, 잘못된 방법

그러한 실수를 지금 개탄하는 것은 아무런 소용이 없다. 세월이 흐르면 사람들은 비록 실수로 도입된 개혁이지만, 결국에는 무엇인가 이루어 냈다는 것을 알게 될 수도 있다. 이제 형태를 바꾼 헌병들이 문관의 직접적인 통제 아래 들어온 이상 덜 위협적이고, 더 제한된 권한을 갖고, 어쩌면 과거의 잘못된 것을 바꿀지도 모른다.

비난은 개혁의 원칙을 향한 것이 아니라 그처럼 합리적인 개혁을 도입하는 데 사용한 잘못된 방법에 맞추어져 있다. 한국에 사는 대중들은 경찰에 의한 군국적인 통제를 철폐했다는 일본 정부의 변화를 거의 알지 못한다. 그들이 아는 것은 헌병제가 사라질 것이라는 약속을 했지만, 헌병은 사라지지 않고 겨찰 제복을 입고 여전히 거기에 있으며 자신들을 욕하거나 비웃고 있다는 것이다. 한국인들은 한결같이 "우리가 속았다."라고 말하고 있다.

### 차별이 철폐되었는가?

"천황폐하는 칙령을 통해 일본인과 한국 백성들이 모든 면에서 평등한 기초 위에 자리해야 한다는 열망을 기쁘게 선언하셨습니다. 따라서 취해진 첫 번째 개혁 조치 중 하나는 일본인과 한국인 관리들 사이에 존재하는 모든 차별을 폐지하는 것입니다. 다시 말해, 한국인 관리도 이제부터 일본인 동료들과 같은 급여 기준에 따라 봉급을 받게 될 것이라는 기준을 만들었습니다."

위 인용문은 1919년 11월 20일 제국호텔에서 미즈노 정무총감이 선교사들에게 행한 연설에서 발췌한 것이다.

1919년 10월 10일 자 〈서울 프레스〉에 "총독부는 정부기관에서 일본인과 한국인 사이에 있는 여하한 차별을 없애기 위한 목적으로 한국인 공무원들의 급여 규칙에 대한 개정안 초안을 마련했습니다."라는 기사가 실렸고, 사이토 총독은 언론과 가진 새해 특별 인터뷰에서 다음과 같이 진술했다. "일본인과 한국인 정부 공무원들 사이에 대우와 지위에 대한 차별이 철폐되었는데, 그 결과 이제는 일본인과 한국인은 완벽하게 평등한 기초 위에 서 있다."

위의 언급은 일본인과 한국인 공무원들 사이에 모든 차별이 폐지되었음을 분명하게 확인하는 책임 있는 일본인이 언급한 세 가지 진술을 예로 든 것이다.

며칠 전 서울에서 가장 큰 경찰서 중의 한 곳을 찾아가 경찰서장을 만났다. 나는 개혁조치에 대한 기고문을 쓰고 있다고 말하면서 경찰제도의 개혁조치들이 일본인과 한국인 경찰 사이에 존재하던 급료와 관련된 차별을 모두 제거했는지를 물어보았다. 그 경찰서장은 "이제는 차별이 없습니다."라고 대답을 했다. 그러고 나서 나는 일본인 경찰과 한국인 경찰의 급여가 각각 얼마인지를 물어보았다. 그는 확실하게 알 수 없으므로 그러한 정보는 총독부에서 얻는 것이 낫다고 조언했다. 나는 그 건물에서 근무하고 있는 여러 경찰 중의 한 명에게 물을 수 있다면 경찰본부까지 가지 않아도 될 것 같다고 제안을 했다. 그는 이 제안을 그렇게 친절하게 수용하지는 않았지만, 어떤 차별도 존재하지 않는다며 또다시 나를 안심시켰다. 어떠한 정보도 얻을 수 없을 것 같아서, 나는 한국인 경찰 급여는 한 달에 28.80엔인데 반해, 같은 일을 하는 일본인 경찰은 약 60

엔을 받는다고 말해 주었다. 경찰서장은 급여는 같은데 일본인 경찰은 식민지역 근무보너스를 받는다는 사실을 그제야 인정했다.

나는 차별을 철폐하는 개혁 이후에도 차별이 존재했으나, 관료들은 이러한 차별을 인정하지 않았다는 사실을 독자들이 충분히 이해할 수 있도록 위에서 인용문을 제시했고, 경찰서장과의 대화를 다시 설명하였다.

### 실상

이제 실상을 살펴보고 "차별이 없다."는 개혁조치를 떠들썩하게 선언한 근거가 무엇인지를 알아보자. 지금 한국인 남성 경찰의 평균임금은 28.80엔이다. 이 중에서 약 14엔이 봉급이고, 9.80엔이 보너스이고, 5엔이 '특별 수당'이다. 일본 경찰의 평균 임금은 56.60엔이다. 이 금액 중에서 18엔이 봉급이고, 18엔이 보너스이고, 8엔은 집 임대 비용이고, 12.60엔은 '특별수당'이다.

여기에 또 다른 예도 있다. 8급 한국인 공무원의 급여가 52.50엔인데 반해 같은 직급에 일본인의 급여는 100엔에서 130엔 사이이다.

일부 한국인들은 고향에서 멀리 떠나 사는 일본인이 외국에서 약간의 보너스를 받을 수 있다는 것을 받아들이고 차별이 존재한다는 것에 그렇게 분개하지 않는다. 그러나 그들은 이러한 엄청난 차이에 대해서는 빈대했고, 임금에 있어서 그렇게 차이가 계속해서 존재하는데도 관계 당국이 모든 차별이 철폐되었다고 지속해서 선전하는 것은 상당히 부당하다고 느꼈다.

독자들은 차별을 철폐하는 방법으로 어떠한 조치가 취해졌는지 알고 싶을 것이다. 경찰력의 변화에 관해서 만큼은 내가 확실하게 말할 수 있다. 며칠 전에 나는 한 한국인 경찰에게 변화된 조치들에 관해 정보를 좀 달라고 부탁했다. 이에 나는 다음과 같은 명확한 대답을 들었다. "우리는 소매에 놋쇠 단추를 달았습니다. 우리는 더는 경찰의 조사를 의미하는 순사보라 불리지 않고, 누가 욕을 할 때 되받아칠 수 있습니다."

어떤 사람에게는 이러한 것들이 진보적인 개혁조치들로 보이지 않을지 몰라도, 그럼에도 이러한 변화들을 시작함으로써 여러 해 동안 한국인 경찰들 사이에 악감정으로 남아 있던 부당하고 불쾌한 차별들이 제거되었다. 위에서와같이 흥미로운 대답을 내게 해 준 경찰은 또한 급여에서 그처럼 큰 차이가 있는 공식적인 이유를 '단지 한국인이기 때문'이라고 말해 주었다.

### 단추의 의미

한 고위 관리로부터 나는 경찰의 '소매에 달린 단추가 가진 정신적이고 도덕적인 의미'를 내가 잘 파악하고 있지 못하다는 말을 들었다. 한국인 순사는 개혁조치 이후 그가 대답을 할 때에 일본인 경찰이 심문할 때 사용하던 것과 똑같은 어조를 사용하고 똑같은 형용사들을 사용한다고 아주 기뻐하면서 말했다.

새로운 정부가 권력을 장악한 후 한국인 경찰은 약 10원 정도 급여 인상을 받았고, 일본인 경찰은 더 큰 봉급인상을 받았다. 이것은 개혁조치와는 전혀 상관이 없고 물가고 때문이었다. 이 주제를 은폐하기 위해 관계 당국은 일본인과 한국인 공무원들의 봉급은 같은데 일본인 경찰은 식민지역 근무에 추가 수당을 받는다고 변명을 늘어놓았다. 그런데 이것은 사실이 아니다. 기본급여부터 다르기 때문이다. 한국인의 기본 급여가 14엔인데 반해, 일본인은 18엔을 받는다. 따라서 "이제는 일본인과 한국인 공무원 사이에 어떠한 차별도 없다."라고 말하는 것은 전혀 의미가 없는 것이다. 이 글의 서두에 언급한 사람들이 자신들의 진술을 이런 사실들과 어떻게 조화를 시키는지 나는 알지 못한다.

어떤 경찰은 일본 경찰이 6년간 근무한 후에 15엔의 연금을 받는 데 반해, 한국인 경찰은 10엔의 연금을 받기 위해 10년 동안 일을 해야 한다고 필자에게 알려 주었다. 다른 경찰들은 지금까지는 한국인 경찰에게 연금이 지급되지 않고 있는데, 그것을 개혁한다는 소문만 돌고 있다고 말했다. 이 점에서 한국인들은 다시 모든 차별을 철폐하겠다는 약속에 자신이 속았다고 느낄 뿐만 아니라 그렇게 무식할 정도로 잘못 알고 있었던 것이 틀림없었다는 점에 대하여 매우 분노함을 느낀다. 민중이 진실을 알지 못한다면 진실에 대한 요구는 불필요한 선동으로 보일 것이므로 그것에 공감할 수 없을 것이다.

*The Japan Advertiser* 1920. 3. 13

# 실패의 몇 가지 원인(E)

 데라우치 초대 조선총독은 공동묘지를 도입하여 죽은 자를 막무가내식으로 매장해 경관을 해치는 토착적인 전통을 상당 부분 없애 버렸다. 그러나 이러한 조처는 적절한 장소를 찾는 것이 죽은 자들이 다음 생애에 좋은 출발을 할 수 있게 만들고, 그렇게 하지 않을 경우 살아남은 자들이 망자들의 영혼에게 괴롭힘을 당한다고 믿는 한국인들에게 엄청난 분노를 자아냈다. 이러한 가운데 새로운 정부가 취한 첫 번째 행동 중 하나는 묘지들과 죽은 자를 매장하는 것에 관한 규정을 개정하는 것이었다. 이렇게 규정을 개정하여 한국인들은 믿고 있던 이교적 사상이나 미신에 따라 다시금 죽은 자들을 매장할 수 있게 되었다. 이러한 개혁 조치는 위생적인 면이나 교육적인 차원에서 현명하든지 그렇지 않든지 간에 대중들에게 상당히 잘 받아들여졌다.

### 생활난 해결에 도움을 주는 것

 도살장 규정을 개정함으로 한국인은 이제 허가를 받지 않고도 개를 도축하여 식용할 수 있게 되었다. 이전에는 약 50전 정도를 지불해야 허가를 받았다. 이것은 가난한 농부가 자신이 기르는 개를 도축해서 먹기 위해 16킬로미터 정도 되는 먼 길을 걸어야 한다는 것을 의미했다. 민감한 한국인들은 이러한 개혁조치들이 공포되자 다른 민족이 흰 옷을 입은 예의 바른 민족을 야만인들과 같이 깔보지 않을까 염려하여 다소 당혹스러워 했다.

개고기는 한국에서 일반적인 먹거리가 아니며, 가난한 시골 사람들이 먹는 음식이다. 하지만 프랑스인이 달팽이와 개구리 다리를 '귀한 음식'으로 여기고, 미국인들은 몹시 졸리게 만드는 굴을 마치 꿀과 같은 것처럼 삼키는데, 왜 한국인은 자기 민족이 개고기를 먹는다고 창피해 하는가?

### 상호 간에 유익한 개혁

무단통치를 하던 10년 동안 상업과 공업의 발달을 방해하는 몇몇 규정들 때문에 한국인들은 일반적으로 고통을 당해왔다. 한국인들은 일본제 물건을 판매하는 중개인 이상을 바랄 수 없었다.

회사 설립을 통제하는 이러한 규정들은 새로운 총독에 의해 철폐되었는데, 결과적으로 여러 분야에서 5만 엔에서 1,000만 엔 사이에 자본금을 가진 수백 개의 회사가 설립되었다. 이전에 한국인들은 일본인을 동업자로 끌어들이지 않으면, 회사를 설립하는 것이 거의 불가능 했었는데, 한국인들은 이를 반대했었다.

최근에 생긴 대부분의 회사들은 순전히 한국인들에 의한 것이다. 약 40만 엔의 자본금을 가지고 네 명의 총명한 젊은 한국 여성들이 운영하는 한 무역회사도 이러한 현재의 열정을 반영하고 있다. 이전 정부에서 3년에 걸쳐 얻을 수 있었던 허가장이 개정된 규정에 따라 몇 개월 만에 발행되었다. 옛날 법규들은 방해하고 금지하기 위해 있었지만, 새로운 법규들은 발전시키고 장려하기 위해 있다.

이것은 특정한 방법으로 동화정책을 활성화한 유일한 개혁조치이다. 그리고 그런 관점에서 이것은 현명한 조치이기도 하다. 10년 동안 한국의 부유한 사람들은 투자나 만족스러운 사업발달의 기회가 거의 없었다고 느꼈다. 정부는 일본인들이 한국의 천연자원들을 착취하고 개발하는데 제한 없는 특권을 준 반면 한국인들에게는 사업체를 조직하는 것마저 거부했다. 이 때문에 한국인들은 정부에 점점 염증을 느꼈다. 한국이 점점 물질주의화 되고, 일본과 한국이 더 광범위한 상업적 관계를 맺어 갈수록, 사업가들이 지난봄에 일어났던 것과 같은 독립운동 소요를 반복하는 것은 생각하기 어려워진다. 정부는 너무나 부당하게 한국 사업가들을 차별해 오던 규정들을 개정함으로 소요를 일으킬 잠재적인 원인을 제거해 버렸다.

### 경찰체계의 개혁조치들

경찰부서와 관련해서 가장 칭찬할만한 두 가지 개혁조치가 이루어졌다. 첫째, 경찰의 통제권이 군에서 문관으로 변경된 것이다. 이전에는 중장이 한국에 있는 경찰에 대한 모든 통제권을 갖고 있었다. 그 아래에 지역마다 지방 업무를 통제하는 군 장교들이 있었다. 이러한 무관들은 어떠한 정부부서의 말도 듣지 않았고, 심지어 내무부 장관의 말도 듣지 않았다. 그들이 소유했던 무한한 권력에 1919년 3월에 일어난 여러 잔혹한 행위들에 대한 책임이 있다.

중요한 정부조직을 무관이 아닌 경무국의 통제 아래 놓음으로, 중요한 개혁조치가 시작되었는데 비록 당장에 열매를 맺을 수는 없겠지만, 시간이 흐르면 더욱더 큰 가치가 있는 것으로 증명될 것이다.

둘째, 경찰통제권의 변화가 여성 수감자들에 대한 대우를 훨씬 인간적으로 바꾸었다. 사람들은 이러한 환영할만한 변화가 경찰 내부의 영구적인 변화로 이어지기를 바라고 있다. 그러나 불행하게두 여성 수감자에게 줄어든 학대가 남성 수감자들에게 전가되어 더욱 심해지고 있다.

10월과 11월 사이에 고문은 유행병과 같이 전염되었다. 105인 사건 이래 고문이 그렇게 난폭하게 진행된 적은 없었다고 흔히들 말한다. 새로운 경찰들은 새로운 고문방법들을 도입했는데, 가장 잔인한 것은 물에 젖어 쉽게 늘어나고 줄어드는 가죽을 수감자의 가슴에 단단하게 묶어 난로 옆에 두는 것이다. 가죽이 마르며 수축되면 엄청난 고통을 주고, 마침내는 고문을 당한 자가 숨을 쉬기도 불가능하게 만든다. 내 친구가 그의 경험을 설명해 주면서 "나는 단지 숨을 내쉴 수밖에 없었다."라고 말했다. 이 고문 방법이 지닌 놀라운 장점은 고문의 흔적이 남지 않는다는 것이다. 이것은 경찰이 자신은 죄가 없고, 심지어 고문의 어떠한 시늉마저도 알지 못한다고 강력하게 주장할 수 있는 중요한 근거가 되었다.

모든 경찰력이 독립을 선동하는 자들을 뿌리 뽑는데 집중

되다 보니 도박이나 마약 같은 다른 범죄들이 점증하여 선량한 사람들을 더욱 놀라게 하고 있다. 송도라는 도시에서는 경찰 소속 의사가 모르핀 주사를 놓아주는 일로 사업이 번창하고 있다고 들었다. 현금으로 지불할 수 없는 사람들은 가재도구를 가지고 와서 돈으로 교환하여 한 번이나 두 번씩 주사를 맞는다고 한다.

경찰에 대한 개혁조치와 함께 정부는 선교사 조직에 예상치 못한 난폭한 공격을 퍼붓고 있다. 혐의를 입증할 어떠한 사실도 드러나지 않자, 맹렬하게 공격을 이끌었던 자들은 전도사와 선교사라는 말 뒤에 숨어 수치스럽게 물러났다. 폭풍이 지나가고 몇 주가 지난 후에, 일본 신사 하나가 필자에게 상당히 흥미로운 몇 가지 내부 정보를 전달해 주었다. 확실히 몇몇 기자들이 모여 경찰의 음모에 가담하겠다고 문의를 했다고 한다. 경찰들이 선교사들에 대하여 유죄를 입증할만한 증거를 가지고 있지 못했기 때문에 이런 기자들은 작가나 다른 직종의 위험인물들과 인터뷰를 준비해서 인터뷰하는 동안에 유용한 정보를 얻으려는 시도를 하였다. 그러나 이 계획은 선교사들의 친구를 자처했던 〈서울 프레스〉의 편집장이 음모에 대항해 단호한 태도를 보였기 때문에 실패했다.

### 계속되는 옛 관습

죄수에게 태형을 가하는 것이 1920년 4월 1일 이후로 없어질 것이다. 이는 한국인들이나 상처를 입고 매를 맞은 희생자들을 종종 찾아온 외국 의사들에게도 환영할만한 개혁조치이다. 개혁조치가 발표되었을 때 이렇게 처벌하는 방법이 즉각 중단되지 못한 데에는 두 가지 이유가 있다. 첫째, 감옥시설이 부족해서 태형 대신 벌금내기를 거부하는 자들을 가둘 적절한 공간이 없었기 때문이다. 둘째, 그렇게 오래된 한국의 관습을 철폐한 것이 한국인들 사이에 광범위한 소요로 끝나지 않을까 하는 두려움 때문이다. 후자의 경우는 필자가 헌병 대장에게 들은 이유이다.

즉각적인 폐지에 반대하는 이러한 두 가지 이유를 깊이 생각하고 난 후, 필자의 의견은 불필요한 경우 90대의 태형을 10대나 20대로 조정하는 것이 더 현명하고 환영을 받을 만하다는 것이다. 사람들이 종종 심각하게 상처를 입을 뿐만 아니라 몇몇 경우에는 태형 때문에 괴저병이 생겨 죽음에 이르기도 한다. 도덕적인 개혁의 관점에서도 엉덩이를 죽사발이 되도록 두들겨 패거나 엉덩이가 찢어질 정도로 때려 상처가 3-4일 정도나 지속되게 태형을 가해서 무슨 이득이 있겠는가?

### 개혁조치들의 영향

개혁조치에 대하여 어떻게 생각하느냐는 질문을 받는다면 한국인들 100명 중 99명은 "무슨 개혁? 우리는 개혁조치를 받은 적이 없어요."라고 대답할 것이다. 이는 기분 좋은 정보는 아니지만 그럼에도 불구하고 하나의 사실이다. 한국인들을 달랠만한 개혁조치의 효과가 현재에는 실질적으로는 열악한 상황이다. 한국인을 데려다가 여태까지 소개된 변화들을 구체적으로 짚어가면서 각각의 개혁조치를 상세하게 설명하면 억압에 못 이겨 그런 변화들이 이루어진 것을 인정할지도 모르지만, "개혁, 당신들은 그것을 개혁이라 부르시오?"라고 말하면서 이야기를 끝낼 것이다.

이는 매우 배은망덕한 태도로 보일지도 모르나, 여기에는 최소한 네 가지 명확한 원인이 있다. 첫째, 몇몇 개혁조치가 도입되는 부주의한 방식 때문에 한국인들은 자신들이 속았다고 믿는다. 이는 헌병을 철폐하는 문제에서 특히 두드러진다. 또한 '일본인과 한국인 공무원들 간의 모든 차별 철폐'라는 개혁조치에서도 어느 정도는 그러하다. 베리Berry박사가 정직하게 이야기했듯이 관계 당국자들 편에서 상상력이 부족했다. 한국에 있는 수백만 명의 사람들은 단순히 농사를 짓는 사람들이다. 비록 헌병대라는 조직이 여전히 존재하지만, 헌병들은 원칙적으로 사라졌고, 헌병이 헌병대 중장의 관할이 아니라 지역 도지사와 새로 만들어진 총독부 경무국의 통제를 받기 때문에 이제부터 헌병들이 친절하고 사랑스럽게 대할 것이라고 누가 일일이 한국인들에게 설명할 수 있겠는가?

마찬가지로 상당한 정도로 교육을 받은 한국인 경찰들은 눈앞에서 매달 추가적인 30엔이 일본인 동료의 호주머니 안으로 들어가는 것을 보고 상당히 열이 받을 것이다. 이렇게 불편한 감정은 차별 철폐를 알리는 공식적인 선언으로 오히려 심화될 뿐이다.

### 수감자들에 대해 나쁜 처우

둘째는, 사랑이 부족하고 한국인의 감정을 무시했다는 것이다. 새로운 정부는 '사랑'이라는 단어를 종종 언급했지만, 기근 구제사업과 연관된 경우를 제외하고는 사랑을 보여준 실제적인 증거는 거의 없었다. 정치범들에 대한 사면을 선언하지 못한 것은 그들의 가족들과 친구들뿐만 아니라 국민들 전체에 커다란 실망을 주었다. 엄청나게 추운 날씨 때문에 수감자들이 겪어야 하는 고통은 이미 절망에 빠진 국민들에게 더 많은 슬픔과 걱정을 더해 주었다. 수많은 수감자가 이미 동상에 걸렸고, 간호해 주거나 돌봐줄 사람도 전혀 없다.

나는 수감돼 있는 우리 간호사 중 한 명을 보았는데, 그녀는 반에서 가장 신앙심이 좋은 소녀였다. 그녀의 손은 얼고 볼과 발은 동상에 걸려 있었다. 많은 이들이 이런 방식으로 고통을 당하고 있었는데, 그럼에도 불구하고 관계 당국은 거의 신경을 쓰지 않는 듯했다. 한 학생은 벌거벗은 채로 방면되어서 외투에 둘러싸여 병원으로 이송됐는데, 즉각 수술을 했음에도 불구하고, 다음날 죽었다.

한국에서 가장 똑똑한 몇몇 젊은이들은 감옥병동이라 잘못 불리는 곳에서 며칠 동안 때로는 몇 주씩 아파서 누워 있다가 죽어가는 상태에 이르면 감옥에서 방면되었다. 불도 때지 않고, 옷도 충분하지 않고, 영하의 날씨 때문에 몸은 대부분 얼어붙었다. 폐렴으로 고생하던 한 젊은 청년은 방 하나에 누워있도록 허락을 받았지만 너무 추워서 그의 발은 얼어버렸다.

이것들은 결코 어쩌다가 발생한 사건들이 아니다. 한국에서 가장 예쁜 소녀 중의 한 명이 최근에 재판을 받기 위해 법정에 들어섰는데 동상 때문에 그 외모가 상당히 변해 있었다. 사람들이 감옥에서 얼어가고 있는데 '사랑'을 말하고, '행복이 넘치는 봄날에 한국인들과 끈끈한 우정 속에서 살아가는 것'을 이야기한다는 것은 어리석은 것이다.

몇몇 사람들은 필자의 이야기가 사실인지 물을 수도 있다. 하지만 젊은이고 늙은이고 간에 영하의 날씨에 아무것도 걸치지 않고 잠을 자던 구역에서 작업실까지 달려가야 했던 것은 분명 사실이다. 그들의 맨발은 종종 얼음조각에 베였다. 작업장에 도착하면 때로는 전날 입었을 때 땀에 젖은 옷이 밤 사이에 얼어버려서 딱딱해진 옷을 입어야 할 때도 있었다. 이러한 죄수들이 지은 가장 큰 죄는 '만세'를 외친 것이다.

나는 며칠 전에 받은 편지 한 통을 인용하고자 하는데, 그 편지는 아직도 계속되고 있는 불필요한 잔인함에 대한 몇 가지 생각을 보여줄 것이다. 재판을 피해 도피 중인 한 기독교인 교사가 뇌염 때문에 안동병원에 입원했는데 일본인 헌병이 그를 병원에서 찾아내 감옥에 집어넣었다. 그는 감옥에 있는 며칠 동안 발로 치이고 수치스럽게 다루어진 다음, 죽어가는 상태에서 방면되었다. 그는 신의주에 있는 한 여관으로 옮겨져 몇 차례 경련을 일으킨 후 죽었다. 이렇게 무자비하고 불필요한 일들이 한국인들을 괴롭히기 때문에 개혁조치들이 그들에게 호소력을 갖지 못하는 것이다.

**동양척식주식회사**

최근에 나는 한국에서 가장 영향력이 있는 지성인 중 한 명에게 개혁조치들에 대한 입장이 어떠한가를 물어보았다. 그는

"정부가 동양척식주식회사로 하여금 수백 명의 일본인 가정을 한국으로 데려와서 한국인 농부들을 대체하도록 하는 한 개혁조치들은 아무것도 이룰 수 없을 것이다."라고 대답했다.

개혁조치가 시작된 이후 이 회사는 약 300가정을 한국으로 데려왔는데, 이것은 200-300개의 한국인 가정이 그들의 조상들이 수 세기 동안 농사를 지었던 땅에서 떠난 것을 의미한다. 격렬한 감정과 열의가 담긴 그의 대답은 나를 놀라게 했다.

정부가 이 회사의 가장 큰 유일한 주식보유자이고 법적으로 회사의 행동을 통제할 권리를 가지고 있다는 사실을 기억할 필요가 있다. 여기에는 어떠한 사람도 존재하지 않으며, 동화정책의 어두운 그림자가 보일 뿐이다.

개혁조치들은 그들이 바로잡고자 한 부정과 보상하려는 죄가 컸던 탓에 실패하고 말았다. 인도에서 다이어Dyer 장군의 학살사건[1] 이후, 한국에서 단일 사건으로 일어난 잔혹한 행위와 대량학살에 관해서 영국사람은 어떤 것도 말할 자격이 없을 것이다. 그러나 영국은 그 사건을 소신 있게 조사하고 공표했다.

### 조사의 부재

하라 총리는 자신의 선언문에서 정부는 죄를 지은 자가 정부관료이든지 개개 시민이든지 상관없이 어떠한 변명도 허락하

---

1. 1919년 4월 13일 인도 북부의 암리차르Amritsar시에서 일어난 학살사건. 영국군이 인도의 독립운동을 탄압한 대표적인 학살사건으로 약 4,000명이 죽고, 약 1,000명이 부상을 당했다.

지 않을 것이라고 약속했다. 이것은 일반적인 수사 방식을 따라 조사가 행해져야 할 것을 보여준 것이지만, 결국에는 아무것도 진행되지 않았다. 필자는 가장 잔혹한 행위를 한 몇 사람들이 자신들의 원래 직위에 머물러 있는지 아니면 오히려 좀 더 좋은 자리로 옮겼는지 여러 번 문의해 보았지만, 수원사태를 다룬 군법회의의 결과는 약속된 것과 달리 결코 공개되지 않았다. 범죄자들의 명단을 만들어 그들을 처벌하려는 시도도 전혀 없었다.

이와같은 행위들은 개혁조치들로 생겨날 수 있었던 선한 결과들을 상당 부분 막아버렸다.

이 기사가 어떤 사람에게는 불공평하고 상황을 너무 비관적으로 검토하는 것처럼 보일 수도 있지만, 사실을 아는 사람은 누구나 쓰인 글이 온건한 비평을 반영하고 있다는데 동의할 것이며 대부분의 한국인은 모두들 너무 관대한 표현이라고 생각할 것이다.

*The Japan Advertiser* 1920. 3. 14

# 프랭크 헤론 스미스 목사에 대한 답변(E)

편집장에게

나는 프랭크 스미스Frank H. Smith 목사가 '한국의 개혁'에 대해 일본 정부 입장에서 쓴 기고문들을 논평하려고 했지만, 그동안 시간이 부족해 하지 못했다. 나는 정부에서 하는 일에 대해서 그렇게 능수능란한 방법으로 진술한 것은 조선총독부의 시정 연보인 '한국의 개혁조치와 발전에 대한 연례보고서'에서도 보지 못했다. 스미스 목사는 정세에 대한 분석을 사실과 수치들을 정확하게 서술하는 관료들만큼이나 잘 했으리라 믿는다. 그러나 몇몇 경우에서 사실을 전혀 다르게 해석했으며, 그가 억지로 그렇게 해석할 수밖에 없었다는 것은 변경할 수 없는 사실이다.

첫째, 한국인이 과거와 현재에 교육에 무관심하다고 말하는 것은 잘못된 것이다. 한국인이 교육 자체에 무관심한 것이 아니라 동화를 목적으로 하는 교육체제를 명확하게 반대하는 것이다. 한국인들이 일본어를 사용하는 것과 학문 대신에 천황에 대한 충성심을 과도하게 불어넣는 것에 반대하기 때문에 어린 아이들을 학교로 데려오기 위해서는 거의 뇌물을 주어야 할 정도라는 말은 어느 정도 사실일지 모른다. 독자들이 내가 관계 당국을 불공정하게 다룬다고 생각하지 않게 하려고 1917년 6

월에 송도에서 조선총독부의 전 학무국장인 세키야 테이사부로關屋貞三郞가 했던 연설을 인용하겠다.

"한국인 교육의 기본원칙은 한마디로 한국인들을 일본 제국의 시민들, 혹은 국민으로 양성하는 것이다. 달리 말하면 한국인 교육은 한국인 학생들의 마음속에 충성스럽고 애국적인 정신을 불어넣는 것을 목적으로 한다. 교육과 관련된 법칙과 지침들은 이것 외에 다른 목적을 갖고 있지 않다."

한국인이 이런 교육기관을 지지하거나 다니는데 별로 열심을 보이지 않는 것은 놀랄만한 일이 아니다. 강제합병 이후 정부는 선생들이 일본어 사용을 거부했거나, 새로운 요건에 따라 학교를 지원할 적절한 기금이 부족해서 상당수의 한국인 학교를 폐쇄했다.

강제합병과 동화정책이 한국인들에게서 모든 희망을 강탈해 버렸다는 것을 또한 기억해야 한다. 이러한 사실이 교육에 대한 명백한 무관심을 어느 정도 설명해 준다.

이제 한국인들은 자신들이 독립할 것이라고 믿고 희망에 가득차 있다. 그래서 몇몇 경우에는 학교에 입학하려는 지원자가 수용 가능한 정원보다 네 배에서 다섯 배가 많은 경우도 있다. 최근 부산의 한국인 학교 교장이 기존의 학교 건물을 확장하기 위해 한국인들에게 3천 엔을 지원해달라고 요청했다. 한국인들은 그 돈을 지원하면서 "우리가 부산에서의 한국인 교육을 위해 매년 8만 엔을 기부할 수 있습니다."라고 말했다.

만일 한국인들이 자신들의 학교를 온전히 관리하고, 한국 학교가 일본인 학교와 같이 교육을 하기 위한 목적으로 설립된다면 한국인들 또한 교육에 대하여 관심을 보일 것이며, 학교연합회를 만들고 이웃의 일본인들이 하는 것과 같이 기꺼이 기금을 낼 것이다. 그러나 이전 정부에서는 그러한 것이 불가능했으므로, 학교연합회가 없다고 해서 한국인들을 비웃는 것은 공정하지 못하다. 최근에 네 명의 한국인이 연합회 설립을 허락해 달라고 관계 당국에 지원서를 제출했는데, 이것이 승인을 받을 것인지는 두고 볼 일이다.

둘째, 그 기고문을 쓴 사람이나 일본당국이 혹은 어쩌면 둘 다가 정말로 무지하다는 것이 다음과 같은 글에 반영되어 있다. "외부로부터의 선동이 없었더라면…… 어떠한 시위도 일어나지 않았을 것이고, 시위가 전국으로 퍼지는데 불과 3개월이 걸렸다는 사실을 보아도 그 말은 사실이다."

내가 이야기를 나눈 한국인들마다 하나같이 자신들은 마침내 자유를 찾기로 마음을 확고히 했으며 적절한 기회를 기다리고 있다고 솔직히 인정했다. 그들은 외부로부터 선동을 받지 않았다. 나는 작년 1919년에 일어난 소요를 언급하는 것이다. 몇몇 계획이 있었을지는 모르겠지만, 기회는 대부분 계획없이 찾아왔고, 소요는 주로 내부의 연합정책에 의해 나왔다. 독립운동이 멀리 산간벽지까지 퍼지는 데 3개월이 걸렸는데, 그 전파 속도는 전염병만큼이나 빨랐다. 시위는 철도가 놓인 큰 도시에서 먼저 조직되어 발생하고, 다음으로 중심지에서, 그리고 마지막으로 태극기를 만드는 재료들을 조랑말에 실어 들여와야 하는 내륙지역에서 일어났다.

셋째로 동양척식주식회사에 대해 언급하겠다. 불행하게도

나는 그 기고문을 가지고 있지 않지만, 그 기사에서 사무라이의 기질을 가진 그 회사의 운영자들이 귀족의 혈통을 가지고있다고 말하면서 동양척식주식회사를 천사 같은 회사라고 옹호하던 것을 기억한다. 내가 잘못 이해한 것이 아니라면, 일본의 군대조직 전체는 그런 이타주의자들로 구성되어 있다.

그러나 스미스 목사의 기고문은 동양척식주식회사가 소유한 대부분의 땅이 그 회사가 개간한 땅이라고 소개했다. 또한, 그 회사가 데려온 이주민들도 이렇게 개간된 땅에 정착했다는 것이다. 그러나 한국인들은 자신들의 가장 비옥한 전답을 일본 이주민들에게 내주기 위해 내쫓겼다. 그것뿐만 아니라, 동양척식주식회사는 정관에 따라 개간되지 않은 토지만 거래할 수 있었지만 교묘한 수법으로 그들은 약 $41km^2$의 개간된 전답을 얻었다. 동양척식주식회사가 '한국에서 황무지를 개간하기 위해' 조직되었을 때, 그들은 대한제국 옛 정부에 접촉해 자본금 1천만엔 중 3백 만엔을 출자하기로 합의했다. 그러나 그 회사는 3백 만엔에 대한 대가로 한국정부로부터 약 $41km^2$가 넘는 질 좋은 논과 약 $41km^2$의 밭을 받아서 회사를 운영하기 시작했다. 이듬해에 강제합병이 선언되자 동양척식주식회사는 토지를 얻었고, 출자금 3백 만엔을 일본 정부에 넘겼다. 그 회사는 소규모 투자에서는 어떠한 이자도 지불할 걱정을 하지 말라고 말했다.

동양척식주식회사가 소유한 대부분의 땅은 부채가 있거나 그 회사의 속성을 모르는 한국인들로부터 사들인 것이다. 영세한 한국 농부들은 동양척식주식회사의 전답을 살 능력이 없었던 반면에, 일본인 정착민들은 25년에 걸쳐 작은 양의 할부금을 내면서 땅을 구입했다.

  나는 스미스 목사가 동양척식주식회사의 자선가 목록에서 언급한 신사들 중의 한 명에게 물었다. "당신은 신사인데 동양척식주식회사가 사용하는 방법들에 조금이라도 가책을 느끼지 않는지 내게 말해 주십시오." 이에 그는 "예, 가책을 느끼지요. 그러나 당신 나라에도 비슷하게 나쁜 회사들이 있지 않습니까?" 우리도 그렇다고 인정할 수밖에 없었다. 동양척식주식회사가 한번은 간단한 취재 용건에 대해 말한 나의 친구에게 1천 엔을 준 적이 있다. 그 친구는 스미스 목사보다 기삿거리를 덜 가지고 있었는데 그 회사는 그러한 사실은 알지 못했다.

  넷째, 고문이 한국에서 사라졌다고 말하는 것은 성급한 것이다. 나는 아카이케赤池濃 경무국장이 내린 고문폐지 명령이 기사화된 것은 특별히 스미스 목사의 기고문 때문이라고 생각하지 않는데, 고문에 대하여 강력하게 반대하고 있는 사람들이 새로운 정부 안에 있기 때문이다. 그러한 명령은 지난 5년 동안 여러 번 공포되었지만, 고문은 여전히 행해지고 있다.

  내가 서울을 떠나기 몇 일 전, 〈재팬 애드버타이저〉 지에 "한국에서 더 이상의 고문은 없다."라는 기사가 실린 이후에, 나는 뜨거운 인두로 지지는 고문을 당한 한 젊은 여성을 고위 관리에게 소개하는 특별한 기회를 가졌다. 이 일은 12월에 일어났고, 나는 서울을 떠나기 전날에 두 명의 배재학당 학생들의 이름과 주소를 받았다. 한 명은 심한 전기 충격으로 회복되지 못했고, 다른 한 명은 엄지손가락이 묶인 채 천정에 매달려졌었다. 이 사건은 3월에 있었는데, 이러한 사건에서 흥미로운 점은 약 30페이지에 걸쳐 기록된 상당히 비판적인 조서가 배재학생 중에 누구도 고문을 당하지 않았다는 것을 증명하고 있었다는 점이다. 그러나 이 사람들은 경찰서에서 고문을 당했다.

한국에서 수행되어야 할 일이 많지만, 희망적인 것은 총독과 정무총감이 나쁜 것을 제거하기 위해 애쓰고 있으며, 한국인들에게 동화정책이 허락할 수 있는 최고의 것을 제공하려고 한다는 점이다.

나는 캐나다로 항해하기 몇 시간 전에 이 회신을 쓰고 있다. 아직은 매우 불완전하지만, 그럼에도 나는 이 글이 한국에 대한 최근의 기사들을 보완하는데 가치가 있다고 느낀다. 스미스 목사는 많은 사실을 알고 있지만, 한국인들의 마음과 그들의 언어를 아는 지식이 부족했기 때문에 그러한 사실을 정확하게 해석하는 데는 실패했다.

*The Japan Advertiser* 1920. 4. 10

# 한국은 압제자의 멍에 아래 신음하고 있다(E)

재정 러시아의 경우와 같은 일본 경찰 제도의 잔인성

최근 서울에서 이곳 일본에 도착한 장로회 의료선교사 프랭크 스코필드 박사는 어제 오후에 중앙 YMCA에서 행한 연설을 통해 한국에서의 일본 정책을 맹렬히 비난했다. 한국에 대한 일본인의 대우는 차르 시대 러시아의 대우보다 열악한 것으로 묘사되었고, 일본인들은 한국인들을 위협하고, 일본인의 관습과 언어와 국적을 받아들이게 하려고 고문을 포함한 구 러시아 경찰이 가진 스파이 제도까지 도입했다고 비난을 받았다.

스코필드 박사는 한국인들이 기본적으로 평화주의자라고 묘사했지만, 일본인들은 본질적으로 군국주의적이라고 말했다. 그는 "한국의 지형은 한국인들의 심리상태처럼 형성되어있다. 광대한 산맥들이 동쪽 해안가를 따라 펼쳐지면서 해안가는 바위가 많고 접근이 어렵게 형성되어 있지만, 서쪽에는 논밭이 바닷가까지 뻗어 있다. 한국은 자기가 혐오하는 일본에 등을 지고 있고, 자신이 좋아하는 중국을 향하고 있다."라고 말했다.

### 취하지 않는 민족

스코필드 박사는 한국인들은 사랑스럽고, 키가 크고, 강하고, 튼튼한 민족이라고 말했다. 그는 또한 4천 년 이상이나 펼쳐진 한국의 역사를 논했고, 한국인들이 금주한 것은 기원후 58년까지 거슬러 올라간다고 말했다.

사람들이 취하지 않고 금주가 엄격하게 시행되었다는 한 예로, 그는 1482년에 어느 도의 지방관이 술을 마시는 것을 왕이 발견해 참수하여 그의 목을 전국에 보여주었다고 말했다. "우리는 이 정도로 엄격한 조치들을 도입하지 못할 것입니다."라고 그 연설가는 말했다.

약 4백여 년 전에 한국인들은 일본인의 침략으로 고통을 받았다. 일본인은 중국을 공격해 지배할 의도였는데, 그들은 지금도 중국을 점령하는 것을 자신들의 야망으로 소중하게 간직하고 있다고 스코필드 박사는 확언했다. 벨기에가 유럽을 구했듯이, 한국이 그때 중국을 구했었지만, 한국은 그렇게 하다가 오히려 중국의 지배를 받았다.

"도쿄 인근에는 일본인 정복자들이 가져온 수만 개의 한국인의 귀가 묻힌 무덤이 있다." 그는 "그래서 당신들은 한국인들이 일본을 좋아하는 것이 얼마나 어려운 것인지를 알 수 있을 것이다. 그럼에도 불구하고 일본인들은 한국인을 일본인으로 바꾸려고 노력하고 있다."라고 말했다.

### 한국의 독립을 거부하다

스코필드 박사는 중일전쟁과 러일전쟁에 관해 이야기 했는데, 일본인들은 이 전쟁을 한국의 독립을 지키기 위한 투쟁으로 묘사하곤 했다. 한국인들은 러시아에 맞서 일본인들을 도왔다. 그러나 일본은 한국인들의 독립을 거부하고, 한국을 식민지로 만들었다. 거의 훈련받지 못하고 최악의 무장을 한 한국 군대는 잘 무장된 일본인에게 18개월 동안 저항을 했지만, 일본인들로부터 해산하라는 명령을 받았다.

일본인들은 자신들을 반대한 한국의 황후를 살해한 후 황제를 폐위시키고 그의 얼간이 아들을 왕좌에 올렸다. 일본인들은 무력을 사용해 한국 내각이 주권을 이양하도록 했다. "한국인은 종이를 발명했고, 활판 인쇄술을 발명했고, 광범위한 교육 제도도 가지고 있었다."고 연사는 말했다. 몇몇 경우에서는 학교의 스승이 심지어 왕보다 우선시 되기도 하였다.

### 일제하의 착취

일본이 한국을 침탈했을 때, 일본인들은 헌병과 경찰과 군인들을 데리고 물밀 듯 들어왔다. 학교에서 일본어 외에 다른 것을 가르치는 것이 금지되었으며, 한국의 역사책들은 불태워졌다. 또한, 태극기를 보인다는 것은 투옥되거나, 고문받는 것을 의미했다. 1911년에 영장이나 유죄판결 없이 경찰의 즉결심판으로 1만 8천 명이 체포되었다. 1918년에 이러한 숫자는 8만 1천 명으로 뛰어올랐다. 1911년에 1만 4천 명의 한국인들이 경찰에 의해 태형을 당했고, 1918년에는 3만 명으로 늘었는데, 경찰은 즉결심판을 통해 체포뿐 아니라, 투옥, 태형을 가하거나, 고문을 할 권한도 가지고 있었다.

"이곳 사람들은 불평하며, 세금을 내야 하므로 자신들의 자유가 탈취를 당하고 있다고 말한다. 그들을 강제로 동화가 진행 중인 한국으로 보내 그게 마음에 드는지 물어보라."고 연사는 언급했다.

### 교회들이 불에 태워지다

스코필드 박사는 "기독교인들이 항상 독립운동을 주도했다."라고 말했다. "우리는 특별히 여성들을 감옥에서 개종시키려고 했다. 사실 감옥에 갇혀있는 남성과 여성들을 기독교인으로 만드는 것이 교회에서 하는 것보다 더 빠르다고 말할 수 있을 것이다." 그는 일본인 경찰과 소방대원이 많은 교회를 불태웠는데, 그가 관계 당국에 항의하자 화재의 책임이 한국인 소요자들에게 있다는 변명만을 들었으며, 심지어 그에 반대되는 증거를 보여주었는데도 불구하고 대답은 같았다고 하였다.

그는 또한 지난해 만세 운동에 적극적으로 참여한 남성과 여성들에게 경찰이 가한 고문을 묘사했다. 지난해 일어난 이 운동은 한국인들 스스로 행진을 하고, 한국을 위해 만세를 부르는 데 만족했다는 점에서 평화로운 것이었다. 그러나 한국인들은 경찰과 군대에 기소를 당하고, 체포를 당했으며, 교회는 불태워졌다. 여성들은 더 잔인하게 대우를 받았다. 그는 "서울에는 많은 외국인이 있었기 때문에 그렇게 나쁘지는 않았다. 하지만 시골의 상황은 끔찍했다."고 말했다.

### 고문을 당한 간호사

한국인들은 그에게 와서 소수민족의 자결권에 관한 윌슨 대통령의 연설을 보여주었다. 그들은 미국이 자신들이 독립을 쟁취하는 데 도움을 줄 것으로 생각했다. 스코필드 박사는 "나는 세상에는 이기심밖에 없으며 한국인들이 유엔연맹으로부터 어떤 것도 바랄 수 없을 것이다."라고 말했다. 한국인들은 그가 영국인이기 때문에 제국주의자일 것이라 생각했지만, 그가 자신들의 호소문을 가지고 평화회의에 갔을 때 그것이 오해였음을 재빨리 깨우쳤다.

그는 뜨겁게 달궈진 인두로 고문당한 한 간호사 이야기를 들려주었다. 스코필드가 당국에 항의했지만, 그들은 그러한 고문은 없다고 부인했다. 그는 일본으로부터 공식적으로나 비공식적으로 고문을 인정하는 대답을 들을 수 없었다.

그러나 스코필드 박사는 도쿄 신문에 그 주제에 대하여 기사를 쓴 적이 있다. 그는 또한 일본 총리와 인터뷰를 했는데, 서울은 스파이들로 넘쳐나고 모든 유명한 사람은 면밀히 감시를 당하고 있다고 말했다. 그는 "내가 도쿄에서 한국인들에게 마지막으로 연설하는 중에 청중 가운데 스파이가 25명이 있다고 이야기하자, 누군가 그보다 더 많이 있다고 소리를 질렀다. 그래서 나는 스파이로 구성된 청중에게 연설할 수 있게 되어 기쁘다."라고 말하였다.

### 정의에 대한 탄원

스코필드 박사의 강연은 '또 다른 알자스 또는 폴란드'에 대한 것이었는데, 그는 한국에 대하여 더 이야기하려고 했다.

최근에 일본은 유화정책을 펴기로 했다. 양반계층이 어느 정도 평민들을 억압해 온 한국에서 일본이 어떤 다른 나라에서도 볼 수 없었던 많은 개혁조치를 취해 왔다고 인정은 하지만, 그럼에도 한국인들은 독립을 원하고 있다. 현재 일본인들이 모든 공적인 직책을 차지하고 있으며, 한국인들은 더 열등한 민족으로 대우를 받고 있다.

*The Globe* 1920. 7. 12

# 한국의 미래: 하라 총리와의 인터뷰(E)

　나는 하라 총리와의 인터뷰에서 가장 궁금했던 한국에 대한 일본 정부의 정책을 알게 되었다. 이것은 '사랑과 정의에 기초한 동화'라는 한 문장으로 말할 수 있다. 나는 우리의 대화를 간략하게 인용하면 다음과 같다.

　나는 한국을 위한 개혁조치 중에서 무엇을 기대할 수 있는지를 물었다. 하라 총리는 "우리 자신들이 가진 모든 권리와 자유를 한국인들에게 확대하는 것이 우리의 바람이다. 한국인들도 동등하게 대우를 받아야만 하고, 정의·친절·동정이 새로운 관료들의 표어가 되기를 바란다."라고 대답했다.

　나는 이 모든 것은 강제 병탄 때 약속되었는데, 동화정책 때문에 한국인들이 그러한 권리를 갖는 것이 불가능했다고 말했다. "동화정책이 계속될 것인가?"라고 내가 묻자, 하라 총리는 "동화정책은 계속될 것이지만, 사용하는 방법이 완전히 달라서 온갖 종류의 차별과 다른 악한 요소들은 사라질 것이다."라고 대답했다. 나는 그러한 악한 행위는 동화정책에 필연적으로 수반되는 것들이고, 정의를 확보하는 유일한 방법은 정부의 권력을 한국인들의 손에 섬신적으로 이양하는 것이라고 강조했다. 나는 그렇게 처절하게 반대하는 정책을 하나의 국가에 강요하는 것이 도덕적인지 물었다. 그는 명칭이나 정책이 같은 것일 수도 있으나, 정부는 전적으로 변할 것이고 실제로 훨씬 더 관대한 정책이 잇따를 것이라고 나를 안심시켰다.

기다려보라

나는 10년간이나 시도된 동화정책이 알자스-로렌과 폴란드에서와같이 한국에서 완전히 실패한 후에도 왜 그런 정책을 지속해야 하는지를 물었다. 하라 총리는 "기다려 보라."고 대답을 하면서 새로운 정부에게 시험할 수 있는 기간을 부여하는 것이 공평한 것이라고 대답했다. 나는 "정부가 동화정책을 고집한다면, 결과는 유혈혁명일 것이다."라고 대답했다. 그리고서 전체적인 상황을 공평하게 조사할 고위급 조사위원회를 파견해야 한다고 요청했다. 하라 총리는 새로 임명된 사이토 총독이 필요하다고 생각하는 것은 무엇이든지 조사할 전권을 갖고 있지만, 당장 조사위원회를 파견하는 것은 고려하지 않고 있다고 대답했다. 나는 두 나라 사이에 신뢰를 회복하는 데 도움이 되는 방법으로 그것만큼 가치 있는 일은 없다고 말하면서 커다란 실망감을 표현하였다.

잔악한 행위들에 대한 부정

나는 잔학한 행위들과 교회에 대한 박해를 정확하게 기록하려고 책을 쓰고 있다는 사실을 언급했다. 나는 하라 총리에게 책에 써도 좋을 몇 가지 주제에 대하여 명확한 진술을 해 달라고 요청했다. 나는 첫째로 "사실에 충실하라."는 유용한 조언을 얻었다. 그러고 나서 하라 총리는 "한국에서 행해진 잔학행위들은 수뇌부의 명령에 따라 일어난 것이 아니라는 것을 명확히 이해하기를 원한다."고 추가로 언급했다. 잔학 행위는 잔인한 군인과 경찰들의 자발적인 행동이었으며, 시대가 혼란했기 때문에 하달된 명령을 이해하는 데 실수가 있었다는 것이다. 이에 나는 "명령이 고위급 관료로부터 하달되었는지 아닌지를 알 수 없지만, 나와 다른 이들이 고위관료들을 만나러 가서 잔학한 행위들을 보고 했을 때 관리들은 계속해 거짓말을 했고 자기 부하들의 죄를 은폐하기 위해 수많은 변명을 늘어놓았다는 것은 확실하게 알고 있다."라고 대답했다. 하라 총리는 내 이야기를 논박하지 않을 것이며, 앞으로 어떤 것이라도 그런 폭력 행위가 발생하면 곧바로 자신에게 알려주기를 바란다고 대답했다.

나는 그에게 인터뷰에 응해 주어서 고맙다고 말하고, 그의 내각 기간에 한국의 혁명이 일어난 것에 대하여 유감을 표시했다. 그러나 그는 책임이 그의 전임자인 데라우치 백작에게 있음을 모든 사람이 깨닫고 있다는 것으로 약간의 위안을 얻을 수 있었다.

*The Globe* 1920. 9. 4

# 서대문 형무소의 진실(E)

아래의 '서대문 형무소 방문기'는 〈서울 프레스〉의 한 기자가 작성한 글이다. 기자는 이 글에서 서대문 형무소를 감옥이 아닌 요양소, 혹은 기술학교로 묘사하였다. 스코필드는 이에 항의하며 〈서울 프레스〉의 편집장에게 서신을 보냈고, 그의 글은 '깊이 뿌리 박힌 부당한 의심'이라는 제목의 글로 〈서울 프레스〉에 기고되었다.

### 서대문 형무소 방문기

며칠 전에 〈서울 프레스〉의 한 대표가 서대문 형무소의 상황을 조사하기 위해 그곳을 방문하는 특권을 얻었다. 독립문 근처에 있는 이 감옥은 도시 전체에서 가장 양지바르고 가장 쾌적한 장소에 있는데, 주변에는 아름다운 소나무로 우거진 언덕배기가 있다.

감옥 안 정원은 높은 벽돌 건물들로 막혀 있으며, 주변에는 사무실과 나무로 지은 여러 개의 작업실이 있다. 바닥은 아주 깔끔하게 정돈되어 있고, 모든 것이 질서정연하게 자리해 있다. 최근 소요를 일으킨 지도자들과 그 소요에 참가한 많은 사람이 임박한 자신들의 공개재판을 기다리며 이 감옥 안에 있다.

기자는 감옥 소장인 카키하라柿原 씨의 사무실에서 친절하게 영접을 받고, 그가 책임을 맡은 죄수들에 대하여 몇몇 흥미로운 정보를 얻었다. 조선총독부의 관료 중에서 가장 능력이 있는 사람 중 한 명인 이 소장은 마음이 넓고 계몽된 시각을 가지고 있으며 가장 친절한 마음을 가진 사람이다.

소요와 관련된 죄수들의 행동이 어떠냐는 질문을 받고, 카키하라 씨는 일반적으로 매우 좋다고 말했다. 처음에 감옥에 들어왔을 때는 많은 이들이 극도로 흥분하고 신경질적인 상태에 처한다. 그는 죄수들을 위해 목욕을 준비시키고, 밑에 있는 간수들에게 죄수들을 열 받게 할지도 모르는 말과 행동을 피하라고 주의를 시켰다. 며칠이 지나자 죄수들은 자신의 정신적 평정을 되찾고 그때부터 잠잠하고 단정하게 행동을 한다.

죄수들은 공개된 장소에서 매일 운동을 하고 4인이나 5일에 한 번씩 허락을 받아 목욕한다. 음식에 관해서는 융통할 수 있는 사람에 한해서 특별히 지정된 사식 제공자를 통해 음식 반입을 허락하고 있다.

전염병을 막기 위해 밖에서 가지고 들어온 음식은 매우 조심스럽게 검사한다. 모든 죄수의 상태는 매우 건강하다. 또한, 죄수들이 책을 차입하는 것을 허락하고, 죄수들에게 도움을 주기 위해 여러 권의 성경책을 차입하였다.

이렇게 구체적인 사항들을 보고받은 후, 감옥 소장과 간수장은 기자에게 감옥을 보여주었다. 바깥에서와같이 감옥 내부도 결점을 잡을 수 없을 만큼 깨끗했고, 모든 죄수는 매우 건강한 상태였다. 소요를 주도한 지도자들은 분리되어 갇혀 있었는데, 다른 사람들은 10명 혹은 12명씩 그룹으로 있었다. 난처한 상황에 직면해 있음에도 불구하고, 그들 중 누구도 풀이 죽어 있거나 절망적인 것처럼 보이지 않고, 오히려 명랑한 마음 상태를 가진 것처럼 보였다.

 기자는 그중 자신이 알고 있던 몇 명과 대화를 나눌 수 있었는데, 자신들에 대한 대우에 감사하다는 말을 들을 수 있어서 기뻤다. 감옥 서장은 친절하게 그들의 건강을 물었고, 모든 죄수는 즐겁고 빛나는 미소를 지으며 대답을 했다. 그 어떤 죄수의 얼굴에서 조금이라도 증오하는 모습이나 행동에 있어 조금이라도 저항하는 기미를 찾아볼 수 없었다.

 이후 기자는 다양한 작업장을 돌아보았는데, 거기에는 기결수들이 실을 짜는 일, 목수일, 그리고 다른 수공업 작업을 하고 있었다. 여기서 사람들이 이러저러한 수공업을 배우고, 그중 많은 이들이 감옥을 떠날 때쯤은 숙련된 장인이 된다고 기자는 들었다. 사실 그곳은 감옥이라기보다 기술학교의 모습과 같았다.

### 깊이 뿌리 박힌 부당한 의심

 한 외국 특파원(스코필드)이 다음과 같은 서신을 우리에게 보냈다.

 경외하는 편집자에게

 서대문 요양소, 혹은 전문학교, 무지한 사람들이 속아 비공식적인 용어로 감옥이라 부르는 곳에 대한 최근 기사에 대하여 당신에게 진심으로 감사를 표한다. 당신의 공식적인 방문에 대한 사실적이고 분명한 설명을 읽은 후에 모든 외국인 공동체가 대단히 안도하였을 것이라고 확신한다.

 많은 사람은 자기 친구들이 작은 방안에서 아마 벌레들과 충분하지 못한 의복과 음식으로 매우 불편하게 떼 지어 지내고 있을 것으로 생각했다. 규칙적인 식사와 목욕을 하고 자신들을 부양하는 부모 같은 사람들에게 끊임없는 미소를 받는 모습을 그려보는 것은 정말 대단히 감사한 일이다.

단 한 가지 제안은 당신이 그 기사를 한국어로 번역해 한국어 신문에 게재할 수 있는지 묻고 싶다. 그렇게 한다면 수감자들의 수백 명의 아버지, 어머니, 친구들의 불필요한 걱정을 덜어줄 수 있을 것이다.

이렇게 글을 길게 쓴 것을 용서해 달라. 그러나 나는 오늘 바짝 마르고 가련해 보이는 남성을 만났는데, 그는 거의 기절할 정도로 얻어맞았다. 그는 몇 주 동안 평안하게 앉아 있을 수도 없을 것이다. 그의 신체 여러 곳은 살갗이 벗겨져 속살을 드러냈다. 나는 그에게 잠시라도 들어가 신선한 공기를 마시며 지낼 수 있는 장소로 당신의 요양소를 언급했는데, 우스운 듯이 나를 바라보면서 자신이 서울 서대문 밖에 위치한 붉은 벽으로 높게 둘러싼 어떤 큰 건물에서 방금 나왔다고 말했다. 그가 설명한 건물과 위치에 대한 묘사를 보면 이 건물은 기술학교[감옥] 같이 들리지만, 그는 거기서 어떤 사업을 배웠거나 요양소의 다른 사치스러운 것을 경험하지 못했기 때문에 이곳은 다른 장소가 틀림없을 것이다. 당신이 이 장소가 어딘지를 알고 비공식적으로라도 조사할 수 있다면, 그것은 인류를 위해 가치 있는 일이라 생각힌다.

이 조롱 섞인 편지는 한국에 있는 외국인 거주지역 사람들이 어떤 마음 상태인지, 일본에 대하여 현재 어떤 태도를 보이고 있는지를 잘 보여준다. 그들은 자기의 한국 친구들이 말해준 것에 대해 절대적인 지지를 보내고 있고, 일본인들이 말하고 행한 모든 것을 의심의 눈초리로 본다. 그들이 그렇게 편협한 생각을 가지고 움직인다면, 그들과 일본 정부기관 사이에 어떠한 우호적인 관계를 형성하는 것은 거의 불가능할 것이다.

우리 자신이 반복해 표현했듯이, 해외 선교사들과 일본 정부 관계자들 사이에 철저한 이해와 허심탄회한 상호협조는 한국인들을 고양하는 데 필수적이다. 일본 정부는 그것을 알고 선교사들의 도움을 확보하기 위해 항상 애써 왔다. 외국 거류민 중에 위에서 언급한 편지를 쓴 기자와 같이 일본 관계 기관에 근거도 없는 의심을 확고하게 품고 있으면서 진전된 방향으로 답하기를 거절하는 몇몇 사람들이 아직도 있다는 것은 엄청난 유감이다. 우리는 우리 특파원과 비슷한 견해를 가지고 있는 모든 사람이 서대문 형무소를 방문해 그곳에 관해 우리가 쓴 것이 사실인지 아닌지를 자기 스스로 볼 수 있게 되기를 제안한다. 만약 그들이 그렇게 하기를 원한다면, 우리는 관계기관으로부터 허가를 받는 데 기꺼이 도울 것이다.

*The Seoul Press* 1919. 5. 11; 5. 16

# 한국에서의 고문: 미즈노 박사가 해결할 문제(E)

 며칠 전 한 일본 시민이 자신이 경찰 조사를 받고 있을 때에 고문을 당했다고 선언했을 때 일본에서 잔잔한 파문이 일었다. 내가 사는 일본의 점령지에서 고문은 경찰제도의 핵심 근간이기 때문에 그런 파문이 필자에게는 다소 이상하게 보였다. 지난 두 달 동안 고문을 가하는 자들은 특히 바쁘게 지냈는데, 몇몇 경우에는 시간을 초과해 근무해야 했다. 고문에 사용된 방법들이 상당히 흥미롭지만 몇몇 독자들에게는 잘 알려지지 않았기 때문에 내가 한두 사례를 간략하게 서술하고자 한다.

 사례 1

 C 씨는 약 19세 나이의 교육받은 젊은 남성이다. 그는 7월에 한국인의 독립운동에 연루되어 있다는 편지 한 통을 자신의 소지품 속에 갖고 있다가 평양에서 체포되었다. 그는 감옥으로 보내져, 거기에 약 6주 가량 구금되어 있다가 90대의 태형을 맞고 풀려났다. 그는 9월에 다시 체포되어 사이토 총독에게 폭탄을 던진 사건과 관련해 심문을 당했다. 다음 이야기는 증거를 확보하는 과정에서 경찰이 사용한 방법을 간략하게 요약한 것이다.

그 젊은 남성은 일곱 번이나 줄로 손목이 묶여 천장에 매달려졌다. 우선 손을 그의 몸 뒤로 단단하게 묶고, 그의 머리를 뒤로 제쳐 자신의 손에 묶는 것을 다섯 번이나 행했다. 4일간에 걸쳐 그의 콧구멍에 이따금 맹물을 부어 넣었다. 이후 3일 동안은 맹물 대신 비눗물을 부었다. 고문관들이 마지막으로 선택한 것은 고춧가루를 푼 물이었는데 이에 대한 반응은 너무 격렬해 그 남자는 탈진상태가 되었다.

그럼에도 이 모든 것이 실패하자, 일본 경찰은 이제 발톱을 뽑아내라고 명령했다. 핀셋을 건네받은 한 한국인은 발톱을 뽑아내지 못하고, 대신 작은 발가락 옆 부분에서 살점을 떼어 내었다. 피가 쏟아져 나왔는데, 피에 굶주린 고문관의 구미를 만족하게 하는 것 같았다.

**사례2**

다음은 약 18세가량의 또 다른 젊은 남성의 이야기이다. 그는 독립신문을 인쇄한 혐의를 받았는데 혐의는 쉽게 인정했지만, 신문 조직의 다른 회원들에 대한 정보를 제공하기를 거부했다. 이 남자는 6일 동안 세 번이나 의식을 잃을 정도로 구타를 당하고, 빨갛게 달군 인두로 지지는 고문을 한번 당했다. 내가 보기에 그는 신체적으로 불구가 된 것 같았다.

며칠 전에 나는 한 젊은 여성을 만났는데 그녀는 머리 위쪽을 너무나 심하게 얻어맞아서 한쪽 귀에 고름이 생겼다. 이 외에도 그녀 무릎과 골반은 비틀려서 거의 탈구가 될 지경에 이르렀다. 그녀의 온몸에 침이 뱉어졌지만, 누구도 그것을 고문이라고 부를 수 없었다.

 이러한 방법은 고문의 원래 목적에 맞지 않았고, 더 무고한 사람들이 잡혀서 고문을 당하고 감금된 결과 작성된 진술서 대부분은 거짓이었다.

 저주스러운 동화정책이 바뀔 때까지 만세 소리를 잠잠케 하기 위한 창검과 총탄이 준비되어 있을 것이고, 법을 어기고 독립신문을 발행하는 젊은 애국자들의 코에 들이붓기 위한 고춧가루를 푼 물도 언제든지 준비되어 있을 것이다. 1,700만 명의 구민들을 절망하게 하고, 기껏해야 한국의 신분 높은 남성과 여성을 국외로 추방하고 감옥에 집어넣는 정책에 어띠힌 요리라도 있겠는가?

 강요된 동화는 자연법칙에 모순되기 때문에 결코 성공할 수 없다. 자연법칙은 절대 훼손되지 않으며 때로는 자연의 법칙을 위배하려는 자들을 무너뜨린다.

*The Japan Advertiser* 1919. 11. 29

# 한국에서 죄수들에 대한 고문(E)

프랭크 스코필드 박사가 1919년 10월에 한국 수감자에게 자행되는 만연된 고문 관행에 대한 기사를 〈서울 프레스〉에 기고했다.
현재 조선 총독의 개혁에 대한 약속을 분명히 하면서 고위 관료들이 자신들의 부하 직원들이 저지르는 야만적인 방법을 알지 못하는 것 같다고 언급했다.

 

교회들을 불태운 자를 찾아내기 위해 왜 고문을 사용하지 않느냐는 질문을 받았을 때 경찰청의 최고위관리 중 한 사람은 경찰제도에서 고문이 존재하는 것을 절대적으로 부인했다. 그러므로 경찰청과 사법부의 고위 관료들은 사실을 분명히 알 필요가 있다. 이것이 훨씬 더 중요한 이유는 고문이 필요하다고 믿는 하위관리들의 태도 때문이다.

최근 고문을 주제로 연설하던 어떤 판사가 고문의 존재를 개탄하면서 고문이 때로는 사법부의 일을 어렵게 만들지만, "고문은 한국인의 오랜 관습이다. 그리고 한국인은 종종 고문이 가해질 때에야 진실을 말한다."라고 말했다. 그러나 한국인들이 고문을 받을 때에도 거의 진실을 말하지 않고 고문을 가하는 자가 요구한 것만을 말할 뿐이다.

고문의 존재를 모르고 있는 그러한 관료들에게 정보를 제공해주기 위해 나는 경찰들이 사용하는 가장 흔한 고문 형태 몇 가지를 언급하겠다.

가운뎃손가락을 줄로 묶어 천장에 몸을 매달고, 발가락은 겨우 바닥에 닿게 한다. 비슷한 방법으로 끈으로 손목을 묶어 매단다. 손을 등 뒤로 해서 먼저 묶은 다음 끈으로 손목을 묶어 몸을 매달거나 단지 몸을 일으켜 세운다. 양면이 동시에 좁아지는 상자에 몸을 구겨 넣는다. 고정된 자세로 붙들고 사람이 거의 질식할 때까지 얼굴에 물을 붓는다. 빨갛게 달구어진 인두로 몸을 지진다. 무릎을 꿇은 사람의 발목 위로 무거운 나뭇조각을 놓고 옆으로 나와 있는 나무의 양쪽 끝 위로 두 명의 경찰이 올라서다. 이때 발목 관절은 거의 탈구된다. 날카로운 작은 못으로 몸을 찌르고, 관절이 거의 탈구될 때까지 관절을 비튼다. 딱딱한 물체를 손가락 사이에 넣고 나서 손을 꽉 쥐어짠다. 의식을 잃을 때까지 머리와 신체에 태형을 가한다. 수감자가 자신의 오줌을 강제로 마실 때까지 물을 주지 않는다. 여성들의 옷을 벗긴다. 경찰은 이런 고문들과 필자가 충분하게 확인하지 못한 많은 형태의 다른 고문들을 의심쩍은 범죄자들에게 빈번하게 자행했다.

고문에 반대하는 가장 강력한 주장은 그것이 비인도적이고 모든 문명국가에서는 오래전에 철폐되었다는 것이다. 일본 외에 다른 어떤 문명국가에서 수감자들이 자신들의 의지와 상관없이 만들어진 증거가 거짓이고 고문에 의해 강요되었다고 재판장에서 끊임없이 주장하겠는가?

비인도적인 차원을 떠나서 고문은 전반적인 불의를 일으킨다. 수감자가 고문을 당하면, 그는 스스로에 관해서만이 아니라 다른 무고한 사람들과 관련해서도 잘못된 진술을 할 것이다. 어떤 재판장은 내게 그러한 거짓된 증거 때문에 무고한 사람들이 최종적으로 유죄판결을 받은 경우는 거의 없다고 알려주었지만, 그럼에도 불구하고 많은 이들이 구류와 다른 부당한 조치를 당하고 있다. 경찰은 한국어를 배우고 유럽의 형사들이 사용하고 있는 방법들을 공부하는 대신 스파이와 고문이라는 두 가지 방법에 의존하고 있는데 이것들은 한국 경찰제도의 핵심을 형성하고 있다.

  나는 고문을 가하는 자들이 진실을 알려고 하는 대신에 흔히들 희생자들에게 거짓말을 강요하고 있다는 것을 명확하게 보여줄 여러 사건을 말할 수 있다. 무죄한 사람이나 죄를 지은 사람이 똑같이 경찰의 '예비 심문'에 의해 자행되는 끔찍하고 잔인한 행동에서 벗어날 수 있도록 경찰제도가 좀 더 심도 있게 개혁되어야 하지 않겠는가?

*Current History* 1920. 1

# 한국의 불안 때문에 비난받는 선고(E)

행정부의 수반은 자신이 방해하는 자들을 엄격하게 다룰 것이라고 경고하다.

아래의 글은 사이토 총독이 〈오사카 아사이〉의 서울 특파원과 가진 인터뷰들이다.

"기독교 선교사들이 한국에서 일어나는 혼란의 배후에 가담하고 있다는 것은 부정할 수 없는 사실이고, 서울 세브란스 병원에 소속된 스코필드라는 이름을 가진 사람은 이러한 선동가 중에 가장 유력한 자이다."

"스코필드는 가장 폭력적인 견해를 갖고 있는데, 한국인이 일본 정부에 항상 반대하도록 부추겨왔다. 스코필드는 일본 정부가 한국에서의 식민화를 목적으로 부도덕한 의도로 여성들을 고용해 오지 않았는지를 내게 물어왔고, 한반도에서 이러한 실책 국면을 지워 없애기 위한 내 생각을 알기를 원했다."

"스코필드는 가장 위험한 사람이고, 한국에서 독립 소요를 일으키려고 열렬히 애를 썼으며, 심지어 자신의 격렬한 방법을 사용하려고 엿보는 많은 선교사와 어울려 지냈다."

"나는 기독교 자체와 인쟁을 벌이지는 않겠지만, 한국의 독립회복을 위한 기도와 관련된 선교사들의 요구에 관해서는 조처를 하고, 선교사들의 태도를 규제할 것이다."

한국에서의 선교사들의 사역을 드러내는 것이 선교사들을 도전하는 것으로 보일 수도 있고, 우리의 계획이 이런 외국 선생들과의 협조 속에서 이루어 질때, 한국을 더 잘 통치할 수 있겠지만, 총독은 선교사를 두려워하지 않는다.

**의심의 여지가 없는**
전혀 걱정할 필요가 없다. 한국인들 사이에 일어난 불안정의 주된 원인이 한국 밖에 거주하는 한국의 정치적 불만족자들과 한반도에 있는 선교사들이 수행한 선전 때문이라는 것은 거의 의심의 여지가 없다.

최근 정치적 음모에 연루된 많은 한국인을 체포한 일에 선교사들이 관련되어 있는데, 선교사들이 한국 내 선동에 관련된 경우가 상당히 많았다는 점에 대해 총독은 자신의 의견을 솔직하게 공표했다.

"나는 체포된 한국인들의 불평과 항소를 세심하게 주의를 기울여 듣고 있으며, 그들이 진정으로 바라는 것이 무엇인지 한국인들에게서 듣기를 바라고 있다. 만약 한국인의 불평이나 희망이 합리적이거나 그들의 요구가 실행 가능할 경우 사람들의 합법적인 희망 사항에 기초해 한국에서 새로운 행정적 정책을 주저하지 않고 만들어 낼 것이다. 행정부가 바라는 것은 어느 정도 그들을 이해하는 것이다. 그러나 한반도에서 대낮에 공공연하게 독립소요를 허락하는 데에는 위험요소가 있다는 것을 알아야 한다."

내가 한국에 도착한 이후, 현 상황에 대한 선교사들의 견해와 그들의 도움을 들을 기회를 가졌는데, 총독은 선교사들을 포함해 한국에서의 일본 행정부의 앞길에 방해되는 사람들을 엄격하게 조처하기로 했다.

### 강퍅한 타자 스코필드

사이토 총독이 자신의 인터뷰에서 꼭 집어낸 선교사는 스코필드인데 그는 캐나다 장로교 선교회와 연결되어 있고 한국 내 선교사역을 하는 사람 중 가장 잘 알려진 사람이다.

그는 과거에 한국에 소개된 공창제도(국가가 성매매를 관리하는 제도)에 반대해 가장 결단성 있는 운동을 선개했으며, 한국 내 유일한 영어 신문인 〈서울 프레스〉에 기사를 실었다.

최근 한 기사에서 그는 일본이 한국인들을 문명화하는 대신 부지런히 매독에 걸리게 했다고 주장했다.

지난달에 스코필드는 한국에서 남학생들이 모인 곳에서 연설했는데, 강제 병탄 이전 성적인 방탕함과 관련해 한국인들의 도덕적 상태는 한국인들이 자부심을 느끼기에 아무 문제가 없으며, 일본식의 공창제도를 도입해 생겨난 상황에 비교해볼 때 엄청나게 좋았었다고 말했다. 그는 젊은 한국인들에게 유곽(매음 영업을 하는 집)을 확장하려는 계획에 대항해 싸우라고 부탁했다.

서울에 있는 일본인 신문은 이 연설을 보도하면서 스코필드가 일본 행정부에 반대하는 직접적인 단어를 사용했으며, "그러한 언사를 더 들을 수도 있었다."고 말했다.

*The Japan Advertiser* 1919. 12. 10

# 그릇된 한국 보고(E)

이번 해에 지역 언론을 가장 떠들썩하게 한 기사는 〈오사카 아사이〉 신문에서 찾아볼 수 있다. 신문사의 특파원이 사이토 장군과 아카이케의 이름을 빌려 한국에 있는 선교사가 조선 총독에게 적대적인 태도를 보이도록 한국의 혁명가들을 선동했다는 잘못된 기사를 내 보냈기 때문이다.

이후에 사이토 장군과 아카이케는 이 기사를 전적으로 부인했으며, 〈서울 프레스〉는 〈오사카 아사이〉 특파원이 '센쿄시'せんきょうし(선교사)와 '덴도시'でんどうし(전도사)라는 단어를 혼동해 '유감스러운 오해'가 생겼다고 설명하였다.

아래의 스코필드 박사의 편지는 〈오사카 아사이〉 특파원의 의도적인 시도를 눈감아 주는 것이 얼마나 공허한 것인지를 보여주며, 지역신문이 얼마나 많은 진실을 감추고 있는지를 나타내준다.

**출처: 경무청**
스코필드 박사는 11월 17일에 〈서울 프레스〉의 편집장에게 다음과 같이 썼다.

편집장에게,

나는 최근 당신이 〈오사카 아사이〉의 서울 특파원을 변호한 것이 실수라 생각한다. 〈서울 프레스〉의 편집자가 변명의 달인이라는 것을 아무도 부정하지 않을 것이며, 이것은 더 많은 위장된 단어들을 사용해 은폐할 수 없는 사건이다. 심지어 사설을 읽은 어떤 한국인은 "그 기사를 쓴 사람은 당신들 선교사들을 순진한 아이들이라 생각하는 게 틀림없다."라고 미소를 머금고 말했다.

총독과 선교사들 사이에 존재하는 선의를 그처럼 정당하지 못한 방법으로 파괴한 사람은 핑계를 댈 것이 아니라 오히려 비난을 받아야 한다. 내가 잘못 알고 있지 않는 한 '센쿄시'와 '덴도시'는 때때로 혼란을 일으켜왔다. 하지만 이번 경우는 기자가 선교단체에 불신을 주려는 의도로 기사를 쓴 것이 분명하다. 그것은 단어를 잘못 이해한 문제가 아니라, 특파원이 그릇된 방법으로 심각한 결함이 있는 기사를 만들어 내고 총독에게 돌린 것이다. 이러한 '덴도시'나 '센쿄시'와 같은 단어는 사실 외국 선생이라는 의미를 포함하는 것이 아닌가? 그럼에도 그 단어는 '외국 선생들'을 힘들게 하고 있다. 관계 당국은 한국인들에게 도전하는 것과 마찬가지로 한국인 설교자들에게 도전하고 있다. 독립운동과 관련되어 이미 상당한 숫자의 설교자들이 감옥에 잡혀 있다.

기자가 '덴도시'를 '센쿄시'로 사용한 것이 단순한 실수였다면, 이런 단어들은 적절히 교정되었을 것이다. 나 또한 이러한 일본어 단어가 '스코필드가 가장 위험스러운 인물'이라고 읽히도록 자연스럽게 번역될 수 있는지 없는지, 또는 관사가 많이 쓰이는 다른 비슷한 구절이 있는지 없는지 알고 싶다. 그 기사를 읽은 후에 나는 그 출처가 총독의 응접실보다는 경찰서일 확률이 더 높을 것이라 결론을 지었다.

당신이 때로 발행하기에 충분하다고 생각한 사소한 이야기들이 특정 지역에서는 그렇게 열렬한 환호를 받지 못했다는 것을 나는 알고 있다. 그러나 이것은 단순히 추측일 뿐이고, 그 점에 있어 실수일 수도 있다. 이 신문 기자는 항상 진실-진정한 진실, 그리고 오직 진실만을 고수하지는 않을 가능성이 있다.

당신의 진실한
프랭크 W. 스코필드

'변명을 날조하기 위한 편집적 시도'에 대한 스코필드의 회신은 미사여구로 날조를 진실한 증언으로 만들어내는 것이 얼마나 허무한 것인가를 보여준다. 예를 들면, '스코필드가 위험한 사람'이라고 총독에게 돌려진 고소에서 혼동을 일으킬 일은 전혀 없다. '센쿄시'와 '덴도시'란 단어는 거기에 설 자리가 없다.

〈서울 프레스〉의 편집자가 스코필드의 편지에 대하여 다음과 같은 주를 더했다.

당연히 위에서 글을 쓴 사람이 언급한 기사를 발행하는 데 있어서, 우리는 그가 언급한 일본인 특파원을 옹호하고자 할

의사는 없었다. 우리는 단지 선교사들에 대하여 상당히 불쾌한 언급을 총독에게 돌리면서 그가 썼던 인터뷰 기사가 일으켰을지도 모르는 어떤 오해라도 분명하게 밝히기를 원했다. 우리는 몇몇 일본인 기자가 선교사들에 대하여 전혀 호의를 표하지 않으며, 선교사들에 관해 항상 자극적인 이야기들만을 기고하려고 한다는 점을 깊은 유감을 갖고 인정해야 한다. 그러나 심지어 서구 국가에서도 기자들이 과장된 이야기나 확증되지 않은 비평을 그려내면서 큰 화제를 일으키는 데만 치중하고 있다는 점을 스코필드 박사도 확실히 안다.

한국 여성들의 체포

자금을 모금해 상해에 있는 한국 임시정부에 보내고 인화성이 강한 내용을 담은 유인물을 배분한 것으로 추정되는 몇몇 젊은 한국인 여성의 체포를 언급하면서, 12월 20일 자 〈서울 프레스〉는 다음과 같이 사설란에 썼다.

우리는 몇몇 지역 일본 신문들이 놀랄만한 제목을 가지고 독립운동 소요와 관련된 성급한 몇몇 한국의 젊은 여성들의 운동에 대하여, 그러한 이야기가 마치 엄청나게 중요한 사건인 양 자세한 이야기를 기사화하고 있다는 점을 주목하고 있다. 의심의 여지 없이 이런 이야기들은 일본 내 신문들에서는 자세하게 실렸거나 앞으로 전송될 것이며, 이 한반도의 상황들이 여전히 아주 불안한 상태에 있다는 인상을 일본에 있는 독자들에게 주면서 동일하게 자극적인 방법으로 신문지상에서 인쇄될 것이다. 그러나 논의되고 있는 문제들이 사소한 것이라는 것을 알기 위해 대단한 지성이나 탐구심이 필요한 것이 아니다. 한국의 몇몇 젊은 남성들의 도움을 받은 한국의 소수의 젊은 여성들이 비밀리에 협회를 조직해 인화성이 강한 다량의 전단을 자기 자매들에게 나누어 주고, 약간의 돈을 거두어 그것을 상해에 있는 한국인 지도자들에게 전송했다. 이것이 경찰들에 의해 발각되어 지도자들이 체포되었다. 이것이 사건의 경과이다.

오늘날과 같은 시대에서 그런 운동들이 성급한 한국인 젊은 남성과 여성들에 의해 모의 되었다는 것은 사실상 전혀 놀랄만한 일이 아니다. 그뿐만 아니라 다행히 초기 단계에 싹이 잘린 이 음모는 몇 주 전에 끝장이 나서 이제는 지난 일이 되었다. 일본인 신문사들이 그 일에 그렇게 많은 지면을 할애하는 것은 확실히 현명하지 못한 일이다.

그 기사들은 그 사건과 관련된 자들을 남자 영웅과 여자 영웅들로 만들고 한국인 반역자들의 선전목적에 이용당하고 있기 때문이다. 관계 당국이 대단한 일인 것처럼 후회하지 않고 그 사건의 중심인물들 외에 다른 이들을 고소하지 않으리라는 것을 우리는 안다. 이것은 지각 있는 태도이다. 우리는 그렇게 마음씨 넓은 정책을 추구함으로 그들이 성공할 것이며, 며칠이 지나가기 전에 반역자들의 모든 은밀한 시도를 파괴하고 이 반도에서 완전한 평화와 질서를 회복하리라는 것을 우리는 확신한다.

*The Japan Advertiser* 1919. 12. 28

## 2-2
## 해방 이후

# 민심은 공포에 잠겨 있다
# 의사당 앞에 무장경관이라니(K)

 나는 현 정치적인 분쟁에 가담할 권리가 없을 뿐 아니라 그렇게 할 욕망도 없다. 그러나 나는 오랜 세월을 두고 한국 국민을 사랑하여 왔고, 내가 한국으로 다시 돌아온 이후 뜻하지 않게 친절하고도 관대한 대접을 받아 왔다. 그래서 현재 간과되고 있는 두 가지의 중대한 현상에 간단한 평을 해야겠다.

 첫째, 별안간에 등장한 공공연한 위협책이다. 크리스마스 이브에 나는 차를 타고 반도 호텔로 가는 도중 국회의사당 주변에서 경찰관들이 무장하고 있는 것을 보고 놀랐다. 이 광경을 보고 나는 1919년에 본 공포를 뚜렷하게 회상하였다. 공산군대의 위협 아래서 이와 같은 방법으로 서로가 위협적인 행동을 취하는 것이 현명한 짓인가? 그와 같은 무장경관이 정부와 국민 사이의 신임의 상징인가?

 내가 여행을 많이 했지만, 그와 같은 광경은 공산국가에서만 볼 수 있었다. 나는 한국 국민의 진실한 친구로서 그와 같은 일이 일어날 수 있다는 어떤 암시라도 개탄하였으리라. 공산 적도들과 대결하고 있는 이때, 단결을 이루지 못하고 있음은 실로 불행한 일이다.

 둘째, 언론의 자유가 대폭 제한되었다. 지난 수일 동안 국민은 공포에 싸여 있었다. 열흘 전에는 별다른 주의를 않고 대화를 할 수 있었으며, 질문에 대해서는 주저 없이 답변할 수 있었건만 이제는 이를 피하든지 또는 상대방을 살펴보고 그가 자기의 친구라는 것을 확인한 다음에야 대화나 답변을 하게 되었다.

이런 일은 1919년의 한국에 있었던 일과 똑같다는 점을 시인하지 않을 수 없는 이 마음, 적이 슬프다. 지난 8월 우리가 해방 13주년을 기념할 때 전 국민은 기쁨과 행복에 넘쳤다. 그러나 돌연 공포와 침묵이 우리의 벗이 되었다. 우리는 이제 진심으로 "새해 복 많이 받으시기를……." 이라는 말을 할 수가 없게 되었다. 이런 편지를 쓰는 것조자 쉬운 일이 아니다. 그내도 1919년에는 이런 글을 쓰기가 어려웠다기보다 위험하였었다. 그러면서도 우리는 그런 글을 썼다. 그런 글 덕분에 우리가 자유를 얻었다고 나는 믿는다.

〈한국일보〉 1959. 1. 3

# 내가 보는 한국혁명(K)

4월 혁명의 목표는 독재적이고 부패한 정권을 타도하여 깨끗하고 진실한 민주주의적 정부를 수립하려는 것이었다. 그러나 그 결과는 두 가지의 큰 이유로 국민들의 높은 기대를 이루어주지 못하였다.

첫째는 혁명을 일으킨 학생들이 한국 사회의 구석구석까지 파고든 부패가 얼마나 심한가 하는 것을 너무나 과소평가 하였다는 사실이다. 부패는 자유당 속에만 한정된 것은 아니다. 덜 썩은 것으로 더 많이 썩은 것을 처벌한다는 문제는 비상한 정치적 기술과 재능이 요구되는 것이다.

둘째로 중요한 이유는 민주당이 반反 이승만적이었던 만큼 친親 혁명적이 아니었기 때문에 당내黨內 파쟁으로 소일消日(하는일 없이 세월을 보냄)하는 가운데 국민들의 감정과 정열에서 맥을 뽑아버린 것이다.

그러나 우리는 민주주의의 기본적 자유인 언론, 의사표시 및 집회의 자유를 모든 시민이 누리게 된다는 축복만으로도 기뻐해야 한다. 한참 동안 혁명을 따르는 듯해 보인 경찰은 무감각과 혼미의 기간을 거쳐 이제는 죄의식에 사로잡히기 시작한 듯하다.

내가 탔던 택시 운전사가 경찰관에 정지당하여 훈계받는 것을 나는 열흘 동안에 두 번이나 겪었다. 그러나 운전사의 호주머니에서 경찰관의 주머니 속으로 무엇인지 건너가는 것을 한 번도 보지 못했다. 내핍耐乏(물자가 없는 것을 참고 견딤)생활과 그에 따르는 절제 있는 생활이 반드시 필요하다고 나는 확신한다.

### 신생활운동은 '가진 자'부터
### 없는 자는 할 수 없다

신생활운동을 받들 천재일우千載一遇(좀처럼 만나기 어려운 기회)의 정신적 및 심리적 기회는 이승만 정권이 제정한 의원 세입 월 50만 환을 국회의원들이 그대로 수락함으로써 놓치고 말았다.

그들은 다소의 불편을 참을 결심을 하고 40만 환으로 생활하기를 원했다면 대부분 국민이 3만 환 이하의 수입으로 살아가는 나라에서 부자나 빈자를 가릴 것 없이 모두 국가를 위한 그들의 진정한 애국심에 깊은 감명을 받았을 것이다. 신생활운동은 '가진 자'들의 높은 곳에서 시작하여야 할 것이지 '없는 자'의 낮은 곳에서 시작할 것은 아니다.

### 중립화론은 민족 실의失意의 표현

나는 한국의 중립화론에 대한 토의에 한 가지의 가치밖에 발견할 수가 없다. 이는 그것을 말할 수 있을 만큼 뚜렷한 언론의 자유라는 것이다. 그것은 분단된 한국의 비극적인 사실을 배경으로 국민들의 마음속에 널리 자리 잡고 있는 실의의 증거이다. 공산주의 국가와 협조할 때는 "우리는 사술詐術(남을 속이는 수단)과 기만, 불법행위, 진실의 엄폐를 할 용의를 갖추어야 한다."는 레닌의 말을 잊어서는 안 된다.

**경제 재건은 부패 일소 一消(모조리 지움)에서만**
**천대받는 사람 위한 희생필요**

유엔이 과거에 한국을 돕기 위해 참전했다고 해서 앞으로도 그러리라는 보장이 되는 것은 아니다. 한국의 장래는 오로지 경제적 발전에 달려 있으며, 이 경제적 발전은 대부분 사람들이 생각하는 것보다 훨씬 더 철저한 부패 일소에 달려있다.

우리가 모두 생각해야 할 중대 문제는 어떻게 하면 청렴한 기풍을 배양하느냐 하는 문제이다. 현재로써는 천대받는 사람들을 돕기 위해 때로는 큰 희생을 해가면서 일하고 있는 학생들과 그 밖의 그룹을 격려해야 한다.

청량리에 있는 홍국 직업소년학교는 좋은 실례의 하나이다. 부자들이 가난한 사람들의 형편을 걱정하지 않는 것이 오늘날 한국에서 가장 창피하고 위험한 경우이다. 그런 풍조와 심각한 실업이 겹쳐서 남한은 공산 선전의 씨가 잘 자랄 옥토가 되었다.

**미인대회보다는 자비심을**

한 나라의 발달 정도는 그 나라의 국민이 어렵게 지내는 사람들인 과부, 고아, 병자, 빈자에 대하여 베푸는 관심의 정도로 정확하게 저울질할 수 있다. 소위 미인대회란 것은 불필요할 뿐만 아니라 허랑한 것이다. 자비심의 발휘가 오늘날 한국에서 가장 시급한 명제이다.

〈조선일보〉 1961. 1. 8

# 나는 이렇게 본다 한국의 군사혁명<sup>(K)</sup>

민주주의 국가에서 나서 자란 사람이라면 누구나 '쿠데타'에 충격받을 것이다. 그것은 당연하다 하겠다. 그러나 충격이 가라앉는 순간, 현명한 사람이라면 이와 같은 중대사건이 일어나지 않을 수 없었던 오늘날 한국의 사태를 이해하도록 솔직하게 노력해야 할 것이다. 그렇게 되면 한국에서의 군사혁명은 필요하였고, 불가피하였다는 것을 누구나 깨닫게 되리라고 나는 확신한다.

우리가 진심으로 한국을 위하여 근심한다면 "사랑은 오래 참고 온유한 것"이라고 한 성 바울의 말과 같이, 우리는 우리가 품었던 기대를 잠시 멈추고 현실을 받아들이고 진지하게 애쓰고 있는 새로운 사람들을 도와주어야 한다. 지금 이 순간에 민주주의가 군사정부보다 우월하다는 데 대한 말 많은 토론은 해 보아야 소득이 없다.

한국 사회는 위에서부터 밑바닥까지 부패해 있었으며, 특히 상층에서 더욱 그러하였다. 군대도 이와 같은 악성 부패 속에서 예외는 아니었다. 금력과 권력은 대부분 사람을 부패케 한다. 초등학교 아동들까지도 그들의 어머니회에서 하는 일을 보고 부패의 빙법을 배우게 되었다. 오늘날 한국이 당면한 가장 어려운 문제는 정실인사情實人事, 가솔린 빼먹기, 깡패, 세금 포탈, 뇌물, 병역 기피, 모리謀利(도덕과 의리는 생각하지 않고 오직 부정한

<sup>이익만을 꾀함</sup>) 행위, 졸업장 위조 등 온갖 교활한 형태의 부패를 숙청하는 일이다. 부패한 사회에서 진정한 민주주의나 건전한 경제는 바랄 수 없다.

사이비 민주주의에 대치될 수 있는 것은 오직 공산주의와 군정이었다. 신을 모독하고 인간을 타락·집단화시키는 공산주의는 어디서나 마찬가지로 무서운 비극을 가져올 것이다. 그러나 군정은 최소한 한 올의 희망을 주는 것이며, 이러한 희망은 지금 한국에서 나날이 밝아지고 있다. 나는 한국의 거의 모든 사람이 현 군사정부를 신뢰하고 있다고 말하지 않을 수 없다. 그들은 정직한 군인이 부정직한 정치인보다 낫다고 생각하고 있다.

그러나 한국의 우방과 적은 다 같이 이 신정부를 주시하고 있다. 만일 민간인보다 군인이 같은 잘못에 대하여 더욱 경한 처벌을 받고 있다는 것이 나타나는 날에는 이 희망의 빛은 또다시 사라질 뿐만 아니라 우리의 마음속에 뿌리박기 시작한 신뢰 또한 사라지고 말 것이다.

바라노니 경멸과 엄벌로써 부유한 자의 뇌물과 주어진 이권의 유혹을 물리치라. 수만의 고아와 빈민과 노약자들은 그대들로부터 먹을 것과 잠잘 곳을 바라고 있다. 이것은 어려운 일이다. 그러나 이것 밖에 한국을 구원할 길은 없는 것이다.

지금 국민은 신정부를 신뢰하고 있다. 그러나 만일 그들이 다시 한 번 실망하는 날에는 만사가 끝나는 것이다. 이것은 우리 최후의 희망이요, 최후의 기회인 것이다.

〈경향신문〉 1961. 6. 15

# 3·15를 말하는 스코필드 박사(K)

 불의를 규탄하며 마산 시민들이 독재와의 싸움을 시작했던 두 돌째인 15일 아침, 독립운동의 은인 스코필드 박사를 찾았다. 이날로 73회 생일을 맞은 박사는 단정한 옷차림에 불편한 몸을 지팡이에 의지하며 반갑게 맞아 주었다. 응접실에 안내받은 즉시 기자가 이역에서 홀로 생일을 맞은 감상이 어떠냐고 묻자 흰 백발에 소년 같은 미소를 띠며, "감상이랄 게 뭐 있어야지. 남에게 봉사하는 생활이 바쁜 사람은 자기 생각을 않는 법이지." 하며 조용한 음성으로 대답하였다.
 3·15 마산 데모에 대해서도 "그것은 부정과 독재에 실망한 백성들의 분노의 폭발이었지……. 그러나 내가 몸소 관찰한 기미년 3·1 운동과는 상황이 달랐어. 그것은 이민족에 대한 분노였으며, 그 보복이 한층 더 무섭고 무자비하리라 각오했었으니까." 하면서 과거의 회상에 잠기기도 했다.
 현재 서울대 수의과대학에서 강의를 맡은 박사는 한국 대학생들은 매우 우수하다고 격찬하면서도, 과거에는 질보다는 양에 치우친 대학 교육 때문에 폐단이 많았다고 날카롭게 지적했다.
 과거 자유당 정권으로부터 미움을 받아 오던 박사는 이승만 씨의 귀국설에 대해서도 "그가 돌아오고 싶어하는 심정은 이해할 만해. 해외에서의 삶이란 언제나 마음 편한 건 못 되지. 그가 귀국해도 늦고 병약해서 아무런 일도 할 수 없을 것이야."라고 논평하기도 하면서 그의 화제는 쉴새 없이 흘러나왔다.

"4·19 학생들의 혁명은 결코 아무런 일도 못 했어. 그 후 군인들이 혁명을 일으켜 무능과 부패에서 나라를 구한 건 당시로 봐선 유일한 길이었어." 하면서 참된 민주주의란 정직과 책임감과 성실이 수반되어야 하는데, 과거의 정치인들이 민주주의를 '백성들을 기만하는 수단'으로 썼다고 비난했다. 또 현 정부에 대해서도 "짧은 시간에 너무 많은 일을 하려는 것 같아." 하면서 가능하다면 군대식이 아닌 민주주의 방식으로 일을 해 나가기를 바란다고 희망했다.

"한국의 제일 급한 문제는 정치보다 국민들이 먹고살 길을 마련하는 것이다. 그러나 급하다고 단시일 내에 구제책이 마련될 수는 없다. 과거 이 나라에는 대표적인 세 가지 형태의 부패가 있었다. 정치인과 군대 내와 교육계의 부패가 그것이다. 현 군사 정부 아래서 많이 나아지는 과정에 있는 것이 사실이지만, 이러한 과거의 부정부패들이 단속을 벗어나기 위하여 음성화되지 않기를 바란다." 마르고 약한 박사가 한 시간 남짓이나 얘기를 하는 동안 그의 눈에서는 눈물까지 서렸으며, 기자의 손을 힘주어 움켜잡기도 여러 번이었다.

"높은 지위에 있는 사람보다 겸손하고 고생하는 사람들의 벗이 되어 살겠다."는 박사에게 작별 인사를 전하자, 다시 한 번 굳게 손을 잡으며 웃음 짓는 백발이 성성한 박사의 모습은 감격스럽기까지 했다.

〈한국일보〉 1962. 3. 15

# 뒤숭숭한 제2의 조국
# 스코필드 박사, 박 의장에 서한(K)

 오늘날 한국 국민은 빨리 해결을 보지 못하면 분쟁, 감정의 대립과 국내의 안정 및 안전의 약화를 초래할 사태에 직면하여 있습니다. 국민 사이의 분열, 특히 군사 지도자들과 정치 지도자들 및 국민과의 사이에 일어날 분열과 불신을 방지하기 위해서 최선을 다해야 하겠습니다. 군사 지도자들과 정치 지도자 간의 현재 충돌은 합리적이고 명예로운 타협으로 해결되지 않으면 안 됩니다.

 워커힐[2]과 증권 시장에 관련된 최근의 추문[3]에 비추어 볼 때

---

2. 워커힐사건은 중앙정보부가 외화 획득의 방편으로 주한 유엔군의 휴양지를 건설하기 위하여 1961년 서울특별시 성동구 광장동에 워커힐호텔을 지으면서 비롯된 것이다. 이들은 호텔건립공사가 자금난에 허덕이자 정부주금政府株金 5억 3,590여 만원을 빌려주어 호텔을 짓도록 하였는데, 이 과정에서 막대한 공작자금을 유용하였다. 또한 공권력을 휘둘러 교통부장관과 각 군에 여러 장비를 제공하게 하고 인력을 동원하여 사회적 물의를 일으켰다.

3. 중앙정보부가 증권업자와 연합하여 통일, 일흥, 동명 등 3개의 증권회사를 세워, 증권거래소를 실제적으로 장악하고 주식을 사들여 주가를 폭등시켰다. 1962년 5월 마침내 과열투기 사태가 빚어져 결제일에 주식거래대금을 결제하지 못하자 증권파동이 일어났다. 군사정부는 금융통화위원회를 통하여 대출을 승인해주는 등 이를 수습하기 위하여 노력하였으나, 결국 사태를 초래한 증권회사를 비롯하여 5,300여 명에 이르는 영세한 일반 투자자들에게 엄청난 재산 손실을 가져다 주었다.

이제 더 이상 군사정부는 깨끗하고, 정치인들은 부패하였다고 말할 수 없습니다.

군정의 4년간 연장을 제의한 박 의장의 행동은 본인의 의견으로는 한국의 최선을 위한 순수한 염려에서 나왔다고 봅니다. 군인이고 민간인이고 간에 행위를 근본적으로 고치는 데는 2년으로는 될 수 없는 것입니다. 이것은 중대한 계산착오였습니다.

타협점을 찾는 데 있어서 만약 이 중대한 난국을 해결하려면 양측은 다음과 같은 사실들을 인정하고 정직하게 평가하여야 할 것입니다.

첫째, 협상에서는 항상 수백만의 가난한 한국 국민들을 염두에 두어야 할 것입니다.

둘째, 이때까지 한국의 3개 정권은 모두가 부패의 근절에 실패하였습니다. 가령 군정을 4년 아닌 10년 동안 더 한다 할지라도 커다란 성공을 거둘 것이라는 아무런 보증도 없습니다.

셋째, 현재로써는 야당이 1개 이상 생기면 틀림없이 효과적인 정부를 약화시키게 될 것입니다.

넷째, 군정 4년 연장은 이기주의적인 정치가들을 불리하게 할 뿐 아니라, 나아가서 정치에 참여를 바라는 여러 정직하고 애국적인 노소 인사들 간에 중대하고도 부당한 좌절감을 느끼게 할 것입니다.

다섯째, 출판·집회·언론 자유에 제한을 과하게 한다면 집권당 내부에 음성적인 부패가 불가피하게 늘어날 것입니다.

뿐더러 한 걸음 나아가서 5개년 계획과 그 밖의 필요한 국가 발전 계획에 대한 열의도 차차 사라져 없어질 것입니다.

우리는 단결을 유지하고 열의를 북돋아 주어야 합니다. 만일 그렇지 못하면 한국은 온갖 노력에도 불구하고 오직 한가지, 질질 끌려가는 죽음이 남아 있을 뿐입니다.

여섯째, 우리는 아량을 크게 보여 낡은 상투적인 공식, 이를테면 "장군은 누구나 훌륭하며, 정치가는 누구나 나쁘다."라는 것을 고쳐, "정치가들과 마찬가지로 장군들도 훌륭할 수도 있고, 또한 나쁠 수도 있다."는 것을 알아야 할 것입니다.

일곱째, 정치가에게 정치 활동의 특권을 부여할 것인가의 여부를 결정하기 위한 한 가지 가능한 판단의 척도는 그 사람의 과거 기록이어야 합니다. 확실한 부패의 내력이 입증된 사람들은 당분간 정치 활동으로부터 배제되어야 합니다.

〈동아일보〉 1963. 3. 23

# 나도 한국의 분신, 할 말은 해야겠다<sup>(K)</sup>

3·1 운동 때부터 우리나라를 꾸준히 도와준 스코필드 박사는 영자신문 *Korean Republic*에 보낸 "독자의 편지"에서 한국의 정쟁, 특히 국민의 당 대통령 후보를 둘러싼 야당 간의 아귀다툼을 다음과 같이 논평하고 있다.

나는 매일 아침 신문을 펼쳐 볼 때마다 한결같이 분노를 느낀다. 나는 이제까지 누구 못지않게 강력한 야당의 통합을 바래 왔다. 그렇건만 들려 온 소식은 정치적 이권을 위한 각 야당의 이기적인 아귀다툼뿐이었다.

그네들은 많은 어려운 처지에 놓여 있는 한국 국민을 돕기 위해 대의나 정책을 위해서 싸우는 것은 고사하고, 국민들을 아예 옛날부터 까마득히 잊어버리고 있다. 이 권력 투쟁은 한국 정치사에서 '청와대 쟁탈전'이라고 기록될 것이다.

당신네 야당 지도자들은 말할 때마다 박정희 장군이 비민주적이라고 비난하지만, 이기적인 아집에 사로잡힌 당신네에 비할 때 그는 찬연히 빛나는 참다운 애국자로서 으뜸가고 있다.

더욱이 그는 정치가로서 불타는 용기와 신념을 지니고 있다. 그렇다. 군사정권 아래서 놀랄 만한 부정이 있었던 것만은 사실이다.

그러나 역사적인 이 시점에 부정의 재판이 다시 우리 눈앞에 전개되고 있는 것은 어떻게 된 일인가? 민주주의의 수호자임을 자처하는 바로 야당 지도자들의 손아귀에 민주주의에 대한 모든 꿈이 산산이 부서지고 있지 않은가 말이다. 참으로 슬프도다!

권력과 권세에 굶주리고 허영에 날뛰는 야당 지도자들은 하루가 멀다고 물어뜯고 싸움만 벌여 드디어 마각馬脚(가식하여 숨긴 본성이나 진상)을 드러내고 말았는데, 1년이나 2년 이내에는 쉽사리 본성을 탈피할 수는 없을 것 같다. 아니 어쩌면 그네들이 저지른 잘못에 억눌려 아예 자취마저 감추게 될는지 모른다.

박순천 여사와 같은 다섯 사람의 여성과 박정희 장군과 같은 다섯 사람의 남성만 있다면 충분히 한국을 구출할 수 있다고 본다. 그렇다면 이 열 사람은 어디 있는가? 2년 전 쿠데타 당시 나는 '이것은 한국을 위한 최후의 기회이다.'라고 쓴 일이 있었다. 이 신념은 날이 갈수록 더욱 간절하다. 그 후부터 오늘날까지 전면적인 세계의 양상은 심각하게도 악화돼왔다. 나는 이 이상 참을 수가 없다. 나 자신이 한국의 분신으로서 의당 말할 권리가 있다고 생각한다.

어리석은 정치인들이여, 이 나라가 망하기 전에 제발 각성해주기를 애절하게 호소한다.

〈한국일보〉 1963. 9. 13

# 내핍耐乏은 수범垂範에서만 (K)

스코필드 박사 특별기고

국가는 인간을 보호하기 위해 존재하며, 인간에게 '복지생활'
을 마련해 주기 위해 존속한다. - 아리스토텔레스

오늘날 한국 정부는 휴전선에서 적과 대치하고 있는 상황에서 국가의 방위에는 지대한 관심이 있으나, 모든 인민을 위한 유복한 생활에 대해서는 충분한 관심이 있지 않다.

지난 수개월 동안 우리는 '특권자에게 더 많은 특권'과 '부담을 지고 있는 사람에게 더 많은 부담'이라는 특징을 가지는 한 사회를 향하여 꾸준히 나아갔다. 이것은 정의에 대해 커다란 냉정에서 시작되는 매우 위험천만한 사회질서이다.

다음은 이런 영향의 두 가지 실례들이다.

첫째, 문교부는 불필요하게도 사친회[4]에 특권을 부여하는 한편, 각 교육기관에 입학금 50%, 수업료 20%를 증가시킬 것을 허가했다. 사실 이것은 돈 있는 사람들에겐 커다란 보너스가

---

[4] 아동·학생의 교육효과를 높이기 위하여 부모와 교사가 상호협력하는 민간단체.

되는 것이지만, 가난한 사람들에겐 커다란 부담이 되는 처사이다. 앞으로 더욱 많은 가난한 어린이들이 거리에서 방황하게 될 것이며, 소년범죄는 계속 늘어날 것이다. 고아들은 최소한 이 부가적인 처벌에서 벗어나지 않으면 안 된다.

둘째, 8만여 원이라는 과대한 국회의원 보수는 거의 모든 사람에게 충격을 주었다. 그러나 4천 원으로부터 6천 원[이보다 적은 경우도 종종 있지만]의 노임으로 살아가는 공장 노동자들에게 인내할 것과 개정된 노동법을 받아들일 것을 권고했을 때 등들인 신가한 것이었다. 여기서 '특권자에게 더 많은 특권'과 '부담을 지고 있는 사람에게 더 많은 부담'이라는 원리이 다시 나타나게 된다. "길 위에 날아다니는 나비가 밑에 있는 두꺼비에게 내핍생활을 설명한다."

만약 뇌물 받는 것을 막는 최선의 방지책이 봉급인상이라면, 항상 뇌물에 노출된 경찰들의 봉급이 배로 인상되어야 할 것이다. 매일 매일 상태는 점점 더 어려워지고 위험해지고 있다. 우리는 형편없이 낮은 봉급이 뇌물 받기나 자살보다 더 무서운 악을 유발하는 것임을 명심하지 않으면 안 된다.

생각 있는 사람이면 누구나 내핍생활이 오늘날 우리가 당면하고 있는 경제위기를 극복하는 가장 효과적인 방법이라는데 의견을 같이한다. 한국 경제는 미리 손을 쓰지 않으면 병들어 죽게 될 것이다. 우리는 이 질병을 치료하는데 내핍이란 약이 필요하다는 데 이의가 없다. 그러나 그 약 맛이 쓰기 때문에 우리는 그 약의 성질을 논하면서도 그것을 먹지 않고 다른 사람들에게만 권한다.

내핍은 모든 사람이 자발적으로 수락할 엄격한 도덕적 규율을 요구한다. 2차 대전 후의 영국의 내핍생활을 연구한 것을 보면 요즘의 사정을 명백히 밝히고 있다. '버킹엄' 궁전의 국왕과 왕후, 국회의원들뿐만 아니라 전체 국민들도 육류와 버터 없는 날을 감수했다. 사치품과 모든 고급품을 수입도 수출도 하지 않았다. 이래서 영국은 마침내 내핍생활을 견디어 내었다. 만일 한국도 도덕적인 용기만 있다면 내핍생활을 견디어 낼 수 있을 것이다.

군사정부 치하의 내핍생활은 법으로 강행되었기 때문에 실패하고 말았다. 외국제 커피는 부유한 가정과 호텔 등에서는 엄연히 사용되고 있다. 아침 7시 반 서울의 거리는 사람보다 '택시'의 수효가 많다. 작년 내핍의 달 7월에 뉴욕의 쇼 '홀리데이 온 아이스'Holiday On Ice가 서울에 와서 무더위 속에서 호화로운 최신 '스케이팅'을 가르치고 갔다. 실로 여름의 부유층에게는 얼음 위의 '신형 내핍 휴일'이요, 가난한 층에게는 겨울 얼음 위의 '구형 내핍 휴일'이었다.

경제, 정치, 사회적 위기는 병이 아니고, 심각한 병의 증세에 불과한 것이다. 내핍계획에 대한 중요한 사실은 아래와 같다. 내핍은 수범垂範(몸소 본보기가 되도록 함)에 의해서만 가르칠 수 있고, 내핍은 경제법령의 시행에 있다.

전 김현철 내각 수반은 이임하는 자리에서 내핍은 절대로 필요하다는 충고를 하면서 비행기를 타고 세계여행을 떠났는데, 우리는 그의 충고에는 동의하나 그의 세계여행에는 반대한다. 두 사람이 내핍의 세계여행을 하는 데는 거칠게 잡아도 3,000

달러가 들게 된다. 그러나 정부가 돈을 대는 호화판 세계여행은 납세자인 국민의 세금 가운데서 4,500달러를 소비하게 된다. 달러가 소비되는 방법은 달러를 벌어들이는 것과 똑같이 중대한 것이다. 이런 경제적 사실에 대해서 한국은 거의 모르고 있다.

〈동아일보〉 1964. 1. 16

# 투옥당해야 마땅한 인물(K)

재벌 처사에 스코필드 박사 분개

3·1 운동의 숨은 공로자로 알려진 이후 33인이 아니라 34인 중의 한 사람으로 통하는 스코필드 박사가 25일 오전 외무에서 폭탄선언에 속하는 중대발언을 하여 주목을 받았다. 외무부 장관과 장시간 회담하고 나온 스코필드 박사는 한일문제와 이민문제 등에 자신의 견해를 밝힌 후 한국 경제인의 윤리 면에 대해 언급했다. 혁명정부 때부터 경제사범의 처리는 특별히 잘해야 한다고 주장해 온 그는 물의의 대상이 된 삼성 재벌의 국가 경제 파괴행위 등으로 화제를 비약해갔다.

스코필드 박사는 "나는 이병철 씨와 같은 부당이득자는 감옥으로 보내야 한다고 주장합니다. 지금 온 국민이 못 살겠다고 아우성을 치고 있는데 자기 혼자 막대한 부정이득을 취한 나머지 우리나라의 경제를 파괴하고 민생을 도탄 속에 빠뜨렸으니 민족적 양심이 이를 용납할 수 없을 겁니다."라고 신랄하게 특정 재벌 규탄론을 벌였다.

그는 결코 이병철이란 인간을 미워해서가 아니라 그 인간의 정신상태, 즉 국가 경제 발전의 제1선에 선 지도적 기업가가 반민족적인 비애국적인 행위를 저지르고도 반성하는 빛을 보이지 않는 그 심적 상태를 증오한다는 식으로 규탄하였다. 그리고 이제라도 조국의 현실을 직시하고 철저히 회개하면 구원의 손길이 뻗어질 것이라는 뜻의 마치 설교자 같은 경고를 하려는 것 같았다.

스코필드 박사의 이와 같은 대 삼성 비난발언이 쏟아지자 기자들은 의외라는 듯이 눈을 크게 뜨고 그를 직시하기도 했는데 그의 표정의 어느 한구석에서도 속된 인간적인 감정이나 무슨 사사로운 원한에서 나온 발언 같지 않았다는 것이 공통된 관측이나. 삼분시긴三粉事件5이 전화轉化되어서 삼성사건으로 옮아진 이때 스코필드 박사의 폭탄선언 같은 이 발언이 어떤 파문을 일게 할지 미지수지만 두고두고 음미해 볼 만한 발언이다.

그런데 스코필드 박사의 이런 발언이 있기 전 한국을 제2의 모국으로 알고 있는 미국인 선교사 한 분은 삼분사건에 대해 언급하였다. "자기 나라 백성들이 굶는다, 죽는다 하고 아우성을 치는 판에 어떻게 몇십 억씩 폭리를 취할 수 있을까? 더구나 사치품을 가지고 더러운 이득을 취했다면 또 모르되 백성들의 주요식품인 밀가루를 가지고?" 이러면서 폭리업자의 행위를 비인도적이라고 규탄하기도 했다.

〈경향신문〉 1964. 2. 25

---

5. 설탕·밀가루·시멘트를 생산하는 이른바 삼분재벌이 가격조작과 세금포탈 등을 통해 엄청난 폭리를 취하도록 묵인해준 대가로 공화당정권이 거액의 정치자금을 챙긴 사건. 1964년 1월 15일 야당 원내교섭단체인 삼민회 대표 박순천 의원이 국회에서 폭로함으로써 일반에 알려져, 진상규명에 적극적으로 나선 민주당 유창렬 의원과 삼성재벌간의 싸움으로 번졌다.

# 사건의 전모 밝혀야⁽ᴷ⁾

이병철계 사원 설득으로 쓴 스코필드 박사의 글

본인은 "이병철 씨는 감옥에 넣어야 하겠다."고 심한 말을 한 데 대해서 그분에게 사과해야 하겠습니다. 나는 그때 신문기자들과 같이 밀가루 25kg 한 부대에 9백 20원이라는 언어도단言語道斷(어이가 없어 말할 수 없음)의 가격에 관해서 이야기하고 있었습니다. 본인은 많은 사람이 굶주리고 있는 특히 한국 같은 나라에서 식료품을 가지고 부당이득을 취하는 사람들을 대단히 나쁜 사람들이라고 생각합니다. 제 말은 "나는 이병철 씨와 그러한 모든 밀가루로 폭리를 취한 사람들을 감옥에 잡아넣어야 한다."는 뜻이었습니다.

며칠 전에 이병철 씨의 회사원인 X 씨가 본인을 찾아와서 이병철 씨는 A급 밀가루 25kg을 당정부當政府 가격인 3백 74원 이상으로는 한 부대도 팔지 않았다고 나를 설득시켰습니다. 그래서 본인은 이병철 씨에게 사과하려고 하는 것이고 사실로 사과를 합니다.

X 씨는 당연히 이런 질문을 하였습니다. "왜 당신은 이병철의 이름만 댔습니까?" 대답은 간단합니다. 나는 여러 사람으로부터 그가 거부이며 제분업자라는 말을 듣고 있었습니다. 본인

은 밀가루를 먹는 대단히 어려운 사람들의 이름은 많이 알고 있지만, 밀가루를 만드는 대단히 큰 부자의 이름은 한 사람밖에 모릅니다. 이병철 씨란 이름은 '돈과 밀가루와 설탕의 상징'입니다.

좋은 사람들에 관해서 말한다면 나는 얼른 함석헌 씨의 이름을 들 수 있습니다. 그리고 이런 사람들은 다 천국에 가야 할 것입니다. 많은 학생이 그분이 정의와 선을 사랑한다는 말을 나에게 하여 주었습니다. 그는 '선의 상징'이 된 것입니다.

X 씨는 밀가루 한 부대의 도매가 3백 74원과 산매가 9백 25원 간의 큰 차이는 중간 상인들이 다 도둑놈늘이라는 것을 의미하는 것이 아니고 그들이 부정한 정치인들에게서 돈의 요구를 받았을지도 모르고 그 돈을 다시 보충하려는 것이라고 하였습니다.

본인은 이러한 사실을 알려준 X 씨에게 진실로 감사하게 생각합니다. 이 무슨 부패입니까? 아동들이 가정에서 이러한 추문을 연달아 듣는데 학교에서 '도의'를 가르친들 무슨 소용이 있겠습니까?

박 대통령께서는 오랫동안 시달리고 굶주린 국민들의 신임을 얻기 위해서 이 충격적인 사건의 전모를 조사하셔야 할 것입니다. 이러한 부패한 토대 위에는 건전한 사회가 세워질 수 없습니다.

추신

오늘 아침 본인은 대단히 총명하고 그러나 대단히 가난한 여

학생의 집을 방문했습니다. 마루에서 기거하면서 빨래하는 일로 생계를 이어가고 있는 그의 어머니와 아주머니에게 문안하였더니 그는 그저 이렇게만 대답하였습니다.
"점점 더 약해만 져요."

〈경향신문〉 1964. 3. 3

# 한국에서의 불안(E)

지금은 내가 한국을 떠난 지 거의 넉 달이 되었는데, 그곳에서 내가 한 일은 거의 전적으로 학생들과 함께하는 것이었다. 현재 한국에서는 일본과의 협약에 반대하는 학생시위가 일어나고 있다. 미국과 캐나다를 광범위하게 여행하면서 이곳 사람들이 한국 내 현재의 불행한 상황에 대하여 상당히 부적절하게 이해하고 있는 것을 발견했다.

대부분의 사람들은 한국의 경제-정치적인 문제에 대해 모르거나 관심이 없다는 것을 인정하지만, 아마 몇몇 사람들은 불행하게도 시위의 책임이 '파괴분자들'에게 있다고 믿는다. 어떤 상황에서도 학생들은 자신들의 나라의 복지에 '맹목적이거나 근시안적인' 것처럼 보인다. 많은 토론을 하는 동안 나는 '반역자들'의 영향을 전혀 느끼지 못했지만, 한-일 조약이 경제에 미치는 영향에 대하여는 의견들이 달랐다. 거의 모든 것이 한국인 무역 종사자들의 성실성에 달려 있다.

거대하고 장기화된 학생 시위에는 세 가지 주요 이유가 있다. 식민지 통치기간에 가해진 고통과 부정의에 대한 비참한 회상 때문에 생긴 일본에 대한 뿌리 박힌 증오가 그 원인이다. 이 증오는 자연적으로 사멸되는 대신에 과장되어 왔고, 일본에 대한 자신들의 증오가 진리보다 앞선 유사-애국주의자들에 의해 영구적으로 이어져왔다.

 학생들은 만약 조약이 맺어진다면 부패한 관료들과 다른 이들이 한국에 융자된 수백만 달러를 스스로 유용할 것이라고 믿는데, 학생들이 그렇게 생각하는 데에는 충분한 이유가 있다. 학생들은 이상주의에 사로잡혀 새로운 세대의 젊은 정치인들과 사업가들이 더욱 신뢰할만하다고 믿고 있다.

 학생들은 또한 조약 때문에 일본이 한국을 경제적으로 통제하는 데까지 나갈 것이라고 생각했다. 거의 반세기 전에 일본은 중국에 대한 경제적인 통제권을 얻으려고 노력했지만, 기민한 경제 자문관인 사카타니阪谷芳郎는 중국에서 축출되었다.

 나는 한국 학생들의 친구로서 비록 조약에 대하여 다른 관점을 가지고 있지만 그들의 의견이 알려지기를 진지하게 바란다. 정부가 조약을 맺으려 하는 것만큼이나 학생들은 조약폐기를 진지하게 여긴다. 학생들은 그릇된 정보를 받았고 잘못 인도되었는데, 그에 대하여 정부, 특별히 교육부가 어느 정도 책임이 있다.

*Washington Post* 1965. 11. 2

# 온통 분열의 와중(K)

"이 나라 사람들이 내 이야기를 너무 많이 들어서 이젠 진력이 난 모양이던데……."

서울대 의대 구내 한 모퉁이에 있는 보잘것없는 양옥 2층 한 방에서 여생을 보내고 있는 스코필드 박사는 그래도 곧잘 이야기를 끌고 나갔다.

"가장 중요한 것은 미래지, 과거는 아니오. 40년, 50년 전 일을 지금 다시 운위한들 무슨 소용이 있겠소? 한국의 운명은 장래에 있는 거요……. 그런데 그 장래가 밝지 않단 말이야. 왜 밝지 않느냐고? 원인은 여러 가지 있지. 첫째 한국은 약소국인데 그나마 국토가 분단되어 있소. 이 가장 큰 분열 속에 다시 수백 가지 작은 분열이 우글거린단 말이오. 정부가 그렇고, 국회가 그렇고, 교회도 마찬가지 아니오? 이 나라는 마치 분파의 나라 같아. 사람들은 협동이 모자라. 협동이 뭣인지 이해 못 하고 있소." 또박또박 내뱉는 영어식 발언은 정열에 넘쳤다.

"야당은 뚜렷한 원칙이나 합리적인 주장 밑에 야당인 게 아니라 야당이라 불린대서 여당이나 정부에 반대하는 경우가 너무 많아. 하긴 반대를 내세우는 게 옳을 때도 있지. 그러나 대개 그렇지 않았던 게 사실이 아닌가? 그러니 이 나라 장래를 위해서는 몇몇 정치인이 세상을 떠나기를 기다려야 할거요. 10

년이 걸릴지, 20년이 걸릴지는 모르지만······.

그다음에 한국은 일본·소련·중국, 이 세 강대국의 틈바구니에 끼어 있어 곤란해. 중국은 의용군이라며 군대를 보내 통일을 방해했고······ 지역적으로 처지가 어렵게 되어 있소."

그의 머리는 이러한 어려운 정세 아래에 있는 한국을 번영케 하려는 염원으로 가득 차 있는 듯싶다.

"제일 먼저 해야 할 일은 부패를 없애는 거요. 한국은 민주주의가 없어서 가난한 게 아니라 그놈의 부패가 한국을 약하게 만들고 있는 거요. 지리산 도벌 사건만 해도, 저 아름다운 나무를 사정없이 베어낸 사람들을 엄벌에 처해야 해. 그런데 처벌한다 해 놓고 몇 달이 지나고 국경일이나 만나면 그들이 교도소에서 또 나와 활개를 치니 이래 가지고서야 어디 부패가 없어지겠소? 형벌의 경중이 문제가 아니라 처벌의 확실성이 중요한 거요."

그는 지난봄 몇몇 대학에서 정원 외 학생을 입학시켰을 때, 어떤 교육자에게 왜 정부 지시를 어겨가면서 그러느냐고 물었다가, "정부가 90%의 부정을 하는데 우리가 9%의 부정을 한대서 과히 나쁠 건 없지 않느냐?"는 대답을 듣고 깜짝 놀랐다 했다.

"이런 소름 끼칠 사고방식이 어디 있소? 한국 정부에 대한 또 하나의 진단은 생활 종교가 없다는 거요. 뭣이 옳고 뭣이 그르다는 선악에 대한 판단 기준이 안 서 있소. 도덕이 이렇게 파괴될 수 있소?

게다가 빈부의 차가 이렇게 심한 데도 없을 거요. 부자는 더

욱더 부유해지고, 가난한 사람들은 갈수록 가난해지고……. 물가는 오른다, 버스비도 오른다고 하니 가난한 사람들은 어떻게 살아가란 말이오? 난 도무지 알 수 없소!

난 가끔 만년필을 소매치기당하는데 이건 아무것도 아니오. 돈 많은 실업인은 장부를 불태워버리고 세금을 포탈하지 않소? 이렇게 큰 소매치기가 어디 있소? 정부의 주머니를 터는 거 아니오? 애국심은 눈곱만큼 밖에 없으면서…….

또 한일국교 정상화 교섭은 진행해야 해요. 왜냐하면, 만일 이것을 중단한다면 가난한 사람들이 더 가난해지기 때문이오. 일본인이 밉기는 미울 거요. 그너나 증오란 적을 헤치기보다도 자신을 해치는 면이 더 많아요. 자신 속의 선……. 야당이 더 좋은 대안을 내놓는다면 몰라도, 그렇지 않으면 덮어놓고 반대할 수는 없는 문제 아니겠소? 좌우간 질질 끌 수는 없을 거요.

이 나라의 교육은 왜 이다지도 기업화되고 말았는지 정말 모르겠소. 지난봄에 모 여대에선 불문과 졸업생이 72명이나 되었다는데 이건 허영이 아니고 뭐겠소? 한국엔 지금 숙녀는 필요 없소. 원칙을 지키고 강한 성격을 가진 일꾼이 필요한 거요.

그래도 내가 제일 관심을 두는 것은 학생과 기독교적인 믿음이요. 내가 76세가 다 돼 가는데 왜 이 나라에 돌아왔겠소? 믿음이 있는 자는 죽을 때까지 뭣인가 일을 해야 하기 때문이오. 신문도 그렇지 않소?"

〈조선일보〉 1964. 12. 6

# 부정부패 근절에 강한 책임감을(K)

스코필드 박사 병상 단상록

이 겨레에 주고 싶었던 말, 이 나라에 남기고 싶었던 말들이 너무나도 많았던 스코필드 박사는 이 겨레의 영혼과 이 나라의 앞날을 위한 '병상의 단상록'을 남겼다. 병마에 시달리면서 엮은 단장短章은 흐린 연필글씨로 깨알처럼 가늘었으나 거기 담긴 뜻은 뜨겁고 또 깊어 보는 이의 가슴을 뭉클하게 했다.

### 인생의 두 길

인생의 두 길이 있다. 그것은 염려의 길과 기도의 길이다. 염려의 생활은 환경의 압박에서 힘을 얻고 상식을 그 인도자로 삼고 행로의 불측을 각오하며 항시 염려를 동반자로 한다. 기도의 생활은 사랑을 힘으로, 하나님을 인도자로, 진리를 행로로, 신의 평화를 무적의 수호자로 삼는다.

### 돈에 대해

예수는 상업이 발전한 사회에서 돈의 필요성은 큰 것이라 했다. 그러나 돈만을 추구하다 보면 얼마 못 가 몸은 부풀어 오르나 정신은 움츠러들게 된다. 따라서 사람들은 균형을 잃게 되고 마지막에 가서는 걸어 다니는 송장이나 다름없게 된다.

정신적 근대화[제2 경제]

70년대에는 한국 역사상 중대한 시기가 될 것 같다. 그러나 이 연대에 한국이 이룩해 내는 성과의 정도에 대해선 나는 지금 단언할 수가 없다. 세계 어느 나라를 막론하고 거의 모든 국가에서 불법이 판을 치고 있다. 이러한 흐름을 보고 박 대통령은 놀란 것 같다. 나는 아직도 다음과 같은 그의 연설을 기억하고 있다.

"경제의 근대화만으로는 충분치 않다. 우리는 정신적 근대화가 필요하다."

나는 처음으로 정신적 근대화라는 말을 듣고 잠시 어리둥절했었다. 그러나 이 얼마나 적절한 표현이냐? "정신적 근대화!" 나는 이 말을 상기할 때마다 다음과 같은 생각을 하게 된다.

첫째, 무슨 일이건 동기만으로는 충분치 않다.

둘째, 거듭 태어나는 혁명의 정신이 필요하다.

셋째, 한국 사람들은 동남아시아의 어느 나라 사람보다도 특출하게 정신적인 면에서 예민하고 감수성이 빠르다. 이러한 점은 그들이 부정부패를 근절시켜야 한다는 강한 책임감을 불러일으킬 것이다.

넷째, 이 정신적 근대화가 좀 더 일찍 꽃을 피웠더라면 오늘날에 보는 부정부패기 미리 근절될 수 있었지 않았을까?

**효율성에 대해**

 가장 효율적인 정부는 가능한 최소의 조직으로 움직인다. 가장 비효율적인 정부일수록 쓸데없는 기구와 제도가 많은 법이다. 한국 입장으로서 국가 위신을 생각한 자동차 도입이라든가 공장건설은 효율적인 일이 못 된다고 생각한다.

 자본이 부족할수록 노동력에 대한 적절한 이용이 급선무가 아닌가 본다. 뿐만 아니라 교육도 문제겠지……. 이처럼 양적으로만 팽배해 있는 교육이 돼서야.

〈동아일보〉 1970. 4. 16

# 정설과 역설과 허영, 서울대의 문제점(K)

> 서울대학교에서 무엇이 나쁜가. 학생들은 구두닦이에게 길거리에서 구두를 닦고 공부하기 좋은 철은 행사로 허송한다. 대학은 불필요하게 교육을 세분하고 있다. 좀 더 창조적인 사고를 발휘해야 않겠는가. 독립운동의 제34인이라는 스코필드 박사는 수의과에서 교편을 잡으면서 느낀 바를 솔직하게 집어내고 있다.

 1960년에 40년간 떨어졌던 한국을 다시 찾아올 때는 그래도 나는 정든 '코리아'에 사회적·지적, 하다못해 외부적 변화라도 있었으리라고 크게 기대했었다.

 사실 그동안 좋든 나쁘든 간에 많은 변화가 있었다. 그러나 학생들이 '슈산보이'(남의 구두를 닦아주던 어린 소년)를 시켜 구두를 닦는 것은 내가 보고 싶었던 변화가 아니었다. 나는 이러한 이상한 현상을 처음에는 어떻게 해석해야 좋을지를 몰랐다. 한국이 가난하다는 것을 언제나 들어왔기 때문이었다. 이러한 현상은 사치의 증거이며 잘사는 유럽 학생들의 생활에서도 찾아볼 수 없다. 그동안 머물면서 알아본즉 학생들의 이러한 행동은 시골 어린이들의 가난하고 비극적인 환경이나 대학본부 학생처에서 지시하는 규칙과는 무관하다는 사실을 발견할 수 있었다.

 학생은 사회에서 일반적으로 우대되고 있으므로 그러한 지위를 유지하기 위한 수단으로 거리에서 뽐내며 구두를 닦는 것이 그렇게 비싸게 먹히는 일이 아니라는 실정도 알았다. 신빙성이 별로 크지는 않은 현대 심리학은 구두를 닦아 빛을 내고 싶은 욕망을 학생들의 슬픈 가슴에 비치지 않는 햇빛이나 어둠 침침하고 단조한 서울대학교의 규정이나 학생들의 거처에 쪼이지 않는 햇볕에 대한 보상책이라고 해석할 것이다.

또 다른 문제로서 어느 여자 대학교 교지에 실린 학생들의 사진을 보고 나는 더 놀랐다. 그것은 학생들이 펜싱을 수련하는 과정을 찍은 사진이었다.

어떻게 해서 이러한 허영이 생겼단 말인가!

펜싱보다는 가정주부가 될 준비로서 이 '델리케이트'delicate한 처녀들에게 벽돌 쌓는 기술을 가르치면 얼마나 좋은 일이겠는가. 이러한 것은 한국에 진실로 필요한 교육이며 덴마크에서는 하지 않아도 되는 것이다.

수의과대학을 보면 한국의 미덕이라고 볼 수 있는 대량생산 교육이 훌륭히 시행되었으나 졸업 후 취업 상태의 전망은 거의 무에 가까울 정도의 10%밖에 되지 않았다. 졸업해 봐야 일자리가 그렇게 없는데 무엇 때문에 많은 학생을 입학시키느냐고 물으면 대답은 간단하였다.

교수들에게 월급을 지급하자면 많은 돈이 필요하기 때문이라는 것이다. 월급이 적기 때문에 교수들의 능력과 자격도 차이가 크다. 어떤 교수는 훌륭한 교육을 받아 우수하며 또 어떤 교수는 그렇지 못하다. 일본이나 미국 교과서를 그대로 베낀 노트를 읽거나 열심히 공부하는 학생보다 결코 더 많이 알지도 못하는 것을 가르치는 교수도 있다. 그럼에도 불구하고 그 학생들은 교수가 불러 주는 것을 주의하여 받아 써야 하고 또 시험을 위하여 이것을 외워야 한다.

박사 학위는 일본으로부터 사들일 수 있고 국내에서는 과학적 가치가 거의 없거나 전연 없는 논문으로 수여되기도 한다. 실력이 형편없고 학생들에게 도움을 주지 못하는 이러한 교수들을 물러서게 하는 방법은 분명히 없다. 학생들이 참아나가는 길뿐이다.

학생들의 무관심 상태는 여러 가지 요인 때문이다. 병든 말이나 소, 돼지가 수의과대학을 찾아올 길이 없는 것처럼 아무리 봐도 학생들이 평생 보지도 못할 병에 관하여 그렇게 고도로 세분화된 훈련을 하는 모든 교육 내용은 점차 비실제적이며 거의 난센스에 가까워지고 있다. 수업 시간에 잠을 자거나 맥이 빠진 학생들은 게으르기 때문이거나 아니면 영양실조, 기생충 혹은 먹고 입고 등록금 내기 위한 많은 돈을 벌기 위하여 밤에 가정교사를 함으로써 일어나는 과로 때문일 것이다.

학생들의 단체생활은 적어도 서울대학교의 몇 개 단과대학에서도 고도로 발달하였다. 교수는 아무런 연락도 받지 못하고 교실에 들어가서야 자기 수업이 휴강이라는 것을 알게 된다. 학생들이 어떤 중요한 시험을 위해 시험공부를 하러 집에 가버리기로 했기 때문이다.

서울대학교에서 또 하나 흥미 있는 것은 10월 초부터 말까지의 '추계 휴일 시즌'이다. 사회의 행사와 소풍, 탄신일 기념행사가 가장 눈에 뜨이는 것이다. 어느 행사나 보통 준비하는 데 하루, 행사하는 데 하루, 그리고 피로를 해소하는 데 하루가 걸린다. 가장 중요한 탄신기념일의 '리스트'를 만들어 보자면 단군, 세종대왕, 이순신 장군, 개교기념, 유엔의 날, 그리고 이에 못지 않게 학생들의 핑계로 기념일이 되는 날이 많다. 이러한 전통적인 행사의 결과로 1년 중에서 공부하기에 가장 좋은 달 10월은 학구적인 면에서 보면 완전한 무소득의 달이 되어 버리고 만다. 우리같이 가난한 민족은 그렇게 많은 귀중한 시간을 허비할 처지가 못 된다. 어떤 행사는 없어져야 하고 나머지들은 합쳐져야 한다.

허영과 역설적인 현상의 표본으로서는 6년간의 수업 연한을 가진 치·의과대학을 보라. 유럽에서도 보통 4년 아니면 5년밖에 되지 않는다. 6년이라는 이 이상한 현상을 뒷받침하는 슬로건은 '나는 우리 신체에서 입이 가장 중요한 기관이라고 믿는다.'이다. 이 말은 음식을 먹지 않는 잘 때나 아침에 온돌방에서 일어날 때에 종교적 신심으로써 열 번도 더 되풀이하여 이야기할 수 있다. 더 말하기 뭐하지만, 언어학자들에 의하면 입이 우리 신체에서 가장 중요한 기관인데 이것은 혀가 그 속에 있기 때문이라고 한다.

2천만의 우리 가난한 고객들을 보라. 이젠 무슨 수를 쓰더라도 치통, 버드렁니, 썩은 이가 생기지 않게 하는 길밖엔 없다. 치아란 사치스럽고 신비한 존재가 되었다. 의과 교육비가 50% 올랐고, 치료비가 20% 올랐다. 영국이나 덴마크, 스웨덴, 독일과 같은 부유한 문명국가들이 우리들의 이 중대한 실험에 비상한 관심을 보이고 있다. 한국은 아시아에서 가장 우수한 치과의사들을 가졌으니 이 실험을 끝낼 것이다. 그럼 수백만의 가난한 한국인들은 가장 나쁜 이를 가진 채 실험만 끝나는 것이다. 이 어찌 된 허영과 역설인가! 유일한 대책은 정부가 마음을 써 영국처럼 무료로 치료 사업을 하는 것뿐이다.

한국의 교육가들은 언제쯤이나 미국의 아이디어와 방법을 그대로 베끼기를 그만두고 그들 자신의 문제를 해결하기 위하여 스스로 창조적인 사고를 할 것인가?

〈대학신문〉 1962. 12. 3

# 3부

## 조선의 벗

# 3-1
## 조선의 벗에게 보내는 권면의 글

# 조선발전의 요결要訣(중요한 비법)(K)

몇 달 전에 한 조선 청년과 담화를 주고받을 때에 그 청년의 말이 "우리는 각성하였소." 하기에 나는 답하기를 "깨든지 말든지 이후에 다시 자지 마라." 하였노라. 그 청년은 계속하여 말하되 "우리나라를 한층 더 선량한 나라로 만들기 위하여 일부나의 책임을 다하고자 공업학교에 입학해 초와 비누 제소법을 연구하는 중이라." 하도다. 청년의 말은 절대로 사실이라. 조선은 깨도다, 다시는 자지 않으려 하도다.

그러나 조선은 수백 년간 잠을 잤도다. 오늘날에 이르러 각성하매 타국의 각 방면 진보는 가히 놀랄만하고, 편안히 자고 태만을 부르는 사이에 허비한 세월을 보충하려면 조선인 장래에 가로 놓인 노력과 분투의 사업은 실로 거대한지라. 이에 수년 전에 선각에 뜻이 있는 남녀가 고국의 '사망의 잠', 그 길고 편안한 잠을 타파하여 한 가지 생명의 빛을 점입코자 노력하였으나, 그 노력은 수포로 돌아가고 말았다. 민중은 깨기를 원치 아니하고, 여전히 평화롭게 잠을 계속 자며, 일체 개혁을 거절한 바 조선은 외국인에게 '숨어있는 선비의 나라', 즉 은사국隱士國이란 이름으로 알려졌도다.

조선 장래에 대해 큰 희망은 조선인이 예로부터 게으르던 민족이 아니라는 사실에 있다. 과거의 역사는 현명한 임금, 통달

한 선비와 근면한 민중의 사실로 충만하였으니 이는 우리를 일깨워주는 바이라. 일반 민중이 한번 자기를 마비시켜 파괴하는 악한 생각과 나쁜 습관을 버리고자 하면 과거에 된 일이 어찌 장래에 가능하지 않으리오?

조선인이 만일 성공을 바란다면 그 길은 오직 하나이니, 그것은 곧 비누와 초를 제조하는 나와 담화한 그 청년이 취한 길이라. 곧 제일은 자기의 가능한 바가 무엇인가를 깨닫고, 제이는 그것을 진심으로 전력하여 행하는 것이로다.

농부는 가장 좋은 방법으로 자기의 땅을 경작할지며, 신발을 만드는 자는 도시 안에서 제일의 신발을 만들지며, 사업가는 최신식으로 사업을 경영할지며, 학생은 또한 모든 지력을 다해서 공부할지며, 심지어 청결군淸潔軍(청소부)이라도 그 직분을 충실히 시행해서 하나의 티끌이라도 남아있지 못하게 하여 악취나 파리가 발생치 못하게 할지니라. 능히 행하지 못할 것을 행하지 아니함은 꾸짖을 일이 아니로되, 오직 '하고자'만 하면 능히 행할 것을 행하지 않음은 크게 꾸짖을 것이로다.

대개 발전의 필요조건이 네 가지 있으니, 하나는 교육이요, 둘은 근면이요, 셋은 재정이요, 넷은 도덕이라. 나는 이하 각각 항목을 나누어 말하고자 하노라.

첫째는 교육으로 조선은 이 방면에 있어 다른 사람의 뒤에 크게 떨어져 있도다. 그러므로 많은 시간이 아니면 충분한 학교를 설비치 못하리로다. 교육의 가장 큰 가치는 사람으로 하여금 '생각'하게 함에 있으니, 그 가운데 '정당히 생각'하게 하는 것이 더욱 중요하니라.

독일 사람은 일찍이 고등한 교육을 받았으나, '정당히 생각'할 줄을 배우지 못하였도다. 독일은 천하에 가장 위대한 국민이라. 고로 세계를 지배하지 않으면 안 된다고 일반이 사고하게 교육을 받았으니 그 지난 일은 '세계의 민족을 정복하여 자기에게 예속게 하리라.' 하는 야심으로써 감히 천하에 전쟁을 선포함에 이르니 이 어찌 정당하다 하리오.

나는 조선인 중에 교육받은 사람 몇을 만나본 중에 그들이 교육의 큰 목적을 정당히 이해하지 못함을 애석하게 여기었노라. 그들은 학교의 졸업장을 얻었지만, 하는 것은 신사인척할 뿐이고, 오히려 자기는 일반 민중보다 총녕하며 현철히다고 자부하는도다.

교육을 받으면 동시에 '봉사'라는 일대 책임을 부담함을 어찌 망각하느뇨? 제군이 얻고자 원하던 그 지식은 곧 남을 위하여 사용할 의무가 있느니라. 교육을 받은 자로서 일반 민중을 위하여 그 지식을 사용치 않으면 그는 국가에 대하여 쓰레기통을 끄는 마차꾼보다도 그 가치가 없는 것이로다. 그러므로 교육받은 자는 교육받지 않은 자를 위하여 조력할 것이요, 교육받지 못한 자는 지식을 얻기에 전력을 다할지니라. 여러분의 귀중한 시간을 흡연과 잡담으로 허비치 말고, 〈동아일보〉나 혹은 기타 선량한 신문을 애독하라.

조선의 존귀한 여인 중 한 명은 개성 사는 김정혜 여사라. 그는 비록 친히 교육을 받은 바는 없으나 최초로 개성의 청년미망인을 교육하고, 그 후 정화여학교라는 보통학교를 설립하여 경영하는데 그 금전과 생명을 다 바쳤도다. 지금 그 여사에 대하여 자세히 설명할 여유가 없음은 유감이나 만일 독자들이 개성을 방문하는 기회가 있거든 그 여사를 심방하고, 그가 어떻게 교육받고자 희망하는 자를 위하여 자기 힘을 다하는가를 배우기 바라노라. 실로 조선인의 발전은 교육에 있으니, 이에 더 급선무가 없도다.

둘째는 근면과 실업이라. 조선의 저주는 게으름이니 종래는 그러하였거니와 현재도 그러하도다. 나는 일생 중에 경성(서울)의 청년들만큼 게으른 이들을 본 적이 없노라. 어느 거리를 논할 것 없이 가보라. 흡연과 잡담으로 소일하고 서 있는 허다한 군중을 발견하리라. 그들의 유일한 생각은 '이다음 이야기는 무엇일까?', '담배 한 대나 술 한잔이 어디에서 나올까?' 하는 데 있도다.

나는 몇 주 전에 여자가 추운데 시멘트를 혼합하는 것을 조선 남자가 입에 긴 담뱃대를 물고 한가히 서서 수수방관하는 것을 보고 화가 나서 구타까지 한 일이 있다. 아, 생각해보라, 겨울철에 시멘트를 만들며 노동하는 여자를 한가하게 서서 방관하는 남자들을……

조선 청년이 '노동은 천하다.'는 사상을 버리기 전에는 조선의 희망은 없도다. 몇 개월 전에 나를 위하여 노동하던 한 조선 청년이 있었으니, 하루는 나에게 말하기를 "더 일 할 수 없다. 일이 너무 어렵다."하고, 그 양친 또한 "그가 독자인 고로 귀가하여 쉬어야 한다."고 말했다. 아! 노동이 그대를 죽일까 걱정하지 말지어다. 만일 노동이 사람을 죽일 것 같으면 조선 여자는 벌써 다 죽었으리라.

조선의 가장 큰 필요는 곧 산업의 발전이라. 그러나 이는 노동하고자 하는 사람으로 말미암아서만 가능한 것이로다. 조선이 바라는 것은 교육받은 남녀의 다수가 농촌에 흩어져 농업에 가장 좋은 방법을 적용함으로 현재 한 석을 수확하는 곳에서 한 석 반을 수확하도록 하는 것이라. 조선의 부의 근원은 농장에 있도다. 그러나 이는 조선사람 중 가장 무지한 자의 수중에 있지 아니한가?

공장의 설립이 또한 필요하도다. 그리하여 그 지방의 원료로 유용한 물건을 조선에서 제조하여서 원료가 외국으로 수출되어 외국인에게 직업을 공급하는 대신에 외국 제조품의 수입을 허락하지 않고, 조선인에게 직업을 공급할 것이라. 오늘날 몇몇 공장에 조선의 소녀 등 여자가 가득하고 청년 소년 등 남자는 세월을 허송함은 조선의 가장 큰 수치로다!

셋째는 재정이다. 놀랄만한 많은 일이 최근까지 조선에 일어났도다. 과거 수 개월간에 부호 인사가 큰돈을 투자하여 새로운 기업을 개시하였다. 이는 실로 좋은 소식이라. 그러나 교육과 산업발달에는 많은 금전의 지출이 필요하니 양자 발달이 부호에게 기대하는 바가 크다고 말할 지로다. 만일 그들이 금전을 너그러이 사용하면 만사가 좋은 결과를 얻으려니와 만약 그렇지 않으면 진보·발달은 몹시 더디리라. 부자는 큰 이익을 거둘 수 있는 기업에만 투자할 것이 아니라, 이 또한 필요한 기업이면 이익이 적을지라도 이에 투자해서 발달을 장려함이 옳으니라.

일전에 '닥마리다 여사'를 상봉하였노라. 그는 이전에 간호사로 있다가 그 후에 주진면 한동리에 개인 소학교를 창설하고, 지금까지 경영하는 중이라. 나는 묻기를 "근황이 어떠하오?" 한 즉, 여사는 답하되, "왕성치 못하다. 사람들의 동정이 없으며, 다소간이라도 재정의 보조가 없다." 하였으며, 또한 나는 과거 수개월 간에 십여 명의 청년을 만났다. 그들은 모두 총명하고 장래 유망한 청년들이로되 오직 금전이 없으므로 교육을 완성치 못하는 자라. 어찌 학교를 설립한 것으로만 모든 일이 끝났다 하리오. 학비가 없어서 영재를 발휘치 못하는 자에게 금전을 공급함이 또한 필요하도다. 아, 부호의 책임이 크도다. 그들은 능히 그것을 실행할 수 있지 않은가?

넷째는 도덕이다. 지금 이때 가장 분발하고 격동하는 것은 도덕을 유지하려는 새로운 방면의 각종 운동이라. 물질적 진보는 국민적 도덕 곧, 예민한 국민적 양심과 함께 존재하지 아니하면 아무런 가치가 없는 것이로다. 도덕이 없는 국민은 오래 번영하지 못할지니, 물론 잠시는 강국이 될 수 있을지라도 마침내 파멸을 면치 못하리로다. 외부에서 공격을 받지 않을지라도 내부로부터 자멸할 것이다. 국민을 진실로 위대하게 하는 하나의 요소가 있으니 그것은 곧 정의로다.

영국이 국민적으로 위대한 그 원인이 어디에 있으리오? 대대로 영국을 인도하는 정치가가 참된 기독교 신자임이라. 동정이 저와 같이 박대하고, 이상이 저와 같이 고상한 윌슨 대통령을 산출한 것은 곧 기독교가 아니뇨? 국민의 도덕이 건전하면 만사형통하리라.

덕이 있는 자는 어찌 게으르리오? 고로 산업이 발달할지며,

덕이 있는 자가 어찌 인색하리오? 고로 필요한 금전의 지출이 풍부할지라. 이에 우리는 단언하노니, 도덕은 건전한 발달을 약속하는 가장 중요한 요소라 하노라.

차후에 기회가 있으면 나는 또한 거짓 발전에 대하여 논평하고자 하나 대개 이러한 논문으로 내가 발표코자 하는 바가 어찌 불친절한 말을 하려 함이리오. 즉 내가 절절히 사랑하는 그 국민을 위하여 도움이 되는 말을 기탄없이 하고자 함이로다. 나의 언사에 불쾌한 점이 있었으면 사랑하는 형제여, 그대 나라의 아름다운 격언 "좋은 약은 입에 쓰다."良藥苦口라는 진리를 생각하고 나를 용서하라.

〈동아일보〉 1920. 4. 1

# 사랑하는 조선 동포(K)

여러 형제자매께서 성대히 환영하여 주심을 진심으로 감사하는 바입니다. 나는 정든 조선을 6년 전에 작별하고 사모하는 마음을 잊지 못해 속히 내한하기를 결심하였나이다. 그러나 본래 교원의 생활로 재산의 여유가 없어서 봉급의 일부분씩을 은행에 특별히 저축하였다가 작년쯤 내한을 예정하였으나, 여비의 부족으로 1년을 연기한 바 오늘 저녁에 만나게 된 것이외다.

나는 캐나다의 항구 밴쿠버에서 동양에 내왕하는 기선汽船을 가끔 가서 보았으며 타인의 눈에는 보통 기선으로 보였으나, 나는 그 기선이 태평양을 건너 금수강산인 조선반도까지 와서 나의 사랑하는 조선 동포를 반가이 만나는 상상을 하였나이다.

이번에 나의 근무하는 학교 교장에게 4개월 휴가를 요청한 바 교장은 나의 여행을 찬성치 아니할 뿐 아니라 6년간 저축한 돈으로 자동차를 사라는 권고가 있었나이다. 그러나 나는 '자동차를 사랑할 수 없고, 자동차와 이야기할 수 없으니 어찌 마음에 잊혀지지 않아 아련한 마음이 들 수 있으랴.'라고 대답하였더니 필경 나는 조선에 미친 사람이라는 이야기도 들었나이다.

일전에 캐나다 모 지방에 여행할 시 모 여관 객실에서 일본 제품의 휴지통을 발견하고 문득 이런 생각이 났습니다. '그 객실의 표찰은 미국의 동판이요, 면의綿衣는 영국의 목면이요, 휴지통은 일본의 죽세공인바, 세계 각국이 공업의 발달을 따라 각각 세계 생활에 판매하는 제품이 있은 즉 조선의 제품은 무엇일까!' 하였나이다. 물질문명이 어떻게 향상이 되든지 덕의(德義)가 부족한 경우에는 그 문명은 와해를 면치 못할 것입니다. 금일 세계의 가장 긴요한 바는 덕의적 인물인즉, 조선에서는 덕의적 인물을 세계에 공헌할 수 있다고 생각하였나이다.

유럽 최대 강국의 핍박하에 신음하던 유대에는 세계에서 가장 위대한 인격자인 숭의적 인물이 세계 생활에 공헌하였나니 조선에도 이러한 인물이 출생할 것이라 하니이다 나는 조선 사정에 관한 자필 원고를 가지고 귀국하였으나 비용관계로 출판이 못되었는데 미국 부호 모 씨가 출자하여 간행을 진행하였으나 나는 그것을 중단하였나이다. 모 씨는 조선 사정을 선전하려는 목적보다는 상대국을 증오하는 심리를 가졌기 때문이외다. 나의 작품이 결코 사람의 증오하는 도구로 사용되기를 원치 아니하나이다.

나는 어떤 나라 사람을 배척하는 천성이 아니오. 단순히 나의 제2의 고향인 조선을 사랑하는 마음뿐이올시다. 나는 일개 인이고 일개 국가이고 정직하지 못한 사실을 발견할 때는 나의 소신을 진술합니다. 오늘 저녁에 이상재 노인의 말씀과 같이 나는 재력도 권력도 없으나 다만 정직한 말의 소유자이오니 이는 나의 심리가 정직하다 함을 솔직히 고백함이올시다

나는 일편단심으로 조선 형제의 행복을 비나이다. 무슨 일이든지 확고한 결심만 있으면 성공할 것이외다.

〈조선일보〉 1926. 6. 27

# 조선의 친구여(K)

### 캐나다로 귀국 중인 스코필드 씨 편지

사랑하는 조선 친구여

다시 여러분과 만나 보니 어찌 기쁜지 말도 다 할 수 없습니다. 이 땅에 발을 놓는 그 날부터 떠나는 그 날까지 나는 오직 사랑을 받았을 뿐이외다. 내가 온 것은 여러분을 사랑한 까닭입니다. 여러분은 그 대접으로 나의 오직 원하는 바, 곧 여러분의 사랑을 주셨습니다.

여러분이 주신 사랑에 대하여 일일이 누구라고 기억하여 감사드릴 수 없으므로 나는 이 편지를 여러분께 함께 드립니다. 여러분은 나에게 좋은 옷도 주셨고, 기선의 아름다운 방을 제공하는 배표도 주셨습니다. 또 나의 배 안에 아직도 그 나머지가 남아 있는 음식도 주셨고, 그밖에 내 가방 속에 가득한 여러 가지 선물을 주셨습니다. 그러나 그 모든 것보다 더 귀한 것은 내 가슴속에 간직하여 가지고 가는 여러분의 사랑이외다. 여러분의 선물은 혹 캐나다까지 가기 전에 없어질는지 도적 맞을는지 모르겠습니다. 그러나 가슴에 간직한 여러분의 사랑은 아무도 빼앗지 못할 것이외다.

조선의 장래

조선에 있을 때에 여러 번 "우리의 장래에 대하여 희망을 품느냐?"고 묻는 말을 들었습니다. 나는 두말없이 "희망을 품었다."라고 말합니다. 조선은 과거에 이미 위대한 사업을 끼쳤으니 한번 이룬 일은 다시 이룰 수 있는 것입니다. 조선 사람은 큰 사업을 성취하는데 어느 나라 사람에게나 질 것이 없을 것이외다. 큰일을 이루고 못 이루는 것은 대부분 여러분의 손에 달렸습니다.

과거의 좋지 못한 생활을 버리고 자기 생명을 내놓고, 또 있는 재산을 다 바쳐서 불쌍한 여러 동포 형제를 위하여 힘쓰는 조선 사람을 나는 가는 곳마다 보았습니다. 현재의 조선 형편은 가장 험하여 일을 성취하기 위하여는 큰 용기와 굳은 신념과 인내와 강한 의지력과 흠 없는 인격을 요구합니다. 이런 것은 어느 사람이나 다 행하기 어려운 일이나 어려운 것을 마다하여서는 큰일을 이룰 수 없는 것 아닙니까?

용기를 내십시오. 현재에도 용기를 가진 이가 많습니다. 현재에 가지지 못한 자라도 하고자 하면, 용기를 낼 수 있을 줄 압니다. 여러분 중에는 비관적 방면과 불행한 일만 항상 생각하여 절망하고 활동력을 잃어버리는 이가 있습니다. 이것은 불행한 일이외다. 여러분이 요구하는 사람은 용기 있고 희망을 보고 나가는 남녀 지도자입니다. 불행과 비관만을 생각지 말고 행운과 희망도 생각하고 토론하시오. 닥치는 대로 기회를 잡아 이용하시오. 이제 가장 중요한 여러 문제에 대하여 두어 마디 하겠습니다.

조선과 교육

학교에 다니는 수많은 남녀 학생을 볼 때에 나는 크게 기뻐하였습니다. 교육을 위하여 오늘까지 힘쓴 이들, 예를 들자면 윤치호 씨, 김정혜 여사, 김성수 씨, 그 밖에 많은 사람을 잊어서는 아니 되겠습니다. 그러나 교육은 반드시 복된 것이 아니외다. 어떤 사람에게는 그것이 도리어 재앙이 됩니다. 놀고먹기 위하여 공부하는 까닭에 말입니다. 더 게으른 생활을 하기 위하여 교육을 받으려는 이는 염치 없는 위선자에 지나지 못합니다.

교육은 사회에 더 큰 일을 하기 위하여 준비하는 것이외다. 그것은 큰 특권인 동시에 큰 책임으로 생각하여야 할 것이외다. 교육을 받았노라고 교육 못 받은 사람을 업신여기는 폐단을 주의하시오. 교육으로 동포 간에 틈이 벌어져서는 안 되겠습니다. 서로 더 굳게 합하여야 하겠습니다. 나는 수천의 학생들이 자기 시골로 돌아갈 때는 더욱 시골 동포들의 생활과 밀접하게 접촉하기를 바라고 또 바랍니다.

실행이 제일

말만 하기는 쉽습니다. 아무것도 하는 것 없이 말하고 또 말하고 이론을 세우고 쟁론을 일삼기는 아주 쉬운 일이외다. 우리가 요구하는 사람은 행하는 남자와 행하는 여자외다. 동리에 더러운 개천이 있거든 그것을 먼저 쳐 내시오. 그런 뒤에 경제학이든지 무엇이든지 강연을 하시오. 동리 길이 무너져서 발이 빠지게 되었거든 그것부터 먼저 고쳐 놓으시오. 그런 뒤에는 최신식 옷을 입고 모양을 내려거든 내시오. 담이 무너졌거든 다시 세우고 방이 더러우면 닦고 도배하시오. 그리하여 촌사람들로 하여금 대학교육이란 비싼 물건이 당장에 보람이 있다는 것을 깨닫게 하시오. 당장에 하여야 할만한 일을 하기 전에는 되지 않을 장래의 일을 말만 하는 것은 아예 그만둘 것이외다.

### 근검을 장려

조선은 가난한 나라요, 또 현금 상태에서는 부자가 되기 힘들 것입니다. 그러하면 철저하게 경제를 실행하여야 하겠습니다. 생활의 필수품 밖에는 사지 말고 반드시 수입에 지나지 않는 생활을 할 것이외다. 혼사나 장사를 위하여 빚지는 폐를 엄금하시오. 옆집의 일본이 부자라 하여 그 호화로운 생활을 흉내 내기 쉽습니다. 그들은 돈이 있고 여러분은 돈이 없는 것을 기억하시오. 근검한 생활 운동을 일으킬 필요가 있습니다. 조그만 일에 검약하는 것이 큰돈이 됩니다. 아주 먹을 것이 없는 사람을 제외하고 다 절약을 할 수 있을 것이외다.

근검과 같이 중요한 것은 생산을 늘게 하는 것이외다. 일본의 농민과 조선의 농민을 비교하면 그 차이를 능히 알 수 있습니다. 일본 농민들은 농사 외에 다른 부공업을 하여 이득을 봅니다. 양잠이 첫째요, 그밖에 직조, 가마니 제조, 새끼 제조, 고구마 농사, 채소 농사, 과원 등도 많습니다. 어떤 곳에서는 심지어 국수까지 기계로 만들어 팝니다. 혹 닭을 치면 달걀로 오는 이익도 큽니다. 일본서는 암탉 한 마리가 한 해에 알을 칠십 개를 낳고 미국서는 이백 오십에서 삼백 개까지 나옵니다.

백의를 폐지

조선 여자들은 싫어할 터이나 [남자도 그럴는지 모르나] 흰옷에 솜을 넣어 입는 것은 언제든지 폐지될 줄 압니다. 흰옷은 다만 생일이나 주일 같은 특별한 날에만 입게 될 줄 압니다. 흰옷은 아름답기는 하나 매일 입기에는 너무 비용이 듭니다. 빨래하기에 드리는 시간을 생략해서 생산하는 데 써야 할 것이외다. 그뿐 아니라 비누와 옷감도 아껴 써야 할 것이니 빨랫방망이가 옷을 많이 상하게 합니다. 중국 사람은 오래전부터 푸른 옷을 입습니다. 조선 사람은 무슨 색을 택하려는지요.

도덕을 숭상

현대는 조선 청년에게 가장 위험한 시기외다. 낡은 도덕은 거의 다 파괴되었으나 새 도덕률은 아직 서지 못하였습니다. 현대 청년이 가진 자유는 잘못 사용할 때는 많은 청년을 파멸의 길로 인도할 것이외다. 이런 일은 이미 생겼습니다. 민족의 발전은 도덕의 힘이 없이 될 수 없습니다. 도덕이 없이는 교육과 금전이 다만 위험한 기구가 될 뿐입니다.

오직 한 가지 길이 있으니 이는 무슨 훌륭한 사업에든지 몸을 바치고 일하는 것, 자기를 위한 생활 말고 다른 사람을 위한 생활입니다. 모든 위인의 성공 비결은 다른 사람을 위하여 제 몸을 희생하는 것이외다. 이것이 예수의 위대한 점이외다. 그러므로 나는 청년 조선에 대하여 예수를 알고 그를 좇으라고 권하는 바외다.

이별함에 이르러 나의 사랑을 여러분께 보냅니다.

〈동아일보〉 1926. 9. 17; 9. 19

# 경애하는 조선 형제에게(K)

스코필드 씨는 캐나다인으로 1915년 경성 세브란스 의학전문학교 생리학 교수로 있어 3-4년 조선의 의료계에 간접·직접으로 공헌이 많으신 이다. 그가 조선에 체류하는 동안 교단만이 그의 무대가 아니었다. 여가 있는 대로 조선 청년과 접촉하였으며 조선 문제 연구자로서 또한 조선인의 벗 되기를 노력한 이다. 그는 귀국 후에도 항시 기회 있는 대로 조선 청년을 상봉하고 싶어 하며 조선 문제를 자국인 혹은 미국인에게 소개하는 중이라 한다. 그리하여 이번에도 잊지 않고 우리에게 크리스마스 축하의 편지를 보낸 것이다.


나는 캐나다인보다 조선인이라고 생각합니다. 그리하여 지금 크리스마스 카드를 드립니다. 난삽한 세정世情(세상물정)을 장황하게 드리고 싶으나 여러분이 이미 주지하시는 바이며 또한 비애뿐일 것 같습니다. 그러나 조그마한 위안제慰安劑의 한 가지를 고하고 싶습니다. 즉 그것은 제가 여러분을 경애하며 또한 영원히 경애하는 것입니다. 한 사람의 경애라도 여러분의 고뇌를 조금이라도 감하게 한다면 나는 이에 헌신하겠습니다. 여러분이 저를 애호하여 주시는 것은 무엇보다도 저의 부단한 환희로 생각합니다. 이것이 신의 사랑인 줄 말씀하여 주십시오.

위대한 인물인 김성수 씨와 캐나다에서 하룻밤이라도 지내게 된 것은 무쌍한 기쁨이었습니다. 우리는 밤이 새도록 조선에 관하여 담화하였습니다. 그는 여러분을 위하여 노력하셨습니다. 감사를 드리십시오.

미국 뉴욕에서 김활란, 김마리아, 장덕수 등과 상봉하였습니다. 얼마나 훌륭한 선생들입니까? 여기는 그들보다 우수한 이는 없습니다. 박인덕 씨가 캐나다 대학에 오셔서 조선인을 주제로 연설하였습니다. 캐나다인은 점차 조선을 이해하여 갑니다. 저도 항시 조선인을 주제로 연설합니다.

선천 인사가 보내 주신 의복을 지난여름까지 입었습니다. 지금 폐의(낡은 옷)가 되어 입지 못하고 내가 항시 보는 데다가 걸어 두었습니다. 그리하여 여러분의 사랑을 항시 기념합니다.

개성 김정혜 씨는 어떠하십니까? 용감스런 부인이십니다. 조선 여자는 남자보다 용감들 하십니다. 김 여사와 같이 조선을 위하여 다대한 노력을 하신 남자가 얼마나 되십니까? 물론 다수 인사가 있겠지요.

저는 경애하는 이상재 씨를 잊지 않습니다. 청년 여러분이 이상재 씨와 같이 되신다면 조선의 위인이 되실 것입니다.

성탄을 축하합니다.

〈동아일보〉 1931. 12. 26

# 정직은 번영에의 유일한 길이다⁽K⁾

'정직은 제일 좋은 정책이다.'라는 말을 우리가 흔히 듣지만 제일 좋은 정책일 뿐 아니라 단 하나밖에 없는 정책이다. 2년 전에 내가 캐나다에 가려고 한국을 떠날 때 여행용 가방이 하나 필요하므로 백화점에 가서 그럴듯하게 보이는 가방 한 개를 8,000환을 주고 샀다. 나의 여정은 인도와 유럽을 들러서 캐나다로 가는 길이었는데 독일까지 가기도 전에 끈이 하나 빠져버리고 덮개를 지탱하던 쇠붙이가 빠져나와 옆으로 쑥 튀어나왔다. 이것은 무슨 물건이나 만드는 솜씨가 얼마나 졸렬한가를 보여주는 한가지 보기에 지나지 않는다. 내가 살아 있는 동안 그 상점에 가서 다시는 물건을 사지 않으리라 생각하였다. 그래서 나는 독일서 또 가방 하나를 살 수밖에 없었는데 2,000환밖에 지불하지 않은 것이지마는 아직도 새것이나 다를 바 없다. 참으로 말하기 미안한 일이지만 여러 나라와 여러 민족 중에서 부패했다는 말과 한국은 연관성이 큰 듯싶다.

여러분은 이렇게도 미련하고 정직하지 못한 연필 제조업자를 상상해 본 일이 있으신지? 자기의 이익만 생각하고서 연필 심을 양쪽 끝에만 조금씩 넣고 만들어서 파는 업자를!

우리는 다 조금씩 부정직하지 않은지? 내가 오래도록 살고 있던 캐나다에서도 우유에다 물을 조금 타서 팔거나 익은 딸기는 위에 놓고 썩거나 덜 익은 딸기는 밑에 두어 파는 일을 종종 보았다. 또 고깃간에서는 나쁜 고기는 사람들이 잘 알아볼 수 없는 소시지 같은 것을 만들어 판다. 사실상 고깃간 사람들은 여러 가지 잔꾀로 사람을 속이기 때문에 이런 말까지 있다. "고깃간 사람 중에 정직한 사람이 있다면 그 사람 손바닥에 털이 났을 것이다." 장사하는 사람들도 제각기 잔꾀가 있어서 속이는 것이 예사인 까닭에 물건 사는 사람은 언제나 조심하라는 말이 있다.

그러나 이제 캐나다나 미국에 가보면 그래도 정직한 상태가 더 우세하다. 상인들은 차츰차츰 물건을 팔되 돈 값어치가 되는 물건을 파는 정직한 방법만이 성공의 비결이라고 깨달아간다. 얼른 부자가 되려고 부정직하게 구는 것은 위태로운 일이다.

### 시장의 경쟁

싸운다는 것은 원래 나쁜 일이지만 세계 각국 사이에 벌어지고 있는 싸움, 즉 미국, 일본, 독일, 영국, 소련 등 나라가 세계 시장에 각각 자기 나라의 물건을 팔려고 경쟁하는 것은 좋은 의미의 싸움이다. 왜냐하면, 이러한 경제적 싸움에서 이기는 나라는 대개 다 제일 좋은 품질의 상품을 제일 싼 값으로 제공하는 나라이기 때문이다. 물론 이러한 좋은 경쟁 속에도 나쁜 일이 끼일 수가 있다. 말하자면 그 좋은 물건을 만드는 이의 일 삯을 너무 적게 주는 따위이다. 이러한 잘못을 방지하는 길은 여러 가지가 있을 것이다.

한국은 어떠한가

한국의 생활 수준이 개선되려면 우리에게는 더 나은 생활을 하기 위한 한 가지 방도밖에 없다고 생각한다. 더 부지런히 더 나은 일을 더 많이 하여서 '한국산'이라는 딱지가 붙은 물품은 품질이 우수하다는 보증이 될 수 있도록 해야 한다. 그렇게만 된다면 1000년 전 고려시대로 돌아가서 고려자기의 우수함을 자랑하지 않아도 될 것이 아닌가?

〈새가정〉 1961. 4

# 3-2
## 조선의 벗을 위한 구제, 장학사업

# 스코필드가 친구들에게 보내는 편지(1)<sup>(E)</sup>

고아원 건물 기금

간단한 역사

유린 보육원, 또는 '아이들을 위한 이웃집'은 1945년에 정이 많고 자애로운 기독교인 의사 한철호 박사가 개성에 세웠습니다. 한 박사는 지금도 살아있고 75세인데, 지난해에는 완전히 침대에 누워 있었습니다. 한국전쟁 기간에 한 박사는 모든 재산을 공산주의자들이 다스리는 지역에 남겨두고 직원들과 고아들을 서울로 피신시켰습니다. 서울 근교인 마포에 자산을 구입했는데, 거기에 고아원을 다시 세웠습니다.

이사를 할 필요

세 가지 주요 이유가 있습니다.

첫째, 지난 몇 해 동안 서울이 성장해서 건물들과 위험한 차량들이 고아원을 둘러쌌습니다.

둘째, 대부분 건물이 오래되고 적합하지 못합니다.

셋째, 우기에는 강이 넘쳐 흐르고, 지난여름과 같은 몇몇 경우에는 고아원이 침수되어 아이들이 대피하는 심각한 손실을 입었습니다.

새로운 장소

우리는 서울 외곽에, 교회와 학교에서 가까운 거리에 약 $40,469m^2$의 땅을 대안으로 가지고 있습니다. 그곳은 나무와 채소를 심고 토끼와 닭 등을 기르기에 충분합니다. 약 $40,469m^2$의 땅은 나중에 지어지게 될지도 모르는 주변 건물들로부터 우리를 충분히 보호해 줄 것입니다. 지금 그 땅은 서울시에 속해 있습니다.

재정

이것은 쉽지 않겠지만, 모두가 도와준다면 우리는 성공할 수 있을 것입니다.

땅 가격: 몇 번에 걸쳐서 2만 6천 불을 내고, 여기에 연간 1천 200불의 집세를 내면 됩니다. 계약금은 1만 8천 불입니다.

독립기념관 소장자료(1-004844-010) 1966. 5. 15

# 스코필드가 친구들에게 보내는 편지(2)<sup>(E)</sup>

나의 소중한 친구들에게

저는 어젯밤 성대한 생일 파티를 마치고 아침을 맞았습니다. 생일 파티에 관해서는 나중에 자세히 이야기 하겠습니다.

저는 방금 사도행전 17장 32절에 바울이 헬라인들에게 보내는 말씀을 읽었는데, 거기서 사람들은 죽은 자들의 부활에 대하여 들었습니다. 몇 사람은 비웃었고, 다른 이들은 우리가 그것을 나중에 다시 들으리라 말했습니다. 하늘이 땅 위에서 높은 것 같이, 하나님의 생각이 당신들의 생각에서 멀리 떨어져 있다는 사실을 우리가 언제쯤 알게 될까요?

아직도 사람들은 자신의 지혜를 믿습니다. 사람은 삶의 영적이고 정치적이고 경제적인 차원에서 진정 중요한 무엇인가를 할만큼 충분히 영리하고 지혜롭습니다. 그러나 놀랄만한 지혜를 가진 바울은 "하나님의 어리석음이 사람보다 지혜롭고, 하나님의 약함이 사람보다 강하다. 그리스도는 하나님의 능력이요 하나님의 지혜다."고전 1:24-25라고 적고 있습니다.

캐나다나 미국에 있는 나의 친구들은 제가 한국을 향해 떠날 때 바울과 같이 "약하고 두렵고 떨렸다"고전 2:3는 것을 몰랐습니다. 그러나 가라고 말씀하신 내면의 목소리가 항상 있었습니다. 모든 사람은 내면에 말씀하시는 명령에 순종해야만 합니다.

저는 한국에 다시 돌아온 것을 한순간도 후회하지 않습니다. 여기는 도전으로 가득 차 있습니다. 백 가지 다른 방법으로 사람들을 도울 기회가 열려있고, 마음은 언제나 만족스럽습니다. 저는 한국에 오기까지 캐나다에서 심심한 하루하루를 보냈습니다. 죽은 후 매장하기에 가장 적당한 장소를 심사숙고할만한 남부럽지 않은 직업도 가지고 있었습니다.

이곳 한국에서는 매일 새롭고 기대하지 못한 일과 기쁨이 생깁니다. 약 6년 전에 저는 빈민가 학교에서 선생하시만, 생님이 가난한 학생을 선발했습니다. 그녀의 이름은 박영순으로 당시에 자원봉사 선생의 도움으로 살아가고 있었습니다.

박영순은 세 가지 면에서 탁월했습니다. 첫째는 배움의 열정이었고, 둘째는 하나님에 대한 대단한 믿음이었으며, 셋째는 그녀의 병약하고 홀로된 어머니에 대한 사랑이었습니다. 우리는 그녀를 상업고등학교에 보냈습니다. 그녀는 반에서 상위권으로 졸업했습니다. 그러나 그녀는 사무직 일자리를 구할 수 없었습니다. 가장 낮은 자리들도 학사학위를 가진 대학 졸업생들이 차지했습니다. 저는 마침내 구직 안내소에 20불을 지불하였고, 그녀는 한 달에 10불을 받는 책을 출판하는 직장을 갖게 되었습니다.

1년 전 그녀는 저에게 "우리는 빈민기를 떠나서 산 쪽에 쪽방 집을 얻었어요. 쪽방 집에 많은 것을 가지고 있지는 않지만, 우리는 행복합니다."라고 말했습니다. 이에 저는 "그래, 쪽방 집에서도 언제나 하나님이 너와 함께 하시잖아."라고 대답했습니다. 결코 사라지지 않는 미소를 지으면서 그녀는 대답했습니다. "예. 물론이지요."

언젠가 박 양이 동일한 미소를 짓고, 단정한 머리를 하고, 멋진 푸른색 코트를 입고, 마침내 시험에 합격했다는 놀라운 소식을 가지고 내 방에 들어섰을 때, 제가 얼마나 놀라고 즐거웠는지를 상상해 보십시오.

그녀는 이제 여성 범죄자들을 위한 소년원의 하급 직원으로 일하고 있습니다. 그곳은 매우 슬픈 장소이지만 그녀가 원했던 곳이고, 그녀는 청소년 범죄자들과 함께 일하는 것을 즐거워했습니다. 그런데 한 건물에 16세에서 60세에 이르는 사람들이 5백 명이나 넘게 있다는 것은 얼마나 놀랄만한 일인가요! 당신은 후원을 요청하는 소식을 들었을 것인데, 그것은 청소년 범죄자들이 사용할 건물들을 짓기 위한 것입니다.

두 번째 큰 즐거움은 우리 성경공부반에 참석하는 모든 서울대학교 학생들이 여전히 예수께 충실하다는 것입니다. 그들은 나가서 3개의 반을 더 만들려 하고 있습니다. 이런 성경반이 도달하는 곳에 변화와 도전의 바람이 불어오는 것을 느낍니다.

그러나 저의 한가지 커다란 슬픔은 예수를 신뢰하도록 제가 도움을 준 나의 가장 사랑스러운 여학생 중의 한 명이 며칠 전 사고로 남편을 잃었다는 것입니다. 그 남편은 매우 독실한 불교 신자였는데, 언제나 예수를 거절했습니다. 그는 친절하고 좋은 사람이었습니다. 그녀는 매우 낙담했으며, "내 남편이 어디에 있느냐?"고 쉬지 않고 물을 때 모든 이들이 다른 대답을 그녀에게 주곤 했습니다. 그토록 사랑스러운 그녀를 위해 기도를 부탁드립니다.

저의 80번째 생일에 대해 여러분이 알아야 하는 것은 저의 생일이 대단한 날이었다는 사실입니다. 아침 일찍이 박정희 대통령은 내가 여태 본 것 중 가장 큰 크기의 100파운드짜리 생일 케이크를 보냈고, 영부인은 사랑스러운 백합화 화분을 보내왔습니다. 생일 축하 파티가 YMCA에서 열렸으며, 약 250명의 친구가 왔는데, 지금까지 중에서 가장 큰 생일 파티였습니다.

이번에는 나/시끼지 이야기하겠습니다. 실제로 저는 시간이 거의 없을 뿐만 아니라, 저의 건강을 생각할 의향도 없습니다. 수백 명의 한국인이 저의 건강을 위해 기도하고 있기 때문에 저는 더 중요한 것들에 대해 생각할 수 있습니다.

하나님이 왜 저에게 당신의 축복을 쏟아 부어 주시는지 이해하는 것은 불가능합니다. 저에게 내리시는 그분의 은혜들이란! 선택에 대한 장로교 교리를 설명할 수 있는 증거가 없습니다. 그분은 우리의 이해를 뛰어넘는 은혜를 주십니다. 그 은혜가 저의 가장 큰 의무를 계속 상기시켜 주고, 은총이라는 위대한 단어를 필연적으로 더욱 심도 있게 보도록 해 줍니다.

여러분 모두에게 사랑으로

독립기념관 소장자료(1-008642-003) 1969. 3. 20

# 스코필드가 친구들에게 보내는 편지(3)⁽ᴱ⁾

나의 사랑하는 친구들에게

마침내 '노년'이 되었을 때, 사람이 할 수 있는 일이 이렇게 없다니, 저는 하나님의 자비와 우리 구주 예수 그리스도의 크신 은총에 끊임없이 놀랄 수밖에 없습니다.

제가 한국에 발을 디딘 이후로, 한국정부는 저를 캐나다 대사인 것처럼 보살펴 왔습니다. 그런데 제가 바란 것은 무언가 더 중요한 것이었는데, 그것은 예수 그리스도와 그분의 왕국을 위한 대사였습니다. 대사를 위한 자격을 갖추는 것이 훨씬 더 어려웠습니다. 사도바울은 우리가 "모든 사람이 읽을 만한 살아있는 편지"고후 3:2라고 말했습니다. 학사학위를 받은 사람으로부터 고상한 목회자에 이르기까지 위조되었거나 실제 서류라 할지라도 성령이 우리 가슴속에 쓰지 않은 것은 어떤 가치도 갖고 있지 않습니다.

한국 정부는 저에게 멋지고 아담한 아파트를 제공해 주었는데, 학생들 수업을 하기에 아늑한 큰 방, 부엌, 두 개의 침실 등이 있습니다. 저는 지난주에 이사해 이곳에 들어왔습니다.

**고아원**
저는 지난 토요일 4월 26일에 차를 타고 고아원에 갔습니다.

고아원은 시내 외곽에 있어 공기가 좋고 지금 당장에는 그렇게 많은 건물이 있지 않습니다.

그런데 서울은 지난 15년 동안 인구가 거의 두 배나 증가해 4백만 정도의 인구를 가지고 있고 앞으로 큰 건물들이 들어설 것입니다. 고아원에는 어린 소년들이 70명 정도 있는데, 그들은 잘 먹고, 잘 입고 살아갑니다.

저의 가장 큰 걱정은 선생들과 일을 하는 사람들에 대한 것입니다. 그들에 대한 대우는 숙소를 해결해 주고 월 9달러 정도의 낮은 임금을 제공하는 수준인데, 지금은 임금이 50-100%가 인상되었다고 합니다. 생활비도 1965년 이후 거의 50%가 증가하였습니다.

대부분의 고아도 국가에서 운영하는 학교에 갈 정도로 성장했습니다. 우리는 그들이 나이가 더 들어 14-16세가 되면, 산업학교에 입학시키려고 노력합니다. 초등학교는 무상이지만 다른 모든 학교의 학비는 너무 비쌉니다.

저는 명예 원장이 되었는데, 그것이 지금까지 저에게나 고아들에게 아무런 도움이 되지 못했습니다. 그러나 우리가 몇몇 어려운 정부 공무원들을 다루어야 할 때에는 도움이 될 것입니다.

일반적인 소식

나의 손자 정순찬은 1968년에 경제학과에서 우등생 메달을 받았습니다. 우등 학생은 모두 박정희 대통령의 집에서 잠시 환담을 하기 위해 초대를 받았습니다. 모든 사람이 그의 겸손함과 친절함에 깊은 인상을 받았습니다.

이 젊은이는 8년 전에 초등학교 700명의 학생 중 최고였습니다. 하지만 빨래하며 사는 과부의 아들이어서 고등학교에 갈 수가 없어 다만 집에서 자기 어머니를 돕고 있었습니다. 우리는 그에게 할 수 있는 최고의 교육을 제공해 주었고, 현재에는 최고의 학생 중 하나가 되었습니다.

그는 하나님에 대해 아무것도 알지 못했지만, 오늘날 예수 그리스도의 구원에 헌신하였습니다. 그는 오늘 약혼녀를 데리고 왔는데, 무척 아름답고 지성미 넘치는 젊은 여성이었습니다. 그녀는 현대 예술을 공부하고 있었습니다.

### 나의 건강

저의 건강은 좋았다가 나빴다 합니다. 힘이 거의 없고 상당히 많은 시간을 침대에서 쉬고 있지만, 캐나다에서 향수병과 나태함으로 죽어가는 것보다 여기가 낫습니다. 그때 저는 캘리포니아에서 저의 장례식을 준비하였습니다. 500불의 여가 돈에서 250불은 저축하고, 250불로 일을 치르려고 했습니다.

### 성경공부

성경공부반은 어렵지만 아주 가치 있는 일입니다. 그것은 다음 편지에 자세히 쓰겠습니다.

당신들의 지속적인 관심에 감사드립니다. 하나님의 큰 은총으로, 예수 그리스도를 섬기는데 행복이 있기를 기원합니다.

독립기념관 소장자료(1-004841-063) 1969. 5. 4

# 스코필드가 친구들에게 보내는 편지(4)[E]

나의 사랑하는 친구들에게

저의 모든 마음을 다해 여러분에게 기쁜 크리스마스를 기원합니다. 이 거룩한 날의 참뜻은 거의 사라졌지만, 우리가 회상해 볼 때 하나님이 당신 아들의 출생 장소로 궁궐보다는 마구간을 선택하셨다는 것은 여전히 경이롭습니다. 이 사실은 동양이나 서양에서 모두 매우 중요한 것입니다. "가난한 이들에게 복이 있고 부자들에게 저주가 있을지어다"라는 말에서 여전히 지혜를 봅니다. 그러나 배고픔, 영양 부족, 이렇듯 추운 밤에 추위에 노출되어 죽는 것은 일종의 저주입니다.

12월 7일 자 〈코리아 타임즈〉의 한 보도입니다.

> "서울시는 교회들이 추운 날씨에 떨고 있는 수백 명의 방황하는 청소년들에게 도움의 손길을 확대해 달라고 독려했다. 지난달 이래 몇몇 사람이 도시의 거리에서 얼어 죽었다."

춥고 배고픈 사람들에게 무관심한 교회들은 뭔가 문제가 있습니다. 성공회 교회는 60명의 소년을 받아들였다고 합니다.

### 금요클럽

'금요클럽'은 대학생 선생님들로 구성되었습니다. 이 클럽은 서울에서 가장 가난하고 가장 험악한 지역 중 한 곳에서 훌륭한 일을 진행하고 있습니다. 그 선생님들은 한국인 재원으로부터 도움을 기대할 수가 없어서 이 프로젝트를 위해 돈을 모금해 달라고 저에게 간절히 부탁했습니다. 이곳의 600명의 소년과 소녀 중 많은 아이가 창녀들 가정 출신인데 우리는 그들을 돌보아야 합니다. 30명에 이르는 그 선생님들 또한 격려해 주어야 합니다. 동봉하는 글은 사랑스럽고 재능 있는 한 한국 어린 소녀가 썼는데, 상황을 잘 설명해 주고 있습니다. 우리는 몇 마일 떨어진 교회에서 200명의 어린 소년소녀들을 위해 크리스마스 파티를 해 주려고 준비하고 있습니다. 교통편을 어떻게 마련할 수 있을까요?

### 열심 성경공부반

'열심'은 '열정적인 것'enthusiasm을 뜻합니다. 그 멤버들은 다 열성분자들입니다! 저는 이와 같은 성경공부반이 어디에도 없다고 생각합니다. 확실히 한국 안에는 없습니다. 12명의 매우 명석한 고등학교 여학생들이 있고 이들 모두는 영어를 하고 최고 우수한 학교에 다니고 있는데, 우리는 그들 방과 후 매주 토요일 오후 4시 30분-6시에 모임을 합니다. 성경공부반에 들어올 수 있는 것은 대단한 영예입니다. 숙제, 성경공부, 구절 암송, 찬송, 출석, 이 다섯 가지 엄격한 규칙들이 정해졌고, 아이큐는 100 이상이어야 하며 열성도는 200 정도 되어야 합니다. 매달 보는 시험도 의무적입니다. 다는 아닐지라도 저는 그들 대부분이 그리스도교인이 되리라고 확신합니다. 저는 급훈을 "죽은 자들로 죽은 자들을 묻게 하고, 와서 나를 따르라"누 9:60로 정했습니다. (비밀 한가지. 그 학생들은 영어 선생에게 자기들이 모두 고등학교와 대학을 졸업할 때까지 '할아버지'가 돌아가시지 않기를 바란다고 말했다고 합니다! 5-6년 더 있어야 하지요.)

### 마포 어린이집

여러분이 아마 이 고아원을 알고 있으리라 생각합니다. 여러분 중 많은 분이 주가적인 땅을 구입하기 위해 500불을 지불하는 데 도움을 주었습니다. 이 땅은 아이들을 위해서는 많은 배추를, 토끼에게는 사료를 제공합니다. 토끼에게 사료를 주는 것은 대단한 성공을 거두었는데, 아이들에게 고기를 제공해 주기 때문입니다. 고기는 호사스러운 것에 속합니다. 61명의 아이 중에서 4명이 캐나다 사람들에게 입양되었습니다. 몸집이 작고 경건한 나의 누이(어윤희)는 이제 82살인데, 매우 연약하지만 일요일마다 아이들과 함께 교회에 갑니다. 소년들을 위한 작업장도 절실히 필요합니다.

### 봉은 보육원

1960년 12월 8일 자 〈코리아 타임스〉에 따르면, "한국에 약 10만 명의 고아들"이 있습니다. 약 30명의 남성과 여성으로 이루어진 그룹이 고아원 8주년을 기념하기 위해 만났습니다. 이는 독특하고 대단한 일이었는데, 모임과 바로 이어진 지역 식사가 새 건물에서 진행되었기 때문입니다. 지난해 보기 흉하고 누더기처럼 이어진 판잣집들에서 얼마나 놀라운 변화인지요! 이 건물들은 계속해서 이경지의 지칠 줄 모르는 믿음과 헌신을 보여주는 기념비가 될 것입니다. 지난 8년 동안 그녀는 80-90명의 고아를 위한 진짜 집을 갖겠다는 하나의 목표를 가지고 살아왔습니다. 전원적 환경에서 신선한 공기와 뛰어놀 잔디, 먹일 돼지와 닭들을 가진 고아원, 또한 교회와 학교가 그리 멀지 않은 고아원이 목표였습니다. 여기서 우리는 또한 소년들을 위한 작업장을 지어야 하고 좋은 한국 책들을 갖춘 작은 도서관도 필요합니다. 현재 경비는 한 달에 약 500불 정도입니다.

### 특별한 언급

첫째, 수의학과에 의해 후원되는, 거의 600불이 되는 압 퀸Ab Quinn 기금은 가장 관대한 응답이었습니다. 우리는 퀸 박사와 또한 수의학과에 깊이 감사를 드립니다.

둘째, 정운찬이라는 어린이의 발전입니다. 홀로 되신 어머니와 세 명의 아이들이 작은 방 하나에서 살고 있습니다. 그 어머니는 교육을 받지 못했지만, 선량한 분으로 13살 된 아들을 어떻게 교육 할지를 고민하면서 3일 밤을 잠을 잘 수가 없었습니다. 그는 600명의 학생 중에 제일 뛰어난 학생이었습니다! 빨래 등의 일을 해서 어머니가 버는 수입은 한 달에 약 5불에 불과했습니다. 한국에서는 중학교 수업료가 너무 비싸서 입학 비용이 약 50불에 이릅니다.

수의과 대학의 이전 학장인 이영소(1916-1995) 교수는 친절하고 좋은 사람인데, 내가 수의학과 기금에서 받은 돈에 대하여 알고 있었습니다. 그래서 그 어머니와 어린 학생을 '할아버지'인 저에게 데리고 왔습니다. 우리는 그가 한국에서 가장 좋은 학교 중의 하나에서 공부할 수 있도록 돈을 지불해 주었고, 그는 6개월 만에 427명의 남학생 중에서 일등을 해서 장학금을 받게 되었습니다. 게다가 어머니와 아들은 이제 처음으로 하나님의 사랑을 배우고 있습니다. 이 밖에도 흐뭇한 이야기들이 많이 있지만, 그것을 다 쓸 지면이 부족해서 다음 편지를 쓸 때까지 아껴 두겠습니다.

### 재정

1960년에 받은 총액: 1,998.19 달러
1960년 지급한 총액: 2,169.00 달러
빚: 170.81 달러

천상적 무한한 자원에 힘입어 빚이 청산되었습니다.(바울의 말대로 그리스도의 무한한 부요하심입니다.)

고아원들과 한국 4가족들뿐만 아니라 중국인 한 명, 독일에 거주하는 한 라트비니아 난민 가족, 동베를린에 거주하는 세 아이를 가진 한 과부가 정기적으로 도움을 받고 있습니다.

예수는 우리가 자기중심적 존재로 움츠러드는 것이 아니라 확장되는 삶을 살게 하려고 이 세상에 왔습니다.

깊은 감사와 함께,
프랭크 스코필드

*University of Guelgh* 1960. 12. 8

# 진주(E)

박춘심

박춘심이 저의 의자 곁에서 무릎을 꿇고 있는데, 저는 그녀가 나가려고 했을 때 "네가 나를 위해 사도 바울의 이 말씀을 읽어주면 좋겠어."라고 말하였습니다. 그녀는 신약성경을 덮으면서, "오늘 밤에는 말고요, 할아버지. 나는 길게는 아니지만, 당신을 위해 하나님께 기도하러 가려고 해요."라고 말했습니다.

4년 전에 아주 사랑스러운 학교 선생이 어린 박춘심을 저의 집에 데리고 와서 제게 도움을 요청했습니다. 춘심이는 마음이 강퍅한 의붓 어머니에 의해 집에서 쫓겨나 오빠와 함께 살았지만 오빠가 결혼해서 서울을 떠나게 되었습니다. 그때 학교 친구가 자기 방을 같이 사용하도록 했는데, 음식은 전혀 제공해 줄 수가 없었습니다.

춘심이는 오후 4시 30분에 학교를 마치자마자 2km 가량을 걸어서 어느 사업하는 사람의 아이를 4불을 받고 한 달 내내 매일 세 시간씩 가르쳤습니다. 그리고 집으로 달려와 저녁을 약간 먹고, 자신의 숙제를 하고 행복하게도 꿈나라에 들었습니다. 세세하게 모두 이야기 할 수는 없지만, 그녀의 삶은 환상적인 이야기들로 가득합니다. 한바탕 언쟁을 한 후에 나는 가까스로 그녀를 좀 더 나은 학교로 들여보냈습니다. 그리고서 매우 친절한 한 미국인 여성이 나타나서, 지난 3년간 그녀가 필요한 모든 것을 공급해 주었습니다.

  며칠 전 그녀는 저에게 와서 자신이 어느 고등교육기관이라도 지원할 수 있는 공식 자격증을 보여 주었습니다. 자격증에 붙어 있는 사진에서 지적인 모습, 순수한 기쁨, 그리고 특출한 결의를 볼 수 있었습니다.

독립기념관 소장자료(1-004844-014)

4부

스코필드와 기독교

우리는 눈이 멀었으니, 당신의 빛을 우리에게 주소서.
우리는 약하오니, 당신의 힘을 우리에게 주소서.
우리는 부패했으니, 당신의 정결함을 우리에게 주소서.

예수 그리스도 이 세상 우리 곁에 계시면
이 세상 모든 죄악에서 우리를 보호하고 남으리.
예수 그리스도 이 세상 우리 앞에 계시면,
거룩하신 하나님 앞에서 우리를 변호하고 남으리.

# 나의 경애하는 조선의 형제여<sup>(K)</sup>

이렇게 익숙히 부르는 것을 용서하십시오. 인종의 차별이란 다 의미 없는 일이오. 우리는 다 한결같이 사랑하는 천부天父의 밑에 자라는 큰 가정의 한 사람이 아닙니까? 세상은 아직 이것을 모르지마는 장차 알게 될 줄 알며, 그렇게 될 때는 얼마나 행복한 천지가 되겠습니까?

이따금 이같이 글을 부치는 것을 허락하실 터이지요? 조선을 나의 고향과 같이 생각합니다. 그런즉 나의 '일가'들에게 편지하는 것이 나의 할 일이 아닙니까? 무슨 긴 말씀을 올릴 것도 못되나 다만 약 1만 *km*의 바다와 산이 막혔어도 그대들을 저버리지 않았다는 표로 몇 자씩 올리려 합니다.

지난여름에 조선에 가서 그같이 후대를 받은 것을 지금도 기억하고 즐거워합니다. 그래서 나는 해가 많이 거듭하기 전에 다시 조선을 꼭 가보기 위하여 저금을 또 시작하였소이다. 다음번 갈 때에는 내 아들을 데리고 가서 동양의 친구를 사귀게 할까 합니다.

조선에서 돌아온 뒤로 강연도 여러 번 하였는데 물론 조선을 알고자 하는 이도 많습니다마는 대개 미주에 있는 사람들은 아시아에 사는 사람들의 생각을 하는 이가 적고 자기 일만 생각하지요. 여기는 돈도 많지만 다 저만 알고 호화로운 생활에 돈을 함부로 쓰며 아시아에 있는 사람들이 죽거나 살거나 저만 잘살면 그만인 줄 압니다.

시모노세키下關에서 요코하마橫濱까지 가는 찻간에서 조선 학생 20명, 일본 학생 6명, 중국 학생 2명을 만나서 잘 놀았는데 거기는 아무 미워하는 일이 없고 서로 친절한 생각만 있는 듯합니다. 그러나 그 소년들이 좀 더 자라나면 정치적 관계라는 물건 때문에 서로 미워하게 될 것이니 얼마나 슬픈 일입니까? 아차 내가 잊었습니다. 이런 말을 함부로 하다가는 이 편지가 압수당하겠지요.

이 편지를 여러분이 보실 때는 미국과 유럽의 각 나라 수천만의 백성들이 일 년 중 제일가는 크리스마스 명절을 지킬 것이외다. 이날은 나사렛 예수의 탄생을 기념하기 위하여 정한 날이지요.

여러분이 많이 아시는 것 같이 예수는 동방에서 서양 각국에 누구보다도 좋은 영향을 미친 위인입니다. 그는 지금부터 1900여 년 전에 나서 33살에 죽임을 당하였지마는 오늘날까지도 그를 위해 살고 그를 위해 죽고자 하는 사람이 수없이 많습니다.

조선의 형제자매여! 이 사람의 사적을 자세히 상고하시오. 그는 말하기를 "하나님께로부터 사랑과 친절의 기쁜 소식을 가지고 왔노라." 하였습니다. 그는 말하기를 "천지의 주재는 마치 다정하고 사랑하는 아버지와 같아서 그 자녀들로 하여금 아버지를 믿고 사랑하고 또 서로 사랑하기를 원한다." 하였습니다.

예수의 행적을 읽어보시고 그가 얼마나 깨끗하고 아름다웠는가를 알기를 바랍니다. 그가 얼마나 가난한 사람에게 친절하였으며, 병든 자를 고치고, 굶는 자를 먹였습니까? 스스로는 아무 죄도 없었고, 평생에 한가지 목적이 악한 사람들로 하여금 그 악한 것을 쳐서 이기게 하는 것이었습니다.

많은 사람이 그를 믿고 그와 같이 깨끗하고 참되고 진실하게 되었으니 그의 사업은 성공한 것입니다. 성질이 나쁜 사람은 좋아지고, 저만 알던 이도 남을 사랑케 되며 교만한 이는 겸손해지고 주정꾼이 점잖아지며 창기들이 더러운 생활에서 깨끗한 몸이 되었습니다.

어떻게 그들이 그렇게 변하였나요? 아무것도 없고 오직 그들이 예수에게 자기의 죄악 생활을 벗어나고자 한다는 뜻을 아뢰고, 참사람과 선한 사람이 되기를 원한다는 것을 고하면 예수님이 그들에게 그같이 될 힘을 주었습니다. 오직 그에게 의지하면 다 되는 것입니다.

제 말을 들으십시오. 나의 사랑하는 조선 친구들에게 드리는 가장 기쁜 소식은 다름 아니라 오늘도 예수께서 살아있어서 옛날에 유대 백성에게 행하신 일을 조선 사람에게도 하신다는 좋은 소식이외다.

예수님이 저에게 힘을 주시기 때문에 저는 매일 그의 힘을 입어서 살아갑니다. 나의 마음에는 그대들이 원하는 화평과 희락과 죄악에서 벗어나는 자유와 큰 소망이 늘 있습니다. 그 소망은 다른 것이 아니라 제가 죽은 후에 나의 구주 예수와 사랑하는 아버지 하나님과 영원히 같이 살 소망이외다. 이 소식이야말로 참 훌륭한 소식이 아니오리까?

여러분, 이를 믿고 평화의 왕, 생명의 왕, 희락의 왕 예수 그리스도를 좇으십시오.

누구든지 아시는 분은 서대문 밖 고아원이 어떻게 되어가는지 편지하여 주십시오. 저는 그 고아원이 생긴 것을 매우 기뻐합니다. 그 어린 불쌍한 아이들을 교육하고 정직한 생활, 부지런한 생활을 가르쳐 주시오. 그러면 장래에 그중에서 제2의 율곡 선생이 날는지, 큰 실업가 큰 과학자가 날는지 누가 압니까?

개성의 큰 교육가 김정혜 여사의 사업은 어떻게 되어갑니까? 그녀의 여자고등보통학교의 건축이 시작되었는가요? 반공학교半工學校(반나절 일하고 반나절 공부하는 학교)라는 것을 나는 매우 좋은 것인 줄 압니다. 서울의 부자 중에 누가 그녀의 학교를 위하여 오천 원만 기부할 이가 없는가요? 그녀의 사업은 조선을 위하여 유익하고 위대한 것이니 도와주고 응원할 필요가 있습니다.

서울에서 몇 분의 난봉들도 뵈었거니와 그들에게 드리는 권면은 그런 어리석고 게으른 생활을 버리고 좀 더 유익한 일, 기생보다도 의미 있는 일에 재산과 노력을 바치라 함이외다. 기생妓生은 부칠 기寄 자, 날생生 자의 기생이니 곧 기생충인 것을 기억합시다.

여러분 혹 듣기를 원하실 것은 방금 영국에서 제국회의가 열리었는데 캐나다는 완전한 자치를 얻게 되어 어디든지 보내고 싶은 대로 우리의 대사들을 보낼 수 있게 되었습니다. 그러나 이 편지에는 그 이야기를 자세히 할 여가가 없으니 다음 기회로 미룹니다.

여러분께 사랑을 보내면서 붓을 놓습니다.

캐나다 온타리오 구엘프에서
스코필드

〈동아일보〉 1927. 1. 5

# 취임 전 일요일에
# 새로운 대통령 박정희를 위한 기도⁽ᴱ⁾

　모든 인류와 나라의 통치자이시며 심판자인 하나님이여, 오늘 아침에 우리의 죄와 실패를 고백하고 우리를 용서해 달라고 구하기 위해 당신 앞에 왔습니다.

　우리는 우리 입술을 통해서가 아니라 우리 마음으로부터 말합니다. 진리와 지혜는 당신과 함께 있으며, 시기와 허영은 우리와 함께 있습니다.

　우리는 성공과 돈과 권력이라는 그릇된 신들을 섬겨왔으며, 가난한 자들, 과부들, 고아들을 소홀히 해 왔습니다. 우리는 당신에게 어떤 것도 숨길 수 없으며, 당신 앞에서 감히 어떤 변명도 할 수 없습니다. 우리는 어리석었고 허영심이 강했습니다.

　우리 마음으로부터 당신의 용서를 간구합니다. 당신은 단지 의로움을 통해서만 한 나라가 강력해 질 수 있다고 선언했습니다. 우리는 이 거룩한 계명을 무시해 왔고, 그래서 연약함과 환란으로 고통을 당하고 있습니다.

　여기에 우리의 대통령인 박정희가 우리와 함께 당신 앞에 예배를 드리고 있습니다. 우리의 지도자가 당신의 종이 될 수 있기를 당신에게 부탁드립니다. 그가 모든 부패한 것을 증오해 당신에게 감사를 드리며, 그에게 모든 종류의 악에 대항해 싸울 용기를 주시고, 그가 오직 선한 것만을 믿을 수 있도록 더 큰 용기를 부여해 주십시오. 그가 당신을 알고, 당신을 사랑하고, 당신에게 복종할 수 있게 되기를 기도드립니다.

 이 새로운 정부를 당신이 축복해 주시기를 부탁드리고, 그들이 논의하는 것이 지혜로운 것이 되게 하시고, 비통함과 무익한 투쟁에서 벗어나게 하소서.

 우리는 눈이 멀었으니, 당신의 빛을 우리에게 주소서.
 우리는 약하오니, 당신의 힘을 우리에게 주소서.
 우리는 부패했으니, 당신의 정결함을 우리에게 주소서.

 이 모든 것을 우리의 구주이신 예수 그리스도의 이름으로 기도합니다. 아멘

캐나다 오타와 국무총리실 소장자료 1963. 12. 15

# 세계에서 가장 큰 힘(K)

> 3·1 운동 당시 33인의 민족대표에 더하여 34인으로 추앙을 받고 있는 스코필드 박사를 초빙하여 흥사단에서는 금요강좌를 개최하였다. 영국 태생의 캐나다인 스 박사가 우리 민족에게 보여준 사랑의 정신은 깊은 종교적 신앙에 뿌리를 박고 있다. 다음 글은 강연(주요한 씨 통역)의 녹음판을 수록한 것이다.

지금 여러분 마음에 대단히 고통스러운 생각이 많이 있으실 줄 알지만, 제 말씀을 들으시면 여러분께서 마음에 큰 희망을 품을 수 있으리라고 믿습니다. 먼저 말씀을 드릴 것은 오늘 이 강연회를 주최한 흥사단이 한인을 위한 중요한 사업이라는 것입니다. 이 나라를 구원하는데 있어서는 먼저 국민이 건전한 도덕적 인격을 가지는 것이 가장 근본적인 문제이기 때문에 이 흥사단 운동이 대단히 중요하다고 생각합니다.

오늘날 우리가 저명한 과학자를 요구한다고 하지만 그보다도 더 요구되는 것이 있다면 그것은 참으로 훌륭한 인격을 가진 인물입니다. 우리 나라인 영국에서 퍽 어렸을 때 유명한 총리대신이 한 분 있었습니다. 그분은 글래드스톤(William E. Gladstone(1809-1898))이라고 하는 분입니다. 그분은 옥스퍼드 대학을 졸업했는데, 그가 1840년에 옥스퍼드 대학에서 공부했기 때문에 1860년에 영국이라는 나라가 더 살기 좋은 나라가 됐다고 합니다.

그래서 오늘날 한국에 있는 어떤 대학, 가령 서울대학이면 서울대학에서 '김'이라는 청년이나 '이'라는 청년이나 '최'라는 청년이 1959년에 거기서 공부를 했기 때문에 1979년에 가서는 이 나라가 더욱 좋은 나라가 됐다고 하는 그러한 결과가 되기를 바라는 바입니다.

제가 캐나다 토론토에 있을 때 거기서 중국에서 온 학생을 만났습니다. 그 학생은 방에 영자를 많이 써서 붙였는데, 그 학생이 말하기를 "당신은 한국을 다녀왔다고 하니 이 글자를 알 수 있느냐?"라고 물었습니다. 저는 도무지 알 수 없으나 그중 두 글자를 알 수 있는데 그중 하나는 '가운데 중'(中)자요, 하나는 '큰 대'(大)자라는 글자를 알 수 있다고 말했더니 그 학생이 큰 대자의 매력을 이야기하는 것이었습니다. 큰 대자는 먼저 '사람 인'(人)자를 쓰고 거기에 '일'(一)자를 그은 것인데 그 중국 학생의 설명은 퍽 흥미 있게 기억됩니다.

4천 년 전에 중국의 학생들이 모여서 글자를 만드는데 여러 가지 글자를 다 만들다가 맨 끝에 '크다는 것을 어떻게 표현하면 이 글자가 되겠는가?'라고 오랫동안 토론한 결과 우선 크다고 할 것 같으면 거기에는 사람이 들어가야 하는데, 사람이 안 들어가면 클 수가 없으니 먼저 '사람 인'(人)자를 써 놓았다고 합니다. 그다음에 '사람 인자에다 무엇을 더 가하면 크다는 뜻이 나타날 수 있겠느냐? 이 사람이 돈을 많이 가지고 있는 것을 그려 놓으면 이것이 크다는 뜻이 되겠는가? 혹은 이 사람이 무슨 책을 가지고 있는 것을 표시하면 크다는 뜻이 되겠는가?

혹은 아들을 안고 있는 것을 표시하면 크다는 뜻이 되겠는가?' 하고 여러 의논 끝에 결국은 그 '사람 인'(人)자 위에 하나 건너 긋고 '이것이 큰 대(大)자다.'라고 했습니다. 어째서 큰 대자냐 하면 사람이 무거운 짐을 등에다 지고 있기 때문이라는 것입니다.

무거운 짐을 지고 있는 사람, 이것이 가장 위대한 사람이라는 그 말입니다. 그래서 이것을 큰 대자로 작정을 했다고 얘기를 한 것입니다. 그러기 때문에 이 위대하다, 크다 하는 그 관념은 언제든지 두 가지의 관념이 합친 것입니다. 하나는 사람이 희생을 해야 하고, 짐을 져야 한다는 것이 위대하다는 관념이라고 말할 수 있습니다.

그다음에는 일본 사람에게서 들은 얘기를 여러분께 말씀드리겠습니다. 그 일본 사람의 얘기가 옛날 대만에서 생겨난 얘기라 합니다. 옛날 대만은 소위 생번生蕃이라고 해서 사람의 목을 자르기를 떡 먹듯 하던 인종들이 살던 곳입니다. 거기에 승려가 한 사람 들어가서 그 사람들을 감화시켜서 사람의 목을 자르지 않고 살게 되기까지의 이야기입니다.

그런데 하루는 생번의 두목 되는 자가 중을 보고 하는 말이 그동안 사람의 머리를 자르지 않고 살았지만 요번에 꼭 한 사람만 죽여야 하겠다는 것입니다. 그 사람 하나만 목을 자른 뒤에는 다시 목을 안 자를 테니 이번만은 허락을 해주길 바란다고 했습니다. 그때 그 중이 말렸습니다. 사람의 목을 자르는 것은 안된다고 했지마는 이 사람들은 기어코 이번 한번만 죽이겠다고 했습니다. 밖에서 물건을 팔러 장사꾼이 들어오는데 옷을 입은 거나 얼굴 생긴 거나 도저히 그냥 두고 살 수 없으니 꼭 죽여야 하겠다고 해서 할 수 없이 그 중이 진정 그렇다면 그 사람 하나만 죽이고 그다음 다시는 사람을 죽이지 말라고 했다 합니다.

그래서 이 야만족들은 그 상인이 들어오는 날을 기다리다가 마침내 이상한 옷을 입고 물건을 가지고 오는 사람을 보고 달려나가서 그 사람의 목을 잘랐습니다. 목을 잘라놓고 그 목을 보니까 그게 누군고 하니 바로 그 중이었습니다. 그 중이 그 상인 대신에 상인으로 가장을 하고 들어와서 자기의 목을 바쳤던 것입니다. 그래서 그 뒤부터는 그 생번들이 사람을 죽이는 것을 나서는 마지 않았다는 이야기입니다.

그러면 여러분께서 이 얘기에서 아실 수 있는 것은 역시 이 중의 인격이 위대했다, 컸다, 또는 희생하는 정신을 가지고 짐을 지는 정신을 가졌기 때문에 이것이 그 많은 사람으로 하여금 자기의 죄를 회개하는 결과로 나타났다고 볼 것입니다. 그런고로 위대하다, 크다 하는 것은 역시 희생하는 정신, 짐을 지는 정신에 있다 하는 것을 알 수 있습니다.

그다음에는 여러분께서 만일 미국을 여행한다든가 유럽을 여행하실 것 같으면 거기에서 높은 집 꼭대기에 십자가를 단 집을 많이 보실 것입니다. 그것을 보시고 여러분께서 물으시면 그 집은 지금부터 약 2천 년 전에 이 세상에 내려왔던 예수를 기념하기 위해서 세운 교회라고 하는 것을 잘 아실 수 있을 것입니다.

예수는 2천 년 전에 이 세상에 내려와서 모든 좋은 일을 했습니다. 사람을 가르치고, 사람을 사랑하고, 불쌍한 사람을 구제하고, 여러 가지 아름다운 생애를 지냈는데도 불구하고 그때에 권세를 잡은 사람들이 붙잡아다가 그 당시에 로마제국에 사형 집행하는 그 관례에 의해서 십자가에 못을 박아서 죽였습니다. 그래서 오늘날 그것을 기념하기 위해 모든 교회에 십자가가 있고, 이 십자가가 하나의 위대한 정신의 표상으로서 오늘까지 남아 있는 것입니다.

여기서 역시 우리가 위대하다 하는 것은 사람, 즉 남을 위해서 희생하는 사람, 희생하는 정신을 의미합니다. 다시 말하면 이 세상에서 가장 위대한 것은 사랑이라 그 말씀입니다.

그러면 지금 이 세 가지 얘기를 여러분께 말씀드렸는데, 중국에서나 대만에서나 혹은 서양에서나 마찬가지로 진실로 위대한 것이 무엇인가 할 것 같으면 그것은 다른 사람을 위해서 자기를 희생하는 정신, 이것이 위대하고 가장 큰 것입니다. 즉, 다른 사람을 위해서 제 몸을 희생하는 극진한 사랑은 이 세계 相像에 있어서 가장 활동력이 있는 힘입니다.

어떤 미국사람이 인도의 성자 간디에게 미국에 와서 강연해 주길 청한 일이 있습니다. 그때에 간디는 60살이 넘어서 이미 노경에 들어갔는데, 그의 대답하는 말이 "내가 지금은 갈 수가 없고 후에 갈 생각이 있다. 왜냐하면 지금은 비로소 내가 사랑이라고 하는 것이 얼마나 힘이 있는가 사랑의 그 능력에 대해서 겨우 배우기 시작했기 때문이오. 지금은 가더라도 미국 사람에 대해서 내가 줄 만한 것이 아무것도 없고, 이 사랑의 힘을 내가 좀 더 알아서 분명히 깨닫게 되면 그때에 내가 미국을 건너가서 미국 사람에게 전할 수 있을 것입니다. 특별히 미국을 간다 하더라도 그때에는 흑인들이 많이 사는 미국 남방으로 가서 내 뜻을 전하겠소. 북방에 있는 사람들은 내가 말하는 사랑의 힘이라는 것을 혹시 모를는지 모르겠소." 이런 얘기를 했다고 합니다.

현재의 세계에서 가장 필요한 일은 사랑을 살리고 사랑을 자라나게 하는 것이 아닌가 합니다. 왜 그러냐 하면 현재 세계에 있어서는 미워하는 것, 증오하는 것이 너무도 많이 발호하고 있기 때문입니다. 이 세계에 사랑의 힘을 더 크게 하고, 더 힘있게 하는 것이 이 세계를 고쳐나갈 길이라고 생각합니다.

이 사회에서, 우리 생활에서 사랑과 친절함과 서로 도와주는 생각이 많으면 그 사회는 원만한 사회가 되고, 진보하는 사회가 될 수 있지마는, 만일 그것이 적다면 그 사회는 대단히 살기 어려운 사회가 됩니다.

오늘날 현대에서 소위 냉전이라고 하는 것이 있어서 이 세계는 사랑의 힘이 적고, 사랑이 점점 희박해가는 상태에 있기 때문에 오늘날 이 사회는 병들어 있다고 생각합니다.

우리가 종교적으로 생각할 때에 이 세계는 창조자가 있다, 하나님이 세상을 창조했다고 말합니다. 그 창조자라고 하는 개념, 하나님이라고 하는 것은 어떤 특징을 가지고 있느냐 하면 '하나님은 곧 사랑이다.' 이렇게 우리가 얘기할 수 있습니다. '하나님은 곧 사랑이다.' 하는 이 생각은 아마 인류가 생각해 놓은 여러 가지 생각 가운데서 가장 위대한 생각이며, 가장 특출한 생각이라고 말할 수 있습니다. 하나님이 사람을 만들 때에는 자기의 형상에 따라서 만들었기 때문에 자기의 형상, 사랑에 의지해서 사람을 만든 것입니다.

그러므로 그 만들어진 형상대로 사랑에 의지해서 살아간다면 사람이 살아가는데 사람답게 살 수 있고, 이 사회가 또한 건전하게 발전해 나갈 수 있는 것입니다. 여러분이 역사를 찾아볼 때, 사랑을 근본으로 해서 모든 일을 볼 때, 참으로 사랑의 힘이 크다는 것을 알 수 있습니다. 오늘날 국제연합이 있다든가, 적십자사가 생겼다든가, 정신병자를 수용하는 병원이 있다든가, 고아원이 있다든가, 이런 모든 것이 어째서 생겨났는가 하면 그것은 사랑의 힘으로 생겨난 것입니다.

그와 반대로 미워하는 것, 즉 증오에서 생겨난 것은 무엇인가요? 역사에서 볼 때 미움으로 생겨난 것을 보면 참으로 참혹한 일이 많이 일어났습니다. 우리가 이 사랑과 미움, 이 두 가지를 비교해서 볼 때에 세 가지로 그 특징을 말할 수 있습니다.

첫째로 사랑은 창조적이며 무엇을 이루어 놓을 수 있는 것입니다. 이 세상에 미술품이라든지 좋은 음악이라든지 이런 것을 창조해 놓은 것은 역시 사랑의 힘이라고 볼 수 있습니다. 그러나 미움이라고 하는 것은 파괴적이요, 영속성이 없습니다. 즉, 사랑은 계속할 수가 있고, 미워하는 것은 계속성이 없는 것입니다.

제1차 세계대전이 끝나고 파리 근방에 있는 베르사유에서 강화조약을 체결할 때입니다. 각국 대표가 많이 있었는데 그중에 특별히 두 사람의 얘기를 하겠습니다. 한 명은 프랑스 대표로 앉아있는 크레망소 Georges Clemanceau(1811-1929)라는 사람이고, 또 한 사람은 남아프리카 연방에서 온 보타 Pieter W. Botha라는 정치가입니다. 거기서 독일에 대해서 어떠한 강화조약을 체결할 것이냐를 의논하는 중 보다는 조그만 노트에다 글을 써서 돌렸다 합니다. 그 글을 보면 '우리 남아프리카 연방은 옛날 영국과 전쟁을 해서 영국한테 졌다. 그런데 그 패전한 남아프리카 연방을 영국이 친절하게 사랑으로 대접해 주었기 때문에 오늘날 남아프리카 연방은 영국과 친구의 나라가 됐다. 마음에 미움을 가지고 처리를 하면 그렇게 되지를 못했을 것이다. 오늘날 독일이 항복하고, 독일과 강화조약을 맺는데, 이 강화조약은 사랑의 조약이 되어야지 독일을 미워하는 강화조약이 되어서는 안 되겠다.' 하는 글이 적혀 있었습니다.

그러나 그 프랑스 사람 클레망소는 그 글을 보고 '나는 그런 것을 모른다. 당신이 무슨 얘기를 했는지 나는 알아 들을 수 없고, 우리는 독일에 대해서 끝까지 복수해야 하겠다.'고 주장해서 제1차 세계대전 후에 파리강화조약이 미움에 기초한 조약이 되었기 때문에 그 뒤에 제2차 세계대전이라는 참담한 전쟁이 일어나는 그 원인을 일으켰던 것입니다.

오늘날 세계의 중대한 문제는 공산주의라고 하는 문제입니다. 이것 때문에 우리가 여러 가지 고통을 받고 있습니다. 여러분이 아는 바와 같이 이 공산주의가 어째서 생겨났습니까? 이것은 특별히 서양에서 또는 제가 난 영국에서 지금부터 1세기 전에 그 자본가들이 노동계급을 착취하고, 그 사람들을 탄압하고, 억제하고, 이러한 현상이 있었기 때문에 거기에 대한 반동으로 공산주의가 생겨난 것입니다. 다시 말하면 역사에서 이 자본주의의 여러 가지 죄악에 대한 일개의 판결로서 이 공산주의라는 것이 생겨났다고 볼 수 있습니다.

그러나 칼 마르크스Karl H. Marx(1818-1883)가 나타나서 이 공산주의를 주창할 때, 한두 가지의 중대한 잘못을 범했습니다. 만일 마르크스가 참으로 위대한 사람이라면 그 잘못을 범하지 않았을 것입니다. 무슨 잘못을 범했습니까? 공산주의는 압제를 받는 무산 계급을 단결시켜 '돈 많은 사람을 미워해라. 돈 많은 사람을 죽여야 하겠다.' 하는 이 미움의 철학에 근거했기 때문에 오늘날 우리에게 이와 같은 해독害毒(손해와 독)을 끼치고 있는 것입니다.

만일 마르크스가 이 무산계급을 단결시켜 미움의 철학으로 다른 사람을 미워하는 공산주의 운동을 일으키지 않고, 정치적인 진화에 의지해 이 사회를 혁명해 나가겠다고 하는 방침으로 나갔다면 오늘날 이와 같은 비극이 일어나지 않았을 것입니다.

그러나 마르크스가 사실을 바로 보고 한 말이 있습니다. 그는 "이 기독교도들아! 너희가 십계명에 있는 첫째 계명은 아직도 지키고 있지마는 둘째 계명을 잊어버렸다. 첫째 계명이라고 하는 것은 '하나님을 사랑해라. 사람을 사랑하는 것같이 하나님을 사랑해라.' 하는 것인데 그 계명은 지키고 있는 것 같지만, 둘째 계명 즉 '다른 사람을 사랑하기를 내 몸같이 하라.'는 이 둘째 계명을 잊어버리고 말았다."라고 말했다고 합니다.

하나님을 사랑하는 방법은 무엇인가요? 하나님을 사랑한다는 말은 우리 옆에 있는 우리의 친구, 그를 사랑하는 것이라고 말할 수 있습니다. 그러면 오늘날 한국에서도 우리가 진정 앞으로 나가려면 조그마한 데서부터 이 사랑을 실제로 행해야 하겠습니다. 가정에서부터 혹은 한 학교 안에서, 혹은 직장 안에서, 혹은 정부 안에서, 우리는 사랑을 실천해야만 앞으로 나아갈 수가 있는 것입니다.

사랑은 언제든지 앞으로 나갈 수 있고, 미움이라고 하는 것은 나아가지 못하고 도리어 멎어버리고 마는 것입니다. 공산주의와 싸우는 방법은 공산주의가 발생한 그 원인을 제거하는 데 있습니다. 다시 말하면 돈이 많은 사람은 너무 많고, 돈이 적은 사람은 너무 적은 이 불공평한 상태를 제거함으로서만 공산주의를 제거할 수 있는 것입니다. 이러한 일에서 저의 조국인 영국이 어느 나라보다도 더 진보적인 업적을 오늘날 남겨 놨다고 생각합니다.

예를 들면 제2차 세계대전이 끝난 뒤에 영국 유권자들은 그 당시에 전쟁을 이긴 내각, 즉 처칠Winston L. Spencer Churchill(1874-1965) 내각을 내보내고, 노동당 내각을 내세웠던 것입니다. 그때 미국 사람들이 깜짝 놀랐습니다. 전쟁에서 이긴 처칠을 내보내고 노동당이 다시 내각을 조직했다는 것은 어떻게 된 일인가요? 영국 사람의 생각에는 처칠은 자본계급을 대표하고, 자본계급은 전체 국민, 특히 가난한 국민에 대한 관념이 희박하므로, 전쟁이 끝난 이상 이 전체의 모든 국민, 가난한 국민들을 생각하고, 그 사람들을 도와줄 것을 약속하는 노동당 내각을 내세운 것입니다.

그래서 오늘날 영국에는 공산주의자가 거의 없다고 말할 수 있습니다. 25년 전만 하더라도 영국에도 공산주의를 하나의 위험한 것으로 생각했습니다. 그러나 오늘날에는 정부가 사회정책에 힘쓰기 때문에 영국에는 공산주의를 무서워할 아무 이유도 없고, 공산주의란 생각을 할 수 없게 되었습니다. 오늘날 영국만큼 가난한 사람, 무산계급이 정부의 도움을 받고 구제를 받는 나라는 없으며, 반면에 돈을 많이 가진 부자들이 세금을 그만큼 많이 내는 일이 다른 나라에는 드물 것입니다.

만일 지금 북한에서 간첩이 내려와 남한을 본다면, 대단히 기뻐할 것입니다. 부자는 너무 돈이 많아 보이고, 가난한 사람은 너무나 돈이 없고, 실업자가 많고, 학교에 가서 공부하려고 해도 돈이 없어 공부를 못 하는 모습이 많기 때문입니다.

내가 확실히 믿는 것은 공산주의를 총칼이나 폭탄을 가지고 없앨 수 없다는 것입니다. 총칼이나 폭탄으로 없애려 하면 그것은 공산주의만 없어지는 것이 아니고, 전 세계가 다 없어지고 말 것입니다.

오늘날 세계 문제를 해결하기 위해서 전쟁을 해야 하겠다고 생각하는 사람은 없습니다. 그 이유는 두 가지가 있는데 첫째 이유는 과거의 경험에 비추어서 전쟁으로서 문제가 해결되지 않고, 해결된 문제보다 더 어려운 문제가 생겨나서 문제가 더 복잡해질 뿐 문제가 해결된 일이 없다는 것이고, 둘째 이유는 지금 전쟁을 하면 전 세계가 다 파멸되어 없어지고 말 것이기 때문입니다. 이 두 가지 이유로 세계 문제를 전쟁으로 해결하려는 사람은 없을 것입니다.

오늘날 폭력으로 대항하려는 생각이 많은 것은 대단히 불행한 일입니다. 만일 지금 능력 있는 사람들이 폭력을 폭력으로 대항하겠다는 생각을 버리고, 사랑으로 이것을 극복하겠다는 생각을 가지면 이 어려운 문제를 해결할 방법이 생겨날 것입니다.

제가 캐나다에 있을 때 공산주의자들이 모인 회합에 출석했던 일이 있습니다. 저는 거기서 "나는 그 피의 혁명, 피를 흘리는 혁명, 폭력에 의지해서 정치문제를 해결한다고 하는 것은 믿지 않는다. 이 모든 사회적 문제를 해결하는 것은 정치적인 진화에 의지해서 점진적으로 해결할 수가 있지 피를 흘리는 폭력 혁명으로서 해결할 수 없다."라고 이야기를 했습니다.

그랬더니 공산주의자 한 명이 일어나 말하기를 "그것은 틀렸다. 자기는 피의 혁명에 의지해서만이 문제가 해결될 줄로 굳게 믿는다." 이렇게 주장하고 여러 가지로 욕설을 퍼부었습니다. 그러나 나는 그것에 대해서 반대하지 않고, 그 사람을 뒤에서 2년 사귀는 동안에 그의 친구가 됐고, 그 사람은 생각이 변해서 모든 혁명적이고 폭력적인 생각을 버리게 되었습니다.

제가 작년에 유고슬라비아에 가서 대학교에서 가르친 일이 있습니다. 그때에 제가 거기서 가르치고 떠나올 때에 손님이 서명하는 방명록에 서명을 했습니다. 거기에는 러시아 사람, 중국 사람, 불가리아 등 여러 나라 사람의 서명이 있었습니다. 거기에 나는 '캐나다 토론토에서 왔노라.' 그리고 그다음에 '하나님은 사랑이시다.' 이렇게 썼습니다. 그런데 1년 후인 오늘날 유고슬라비아 그 대학에서 금년에도 와서 "우리에게 가르쳐 달라. 우리는 당신을 우리의 친구로 안다." 이런 얘기가 왔습니다.

내가 그때에 그 공산주의 국가에 가서 "나는 공산주의를 싫어한다. 그러나 당신네는 내가 사람으로서 사랑한다." 이런 말을 했었는데 다시 와달라는 초청을 받았습니다. 나는 미움이라고 하는 것에 대해서는 조금도 믿는 마음이 없습니다. 내가 믿는 것은 사랑입니다. 하나님은 곧 사랑이십니다. 우리는 하나님을 알고서야 비로소 사랑이 무엇인가를 알 수 있습니다.

끝으로 한 가지 더 여러분께 말씀드릴 것은 "하나님은 사랑이시다." 하는 것을 분명히 아시려거든 예수 그리스도의 생애 전기를 보시라는 것입니다.

〈새벽〉 1959. 3

# 한국교회 어제와 오늘(K/E)

현대 한국교회의 여러 가지 양상에 대하여 논평을 할 이 글의 제한된 가치를 필자는 잘 인식하고 있다. 지금으로부터 40년 전에는 나도 교회에 자주 나가곤 하였다. 그때는 예배 보러 가기도 하였고, 혹은 설교 부탁을 받아서 간 일도 있었다. 그러나 슬프게도 오늘날에는 한국말을 많이 잊어버렸기 때문에 유창하게 말할 수가 없고, 또 여러 가지 교회 행사와 관련되어 있어서 그전과 같이 예배에 참석하지 못하고 있는 형편이다. 이 글의 후반부는 주로 현대의 한국 기독교를 문제 삼았는데, 그 내용은 내가 현재 사귀고 있는 크리스천 학생들이 제공하여 준 소식에 의한 것이 대부분이다.

### 40년 전의 한국교회

내가 1916년, 한국 땅에 발을 디디기 이전에 벌써 나는 한국교회의 활발한 약동과 열성, 그리고 희생정신에 대해서 들은 바가 있었다. 한국교회는 그 시대에도 복음의 교회요, 또 한국의 크리스천들은 성서공부에 부지런하였기 때문에 성서에 대한 지식이 대단히 풍부하였다.

평양이나 순천(평안남도)에 있는 교회에 물밀듯이 모여드는 성도들의 모습은 영영 우리의 기억에서 사라지지 않을 것이다.

내가 듣기에는 일본에서나 중국에서도 그렇게 열렬한 성서공부나 부흥회를 하지 않는다고 한다. 이러한 현상에 대해서 여러 가지 이유를 열거할 수 있다. 그중에서도 다음의 몇 가지가 가장 타당한 이유일 것이다.

첫째로 국가의 주권을 빼앗겨 소망을 잃은 한국 사람이 자연히 위안과 새로운 희망을 주는 복음을 의지하게 되었다는 것이다. 둘째로 일본 사람들의 통치 아래에서 교회는 교회적인 일에 관한 한 집회와 언론의 자유를 누릴 수 있는 또 하나의 기관이었다는 것이다. 셋째로는 국권침탈 후에 계속된 일본 사람들의 박해가 한국 사람들의 영적인 생활을 강화하는 결과를 초래하였다. 넷째로는 배우기 쉬운 한글 덕분으로 비교적 교육을 덜 받은 사람들에게도 기독교 신앙을 문자로써 전파할 수 있었다는 점이다. 다섯째로는 외국 선교사들의 선교정책이 무엇보다도 농촌 전도에 중점을 두어서 성서 연구를 열심히 권장하였다는 사실을 들 수 있다.

이러한 이유로 40년 전의 한국교회는 열렬하고 건전한 기관이었다. 그리하여 1916년에만 해도 한국교회에는 근본주의자들과 자유주의 신학자들 간에 성서해석에 대한 신학적인 토론이 활발하였고, 일본의 신도를 종교로 인정하며 학생들에게 신사참배를 강제적으로 권하느냐 하는 더 중대한 문제에 대한 선교정책의 차이가 나타났다. 그러나 그 당시에 이 문제가 그다지 중대한 것이라고는 생각되지 않았다.

그런데 1916년의 한국교회와 오늘의 한국교회를 구별 짓는 중요한 사실은 그 당시의 교회는 '부패'하지 않았는데 현재의 한국교회는 '부패'하였다는 점일 것이다. 1916년에는 한국교회가 대개 한문을 모르는 무식한 사람들로 구성되었다고 학자들이 비평을 한 일은 있지만 부패하였다는 비난을 들은 일은 없었다.

### 부패와 현대교회

여기서 내가 교회의 부패라고 말하는 것은 이 세상의 인간적인 기술을 가지고 하나님의 거룩함을 대신하는 일과 또 기독교적인 신앙, 사랑의 겸손과 봉사, 그리고 우리 주님께서 가르쳐주신 바와 같이 부자가 되는 일이 위험하다는 이러한 원칙에서부터 고의적으로 벗어나는 일을 가리킨다. 그런데 이러한 부패에 대해서 말하기 전에 두 가지 사실에 대해서 강조하지 않으면 안 된다.

부패는 주로 농촌보다 도시 교회에 국한되었으나 도시 교회 가운데도 부패하지 않은 교회가 있다. 그리고 내가 알고 있는 학생들 가운데는 여러 청년 남녀들이 있는데 저들의 성품은 세계 어느 나라의 크리스천들의 성품하고 다를 바가 없다. 성신은 하나님에 대해 굶주림과 갈망이 결여되어 있는 곳을 제외하면 아무런 제한이 없이 활동하신다.

한국교회가 이러한 부패 때문에 많은 고통을 받고 있음은 의심할 바가 없는 사실이다. 우선 여기서 이러한 부패를 조성하게 된 몇 가지 요소를 검토하기로 하겠다. 한국교회를 한 마디로 비평하기는 대단히 쉬운 일이다. 하지만 한국에서의 크리스천의 신앙과 가치가 지난 40년간 엄청난 시련에 부딪힐 수밖에 없었다는 사실을 기억해야 한다. 또한, 어떤 부패한 일들이 한국 안에서가 아니라 외부에서 한국 안에 도입된 일도 있었다.

일본 통치하에서 물질적인 부요함을 추구하는 일이 결과적으로는 기독교의 원칙을 배반하는 일이 되어버렸다.

"너희가 서로 영광을 취하고 유일하신 하나님께로부터 오는 영광은 구하지 아니하니 어찌 나를 믿을 수 있느냐"요 5:44

신사참배라는 문제는 한국교회에서 오랫동안 논쟁거리가 되어 왔다. 일본 정부가 극성스럽게 선교사가 경영하는 중학교나 대학교에 신사참배 할 것을 요구하였는데 교육이나 그 밖에 이 세상의 어떤 이익을 위해서 이에 타협하였다는 것은 기독교 신앙의 치명적인 무조건 항복을 의미하는 것이었다. 물론 어떤 학교들은 이러한 요구에 대하여 용감하게 거부하는 태도를 밝혔다. 옛날 초대교회의 신자들은 가이사를 하나님으로 인정하는 것보다 사자들에게 먹임을 당하는 일을 자처하였다.

한국이 해방됨으로 말미암아 극심한 정치적 투쟁과 경제적 기회주의, 즉 편협한 물질적 이득을 노리는 기회가 열리게 되어서 젊고, 윤리적으로 원숙한 단계에 이르지 못한 한국교회에 또 하나의 시련이 찾아왔다.

해방의 기쁨이 채 사라지기도 전에 가장 나쁜 형태의 전쟁, 즉 남북전쟁이 발생하여 잔인, 증오, 약탈이 노골적으로 폭발하고, 모든 윤리적 가치를 부정하는 일이 생기게 되었다. 이러한 악마적인 풍조는 언제나 전쟁에 뒤따라 오게 마련이다. 그리고 수백만 명의 피난민들의 비극적인 생활이 계속되었다. 하나님의 사랑, 심지어는 하나님의 존재까지 의심하게 하는 비참한 사건이 연이어서 발생하였다.

　기독교 신앙을 고백하는 독재적인 대통령이 선출되었다. 이것은 마치 옛날 콘스탄틴 대제가 개종하여 전국에 기독교 신앙을 선포하였을 때와 마찬가지로 한국의 교회 안팎에 큰 영향을 주었다. 재빠른 사람들은 상정上情(웃어른이나 지배자의 뜻이나 의사)의 신앙을 곧 받아서 이권을 추구하곤 하였다.

　미국 정부에서 수억 불에 해당하는 원조 물자와 미국교회와 선교회, 가정에서 보내주는 도움이 한국에 도착함으로 한국교회는 최종적이며 치명적인 시련에 부딪히게 되었다. 돌을 떡으로 만드는 일이 인간의 영혼에 얼마나 위대한 일인가 함은 우리 주 예수께서 우리보다 더 잘 알고 계셨다. 예수께서는 거듭 재물이 인간의 영혼에 큰 위험을 가져온다는 사실을 경고하였으나 대부분 사람은 이러한 경고에도 불구하고 자기 일신의 안정과 쾌락을 위하여 부지런히 재물에 손을 대려고 한다.

　이러한 환경에 처하여 있는 한국교회의 실상에 대해서 우리는 단순히 한국인의 생활이 골수까지 부패하였다고 심판을 내리는 일을 신중히 하여야 한다. 위에 있는 사람들은 재산, 권력, 그리고 야심을 소유했으므로 부패하게 되고, 아래에 있는 사람들은 이러한 일에 대해서 비통하게 생각하며 좀스런 도적질을 하곤 한다.

　교회도 이러한 부패의 세력에 둘러싸여서 초연하게 존재하기가 힘든 것이나. 이러한 현실적인 배경을 이해한다면 한국교회에 침투한 부패의 가지가지를 열거할 필요가 없어 보인다. 한마디로 교회는 권력과 이권을 추구하는 야심가들의 이용 거리가 되어버렸다.

　세속적인 부패세력에 침투당한 교회는 영혼에 대한 교회의 사명에 처참한 결과를 가져왔다. 이러한 불행으로 잠시 동안 교회는 힘을 잃었고, 여러 정직한 사람들이 교회에 대하여 품고 있던 동정과 존경이 사라졌다. 소금은 깨끗하게 하는 힘을 잃어버렸다. 또한, 미국교회의 상업적인 방법이 한국교회에도 소개되었다. 예를 들면, 하나님보다 신자들을 향해서 노래를 잘 부르는 가수에게 월급을 주는 일 같은 것이다. 그리고 돈 많은 사람의 이름을 팔아서 반협박, 공갈로서 기독교 기관에 헌금을 강요하는 일은 분명히 교활한 이 세상이라는 적의 꾀임수에 빠져 길을 찾지 못하는 일과 마찬가지이다. 과부의 가난한 푼돈이 가지는 덕은 완전히 무시당하고 말았다.

　이 모든 잘못에도 불구하고 신자들은 주의 교회를 함부로 비난하지 말고, 용기와 겸손을 가지고 기도하며 속죄를 받기 위하여 힘써 일하여야 하겠다.

〈기독교 사상〉 1961. 3

# 나는 왜 돌아왔나(K)

다음은 1964년 4월 고국 캐나다에 귀국했다가 약 6개월에 걸친 세계여행을 끝마치고 다시 제2의 조국, 한국을 찾아온 스코필드 농대 대우교수가 본사에 기고한 글이다.

　많은 사람이 나에게 "왜 한국에 돌아왔는가?"라는 질문을 해왔습니다. 특히 신문기자라는 이들은 본래가 난해한 분들이어서, 기이한 것들을 추구하고 정상적인 일들을 곡해하려 드는 것 같았습니다.

　사람이 자기의 고향에 돌아온다는 것은 극히 자연스러운 일이겠습니다만, 여러분 학생들 간에도 이 점을 궁금히 여기고, 자기대로 해석하려 드는 분들이 많다는 말을 듣고는 일변一辯이 필요하다고 생각했습니다. 몇 조목으로 나누어 간단히 말씀드리겠습니다.

　첫째로 나는 크리스천입니다. 진정한 신앙에 살려는 사람은 자기의 친구에 대한 의무감보다 안락을 중히 여길 수 없고, 화려한 생활을 즐길 수는 없을 것입니다. 더욱이 그 친구들이 곤경 속에서 헤어나지 못할 때는 이 점을 더욱 깊이 생각하게 될 것입니다.

　둘째로 나는 유럽에 체류하고 있는 동안 한국의 학생 여러분으로부터 많은 편지를 받았습니다. 그들은 그 내용에서 현재 한국의 젊은이들을 지배하는 당혹감과 절망감을 호소했습니다. 나는 이 점을 이해합니다.

신앙은 절망의 구렁텅이에 희망을 주는 힘이 있다고 생각합니다. 휴머니즘이나 아이디얼리즘은 기독교의 복음에 비하면 너무나 비소卑小(보잘것없이 작음)한 대용품입니다. 인간은 오로지 하나님을 찾아내어 자기가 지고至高의 진실에 접하고 있다는 것을 깨달을 때에만 희열을 느끼고 장애를 넘어갈 수 있습니다.

셋째로는 비록 여러분을 모든 면에서 완전히 도와드릴 수는 없습니다만, 가능한 범위에서라도 나의 온 힘을 다하여 여러분을 부축하기 위해서 다시 돌아왔다는 것을 말씀드리고 싶습니다. 의대 구내에 있는 내 집에서 항상 여러분을 기다리고 있는 바, 수시로 방문해 주시기 바랍니다.

그리고 혹 교정에서 여러분을 몰라보고 지나치는 때라도 나의 미약한 시력을 참작하시고 섭섭하게 생각하지 말기를 바랍니다.

신년을 축하합니다.

〈대학신문〉 1965. 1. 4

# 선과 악 – 시대단상(1)(E)

지난 〈시대단상〉 칼럼에서 데이비스 김 부인은 유혹이라는 주제를 다룬 자신의 글에서 이제는 상당히 대중적으로 알려진 악에 대한 의견을 밝히고 있다. 그녀의 글에서 악은 더 이상 어떤 대가를 치르더라도 저항해야 할 사악한 힘과 관련된 것으로 간주하지 않고, 본질적으로 부정적인 어떤 것, 존재하는 어떤 것이라기보다는 존재하지 않는 어떤 것을 뜻한다. 그녀의 글을 인용하자면 다음과 같다.

"악은 그 자체로는 힘이 없다. 과학은 '추운 것'과 같은 실체는 존재하지 않고, 다만 '열기'가 없음을 의미한다고 설명한다. 또한 '어둠'이라는 실체는 존재하지 않고, '빛'의 부재만이 있을 뿐이다. 마찬가지로 그 자체가 세력이 된다는 의미에서 악과 같은 힘이 존재하는 것이 아니라, 단지 하나님의 선하심이 부재한다는 의미에서 악이 존재하는 것이다."

우리가 생명이 없는 순전히 물리적인 물질 현상과 사람이나 짐승 같이 살아있는 생명체를 두고 비교하기 시작한다면 위험한 상태에 처하게 된다. 혜성과 그 진행과정을 세 가지 관측으로 예측할 수 있다. 그러나 우리는 관측할 수는 있지만, 혜성의 다음 이동 과정에 대하여는 아무것도 모른다.

'어두운 방'과 '어두운 마음' 사이에는 아무런 연관성이 없다.

어두운 방은 빛이 결여되어 있기 때문에 생기는 것이고, 어두운 마음은 반역적 의지가 존재하기 때문에 생기는 것인데, 반역적 의지는 어둠을 사랑하고, 도덕적이고 영적인 빛을 결연한 의지로 차단해 버린다. 세상에 가장 위대한 빛이신 예수님은 악이란 어떤 것이 부재한 것이라고 언급조차 하지 않았으며, "빛이 세상에 왔으나 사람들은 자신들의 행위가 악하므로 어둠을 더 좋아했다."고 선언했다.

소크라테스는 "모든 사람의 영혼에는 거짓이 있다."라고 했다. 이 거짓은 사람으로 하여금 아름다움과 선함과 진리 대신에 쾌락이라는 잘못된 가치를 추구하게 하였다. 플라톤은 더욱 염세주의적이어서 악이 그토록 광범위한 타락을 일으키기 때문에 완전히 새롭게 시작해야 한다고 믿었고, 그래서 유토피아 개념을 도입하였다.

내가 생각하기에 예수는 플라톤에 동의할지 모르겠지만, 유토피아보다 더 나은 것을 제공한다. 예수는 새로운 차원의 생명, 즉 충만한 생명과 영원한 생명을 제공하는데, 과거의 조악한 삶을 새로운 생명과 바꾸기 위해 자신을 온전히 믿는 자들에게 그가 소유한 생명을 기꺼이 나누어 주었다.

나는 악이 단순히 선이 부재한 것이라고 가르치면서 '선한 삶'을 살다간 고대의 스승이 존재했는지 알지 못한다. 아픔이나 질병은 존재하는 것이 아니라 단지 건강이 부재하기 때문이라고 가르치는 현대의 선생들에 대하여 종종 들어본 적이 있다. 그것은 어느 정도 사실이지만, 질병 회복에 필요한 어떤 정보도 나에게 제공하지 않는다.

전쟁이 벌어진 기간에 "어떤 사람이 나쁜 사람입니다."라고 내가 말하자, 한 자애로운 늙은 여성이 예리하게 나를 고쳐주었다. "당신은 누군가 나쁘다는 말을 결코 해서는 안 돼요. 악은 실체가 아니라, 선이 결여되어 있는 것입니다." 그래서 나는 "아돌프 히틀러Adolf Hitler(1889-1945)는 엄청나게 선이 결여되어 있는 것이네요."라고 대답했다.

인간은 선택이라는 가공할만한 재능을 가지고 있다. 우리는 도덕적인 법에 순종해 하나님과 선의 종이 되는 것을 선택할 수도 있고, 그것을 거부해 사탄과 죄의 노예가 될 수도 있다.

만약 악의 엄청난 힘이 드러나는 것을 직접 보기를 원한다면 용하다는 점쟁이가 굿하는 곳을 방문해 보면 되는데, 점쟁이들은 지옥과 하늘 두 곳 모두에서 메시지를 받기 때문이다. 그들이 사용하고 있는 술수를 주의 깊게 보고 나서, 그들이 술수를 쓰는 사람이고 협잡꾼이라는 것을 공개적으로 욕해 보라. 사탄은 모든 이의 얼굴에서 나타나는데, 사탄을 피해 살아난다면 다행이다.

악이 갖고 있는 역동적 개념을 변경시키려는 현대인의 경향은 신약성경뿐만 아니라 다른 기독교 서적에도 설명되어 있다. 그런데 그러한 시도는 실수이며, 예수의 수난과 십자가가 가진 가장 심오한 뜻을 파악하는 데 실패했다는 것을 보여준다.

아마도 김 씨 부인은 킹 제임스 성경번역본King James Version을 사용하기 때문에 다음과 같이 인용된 예수의 말을 받아들였을 것이다. "너희가 가르침을 받았거니와 너희는 다만 눈에 눈을, 이에 이를 요구할지 모르나 내가 너희에게 이르니 악에 대항하지 말라, 누구든지 오른쪽 뺨을 치거든 다른 쪽 뺨도 그에게 또한 돌려댈지니라. 누구든지 너를 재판장에 끌고 가서 네 웃옷을 얻으려 고소하려거든 그로 하여금 네 웃옷을 갖게 하라.'"

오늘날 대부분의 신약성경 번역본은 아주 비유적인 이 구절을 분명하게 설명한다. "내가 너희에게 말하니 너희는 피해에 대항해서는 안 된다."Translation by Ronald Knox from the Latin Vulgate, Jan. 1945 "너희에게 나쁜 짓을 하는 사람에게 스스로 맞서지 말라." New English Bible. Oxford University Press, 1961

그 가르침은 분명하다. 기독교인들은 손해 본 것에 대해 항의해서도 안 되며 앙갚음을 해서도 안 된다. 복수를 하는 것은 금지되어 있다. 그러나 이러한 태도를 손해나 정의에 무관심한 것으로 해석해서는 안 된다. 저항하지 않는 이러한 태도는 고차원적인 삶과 덕에 호소하는 것이며 인간 안에 잠재되어 있다. 하지만 그것은 아주 흔치 않은 반응을 통해서만이 가능하다.

예수는 재판을 받을 때, 그 자신의 가르침에 순종하여 분노를 보이지 않고 고통을 당했다. 초기 기독교 교회는 이런 가르침에 충실했으며, 심지어 오늘날에도 몇몇 기독교 단체들, 특히 메노나이트Mennonite 신자들은 개인적인 피해에 맞서 대항하는 행동을 거부하고 있다. 물론 악이나 악한 자들에 대한 저항은 예외 없이 신약성경과 교회의 가르침이다.

*The Korea Times* 1967. 1. 24

# 부활 – 시대단상(2)$^{(E)}$

"그러나 우리는 우리가 경험한 것을 말하지 않을 수 없노라" 행 4:20
– 베드로

교회에는 두 가지 위대한 기념일이 있는데, 그것은 예수의 탄생을 축하하는 크리스마스와 예수의 부활을 축하하는 부활절이다.

크리스마스의 기쁨은 점차 저급한 상업주의로 대체되고 있는데, 상업주의는 이 고상한 행사를 이용해 이익을 남기는 시장을 창출해 내었다. 한편 부활절 이야기에 대한 의심이 '빈 무덤과 부활하신 주님에 대한 믿음'을 계속해서 흔들면서 훨씬 더 심각한 재난이 교회 앞에 놓여 있다.

"너희가 하나님이 죽음 가운데서 일으킨 생명의 주를 죽였도다. 그에 대하여 우리가 증인이 되노라" 행 4:15 – 베드로의 설교
"누가 우리의 죄를 위해 죽고, 누가 우리의 의를 위해 다시 살아났는가?" 롬 8:34 – 바울

초대교회는 예수 그리스도의 죽음과 부활 위에 세워졌다. 오늘날 심각한 문제는 부활에 대한 너무나 만연된 불신이 교회

밖이 아닌 교회 안에서 발생하고 있다는 것이다. 왜 이런 현상이 생기는가? 보다 심오하고 비평적인 학자들이 복음서에서 심각한 실수들을 발견했기 때문인가? 아니다. 오늘날 우리가 그런 이야기를 믿어서는 안 된다고 주장하는 데는 절대적으로 어떠한 근거도 없다. 그 이야기가 무덤에서 끝난다면 너무나 슬퍼 이야기를 반복하지 못할 것이며, '복음'이라는 영광스러운 단어는 '허구'라는 절망스러운 단어로 바뀔 것이다.

많은 대중 설교자와 사이비 학자들이 간과한 것이 한가지 있다. 자신의 부활을 처음으로 말한 분이 바로 예수 자신이라는 점이다. 예수는 빈번하게 자신의 제자들에게 과도하게 낙관적이지 말라고 말했는데, 그가 체포되어, 시험을 당하고, 죽임을 당하겠으나 삼일 만에 다시 살아날 것이기 때문이었다.

어리석은 제자들은 영광에 대하여 생각했으나, 예수는 사탄과 악령 부대와의 무서운 갈등을 알고 있었다. 그는 겟세마네 동산에서의 번민, 유다의 입맞춤, "그를 십자가에 못 박으라, 그를 십자가에 못 박으라!"는 군중들의 외침, 잔인한 죽음, 예수를 그의 사랑하는 아버지로부터 분리한 것처럼 보인 어둠을 알고 있었다.

이 모든 것에도 불구하고 예수는 하나님이 자신을 죽음으로부터 일으키실 것이라 믿었고, "내가 삼일 만에 다시 부활하리라."고 고백했다. 그리고 그의 믿음이 옳다는 것이 증명되었다. 우리는 구원의 역사에서 결점을 이리저리 찾아내는 대신, 경외감 때문에 말문이 막힐 정도가 되어야 한다. 이것은 앵글로 색슨족의 한 소년이 예수의 이야기를 듣고 죽어가면서도 "나를 위해 예수에게 감사해 주세요."라고 어떤 수사에게 말한 것과 같은 것이다.

몇 달 전에 나와 함께 살았던 한 농부가 축산협회에서 행한 연설 일부가 실린 신문을 전해 주었을 때 나는 몹시 화가 났다. 어느 유명한 목사가 "내 국민에게 동정녀 탄생과 부활에 대한 진부한 이야기를 하지 마라."고 말했기 때문이다. 매우 지성적인 사람이었던 그 농부는 그런 말도 안 되는 이야기를 듣느라 보낸 시간을 안타까워했다. 나는 그 목사에게 편지를 보내 '오래된 진부한 이야기'와 '진리'를 구별하는 기준을 알려 달라고 했지만, 결국 회신을 받지 못했다.

다행스럽게도 대부분의 성직자들은 일반적으로 논리가 결여된 사람들이어서, 비어있는 무덤과 부활한 주님에 대한 위대한 이야기가 의구심과 잘 버물려졌을 때, 찬양대가 "주님이 낮에 무덤에 누워계시고, 나의 주 예수가 무덤에서 부활하시어, 적들 위에 강력한 승리를 이루셨네!" 라는 찬송을 드림으로 어느 정도 이러한 비참한 상황을 모면한다. 나는 찬양대가 부활 이야기를 즐겁게 찬양할 때 부활 신앙을 부정하는 한 교수의 얼굴이 혐오감으로 구겨지는 것을 보았다.

글을 마치면서 이러한 영적인 재난을 설명할 몇 가지 이유를 제시하고자 한다.

첫째, 원인은 과학이 지배하는 문화에서의 비겁함 때문이다. 참된 과학자는 하나님의 기적적인 행위들을 부정도 긍정도 할 수 없다는 한계를 인식하고 있다.

둘째, 마치 과학적인 진리가 과학적인 방법을 통해 구별되듯이, 영적인 진리는 영적인 방법으로 분별된다. 영적이거나 과학적이거나 상관없이 모든 진리는 하나님에 대한 것이다.

셋째, 철학과 과학과 종교에 대한 지식은 하나님의 구원하시는 지식과 관련해서 우리에게 어떠한 도움도 제공할 수 없다. 교부들이 "예수는 우리에게 부여된 은총들을 통해서만 가장 잘 알려진다."라고 주장한 것은 옳다.

"그리스도 구주가 오늘 부활 하셨도다. 할렐루야!"

*The Korea Times* 1969. 4. 2

# 과학을 넘어선 기독교 사상 – 시대단상(3)(E)

아폴로 11호의 성공적인 비행은 우주란 법에 따라 다스려지고, 그 법을 가장 세밀하게 알고 있는 자만이 우주의 법칙을 발견할 수 있다는 사실을 생생하고 독특한 방법으로 보여주었다.

나는 "자연을 정복하라."는 말을 사용하는 것을 좋아하지 않는다. 그것은 기본적으로 '자연'이란 단어가 인간에게 적대적이라는 잘못된 인상을 주기 때문이다. 자연의 하나님은 몇몇 그럴듯한 모순에도 불구하고 또한 은혜의 하나님이다.

최근의 놀랄만한 과학적 진보는 제한적인 지성을 가진 인간이 창조자의 마음속에 있는 피조물들을 발견하고, 구체적인 부분에서까지 순종했기 때문에 가능했다. 창조자의 마음과 인간의 마음 사이에 진정한 유사성이 있다고 믿는 것은 그럴듯한 추론이 아닌가? 창세기의 저자가 도덕적, 이성적, 감성적, 인격을 포함하여 "하나님이 자기 자신의 형상대로 사람을 만들고"라고 표현한 것은 의심의 여지 없이 진리이다.

과학자들은 거의 매일 베일을 거두어 내고 새로운 사실들을 계속해서 발견해 내는데, 그것은 사람들이 열광해 경이로움과 감사함만을 드리게 하는 것이 아니라, 최고의 지적인 존재인 하나님에 대한 의구심을 만들어내기도 한다. 하나님과 같이 인간도 자유를 소유하고 있는데, 이는 믿거나 믿지 않을 자유이다.

옥스퍼드 대학에서 다윈을 추종했던 로매인Romaines 교수는 《종교에 대한 사색》Thoughts on Religion이라는 자신의 책에서 흥미로운 실험을 소개하였다. 그는 젊었을 때, 기독교 신앙을 갖고 있었다. 그러나 그는 여러 해 동안 심도 있는 연구에 몰두하느라 영적인 일들에 게을리하면서 회의주의자가 되었다. 그의 연구실에는 매력적이고 우아해 보이는 한 기술자가 있었는데, 이것이 로매인으로 하여금 종교적인 문제를 반성해 보도록 만들었다. 그리하여 그는 자신과 다음과 같이 논쟁을 했다. "어떻게 지성적인 사람이 그 기도를 들어줄 누군가가 존재한다고 확신하기도 전에 무릎을 꿇고 기도를 드릴 수 있는가?"

하루는 다음과 같은 논리로 자신의 비논리성을 살펴보았다. "내가 내 학생들에게 어떤 실험의 성공을 결정하는 규칙들을 무조건 지키라고 요구하는 것처럼, 만약 확실하게 하나님이 존재한다면 하나님도 그의 영적인 조건들에 동일하게 순종할 것을 요구할 것이다."

어느 날 로매인은 진실하고 겸허한 자세로 무릎을 꿇고 기도를 했다. 그는 일어서기 전에 하나님이 계신다는 것을 알게 되었고, 더욱이 하나님과 함께 이야기를 했다고 말했다.

우리의 주된 문제들은 과학적인 것이 아니라 도덕적인 것이다. 가장 성공적이고 기발한 과학적인 업적들이 우리가 도덕적인 위기에 처했을 때 과연 어떤 도움을 줄 수 있을까? 일반적으로 과학적인 업적들에는 자비와 사랑이 결핍되어 있다. 이것은 오히려 우리의 두려움을 증가시키고, 이 두려움은 군비확충을 하도록 우리를 유도한다. 그러나 이러한 행동은 안전함을 찾는 데에 아무런 도움을 줄 수 없다.

  약 1900년 전, 한 낯선 분이 이전에는 결코 본 적이 없는 사랑의 본질을 가지고 우리 지구를 방문했다. 비록 합법적인 교회의 권력자들에게 엄청나게 미움을 받아 마침내는 살해를 당했지만, 그러한 사랑의 빛, 그러한 사랑의 불은 결코 줄어들지 않았다. 우리들이 생존할 수 있는 유일하고 확실한 희망은 그러한 사랑을 다시금 발견하는 것에 달려 있다.

*The Korea Times* 1969. 8. 12

# 무신론적 인문주의 - 시대단상(4)<sup>(E)</sup>

 무신론적 인문주의 같은 자신의 진부한 취미보다는 훨씬 더 가치 있는 명분을 위한 논쟁을 하기 위해 '시대단상'이라는 코너에 레이놀즈J. B. Reynolds 씨가 돌아온 것을 보니 기쁘다.

 자신의 아이들이 한센병에 걸려 고통 당하는 부모를 둔 아이들과 함께 공부하는 것을 허락하지 않은 학부모들이 일으킨 소동 때문에 완벽하게 건강한 아이들이 교육을 받을 수 없다는 것은 참으로 수치스러운 일이다. 이것은 우리 문화가 매우 편협하다는 것을 보여주는 한 부분에 불과하다.

 만약 벌써 조치를 취하지 않았다면 우리가 할 수 있는 것은 최소한 세 가지가 될 것이다.

 첫째, 위생과 질병 통제를 다루는 모든 교과서는 한센병에 관해 흥미로운 논의를 포함해야 한다.

 둘째, 이 질병을 둘러싸고 있는 미신들을 제거해야 한다.

 셋째, 약간의 상금을 걸고 한센병을 학교 수필경연대회나 웅변대회의 주제 중 하나로 정해야 한다.

 이제 나는 주제를 '무신론적 인문주의'로 돌려 5월 10일 자 '시대단상'에 실린 레이놀즈 박사의 기고문에서 다루지 않은 두 가지 매우 중요한 문제를 논하고자 한다. 당시에는 내가 몸이 아파서 대답을 할 수 없었다.

캐나다 인문주의자들은 공식적인 기관지 〈인간〉Man에서 자신들의 신념을 다음과 같이 표명했다. "우리는 인간이 자신의 힘으로 모든 악을 극복할 수 있고, 선한 사회를 건설할 수 있다고 믿는다." 이는 내 기억에 의존한 인용이다.

인문주의는 "모든 것을 충족한다는 인간에 대한 믿음"이라고 묘사할 수 있다. 내가 지적하고 싶은 첫 번째 중요한 문제는 인문주의는 고의적으로 매우 잔인할 수 있다는 것이다.

한가지 예로, 1919년 나는 크리스마스를 윌슨Robert R. Wilson 박사와 함께 광주 근처에 있는 그의 나병원 치료소에서 보냈다. 그것은 잊을 수 없는 경험이었다. 나는 약 300여 명의 사람들이 집단으로 살면서, 모두가 한센병에 걸려 많은 사람이 피부가 파괴되어 몸의 형태가 망가져 있으면서도 진정으로 행복해하던 모습을 지금껏 본 적이 없었다.

당시에는 어떠한 치료방법도 없었고, 기껏해야 병에 걸린 사람들이 수감되어 있을 뿐이었다. 예배 시간에 나는 병동에 있는 사람들에게 한센인들에 대한 예수의 사랑을 기쁨으로 전했다. 그러나 환자들이 하늘을 향해 자신들의 찬송을 올려드릴 때 그들의 무섭고, 형태가 심하게 훼손된 얼굴에서 기쁨이 솟아나는 모습은 결코 잊을 수 없는 광경이었다.

오후에 그들은 온갖 종류의 게임을 즐겼다. 나는 사랑하는 장로인 김 노인을 통해 '수용소'를 둘러 보았다. 김 장로는 내 질문에 대답하면서, 자신이 대답할 때에는 항상 다음과 같은 말을 먼저 했다. "우리가 하나님의 은혜의 한가운데서 살고 있기 때문입니다."

이렇게 고통당하는 사람들에게 '하나님은 사랑이시며, 한센인들도 그러한 사랑 안에 포함되어 있다.'는 기쁨을 부정하는 것은 비록 의도적이지 않다 하더라도 잔인한 행동이다.

나는 한국이나 하나님의 권능의 독특성에 대하여 이야기할 때 이 이야기를 즐겨 한다.

내가 달하우지Dalhousie 대학에서 연설할 때, 한 젊은 교수가 질의 시간에 일어나서 내 모든 입장이 정당한지를 도전적으로 물었다. 처음에 나는 그의 공격적인 질문에 굉장히 압도당했다. 그는 저주받은 사람들처럼 사회에서 버림받고, 누더기나 빈곤 가운데서 '부랑아'처럼 살아가는 한센인들이 최근에 좋은 음식, 깨끗한 의복, 살 집을 얻어 우호적인 사회 속으로 이전되고 있다는 것을 강조했다. 이는 의심스러운 어떤 초월적인 권능을 개입시키지 않더라도 그들의 행복을 측정하는 데는 충분한 것이었다.

그러나 나는 그를 다소 곤혹스럽게 만드는 다른 일화를 언급했다. 그곳에서 얼마 떨어진 곳에 일본 정부가 만든 한센인 수용소(소록도)가 자리 잡고 있는데, 환자들은 동일하게 좋은 음식과 의료 조치, 그리고 살 집을 받는다. 다른 말로 하면 두 수용소의 물질적인 필요가 비슷하고, 그것이 모두 잘 공급되고 있지만, 이상하게도 일본인 수용소는 슬픈 곳이라 특징지어지고, 한국인 수용소는 유쾌한 곳으로 특징지어졌다.

이러한 불운한 상황을 듣고 나서, 한 작은 수용소의 유쾌한 기독교인들이 슬픈 일본인 수용소로 이전시켜달라는 협상을 시작했다. 이 사람들은 복음의 이야기를 따라 살았을 뿐 아니라 하나님의 사랑에 관해 이야기했다. 몇몇 사람이 용기를 내어 하나님을 믿었고, 머지않아 일본인 수용소에 있는 환자들도 유쾌해지기 시작했다.

또 다른 예가 있다. 나는 세계대전 이후에 베스리Beslieu의 바로 밖에 위치한 큰 고아원을 방문한 적이 있다. 운영은 잘 되었지만, 침실에서 본 몇몇 기념품은 구겨진 사진, 종종 부서진 몇 개의 장난감들, 종교적인 책들, 꽤 작은 지갑들 등으로 대부분의 경우 비행기로 급하게 보낸 것이 틀림없어 보였다. 모든 것이 너무 가슴이 아파 보여서 나는 감독관 중 한 명에게 나음과 같이 말했다. "당신은 벽에 걸 그림들을 얻어야 할 것 같은데, 저는 집에 흥미롭고 여러 색깔로 된 큼직한 그림들을 몇 개 가지고 있어요."

그림들이 종교적인 광경들을 묘사한다면 받아들여질 수 없는 것일까? 아니다. 그것은 자신의 어린 아이들로부터 예수를 분리해 내는 비인도적인 행동일 것이다.

두 번째 중요한 것은 하나님의 존재를 부정하는 진정한 인문주의는 인간을 풀 수 없는 문제 안에 존재하는 완벽한 수수께끼로 만들었다는 점이다. 인류 역사가 시작된 이래로 인간은 인간 자체보다 위대한 것을 본성적으로 추구하도록 충동질해 왔다. 과거의 성전과 성지들의 잔해가 세계 곳곳에 흩어져 있고, 현재의 가장 숭고한 건물들이 아름답게 장식되어 있는데, 이것들은 하나님을 의식하는 내적인 충동의 직접적인 결과이다.

자연이 처음부터 자기 자신이 만들어낸 자식들을 배반했는가? 아니면 그들이 과학이라는 불완전한 신에게만 헛되이 이끌리려고 애써 왔는가?

*The Korea Times* 1969. 9. 11

# 추석과 진정한 의미의 감사 – 시대단상(5)<sup>(E)</sup>

추석은 시골 사람들이 다시 풍성한 수확을 얻도록 자기 조상과 정령들에게 감사를 표하는 축제이다. 그런데 단지 며칠 전까지만 해도 우리는 가장 최악의 추석 명절을 맞이하고 있다고 확신했다.

이제는 상황이 좀 더 나아졌다. 홍수에 잠긴 지역의 쌀 수확량도 대풍작을 거둔 지난해보다 좀 더 나을 것으로 추정된다. 그리고 지난해 수확의 거의 두 배에 이르는 50만 톤의 고구마를 수확할 것이라는 좋은 뉴스도 있다.

이중 단연 최고의 뉴스는 전문가들이 '괴질'의 진짜 이름을 콜레라로 부르기로 최종적으로 결정한 것과 적십자에 백신을 요청한 것이다.[6] 이제 병이 더 멀리 퍼져나가는 것을 통제할 만큼 충분한 양의 콜레라 백신이 도착하고 있다.

나는 평생에 걸쳐 박테리아학bacteriology과 전염병학epidemiology을 가르쳐왔는데, 비록 다 아는 것은 아니지만, 장염 비브리오균 Vibrio parahae-molyticus, 혹은 기존의 콜레라 비브리오균Vibrio cholera

---

6. 1969년 8월 전남 옥구 실향민촌에서 발생한 콜레라가 전국적으로 퍼져 1969년 10월 경북 울진에서 마지막 환자가 보고되기까지 1,538명이 감염되고 137명이 사망했다. 정부는 병의 원인을 비브리오균에 의한 식중독, 급성장염 등으로 발표하며 오판, 늑장 대응을 하다가 9월 9일에 전국적으로 퍼진 괴질을 '신종 콜레라'로 판명 내렸다.

이 일으키는 문제들을 어느 정도 알고 있다. 간간이 나는 새로운 종류의 미생물들을 발견해 왔다. 나는 그것들을 폴리티칸스균Bacterium polyticans, 인테페란스균Bacterium inteferans과 옵스트럭탄스균Bacterium obstructans이라고 이름 붙였다. 그리고 이 균들에 오염되는 상황이 발견되었을 때에는 일반적으로 끓는 점 이상의 높은 온도로 소독할 필요가 있다. 그러나 우리는 모든 정보를 얻을 때까지는 우리의 판단을 유보해야만 한다.

보건복지부 장관이 느긋하게 처신해서 특파원 한 명이 화가 난 듯하다. 이것은 옳지 못하며, 어떤 경우에서라도 추석을 앞두고 그렇게 해서는 안 된다.

우리는 조롱과 많은 반대에 직면해서도 의심하지 않고 '면역'이라는 사실을 보여준 천재적인 과학자 루이 파스퇴르Louis Pasture(1822-1895)[7]에게 감사하는 마음을 돌려야 한다.

나는 영국에서 어린아이였을 때의 귀향축제, 즉 추석을 잘 기억하고 있다. 그것은 종교적인 축제였다. 교회는 달콤한 포도, 자두, 사과, 배와 같은 토지에서 생산한 모든 것과 땅의 과일로 장식되었다. 그것 때문에 심지어 착한 사내아이들도 예배를 드리기가 어려웠다. 또한, 보기 좋게 씻은 고구마, 무, 당근, 그리고 버킹엄 궁전에 보초근무를 서고 있는 군인만큼 자랑스럽게 똑바로 서 있는 우아하게 묶은 밀 다발이 있었다.

---

7. 파스퇴르는 1879년 닭 콜레라의 독력을 약화한 배양균을 닭에 주사하고 면역이 된다는 것을 발견하고, 에드워드 제너Edward Jenner(1749-1823) 이래 과제로 남았던 백신 접종에 의한 전염병 예방법의 일반화에 성공하였다.

목사는 대개 모든 생명의 근원인 하나님에 대한 감사의 말씀을 전했다. 그러고 나서 성가대와 회중들은 간단하지만 아름다운 찬송가를 불렀다.

> 우리는 들판을 갈고
> 땅에 좋은 씨앗을 뿌리도다
> 자양분을 먹고 물을 받아서
> 하나님의 전능하신 손에 의해
> 우리를 둘러싼 모든 좋은 선물들은
> 위에 있는 하늘에서 보내셨노나
> 자, 하나님께 감사를 돌리자
> 오 주님, 감사합니다.
> 당신이 주신 모든 사랑에

알맞은 비료와 농약, 그리고 필요하다면 관개灌漑(농사를 짓는 데에 필요한 물)를 논밭에 대는 것을 사용하면서 인간이 하나님께 드려야 할 감사는 빠르게 줄어들고 있으며, 오히려 과학에 영광을 돌리는 경향이 생겨났다. 우리가 창조주 앞에 겸손해지는 것을 잊어버린다면, 우리의 과학적인 업적들은 우리를 완벽하게 파괴시킬 것이다.

나는 마지막이자 가장 중요한 한 마디를 잊어버릴 뻔했다. 교회의 모든 좋은 것들은 마을의 가난한 자들과 나누어야 한다. 여러분이 만일 행복한 추석을 보내고 싶다면, 떡 한 상자와 달걀 몇 개를 들고 빈궁한 가족들에게 가져다 주어라.

*The Korea Times* 1969. 9. 26

# 한 어린 아이와 예수의 죽음 – 시대단상(6)(E)

나는 어제 예수 그리스도의 죽음에 대한 글을 읽었는데, '그들'이 예수를 십자가에 못 박았다는 짧은 글이었다. 그 글이 지난주에 겪은 충격적인 비극을 내 마음에 상기시켜 주었는데, 그것은 13살 된 어린 학생이 가난 때문에 당한 절망적인 죽음이었다. 그는 한 달에 대개 500원도 채 안 되는 시험지 가격을 학교에 내지 못하고 있었는데, 그는 그 적은 돈마저 지불할 수 없었다. 그 아이는 아버지로부터는 어떤 돈도 받을 수가 없고 학교에서 꾸지람이나 괴롭힘을 감당할 수 없자, 약을 마시고 죽었다.

나는 '세상의 죄를 없애 버린 하나님 아들의 죽음'을 이 작은 소년의 고통과 죽음에 비교하지는 않겠다. 예수의 죽음은 고의적인 사랑의 행동으로 인간이 하나님 사랑의 위대함을 조금이나마 깨달을 수 있게 만들어 준 유일한 방법이다. 작은 소년의 죽음은 우리가 아는 한 순전히 도피주의적인 행동이다. 그러나 나는 이 두 가지 죽음에서 매우 중요한 몇 가지 유사성이 있다고 믿는다.

'그들', 예수의 죽음에 있어서 '그들'은 누구를 가리키는가?

일반적인 대답은 질투심에 사로잡힌 가야바$^{Caiaphas8}$와 그의 친구들인 대제사장이다. 우리 자신과 같이 질투심에 사로잡힌 이들이 거기에 있었다. 어떤 날에는 호산나를 외쳤다가 다음날에는 예수를 십자가에 못 박으라고 외친 군중이 우리의 연약함과 비겁함을 표현해 준다. 빌라도는 모든 사람을 기쁘게 할 방법을 찾다가 위장술로 자신의 책임을 회피해 버렸다. 우리가 이 광경을 철저하게 검토하면 할수록 우리는 이 광경이 얼마나 복잡한지를 알게 되고, 몇몇 더 잘 알려진 공모자들에게 죄를 뒤집어씌우는 짓을 자제해야 한다는 것도 알게 된다.

작은 사내아이의 죽음과 연결된 '그들'은 상징적으로 누구를 나타내는가? 나는 교장이 이미 해고되었다고 들었다. 그에 대한 처분은 당연할지 모르겠다. 그러나 그 밑에서 적은 봉급을 받고 있던 선생들이 끊임없이 여기저기서 푼돈이라도 긁어모을 허락을 그에게 요청했을 것임이 분명하다. 교장 뒤에는 조금 더 이익을 바라는 탐욕스러운 투자가들이 있었을 것이다. 사실, 우리가 선생들이 더 많은 봉급을 받고 초등교육을 무료로 받게 하는 데 노력을 기울여 오지 않았다면 우리 모두가 이 상황 안에 들어 있는 것이다.

우리의 문화에 대하여 다른 것을 이야기하기 전에 최소한 초등교육이 무료로 진행되어야 한다. 이 작은 사내아이가 독약을 마시고 죽은 것이 앞으로 5년 안에 수천 명의 초등교육과정의

---

8. 기원 37년 이전부터 유대의 대제사장을 지냈고, 그리스도의 사형을 판결한 최고 재판소의 의장.

어린이들을 두려움에서 구원해 줄 것이다. 필요한 예산을 증대시키는 것은 풀 수 없는 문제가 아니다. 세금을 매겨야 할 몇몇 사치품들이 대기하고 있는데, 그들 중 하나가 음료수, 설탕, 자동차, 그리고 학교앨범이다. 앨범은 단체 사진이면 충분하다.

*The Korea Times* 1969. 11. 28

# 석호필 박사의 최후⁽ᴷ⁾

백난영, 전택부

노상 자신을 '호랑이 할아버지'라고 부르던 석호필 박사는 지난 4월 12일 오후 3시 15분에 국립의료원에서 81세의 나이로 우리와 영원히 자리를 달리했다.

2, 3년 전만 해도 우리가 '호랑이 할아버지'하고 부르면 반겨 대답하곤 하더니, 차츰 건강이 나빠지면서 "나는 호랑이가 못 돼요. 고양이밖에 못 돼요." 하며 웃기셨다. 하지만 작고하시기 몇 달 전부터는 더 떨어져서 "나는 호랑이가 못 돼요. 참새요. 아주 약해요."라고 했다.

정말로 석호필 박사는 몇 해 전부터 건강이 서서히 약화되어 여러 달 동안 전혀 기동을 못 하고 누워 계신 채 간신히 말씀만을 했었다. 그 음성조차 가냘파지고 그 마음씨는 처량하기 그지없었다. 그래서 이 호랑이 할아버지는 가끔 애원하듯이 "하나님께서는 두 푼에 팔려가는 참새 한 마리도 버리지 않는데, 나도 참새만큼은 보아 줄 거야." 하며 눈물을 흘리시는 것이었다.

한번은 나를 오라고 해서 갔더니 자기 대신 편지를 써 달라면서 부르는 것이었다.

"나의 사랑하는 밥, 나는 너무나 연약해서 글을 쓸 수도 없구나. 내가 글을 쓸 수 없으니, 내가 말을 못하는 것을 부디 이해해 다오……. 너의 기도와 후원과 의약품을 제공해 준 것에 매우 감사하구나……. 나에 대한 일들은 YMCA의 특별위원회가 진행하고 있구나. 돈도 충분히 비축되었고……."

이렇게 부른 후 어떤 사람의 이름을 말하고 나서는 "그는 성자이고, 나는 죄인이예요." 하시면서 하나님의 사랑과 긍휼을 애원하는 표정이었다. 석호필 박사는 노상 익살을 부리는 농담을 잘했다. 하지만 그 농담 뒤에는 반드시 깊은 뜻이 있었다.

한번은 성경반 학생들이 찾아가니까 아주 침울한 표정으로 인사도 잘 받지 않았다. 그래서 왜 그러느냐고 물었더니 "내 동생이 오늘 죽었어!" 하며 대답하는 것이었다. 학생들은 깜짝 놀라면서 캐나다에서 편지가 왔느냐는 등 런던에서 무슨 비보가 왔었냐는 등 궁금해하며 물어보았다. 그러나 뜻밖에 이 호랑이 할아버지는 "아니, 내 동생이 한국에 있어요! 몰라요?" 하는 것이 아닌가? 학생들은 놀라서 한국 어디 있느냐 물었더니 "창경원에 있지 않소? 몰라요?" 하는 것이었다.

이는 창경원의 호랑이가 죽었을 때 일이었다. 이 호랑이 할아버지는 신문에서 창경원 호랑이가 죽었다는 뉴스를 듣고 슬퍼하며 내심으로 "아 가엾어! 호랑이, 사육사가 잘 먹이지 않아서 죽었겠지! 거기에도 부패가 있고 부정이 있어서 그랬겠지?" 해서 말한 것이 분명했다. 하지만 무심한 학생들은 노상 농담을 잘하는 할아버지니까 그러는 것이겠지 하며, 그저 웃고 넘겼던 것이다.

작고하시기 약 열흘 전의 일이다. 저녁때 찾아갔더니 수표에다 사인을 한다면서 볼펜을 집어 달라는 것이었다. 찾아보니 책상 위에도 없고 서랍 속에서도 찾아낼 수 없었다. 그래서 서랍 속에 가죽 가방이 없느냐기에 있다고 했더니 그것을 달라는 것이었다. 까맣게 손때가 묻었으나 만져본 촉감은 아주 부드럽고, 그 속에는 연필도 있고 볼펜도 들어 있었다. 할아버지는 웃으면서 "이 가죽 가방이 무언지 알아요? 이게 저 알래스카의 잘 사는 여자들이 말 타고 사냥 나가서 쏘아 죽인 짐승의 가죽이요! 나는 그 짐승이 불쌍해서 이 가죽 가방을 오래오래 사랑해요!" 하는 것이었다. 이 수의학 박사 호랑이 할아버지는 짐승도 사람처럼 사랑했다. 그의 사랑은 한국 사람만 아니라 흑인만 아니라 호랑이와 사슴과 양과 고양이와 강아지와 참새에도 미친 극진한 사랑이었다.

이러한 사랑의 인간이기에 석호필 박사는 일평생 가슴 속에 깊이 품고 있던 로맨스도 있었다. 남이 모르는 사랑, 고백하지 않은 자기만의 사랑, 비밀의 사랑, 영원한 사랑을 품고 계셨다. 이 고귀한 사랑은 작고하실 때 가까운 몇 사람에게 살며시 엿보이실 때는 좍좍 뜨거운 눈물을 흘리시는 것이었다.

어쨌든 이 사랑의 얘기는 여기서 다 펼쳐놓을 지면이 없다. 차라리 이 '호랑이 할아버지'가 또 하나의 질책, 또 하나의 경고, 교회와 사회에 대하여 한꺼번에 일침을 가했던 굉장한 얘기를 전하고 싶다.

지난 3월 8일이었다. 내가 수원에서 거행된 크리스천 아카데미 트레이닝 센타 기공식에 갔다가 돌아오는 길에 장성환 목사가 내 차에 동승하게 됐다. 물론 차 안에서 장 목사님과 나는 스코필드 박사에 관한 얘기만으로 은혜로웠다. 피차 감격한 채 병실을 찾아 들어갔다. 내가 장 목사님을 나의 가까운 친구이며 교회의 목사라고 소개한즉, 어느 교회 목사냐고 묻기에 내가 복음주의 교회의 목사라고 했다. 그러니깐 "그래요? 복음주의적이 되기는 쉽지가 않아요." 하며 대번 교회 목사들을 풍자하는 것이었다. 나는 웃으면서 이 목사님이 할아버지를 위해 기도하면 어떠냐고 권했더니, 감사하다고 하면서 "당신은 좋은 기도를 해 줄 거요. 허나 당신 기도를 마친 후에 나쁜기도에 대해서 내가 말하지요." 하는 것이었다.

장 목사님의 간절한 기도가 끝났다. 할아버지는 이어서 말을 꺼냈다. 낮은 음성이지만 강한 어조로 "영국 수상 체임벌린Joseph A. Chamberlain이 제2차 세계 대전 때 소련에 가서 스탈린을 만나고, 또 독일에 가서 히틀러를 만나고 개선장군처럼 돌아와서는 영국 국민들에게 이제 영국에는 전쟁이 없다. 안전하게 되었다고 선언을 했다. 그래서 체임벌린 수상은 에든버러에 있는 대주교에게 명령하여 영국에 있는 모든 교회와 캐나다 교회의 종까지 일제히 울리면서 하나님께 감사의 기도를 올리고 동시에 영국에 전쟁이 일어나지 않도록 기도하라고 했다. 그러나 그 결과는 어찌 되었던가? 그 후 1년간 전쟁이 나서 독일 공군의 폭탄 세례를 받았다. 왜 그랬는지 아오? 그들의 기도가 하나님께 상달되지 못했기 때문이오! 내용인즉, 체임벌린이 히틀러와 비밀조약을 맺을 때에 체코슬로바키아를 독일 군대가 침공하는 것을 묵인하면서 영국의 안전만을 도모하는 불의를 범했기 때문이오. 영국 교회가 체임벌린과 같이 동조했기 때문이오. 그래서 나는 체임벌린에게 대들고 싸운 일이 있는데, 이런 기도를 나는 나쁜기도라고 하오!"

더 설명할 것도 없이 이 호랑이 할아버지는 첫째로 형식과 거짓으로 가득 차 있는 오늘날의 교회에 대하여 경고했던 것이며, 불의를 행하고 부패할 대로 부패한 일반 사회에 대하여 일침을 가한 것이다.

호랑이 할아버지는 마지막 숨을 거두는 순간까지 불의와 부패를 꾸짖으셨다. 더욱이 서호필 박사는 죽음을 생각하고 부활을 생각하며 설교를 했다. 내게 준 유서도 '부활주일'이라는 말로써 제목을 삼았고, 그 유서를 내게 준 날도 3월 28일, 즉 부활주일 전날이었다. 특히 이 부활주일을 전후하여 약 한 달 동안은 골똘히 죽음을 예비하고 부활을 생각하면서 찾아오는 사람마다 부활에 대해 설교를 했다.

다행히 이 호랑이 할아버지 최후의 설교를 필기해서 남긴 분이 있다. 백난영 선생이다. 백난영 씨는 나보다 더 오래 할아버지를 가까이 모시고 딸처럼 사랑을 받던 여성이다. 숙명여학교에서 교편을 잡을 때부터 학생들을 데리고 할아버지의 성경반을 돕던 분이다. 그분은 영문학을 전공했기 때문에 누구보다도 정확하게 영어를 이해할 수 있었다.

4월 초하룻날인가 싶다. 백 선생이 병실을 찾아가자 할아버지는 무척 반가워했다. 마지막 에너지를 다 쏟아 "내가 하는 말을 받아쓰라. 이 한 마디를 남겨주고 싶다."면서 할아버지는, "예수 그리스도 이 세상 우리 곁에 계시면 이 세상 모든 죄악에서 우리를 보호하고 남으리. 예수 그리스도 이 세상 우리 앞에 계시면, 거룩하신 하나님 앞에서 우리를 변호하고 남으리……."라고 말씀하셨다.

4월 7일 백난영 씨가 다시 찾아갔을 때는 더 기운이 쇠잔해졌으나 무서울 정도로 정신은 예리했다. "내가 부를 테니 받아쓰라."는 것이었다. 석호필 박사의 영어는 보통 사람보다 워낙 어려운 말을 많이 쓰는 데다가 힘이 없이 발음이 똑똑지 못하여 받아쓰기 어려웠다. 하지만 백 선생은 필사적으로 침상에 앉아 받아쓰기 시작했다. 부활에 대한 설교이었다.

"그가 부활하셨도다!" 제1차 세계대전이 벌어진 첫해 부활절에 수만 명의 러시아 군인들이 이 말을 읊조리면서 참호에서 뛰어나왔다. 오늘날, 실망스럽게도 그런 종교적인 언어를 소리치는 군대는 세상에 전혀 없다. 그러나 러시아교회는 부활절을 교회의 가장 중요한 사건으로 간주한다. 대부분 독일군인들로 구성된 적군이 이런 광경을 본다는 것은 얼마나 놀라운 일인가?

콘스탄티노플에 대주교를 둔 러시아교회는 로마교회로부터 분리되었지만, 그들은 예수 그리스도의 부활을 여전히 대단히 존중하고 있다. 오늘날 유럽이나 미주의 여느 현대도시에서 부활주일은 휴일보다 더한 상업적인 쇼가 되어버렸다. 몇 해 전에 토론토에 있는 영국계 교회에 참석하였는데 대부분의 여인들이 아름다운 옷을 입고 있었다. 나는 목사관으로 찾아가서 목사에게 물었다. "당신은 모자와 옷을 설교보다 더 신경 쓰는 그렇게 부유하고 아름답게 치장한 사람들에게 어떻게 설교를 할 수 있단 말인가?" 그는 정직한 사람이었다. 그는 "내 설교가 대단한 영향력을 미쳤는지는 잘 모르겠습니다."라고 말했다.

몇 년 전에 나는 유고슬라비아에서 부활절을 보냈다. 영국인들 교회가 사람들로 가득 찼고, 여인들이 단순한 옷차림을 한 것이 눈에 띄었다. 서너 명 만이 긴 검정 드레스를 입었고, 나머지 거의 모든 사람들은 검소한 옷을 입었고, 몇몇 사람들은 가정에서 대대로 물려오는 성경책을 교회까지 가지고 왔다. 이곳은 백 년 전에 마리아 테레사 황후 Maria Theresa(1717-1780)가 지시했던 독특한 지역이었다.

기적을 반대하는 입장을 가진 과학은 부활을 모든 기적 숭에 가장 난해한 것으로 간주한다. 결과적으로 많은 교회에서 목사는 자신이 기적에 대하여 이야기하는 것을 매우 의심스럽게 여기며, 기적은 기독교의 신념에서 제거해야 하는 하나의 어리석은 역사적 사건으로 말하는 것을 더 행복해 할 것이다. 그러나 무덤이 비어있지 않거나 예수의 변화된 몸이 보이지 않았거나, 의심을 품었지만 최종적으로는 믿지 않았다면, 오늘날 세계에 기독교는 절대적으로 존재하지 않았을 것이다. 예수를 죽음에서 살리신 하나님의 이러한 위대한 사역은 죄를 사해주시고 영생을 주시는 확실한 근거이다.

여기까지 부른 할아버지는 "좀 더 강력한 어조로 고쳐 써야 할 테니 오늘은 이만 쓰고 돌아갔다가 나시 와서 쓰라."고 했다. 하지만 이어 되찾아가 뵙지 못하고 백난영 씨는 "세상 살림에 쪼들려 사는 가련한 할아버지의 고아인 나는 그만 다시 가

뵙지도 못한 채 마지막 임종 시에야 뛰어갔을 뿐"이라고 후회했다. 백난영 씨가 다시 갔었을 때는 이미 할아버지가 의식을 잃고 말을 더 계속할 수 없는 때였다.

"난영이! 너는 왜 그렇게 깊이 생각할 줄 모르느냐? 피상적이냐?" 이렇게 안타깝게 여기시는 할아버지의 말은 비단 백난영 씨에게만 아니라 나와 가까운 친지들과 따르는 학생들에게도 말하는 안타까움이었다. 그토록 자기가 한국 사람들을 위하여 애써 일하고 괴로워했건만 그 까닭이 무엇인지 모르지 않는가?

할아버지는 노상 예수님이 왜 십자가에 못 박히시기 전에 그토록 괴로워하며 기도한 줄 아느냐고 학생들에게 묻곤 했다.

"죄가 얼마나 무서운 줄 모르는 사람은 예수님의 괴로움을 이해할 수 없다……. 자기를 잡아 죽이는 유대인의 죄를 다 대신하고, 또 만인의 죄를 다 대신하고, 죽은 예수님의 괴로움은 몇억 배, 억만 배나 더 괴로웠을 것이 아니겠느냐! 그래서 될 수만 있으면 이 잔을 면하게 해달라고 애원한 것이라고! 나는 평생 한국 사람을 위해서…… 부패의 시정을 위해서 애써 왔다……. 하지만 나는 죄인이야! 일평생 저지른 내 죄가 많아! 나의 죗값을 면할 도리가 없어! 한국 사람의 죗값도 내가 당해야 해!"

이런 말을 하면서 이 호랑이 할아버지는 마지막 괴로움을 아파하는 것이었다.

그러나 그는 조금도 죽음을 두려워하진 않았다. 도리어 하늘

나라를 동경하고 기뻐만 했다. 그래서 할아버지 앞에서는 자유롭게 죽음에 대해서 말할 수 있었다. "할아버지가 하늘나라로 가실 때에는 며칠 동안에 들러서 친구들을 만나고 마지막 날에는 남대문 교회에 들러서 많은 사람을 만날 겁니다."라고 말할 때도 피차에 아무런 거리낌 없이 말할 수 있었다.

마지막 숨을 거두기 며칠 전, 어떤 사람이 문병을 와서 하늘나라에 가서 영원한 안식을 취하라고 하니까. "내가 왜 쉬어! 나는 하늘나라에 가서도 한국 사람을 위해서 일해요! 전도해요!" 하길래 하늘나라에도 전도할 사람이 있느냐고 말했더니 "한국 사람이 있는 곳엔 부패가 있거든." 하면서 웃으셨다는 것이다.

이제 마지막 숨을 거두는 순간이었다. 불쌍하기 그지없었다. 하나님 밖에는 그를 위로할 사람이 없는 줄 알면서도 '하늘가는 밝은 길'의 찬송을 불러드렸다. 그 까닭은 가사 내용보다 그 곡조가 어릴 때의 향수를 느끼게 할 수 있는 스코틀랜드 민요곡이기 때문이다.

미리 마련했던 한복으로 수의를 입히고 캐나다 선교사 어윈 Benjamin H. Irwin 목사더러 입관식 예배를 주관케 했다. 그가 읽어달라는 계시록의 새 하늘 새 땅의 구절, 베드로 전서 1장 1-12절의 부활에 관한 구절을 읽도록 장례식 순서를 마련했다.

누가 무어라고 하든, 사회장을 못하는 한이 있더라도, 모든 순서가 할아버지 뜻에 어긋나지 않도록 지켜보았다. 할아버지 옷이나 몸에 사람들의 손때가 묻는 것쯤은 참을 수 있다. 허나 그 마음속에, 그 가슴 속에 악취를 풍기고 그 몸을 끌고 다니면서 악용하는 것은 참을 수 없다. 나는 밀려드는 인파를 밀어 제치면서 호랑이 할아버지의 사회장을 정성스레 지켜보았다.

> 하늘가는 밝은 길이 내 앞에 있으니
> 슬픈 일을 많이 보고 늘 고생하여도
> 하늘 영광 밝음이 어둔 그늘 헤치니
> 예수 공로 의지하여 항상 빛을 보도다

〈기독교 사상〉 1970. 5

# 어렵고 기나긴 경주⁽ᴱ⁾

몇 주 전에 서울의 한 유명한 학교를 방문했을 때 나는 운동회 연습을 하는 학생들을 흥미롭게 쳐다보았다. 경기를 지켜보는 것이 언제나 흥미로운 이유는 종종 마지막 순간까지 누가 승자가 될지 예상할 수 없기 때문이다.

1938년 독일에서 열린 올림픽 경기에서 내 친구 한 명이 마지막 순간에 자신이 타고 있던 카누를 빠르게 저어 앞서 가던 두 명을 제치고 1등으로 들어와 수천 명의 관중을 놀라게 했다.

모두가 말끔한 흰색 운동복을 입고, 힘과 결의를 가지고 다양한 경기를 뛰면서, 때로는 이기고 지기도 하는 보성여고 학생들을 보면서 나는 분명한 사실 하나를 깨닫게 되었다. 모두가 들어가 뛰어야 하는 매우 중요한 경기가 하나 있는데 그것은 '생명을 위한 경기'라는 점이다. 우리 모두에게 있어서 그것은 어렵고도 긴 경주이다.

어떤 사람은 영예와 승리를 누리고 마칠 것이고, 어떤 사람은 불명예와 패배를 가지고 마칠 것이고, 또 다른 사람들은 경기를 마치기 전에 다양한 이유로 탈락하게 될 것이다. 그러나 우리는 비틀거리거나 넘어지더라도 다시 일어나 끝까지 경주해야 한다는 사실을 절대 잊어서는 안 된다.

물론 학교 운동장에서 달리는 빠르고 짧은 경주와 길고 위험한 '인생의 경주' 사이에는 많은 차이가 있지만, 그럼에도 불구하고 그러한 경주를 하는 사람 모두에게 중요한 것이 있다. 양자 모두 성공하기 위해서는 경주하는 자들이 확고함과 인내를 가져야 한다.

어느 운동회에서든 당신은 경주에서 탈락하는 학생들을 보았을 것이다. 이는 그들에게 이러한 본질적인 요소가 결여 되어 있기 때문이다. '인생이라는 경주'에서 그 경주를 제대로 준비하지 못해 실패한 많은 사람들이 병원이나 감옥, 그리고 '은혜의 뜰'인 교회에 있다.

이제 우리가 말하려 하는 것이 상인가 보상인가? 여기서 두 경주 사이에 커다란 차이가 있는데, 하나는 육체적이고 다른 하나는 영적이라는 것이다. 학교 운동장 경주에서는 상이 많으며, 그 가치들도 다르지만, '인생의 경주'에서 단 하나의 보상은 승리하는 모든 사람의 마음에 숨겨진 상이고, 이 상의 이름은 '고귀한 인격'이다. 많은 사람은 예수 그리스도가 가장 아름다운 인격을 소유했다고 믿는다.

나는 그것이 사실이라 믿는다. 그런데 더더욱 놀라운 것은 예수가 길고 어려운 '인생의 경주'를 충직하게 달린 자들 모두에게 상을 줄 것이라는 사실이다. 나는 이것이 인간이 지금까지 들어본 것 중에 가장 좋은 소식이라고 생각한다.

독립기념관 소장자료(1-004844-00)

# 한국의 독립과 부패 추방을 위해 싸운 캐나다 선교사 프랭크 윌리암 스코필드(1889-1970)

김재현(한국고등신학연구원, 원장)

**의료-교육-복음전파-한민족의 운명을 껴안고 씨름한 선교사**

1884년 9월 미국인 선교사 호레이스 알렌Horace Allen이 한국에 입국한 이래 1945년 해방 전까지 1,500여 명의 외국 선교사들이 한국을 찾았다. 당시 한국인들은 빈곤과 무지, 중국의 지배와 일본의 침략 등으로 고난과 절망을 절절히 겪어 왔다. 이런 상황에서 외국 선교사들은 서양의 발전된 의료와 근대적 교육을 한국에 들여왔고, 기독교 복음을 같이 소개하였다. 일부 선교사들은 또한 일본의 강압적인 지배 아래 한국민족이 처한 정치적 현실에 적극적으로 뛰어들기도 했다.

1916년 20대의 젊은 나이에 한국에 온 캐나다 선교사 스코필드는 한국민의 의료-교육-복음-민족적 현실을 위해 헌신한 가장 위대한 내한 선교사 중의 한 명이었다. 수의학자인 그는 올리버 에비슨Oliver R. Avison의 초청을 받아 세브란스 의학교 교수로 한국에 왔다. 그는 학교에서 수의학과 병리학을 가르쳤으며, 중고등학교 학생들에게 영어를 가르치고 미래 한국사회를 책임질 인물을 길러내었다. 그는 개인적으로 성경공부를 지도하면서 예수의 모습을 한국땅에 그려내려고 노력했다. 그리고 한국 근-현대사에 가장 중요한 사건인 3·1 운동의 현장에서 모든 위험을 무릅쓰고 한국인들의 고통과 분노, 그리고 희망을 카메라에 담아내어 세계에 알렸다. 그는 죽을 때까지 한국인의 현실과 정체성을 그 누구보다 고민하며 현실이라는 현장 속에서 몸부림쳤던 선교사이다.

### 한국인을 그토록 사랑한 스코필드의 삶의 여정
### 스코필드와 한국

프랭크 윌리암 스코필드는 1889년 영국 워릭셔Warwickshire에서 4남매의 막내로 태어났다. 그는 아홉 살 때, 아버지가 근무하는 영국 클리프 대학Cliffe College의 한국인 유학생 여병현을 만나 한국이라는 이름을 처음 접했다.

19살에 캐나다로 홀로 이민을 간 그는 농장에서 가축을 돌보며 수의학에 관심을 갖게 되었다. 21살에 소아마비를 앓아 왼팔과 오른쪽 다리가 불편했던 스코필드는 평생 힘든 몸을 지니고 살았다. 그는 온타리오 토론토대학교 수의과대학Ontario Veterinary College에 입학해 1914년에 졸업하였고, 이후 촉망받는 수의학자의 길을 걷기 시작했다. 이후 그는 토론토대학에서 박사 학위를 받은 후 세균학 강사로 있던 중에 한국에서 사역하던 토론토 출신의 에비슨으로부터 한국선교 요청을 받았다.

1916년 한국에 온 스코필드는 세브란스 의학교에서 세균학과 위생학을 가르쳤고, 영어성경반을 조직해 학생들에게 틈틈이 성경을 가르쳤다. 1919년 3·1 운동 이후 일본의 압력으로 1920년 캐나다로 귀국하기까지 4년간 한국에 머물면서 3·1 운동에 대한 일본의 비인도적 만행을 세계에 알리고 한국의 독립운동을 적극적으로 도와 이후 '민족대표 34인'으로 불렸다.

스코필드는 귀국한 뒤에도 캐나다와 미국에서 일본 통치에 고난당하는 한국을 소개하며 한국의 독립운동을 적극 후원했다. 심지어 이승만이 머물던 미국의 수도 워싱턴에 찾아가 자신의 3·1 운동 견문록인 '끌 수 없는 불꽃'The Unquenchable Fire을 출판하려 했지만, 재정적인 문제로 실패했다. 그는 모교 토론토대학교에 봉직하다 은퇴를 한 후인 1958년 다시 한국으로 돌아와 '스코필드 기금'을 마련해 고아들을 도우며 학생들을 가르쳤고, 언론 활동을 통해 한국의 민주화와 반-부패反腐敗 운동에 앞장섰다.

### 3·1 만세운동과 고난의 현장을 카메라에 담고

1919년 3·1 운동 직전 스코필드는 자신의 연구실에서 민족대표 33인 중의 한 명인 이갑성과 비밀리에 만났는데, 이때 이갑성은 독립선언문 사본을 그에게 보여주면서 3월 1일 현장사진을 촬영해 줄 것을 요청했다. 그 요청을 흔쾌히 수락한 스코필드는 1919년 3월 1일 생생한 만세 운동의 현장 모습을 사진에 담기 위해 시위 군중을 보다 잘 내다볼 수 있는 곳을 물색하였다. 그러던 중 일본인 구역의 상점을 발견하고 2층 베란다로 올라가 사진을 찍었다. 이러한 사정을 알지 못한 일본인 여

주인이 낯선 침입자가 들어온 것을 알고, 빗자루를 들고 그를 막무가내로 때렸다. 스코필드는 안 통하는 언어와 몸짓으로 이리저리 변명하다 카메라를 들고 줄행랑을 쳤지만, 그의 용기 있는 행동 때문에 한국사회는 3·1 운동의 현장을 생생하게 사진으로 갖게 되었다.

3·1 만세운동이 시간이 흐르면서 몇몇 지역에서 더욱 강력하게 전개되고, 일부 일본인 순사들이 죽거나 다치는 등 일본의 피해가 생기자 일본은 시위 마을들을 폭력적으로 진압하기 시작했니. 경기도 화성 수촌리(4월 5일)와 제암리(4월 15일) 지역에서 행해진 일본의 무차별적인 살육과 마을과 교회에 대한 방화는 이런 상황을 가장 비극적으로 보여주었다.

일본은 한국에서 일어난 이러한 야만적 행동을 은폐하려 했지만, 스코필드를 비롯한 선교사들이 자신들의 목숨을 걸고 이 사실을 폭로해 세계에 알렸다. 스코필드도 제암리와 수촌리 소식을 듣고 사건 현장을 방문해 사진으로 담아 고국 토론토와 세계에 보냈고, 캐나다 선교부에 "제암리 학살 만행 보고서"와 "수촌리 학살 만행 보고서" 등을 제출했다.

스코필드의 결단과 헌신이 없었다면 3·1 운동과 화성지역의 잔인했던 피해현장에 대한 기록이 세계에 그렇게 효과적으로 알려지지 않았을지 모른다. 스코필드의 사진은 한국사회와 역사 전반에 매우 귀중한 선물이라 할 수 있다.

### '가장 과격한 선동가', 독립운동 수감자들에게 고약까지 넣어준 자애로운 청년

스코필드의 한국인 사랑은 사진을 찍고 알리는 선에서 끝나지 않았다. 그는 1919년 5월 11일 자 〈서울 프레스〉*The Seoul Press*에서 '서대문 형무소'에 대해 '서대문 요양소', 혹은 '서대문 직업학교'라고 쓴 기사를 보고 분노를 참을 수 없어 그 다음 날 기고문을 작성해 일본의 야만적인 처우와 감방의 상황을 비판하였다. 그 결과 스코필드는 역설적으로 서대문 형무소를 방문해 야만적 처우의 진실성을 확인하는 계기를 만들었다. 특히 그는 서대문 형무소에서 '여자 감방 8호실'을 방문해 노순경, 유관순, 어윤희, 이애주 등을 만나 심한 고문과 야만적인 매질이 있었음을 확인하고 여성 지도자들을 위로했다.

그뿐만 아니라 스코필드는 먼 길을 마다하지 않고 한국의 독립투사들을 찾아 위로했다. 1919년 11월에는 '대한민국 애국부인회' 사건이 일어나 회장 김마리아를 비롯한 여성들이 대구 감옥에 수감되었다. 이때에도 스코필드는 직접 그곳을 방문하여 성경 말씀을 전하며, 고문당한 이들에게 미국제 고약을 넣어 주는 등 그들을 직접 위로하였다. 감히 다른 선교사들이 따라올 수 없는 용맹스런 행동이었다. 일본은 공식 언론을 통해 그를 '가장 과격한 선동가'*Arch Agitator*로 낙인 찍었다. 그래서 스코필드는 1920년 강제로 출국당할 수밖에 없었다.

### 수의학자로서의 스코필드

한국인들에게 스코필드는 담력과 결단력을 가진 위대한 선교사로 잘 알려져 있지만, 그는 유명한 업적을 남긴 세계적인 수의학자이기도 하다. 그는 수의병리학, 수의세균학과 관련해 평생 140여 편이 넘는 논문과 저술을 발표했는데, 미국 수의학회에서 열두 번째로 '국제 수의학회상'을 받는 영예를 차지하기도 했다. 특히 스코필드는 온타리오주 농장에서 자란 소의 질병 원인을 입증하는데 큰 공헌을 했는데, 이 연구는 수의학을 넘어 의학분야까지 영향을 끼쳤다. 이러한 그의 공헌 때문에 수백만 명의 생명을 구할 수 있었고, 결과적으로 요즘도 질병 치료에 사용되는 중요한 약품인 항응고제 와파린Warfarin이 만들어졌다.

### 한국 현대사의 와중에 3·1운동 정신을 일깨우다

캐나다 토론토에서 세계적인 수의학자로 우뚝 선 스코필드는 은퇴한 후에도 한국을 잊을 수 없어 1958년 다시 한국을 찾았다. 나이가 들어 호랑이 할아버지로 불리는 경우가 더 많아졌지만, 한국 사회의 부패를 지적하고 정의를 추구하는 호랑이 스코필드의 삶의 결기는 여전했다. 할아버지 스코필드는 이승만 정권의 부패와 독재를 신랄하게 비판했고, 4·19혁명 속에서 1919년 3·1독립만세의 기개를 확인했다. 한국사회의 혼란과 부패 가운데 박정희의 쿠데타를 옹호하기도 했지만, 박정희가 민정이양 약속을 어기자 호랑이 스코필드의 펜은 이내 무서워졌다. 그의 이러한 기개와 한국인 사랑의 근지에는 1919년 3·1운동의 정신, 그리고 한국인들에게서 자신이 확인한 눈물과 절규, 한민족의 야성과 희망이 동시에 자리 잡고 있었다.

여느 한국인보다 한국인의 기개와 정신을 더 사랑해 온 스코필드는 1970년 4월 소천해 그가 그토록 사랑했던 한국 땅에 묻혔다. 한국정부와 사회는 스코필드에게 많은 감사를 표했고, 스코필드는 한국인들의 가슴에 지금까지 깊게 자리하고 있다.

### 자료와 기존연구

프랭크 스코필드가 한국사회와 교회에서 갖는 위치가 중요함에도 불구하고, 그에 대한 본격적인 연구는 미진한 편이다. 현재 스코필드에 대한 연구자료는 크게 세 갈래로 살펴볼 수 있다.

첫째, 지금까지 가장 꾸준하게 스코필드 관련 자료를 모으고 그를 기념해 온 기관은 서울대 수의학과를 중심으로 한 '호랑이스코필드기념사업회'(www.schofield.or.kr)이다. 이 사업회는 스코필드 관련 자료를 광범위하게 수집하고, 국내외 관련 인사들과 관계를 갖고, 정기적인 학술대회와 출간작업을 활발하게 진행해 왔다. 특히 이장락 교수가 펴낸 《민족대표 34인, 석호필》, 《우리의 벗, 스코필드》, 《한국 땅에 묻히리라》는 스코필드 연구의 입문서로 자리 잡고 있다. 2012년에 편찬한 자료집 형태의 《강한 자에게 호랑이처럼, 약한 자에게 비둘기처럼》도 유용한 안내역할을 하고 있다.

둘째, 스코필드 관련 자료를 가장 광범위하게 보관하고 있는 기관은 토론토 인근에 위치한 구엘프대학 Guelph University이다. 구엘프 대학 고문서실은 스코필드와 관련된 방대한 원자료와 복사본, 사진 자료, 각종 상장 등을 일목요연하게 정리해 보관하면서 연구자들에게 제공하고 있다. 이 대학은 매년 스코필드 기념강좌를 열고, 스코필드 사진과 훈장을 전시하고 있다.

셋째, 토론토 시내에 위치한 캐나다연합교회United Church of Canada, UCC의 고문서실에서도 스코필드 관련 자료를 만날 수 있다. 전 세계에 보낸 선교사들의 각종 보고서와 서신을 보관하고 있는 이곳은 스코필드가 보낸 서신들을 잘 보관하고 있다.

마지막으로 독립기념관에는 스코필드가 주고받은 개인적인 서신 및 사진 등이 보관되어 있다. 스코필드는 한국의 교육과 구제사역을 위해 전 세계의 지인들에게 서신을 보냈으며, 그가 돌보던 학생들과 고아들과도 많은 편지를 주고받았다. 이러한 자료들은 스코필드의 구체적인 구제사역을 보여주는 중요한 자료들이다.

### 기획과 의도, 책의 구성

이 책은 한국고등신학연구원이 두 가지 취지에서 기획하고 준비하여 편찬하였다. 한국고등신학연구원은 한국에 온 주요 선교사들의 원문을 정리하고 이를 선교사 시리즈(Missionary Series in Korean Christianity)로 출간하는 작업을 진행해 왔다. 스코필드에 대한 책은 제임스 게일James S. Gale과 브루스 헌트Bruce F. Hunt에 이어 다섯 번째 책으로 기획되었다. 동시에 스코필드가 사진을 찍어 일제 만행을 세계에 알린 수촌리와 제암리가 위치한 화성의 '화성시기독교총연합회'는 2014년 사단법인을 만들고 스코필드를 기념하는 각종 사업을 본격적으로 진행하고 있다.

한국고등신학연구원과 화성시기독교총연합회는 스코필드의

삶과 사역을 보다 광범위하게 알리기 위해, 원문을 정리한 책을 한글-영어 번역본으로 출간하는 준비를 해 왔고, 동시에 청소년들에게 스코필드의 정신을 알리기 위해 만화를 준비해 출간하게 되었다.

지금까지 스코필드는 관련 단체에 따라 특정 부분이 주로 부각되는 경우가 많았다. 한국기독교 역사와 한국사회에 매우 귀중한 공헌을 했음에도 불구하고, 어떤 단체는 애국지사 스코필드만을 부각했고, 다른 단체는 종교인 스코필드를, 또 다른 단체는 한국 수의학의 선구자로 집중해 다루어 왔다. 그런데 스코필드는 의료선교사로 한국에 처음 들어왔고, 교육과 복음전파뿐만 아니라 한민족에 대한 각별한 사랑을 평생 보여준 사람이었다. 그래서 스코필드를 총체적으로 조명하기 위해 이 책을 기획하였다.

제1부는 스코필드의 한국사랑의 정신적 지주가 된 3·1 운동과 관련된 글을 담았다. 1919년 3·1 운동은 스코필드가 한국인의 심성의 깊이를 직접 경험한 결정적 사건이었고, 그는 한국현대사의 거의 모든 사건을 3·1 운동의 정신에 기초해 평가하고 있다. 그에게 3·1 운동은 '한국정신의 상징'이었다.

제2부는 불의와 부정에 맞서 싸운 개혁가 스코필드의 글을 담았다. 상대가 일본이 되었든지 한국정부나 한국인 개인이 되었든지 상관없이 스코필드는 평생 불의와 부정에 맞서 싸웠다. 스코필드의 글에서 가장 빈번하게 등장하는 단어는 '부패'와 '부정'이다. 스코필드에게는 3·1 운동도 부패와 부정에 대한 항거였고, 이승만에 대한 비판과 초기 박정희의 쿠데타 옹호에도

한국사회 부패와 부정에 대한 스코필드의 저항정신이 자리하고 있다.

제3부는 약자들과 고아들과 여성들에게 조선의 벗으로 다가온 스코필드의 글을 담았다. 그는 일본에 항거하다 수감되어 고통을 당한 여성들을 비롯한 약자들에게 큰 관심을 보였고, 중고등학생들에게 영어와 함께 미래의 꿈을 가르쳤으며, 멀리 선천에 가서도 청소년들이 꿈을 갖고 고난을 이겨내도록 격려했다. 평생 자신의 호주머니를 털어 고아원과 보육원을 도왔던 호랑이 할아버지 스코필드는 우리의 전래 민담에 나오는 담뱃대를 물고 마을의 아낙들과 아이들에게 사랑방에서 이야기 소재거리를 던지던 친근한 호랑이였다.

제4부는 기독교에 관련된 스코필드의 글을 담았다. 그는 신학적 주제나 교리적인 문제를 주로 다룬 사람이 아니었고, 설교문을 남기거나 기독교 강연을 주로 하던 사람도 아니었다. 그러나 예수의 이웃 사랑과 개인적 경건을 누구보다 강조했고, 예수의 정신을 자신의 삶 한가운데서 몸소 실천하며 살다간 사람이다. 특히 인생의 말년에 *The Korea Times*에 연재한 '시대단상'(Thoughts of the Time)은 인생의 깊이를 깨달은 한 '늙은' 기독교인의 삶과 정신에 대한 지혜의 깊이를 보여준다.

우리는 이 책을 통해 스코필드에 대한 이야기가 아니라, 스코필드 자신이 남긴 글을 통해 그의 삶과 신앙과 시대단상을 독자들이 직접 맛보기를 소망한다. 동시에 선교의 본질과 예수를 따르는 길이 무엇인지, 기독교인은 약자들과 민족적 수난에 처한 자들을 어떻게 대해야 할 것인지, 개인의 경건과 사회적 정의를 어떻게 펼쳐 나가야 하는지, 신앙과 학문을 어떻게 대해야 하는지 고민하기를 바란다. 무엇보다 청년들이 21세기에도 한국사회에 만연된 부정과 부패에 분연히 맞서 일어설 수 있는 '가장 과격한 선동가와 예언자'가 되기를 기도한다.

* 이 글은《한반도에 심겨진 복음의 씨앗: 한국에 생명을 전한 위대한 선교사 50인》에 실린 스코필드에 관한 글(pp.116-121)을 보완해 작성한 것임을 밝혀 둔다.

# A Canadian Missionary Who Fought for the Independence of Korea and the Eradication of Corruption
# Frank William Schofield (1889–1970)

Kim Jae-Hyun
(Korean Institute for Advanced Theological Studies)

A Missionary Who Wrestled with the Issues of Medicine, Education, the Proclamation of the Gospel, and the Fate of the Korean People

From the time the American missionary Horace Allan entered Korea in September 1884, some 1,500 foreign missionaries visited Korea before the year of Korea's liberation in 1945. When he first came, Koreans were painfully experiencing hardships and despondence from poverty, Chinese rule, and Japanese invasion. In such a situation, foreign missionaries not only brought the West's advanced medicine and modern education to Korea, but they also introduced the Christian gospel. Some missionaries actively took part in the political reality the Korean people faced under Japan's coercive rule.

Young Schofield came to Korea in his twenties in 1916 and became one of the greatest missionaries, committing himself to medicine, education, the gospel, and the reality of the Korean people. As a veterinarian, he came to Korea as a professor at the Severance Medical School at the invitation of Oliver R. Avison. He taught veterinary medicine and pathology at the school, taught English to middle and high school students, and instructed youths who would care for the Korean society in the future. He made efforts to embody Jesus Christ while personally teaching Bible studies. Despite every risk at the scene of the March 1st Movement, the most important event in the modern history of Korea, Schofield photographed the suffering, anger, and hope of Koreans for the world to see. Until his death, he agonized over the reality and identity of Koreans more than anybody else, and he was the missionary who struggled in the field called "the reality of the Korean."

## The Life Journey of Schofield Who Loved Koreans So Much

### Schofield and Korea

Frank William Schofield was born as the youngest of four siblings in Warwickshire, England in 1889. At the age of eight, he first came to know about Korea when he met a Korean student named Yo Byunghyun at Cliff College, his father's workplace.

At the age of nineteen, Schofield immigrated to Canada and became interested in veterinary medicine while tending to livestock on a farm. Two years later, he suffered from paralysis in his left arm and right leg, and as a result he was physically challenged for the rest of his life. He entered Ontario Veterinary College in Toronto and graduated in 1914, and later he began to walk the path of a very promising veterinarian. After earning his doctoral degree from the University of Toronto and teaching bacteriology as a lecturer, he received a request for missionary work in Korea from Oliver Avison, who was also from Toronto and had been ministering in Korea.

Schofield came to Korea in 1916 and taught bacteriology and sanitation at Severance Medical School. He also taught the Bible whenever possible by organizing an English Bible class. After the

March 1st Movement in 1919, he stayed in Korea for four more years, informing the world of the inhumane brutality of Japan and actively helping the independence movement in Korea. He returned to Canada in 1920 because of Japanese pressure, and was later called "the Thirty-fourth Patriot".

After his return to Canada, Schofield actively supported the independence movement of Korea by introducing the suffering Korea to Canadians and Americans. He even went to Washington D.C., the capital of the United States and where Rhee Syngman was staying, and tried to publish his March 1st Movement travelogue entitled The Unquenchable Fire but failed because of financial issues. After retiring from his alma mater, the University of Toronto, he returned to Korea in 1958 and established the "Schofield Fund," helped orphans, taught students, and spearheaded the democratization and anti-corruption movement of Korea through his media activities.

## Photographing the March 1st Movement and the Site of Hardship

Immediately before the March 1st Movement, Schofield had a secret meeting with Lee Gap-seong, one of the Thirty-three Patriots, in his study room. Yi showed him a copy of the Declaration of Independence and asked him to photograph the scenes of March 1st Movement. Willingly granting the request, he looked for a location where he could get a good view of the demonstrating crowd in order to photograph the site of the March 1st Movement. While looking for the best spot, he found a Japanese bakery in an area sectioned off for the Japanese, walked up to a patio on the second floor, and took pictures. Without knowing what was going on, the female Japanese owner of the store saw a foreign intruder in her store and began hitting him with a broom relentlessly. Although he tried to make excuses, he couldn't communicate well with gestures and had to run away with his camera.

However, because of his courageous actions, the Korean society came to possess vivid pictures of the site of the March 1st Movement.

As time rolled on, the March 1st Movement became more powerful in certain regions and some Japanese policemen were killed or injured. With the Japanese casualties, Japan began to forcefully quell the demonstrating villages. The indiscriminate massacres in Suchon-ri of Hwaseung, Gyunggi Province (April 5) and Jeam-ri (April 15), and the burning of a village and a church showed the situation most tragically.

Although Japan tried to cover up the barbaric acts that took place in Korea, missionaries including Schofield risked their own lives to disclose these atrocities to the world. Upon hearing the news of Jeam-ri and Suchon-ri, Schofield visited the sites of the cruelties, took pictures, and sent them to his hometown and the world. He also submitted "The Report on the Brutalities of the Massacre in Jeam-ri" and "The Report on the Brutalities of the Massacre in Suchon-ri" to the Mission Board of the Canadian Presbyterian Church.

Had it not been for his resolution and commitment, the record of the March 1st Movement and brutally destroyed sites in the Hwasung area might not have been made known to the world so effectively. Schofield's pictures left an immeasurably precious heritage to Korean society and history in general.

## "The Arch Agitator" and the Most Loving Young Man Who Gave Ointments to Independence Movement Inmates

Schofield's love for Koreans didn't stop at taking pictures and making them known. After he read an article in which the Seodaemoon Prison was portrayed as "The Seodaemoon Nursing Home" or "The Seodaemoon Vocational School," he couldn't stand his anger, so he wrote a contribution the following day and criticized the barbaric treatment of the Korean inmates by the Japanese and the situation of prison cells. Paradoxically, his contribution opened a way for him to visit the Seodaemoon Prison and he had an occasion to verify the authenticity of the barbaric treatments. In particular, he visited the "Women's Prison Cell 8," met with Noh Soon-gyung, Ryu Kwan-soon, Euh Yoon-hee, Yi Ae-joo, and others, learned of the severe torture and barbaric lashings, and comforted the female leaders.

Moreover, Schofield didn't mind traveling long distances to meet Korean independence fighters and comfort them. In November 1919, the "Korean Women's Patriotic Association Case" transpired and women such as the Association's president Maria Kim were put in a prison in Daegu. At that time, Schofield personally visited that prison, shared Scripture, comforted them, and gave them ointments made in the United States. It was such a courageous action that no other missionaries would dare to follow. Japan labeled him as "The Arch Agitator" through their official media. As a result, Schofield was forcefully deported back to his country in 1920.

## Schofield as a Scholar of Veterinary Medicine

Not only was Schofield known as a missionary of great courage and resolution, but he was also a world famous scholar of veterinary medicine who left behind renowned achievements. He published more than 140 papers and writings on veterinary pathology and veterinary bacteriology throughout his lifetime, and he had the honor of becoming the twelfth recipient of the "International Veterinary Congress Prize." In particular, Schofield made a great contribution in proving the cause of the disease of a cow from an Ontario farm, and this research influenced the general medical field beyond veterinary medicine. Due to his contributions, millions of lives were saved and Warfarin, an important medicine used for curing disease, was developed as a result of his research.

## Schofield Awakened the Spirit of the March 1st Movement in the Modern History of Korea

After becoming a world-renowned scholar of veterinary medicine in Toronto, Canada, Schofield retired and returned to Korea because he couldn't forget Korea. He was called "Tiger Grandpa" in his old age. The righteous anger of Tiger Schofield that pointed out the corruption of the Korean society and pursued justice didn't soften at all. Grandpa Schofield criticized the corruption and dictatorship of the Rhee Syngman regime and identified with the spirit of the "hail independence" cry in the April 19th Revolution. Although he defended the coup of Park Chung hee in the midst of the chaos and corruption of the Korean society, Tiger Schofield's writings soon turned critical when President Park broke his promise to transfer power through a popular vote. At the basis of Schofield's spirit and love for Koreans was the spirit of the March 1st Movement in 1919, the people's tears and cries, and, simultaneously, the wild natures and hopes of the Korean people. Schofield, who loved the spirit and soul of Koreans more than Koreans did themselves, was called to heaven in April 1970 and was buried in the land of Korea he so dearly loved. The Korean government and society expressed many thanks to Schofield, and Schofield still holds a special place in the hearts of Koreans.

## Data and Current Research

Despite the significance of Frank Schofield holds in the Korean society as well as the Korean church, full-scale studies on him have been scarce. Currently, research material on Schofield can be found in three places. First, the Tiger Schofield Memorial Foundation (www.schofield.or.kr), based at the College of Veterinary Medicine of Seoul National University, is the organization in Korea that has most consistently collected Schofield-related materials and commemorated him. This foundation has extensively collected Schofield-related materials, forming relationships with people at home and abroad, holding regular academic conferences, and very actively publishing works. Of particular notice, the works by Professor Lee Jang-nak such as The Thirty-Fourth National Representative, Schofield; Schofield, Our Friend, and I Will Be Buried in Korea have been established as introductions to the study of Schofield. Like a Tiger to the Strong, Like a Dove to the Weak, compiled as a collection of original materials in 2012, is also a useful guide.

Second, the organization that has the most extensive materials related to Schofield is Guelph University near Toronto. Guelph University's Archive Room holds extensive original materials, copies, photographs, various kinds of awards, etc. in a very accessible manner and has made them available to researchers. This university holds a memorial lecture annually and displays pictures and medals of Schofield.

Third, there are materials related to Schofield in the Archive Room at the United Church of Canada, or UCC, located in downtown Toronto. This place keeps all kinds of reports and letters sent by missionaries from all over the world and holds the letters Schofield sent.

## The Design, Purpose, and Composition of this Book

This book was designed, prepared, and compiled with two purposes in mind by the Korean Institute for Advanced Theological Studies (KIATS). KIATS has been publishing the Missionary Series in Korean Christianity after collecting the original writings of the major missionaries who came to Korea. The book on Schofield is the fifth book after the books on James S. Gale and Bruce F. Hunt. The General Hwasung Christian Association of Hwasung where Suchon-ri and

Jeam-ri are located where Schofield photographed the brutalities of Japan and informed the world of them—formed a corporation in 2014 and has been holding various events to commemorate Schofield on a grand scale.

In order to inform the world of the life and ministry of Schofield more extensively, KIATS and the General Hwasung Christian Association have been preparing to publish a compilation of Schofield's writings in Korean as well as in English. Both organizations have also been preparing a comic book to inform youths of the spirit of Schofield.

Up until now, specific aspects of Schofield have been mainly emphasized by various organizations depending on the nature of the organization. In spite of the invaluable contributions Schofield made to the history of the Korean church as well as Korean society, certain groups have magnified Schofield the patriot, other groups have emphasized Schofield the religious man, and still others have focused on and treated Schofield as the pioneer veterinarian of Korean veterinary medicine. However, Schofield first came to Korea as a medical missionary and demonstrated a special love for the Korean people, not to mention his contribution to education and the proclamation of the gospel. That's why this book was designed in order to shed a holistic light on Schofield.

The first part of the book contains the writings pertaining to the March 1st Movement that served as the anchor of Schofield's love for Korea. The March 1st Movement in 1919 was a critical event that allowed Schofield to personally experience the depth of the Korean heart, and he evaluates almost every event of the modern history of Korea based on the spirit of the March 1st Movement. To him, the March 1st Movement symbolized "the spirit of Korea."

The second part of the book contains the writings of Schofield as the reformer who fought against the injustice and corruption. Regardless of who his opponent was, be it Japan or the Korean government or an individual Korean, Schofield fought against injustice and dishonesty throughout his lifetime. The words that appear most frequently in his writings are "corruption" and "dishonesty." The March 1st Movement was a movement of resistance to corruption and dishonesty, and the spirit of Schofield's resistance to the corruption and dishonesty of the Korean society lies in his criticism of Rhee Syngman and support of the early led by Park Chung-hee.

The third section of the book includes the writings of Schofield as a friend of the weak, orphans, and women of Korea. Not only did he show great interest in the weak, including the women who had suffered from hardship in prison after their protests against Japan, he taught English to middle and high school students and encouraged their dreams for the future. He encouraged youths to dream and overcome adversity as far away as in Suncheon. Grandpa Schofield, who helped orphanages and nursery schools out of his own pocket, was a friendly tiger like the figure in a Korean folktale who told stories to ladies and children with a tobacco pipe in his mouth.

The fourth part of the book contains the writings of Schofield that concern Christianity. He didn't treat theological themes or doctrinal issues primarily. Nor did he leave sermons or hold lectures on Christianity. However, he emphasized Jesus' love for neighbors and personal holiness more than any missionaries and embodied the spirit of Jesus in his own life. Particularly, "Thoughts of the Time," which appeared in *The Korea Times* as a series, demonstrates the depth of the life and mind of an old Christian who understood the depth of life.

We hope the readers will be able to taste the life and faith of Frank W. Schofield and his thoughts at the time through his personal writings, not through stories told by other people. We also hope the readers would agonize over the nature of missions, what it is to follow Jesus, how Christians should treat the weak and those facing a national ordeal, how to engage in personal holiness and social justice, and how to address faith and learning. Above all, we pray that young adults would become "the arch agitators" who can stand resolutely against the dishonesty and corruption so prevalent in Korean society even in the present time of the twenty-first century.

* The introduction was a revised version of the writing on Schofield in The Seed of the Gospel Planted in the Korean Peninsula: The Fifty Great Missionaries Who Preached Life in Korea (pp. 116-121).

# 연보 Chronology

**1907.**
캐나다 이민
Emigrates to Canada

**1889. 3.**
영국 워릭셔Warwickshire주의 럭비Rugby시 출생
Born in Rugby, Warwickshire, England

**1897.**
클리프 대학Cliffe College의 한국 유학생 여병현 씨를 만남
Meets the Korean student, Yeo Byung-hyun at Cliffe College

1919. 11 대한민국애국부인회 사건
Incident of the Ladies Patriotic Society of Korea

**1919. 11.**
대구형무소에 투옥된 〈대한민국 애국부인회〉 회원 방문
Visits members of the Ladies Patriotic Society of Korea imprisoned at Daegu prison

**1919. 5.**
서대문형무소 〈여자 감방 8호실〉 방문 하세가와 총독과 미즈노 정무총감 면담
Visits "women's cell #8" at the Seodaemun Prison Meets Government General Hasegawa, and Secretary Mizno

**1920. 4. 9.**
이한
Leaves Korea for Canada

**1919. 9.**
도쿄 〈극동지구 파견 기독교 선교사 전체회의〉에서 3·1 운동을 알림
Talks about the March 1st Movement at the "General meeting of missionaries from the Far East" in Tokyo

**1921.**
토론토대학교 교수 복직
Comes back to Canada, a professor at Toronto University

1926. 4. 25 순종 승하
King Sun-jong passes away
1926. 6·10 만세운동
July 10th Mansai Movement

**1926. 6. 24.**
내한, 한 달간 체류 후 이한
Briefly visits Korea and stays only one month before leaving

1945. 8·15 광복
Korea Gained Independence

**1952.**
독일 뮌헨 루드비히 막시밀리안 대학, 명예 수의학박사 학위 수여
Earns an honorary doctoral degree of veterinary medicine from the Ludwig Maximilian Universität in München, Germany

**1935.**
토론토대학교 수의병리학 정교수
Tenure track professor at Toronto University

## 1909.
소아마비를 앓음
Suffers from polio

1910 한일합병
Japan's enforced annexation of Korea

## 1910.
캐나다 온타리오주 토론토 수의과대학 졸업
Graduates from Veterinary College in Ontario, Toronto, Canada

## 1911.
수의학 박사학위 취득
Earns veterinary doctoral degree
토론토대학교 세균학, 병리학 교수
Professor of bacteriology and pathology at Toronto University

1919. 1. 21 고종 승하
King Go-jong passes away

1919. 3. 3 고종 장례식
Funeral ceremony of King Go-jong

## 1913.
앨리스Alice와 결혼
Marries Alice

## 1919.
이갑성의 부탁으로 3·1운동을 촬영
Photographs the March 1st Movement at Lee Gap-seong's request

## 1917.
〈선교사자격획득을 위한 한국어시험〉 합격
Passes Korean examination for missionary qualification

## 1919. 4.
제암리, 수촌리 현장답사
On-site visit to Jeam-ri & Sucheon-ri

1919. 4. 5 수촌리 학살
Massacre at Suchon-ri

1919. 4. 15 제암리 학살
Massacre at Jeam-ri

## 1916. 11.
캐나다연합장로교 의료선교사로 내한 세브란스 의과대학에 세균학, 위생학 교수로 부임
Comes to Korea as a medical missionary of the United Presbyterian Church of Canada
Professor of bacteriology and pathology at the Severance Medical School

## 1954.
미국 수의학회 연례회에서 〈국제수의학회상〉 수상
Earns National Award of Veterinary Medicine at the annual meeting of the American Veterinary Association

## 1958. 8. 20.
정부초빙으로 한국 방문
Comes to Korea at the Korean Government's invitation
서울대학교 수의과대학에서 수의병리학 담당
Teaches veterinary-pathology at the College of Veterinary Medicine, Seoul National University

## 1955.
교수 은퇴
Retires from teaching

1958. 12. 24 2·4 정치 파동
February 4th Political crisis

**1959.**
〈스코필드 기금〉 설치
The Schofield Fund Established

**1960. 4·19 혁명**
April 19th Revolution

**1961. 5·16 군사정변**
May 16 Coup d'état

**1960. 12. 16.**
문화훈장 수여
Awarded the Order of Cultural Merits

**1970. 4. 16.**
서울 남대문교회에서 광복회 주최
사회장으로 영결식 집행
국립묘지 애국지사 묘역에 안장
Public funeral service organized by the Korean Liberation Association at Namdaemun Church; Buried at the patriots section of the National Cemetery

**1989.**
탄생 백돌, 동우회 발족
Centennial year of the birth of Schofield; Association is formed

**1970.**
스코필드 장학회 발족
TheSchofield Scholarship Foundation is started

**1999. 7.**
캐나다 토론토 한인교포
'스코필드박사기념장학회' 조직
Dr. Schofield Memorial Scholarship Foundation Organized by Koreans in Toronto

**2007.**
서울대학교 수의과대학,
스코필드 박사 추모장학기금 조성
Dr. Schofield Memorial Scholarship Fund started at the Veterinary College of Seoul National University

**2009. 9.**
사단법인 호랑이스코필드기념사업회
창립총회 개최
The founding general assembly of the incorporated Tiger Schofield Memorial Foundation is held

1964. 6. 3 항쟁
June 3rd Demonstration

1965. 6. 22 한일협정 체결
Seoul-Tokyo normalization accord

## 1967.
서울대학교에 장학금 500달러 기증
Donates five hundred dollars to Seoul National University

## 1965.
경북대학교 명예 수의학 박사 학위 수여
Earns an honorary doctoral degree of Veterinary Medicine, Kyungbuk University

## 1968. 3.
대한민국 건국공로훈장 (국민장) 수여
Earns the Order of Merit for National Foundation (A National Award)

## 1968. 9.
서울대학교에 장서 600권 기증
Donates six hundred books to Seoul National University

## 1969.
3·1 운동 50주년 기념식 참석
Attends the fiftieth anniversary ceremony of the March 1st Movement

## 1970. 4. 12.
국립중앙의료원에서 영면
Passes away at National Medical Center

1969. 9. 14 3선개헌
Third Constitutional Amendment

## 1970. 3.
서울대학교 명예 수의학 박사 학위
Earns an honorary doctoral degree of Veterinary Medicine at Seoul National University

## 2010. 10.
캐나다 스코필드박사추모재단 토론토동물원 한국정원에 동상 건립
The Dr. Schofield Memorial Foundation in Canada erects a statue of Dr. Schofield at the Korean Garden in Toronto Zoo

## 2011. 2.
캐나다 온타리오 수의과대학 스코필드 기념 세미나실 개관
캐나다스코필드박사기념장학회에서 기증한 스코필드 흉상 배치
Memorial Seminar Room opens at the College of Veterinary Medicine, Ontario, Canada
A bust statue of Dr. Schofield erected by Dr. Schofield Memorial Scholarship Foundation

# 참고문헌 References

1. 일차 자료 Primary Sources
*Current History*
*Korean Republic*
*Presbyterian Church in Canada Board of Foreign Mission Correspondence, 1895-1925*
*Presbyterian Witness*
*Report of Some Atrocities Committed by the Japanese Military and Police in Suppressing the Korean Nationalists*
*Christian Science Monitor*
*The Feel of Korea*
*The Globe*
*The Japan Advertiser*
*Korea Mission Field*
*The Korea Times*
*The Seoul Press*
*Washington Post*
*Veterinary Medicine*

<경향신문> [Kyunghyang Shinmun]
<기독교 사상> [Christian Thoughts]
<대학신문> [University Press]
<동아일보> [Dong-A Daily]
<새가정> [New Family]
<서울신문> [The Seoul Press]
<조선일보> [Chosun Daily]
<주간조선> [Weekly Chosun]

<중앙일보> [Joong-Ang Daily]
<한국일보> [Han-kook Daily]

## 2. 의학논문 Medical Articles by Frank W. Schofield

(1) The Etiology of Pyemic Arthritis in Foals: *J. Inf. Dis.* 15409–416 (1914).

(2) Experiments Bearing on Pulmonary Infection: *Science*, 39: 808, (1914). Presented to the Society of American Bacteriologists, Jan. 2, 1914.

(3) A Preliminary Communication on the Etiology of Pyemic Arthritis in Foals: Science, 39:808 (1914).

(4) Report on Joint Ill: Monograph, A. T. Wilgress Printers, Toronto (1915).

(5) Anti-typhoid Inoculation: *C.M.A.J.*, 5: 1070–1075 (1915). Presented at Ontario Health Officers Assn., Peterborough, Ontario, May 12, 1915.

(6) A Preliminary Report on the Investigation into Equine Abortion Existing in the Province of Ontario: *Am. Vet. Rev.*, 47: 310–324 (1915).

(7) Pathogenicity and Longevity in Diphtheria Bacilla: *Am. J. Pub. Health* 6: 1303–1306 (1916).

(8) Second Report on the Investigation into Joint-Ill in Foals: Monograph A. T. Wilgress Printers, Toronto, Printer to the King's Most Excellent Majesty, 1916.

(9) Medical Education in Japan: *C.M.A.J.*, 7:796–799 (1917).

(10) Pandemic Influenza in Korea: with Special Reference to Its Etiology. Schofield, F.W., Cynn, H.C., *J.A.M.A.*, 72: 981–983 (1919).

(11) A Brief Report on Pandemic Influenza in Korea: Schofield, F.W., Cynn, H.C., *The China Med. J.*, 33: 203–209 (1919).

(12) A Brief Account of a Disease in Cattle Simulating Hemorrhagic

Septicaemia Due to Feeding Sweet Clover: *Can. Vet. Rec.*, 3:74–78 (1922).

(13) Damaged Sweet Clover: The Cause of a New Disease in Cattle Simulating Hemorrhagic Septicaemia and Black Leg: *J.A.V.M.A.*, 64: 553–575 (1923), and Report of the Ontario Veterinary College, (1923), p.21, W. J. Clarkson Press, Toronto, (1924).

(14) Wryneck in Fowl Due to *Pasteurella avicida*: Schofield, F. W., Gwatkin, R. *Canada Vet. Rec.* 4: June-August, (1923).

(15) Malignant Catarrh of Cattle: *Annual Report of the Ont. Vet. College* (1924), p.34, W.J. Clarkson Press, Toronto, (1925).

(16) Broncho-pneumonia in Calves and Casual Infections on Cattle: *Ibid.*, p.37 (1924).

(17) A Note on Rape Poisoning in Cattle: *Annual Report of the Ont. Vet. College* (1924), p.38, W. J. Clarkson Press, Toronto, (1925).

(18) Acute Pulmonary Congestion in Calves: *Ibid.*, p.40 (1924).

(19) Acute Alveolar Emphysema in Calves: *Ibid.*, p.40 (1924).

(20) An Investigation into Endemic Disease of Horses: *Ibid.*, p.41 (1924).

(21) Inoculation of the Pregnant Mare to Prevent Joint Ill in the Foal: *Ibid.*, p.50 (1924).

(22) Cerebro-spinal Meningitis in Horses: *Ibid.*, p.50 (1924).

(23) An Unusual New Growth (Cylindroma): *Ibid.*, p.52 (1924)

(24) Haemorrhagic Septicaemia in Cattle: *Report of the Ont. Vet. College* (1925), p.33, W. J. Clarkson Press, Toronto (1926).

(25) Endemic Broncho-Pneumonia in Calves and its Relation to an Anaerobic Bacillus: *Ibid.*, p.35 (1925).

(26) Pseudo-Leukaemia and Myelogenous Leukaemia in Fowl: *Ibid.*, p.37 (1925).

(27) A Note on the Similarity Between the Parasitic Forms Seen in

Some Cases of Avian Coccidiosis and Blackhead in Turkeys: *Ibid.*, p.38 (1925).

(28) Some Pathological Notes of Special Interest: *Ibid.*, p.39 (1925).

(29) Veterinary Science in Japan: *Vet. Med.*, 22: 311–314, (1927), and *Report of the Ontario Vet. College* (1926), p.66, W. J. Clarkson Press, Toronto, (1927).

(30) A Report of the Post-Mortem Findings in Twenty-Five Pigs Received from Ontario Agricultural College: *Ibid.*, p.37 (1927).

(31) Endemic Cirrhosis of the Liver in the Horse: *Report of the Ont. Vet. College* (1928), p.39, H. H. Ball Printers, Toronto, (1929).

(32) Tuberculosis in the Silver Black Fox: *Ibid.*, p.39 (1929).

(33) Encephalitis in Silver Black Foxes: *Ibid.*, p.41 (1929).

(34) Anemia in Suckling Pigs: *Ibid.*, p.44 (1929).

(35) Report on Investigations Made into a Fatal Disease of Horses Occurring in the Temiskaming District of Northern Ontario: *Annual Report of the Ont. Vet. College* (1930), p.46, Herbert H. Ball Pres, Toronto, (1931).

(36) A Report on Endemic Cirrhosis of Liver (Equine) Occurring in the Temiskaming District of Northern Ontario: *Ibid.*, p.51 (1930).

(37) Anemia of Sucking Pigs: *Ibid.*, p.37 (1930). (Presented to Canadian Chemical Assoc., Ottawa, May 26, 1930).

(38) Myeloblastic Leukaemia: *Ibid.*, p.67 (1930).

(39) The Presence of Agglutinins in the Blood of Veterinarians: *Ibid.*, p.68 (1930).

(40) The Susceptibility of the Silver Black Fox to the Virus of Canine Distemper: Schofield, F. W., Kingscote, A. A., *Ibid.*, p.69 (1930).

(41) Report on Disease of Goats Characterized by Cholecystitis and Infection with *Salmonella schottmulleri*: *Report of the Ont. Vet. College* p. 29 (1931), H. H. Ball Printers, Toronto, (1932).
(42) Report of the Experimental Work on Hypertrophic Cirrhosis of the Liver of the Horse: *Ibid.*, p.40 (1931).
(43) Heavy Mortality Among Ducklings due to *Hymenolopis coronula*: *Ibid.*, p.49 (1931).
(44) Note on the Effect of the Immunization of Cattle with Haemorrhagic Septicaemia Bacterins on the Agglutination Titre of Brucella abortus: *Ibid.*, p.49 (1931).
(45) Anemia in Suckling Pigs: *Ibid.*, O.V.C., p.50 (1931).
(46) Enzootic Hypertrophic Cirrhosis of the Horse Caused by the Feeding of Alsike Clover: *Report of the Ont. Vet. College* (1932), p.31. H. H. Ball Printers, Toronto, (1933).
(47) Report of the Feeding Experiments with Alsike Clover conducted at New Liskeard, 1932: *Ibid.*, p.42 (1932).
(48) Bovine Hemoglobinuria associated with an Intestinal Infection caused by the Cl. *Welchii*: *Report of the Ont. Vet. College*, p. 42 (1933), H. H. Ball Printers, Toronto, (1934).
(49) Brief Reports of an Epidemic of Infectious Diarrhea in Cattle: *Ibid.*, p.62 (1933).
(50) Liver Disease of Horses (Big Liver): *Ont. Dept. of Agr., Circular* No. 52, May (1933). C.R. & O.M. No.4, O.V.C.
(51) Report of an Outbreak of Malignant Catarrh: *Annual Report of the Ont. Vet. College* p. 20 (1934), T. E. Bowman Press, Toronto, (1935).
(52) Convulsions in Suckling Calves: *Ibid.*, p.22 (1934).
(53) Report of a Serious Outbreak Among Swine due to S. suispestifer: *Ibid.*, p.23 (1934).
(54) Botryomycosis: *Report of the Ont. Vet. College,* p. 18 (1935),

T. E. Bowman Press, Toronto, (1936).

(55) Equine Encephalomyelitis: *Ibid.*, p.20 (1935).

(56) Pulpy Kidney Disease of Lambs: *Ibid.*, p.22 (1935).

(57) Malignant Diptheretic Vaginitis of Cattle: *Ibid.*, p.23 (1935).

(58) Studies in Joint Ill of Foals: *Report of the Ont. Vet. College*, p. 11 (1936), T. E. Bowman Press, Toronto, (1937).

(59) A Simple and Effective Method of Administering Iron for the Prevention of Anemia in Piglets: *Ibid.*, p.16 (1936).

(60) Acute Fatal Rhinitis in Calves: *Ibid.*, p.17 (1936).

(61) An Obstinate Case of Warts (Verrucosis) Successfully Treated with Autogenous Tissue Vaccine: *Ibid.*, p.19 (1936).

(62) Tuberculosis in a Horse: Schofield, F. W. Potter, H. R., *Ibid.*, p.23 (1936).

(63) A Case of Actinomycosis in the Horse: *Report of the Ont. Vet. College*, p. 12 (1937), T. E. Bowman Press, Toronto, (1938).

(64) Is Pulmonary Emphysema an Atopic Manifestation?" Ibid., p.16 (1937).

(65) Tuberculosis in a Dog: *Ibid.*, p. 16 (1937).

(66) Multiple Nodular Hyperplasia of the Liver: Ibid., p.17 (1937).

(67) A Report on the Investigation into Suspected Outbreaks of Encephalomyelitis during the Summer and Fall months of 1938: Schofield, F.W., Potter, H.R., *Report of the Ont. Vet. College*, p. 16 (1938), T. E. Bowman Press, Toronto, (1939).

(68) Report on Cases of Suspected Encephalomyelitis Occurring in the Vicinity of St. George: Schofield, F. W., Labzoffsky, N., *Ibid.*, p.25 (1938).

(69) Investigation into Joint Ill in Foals–A Summary of the Results in Fifty Cases: Schofield, F. W., Jones, T. L., *Ibid.*, p.29 (1938).

(70) A Case of Scrapie in an Imported Ewe: *Ibid.*, p.34 (1938).

(71) Further Studies in Bovine Hemoglobinuria (Red Water): *Ibid.*,

p.35 (1938).

(72) A Virus Disease of Canaries: Schofield, F.W. Labzoffsky, N., *Ibid.*, p.41 (1938).

(73) Diseases of Swine: Schofield, F. W. Ingle, R. T., *Report of the Ont. Vet. College*, p. 15 (1939), T. E. Bowman Press, Toronto, (1940).

(74) Fatalities Among Pigs Following Overdoses of Iron: Schofield, F. W., Ingle, R. T., *Ibid.*, p.17 (1939).

(75) Stiff Lamb Disease-An Aphosphorosis? : Schofield, F. W., Bain, A. F., *Ibid.*, p.19 (1939).

(76) The Rapid Isolation of the Virus of Equine Encephalomyelitis: *Ibid.*, p.19 (1939).

(77) Malignant Equine Influenza: *Ibid.*, p.21 (1939).

(78) Distemper in Mink: Stevenson, L., Schofield, F. W., Ibid., p.23 (1939).

(79) Book Review: Animal Pathology by A. A. Runnels: *C. J. C. M.*, 3:115 (1939).

(80) Bovine Mastitis, Studies on a Simplified Method of Diagnosis: Jones, T. L., Schofield, F. W., *Can. J. Comp. Med.* 3:54–57 (1939).

(81) Prevention of Anemia in Suckling Pigs. A Simple and Economical Treatment: Schofield, F. W., Jones, T. L., *Can. J. Comp. Med.*, 3:63–66 (1939).

(82) Equine Encephalomyelitis. Schofield, F. W., *Can. J. of Pub. Health* 30: p.57 (1939).

(83) Joint Ill (Pyosepticemia) in Foals: *Lederle Veterinary Bulletin*, 9:3–7 (1940).

(84) The Isolation of the Virus of Equine Encephalomyelitis. Schofield, F. W., *Can. J. of Pub. Health* 31: p. 31 (1940).

(85) Natural and Experimental Haemorrhagic Septicaemia in Swine: Schofield, F. W., Ingle, R. T., *Report of the Ont. Vet.*

*College*, p. 23 (1940), T. E. Bowman Press, Toronto, (1941).

(86) The Herd Diagnosis of Swine Erysipelas by the Use of Schoening's Plate Antigen: Schofield, F. W., Ingle, R. T., *Can. J. Comp. Med.* : 287–288 (1941).

(87) Diseases of Swine: Schofield, F.W., Phillips, C.E., *Report of the Ont. Vet. College*, p. 13 (1941), T. E. Bowman Press, Toronto, (1942).

(88) Vitamin 'A' Assays of the Milk of Nursing Sows: Schofield, F. W., Ingle, R. T., McFarlane, W. D., *Ibid.*, p.16 (1941).

(89) Fatal Hemorrhage following the Feeding of Mouldy Sweet Clover: *Ibid.*, p.19 (1941).

(90) Malignant Oedema: *Ibid.*, p.20 (1941).

(91) Malignant Catarrhal Fever of Cattles: Schofield, F. W., Bain, A. F., *Can. J. Comp. Med.*, 5:294–297 (1941).

(92) An Unusual Outbreak of Swamp Fever: *Report Ont. Vet. College*, p. 29 (1942), T. E. Bowman Press, Toronto, (1943).

(93) A Preliminary Report on the Effect of the Toxin of Cl. Welchii (Type A) in the Lung of the Ox. Schofield, F. W., *Can. J. of Pub. Health* 33: p.41 (1942).

(94) Death Due to Anaphylaxis following the Intravenous Inoculation of Brucella abortus Strain 19: *Report Ont. Vet. College*, p. 14 (1943), T. E. Bowman Press, Toronto, (1944).

(95) An Anaerobic Streptococcus Isolated from Cases of Bovine Mastitis: *Ibid.*, p.16 (1943).

(96) Acute Bovine Pulmonary Emphysema: *Ibid.*, p.17 (1943).

(97) Specific Bovine Pyelonephritis in the Ox: C.R. & O.M., No. 8, O.V.C. [Handwriting-4 pages]

(98) An Outbreak of Avitaminosis C in Guinea Pigs: *Report of the Ont. Vet. College* 1944, T. E. Bowman Press, Toronto, (1945).

(99) Salmonellosis in Swine: *Ibid.*, p.20 (1944).

(100) Note on the Isolation of Pasteurella from Contaminated Material by Animal Inoculation: *Ibid.*, p.21 (1944).

(101) Herd Bacterins in the Control of Bovine Mastitis: *Ibid.*, p.21 (1944).

(102) Salmonellosis in Swine: A Field and Laboratory Study of Four Outbreaks: *Canadian Journal of Comprehensive Medicine*, 8: 273–280, (1944). Read at the Central Canadian Veterinary Assn., Brockvillle, Ont., Aug.16, 1944.

(103) Acute Bovine Mastitis Caused by Pneumococcus Type III: Schofield, F.W., Swan, L. C., *Canadian Journal of Pubblic Health*, 36: 83, (1945). [Handwriting–4 pages: 1944– presented at Canadian Public Health Association]

(104) Salmonella Infections of Domestic Animals: Their Relationship to Salmonellosis (Food Infection) in Man: *Can. J. of Comp. Med.*, 9: 62–68 (1945).

(105) Penicillin in the Treatment of Bovine Mastitis: *Can. J. of Comp. Med.*, 10: 36–70. 1916. Presented at the Chicago Veterinary Assn., Dec. 15, 1945.

(106) Salmonella typhimurim: A Case of Acute Fatal Enteritis among Cattle: *Can. J. of Comp. Med.*, 10: 271–273, (1946).

(107) The Treatment of Muscular Dystrophy (White Muscle Disease) in Calves by the use of Alpha-Tocopheral (Vitamin E): *Report of the Ont. Vet. College*, p. 125 (1947), Baptist Johnston Press, Toronto, (1948).

(108) Agranuloeytosis Associated with Leukopenia in Bracken Poisoning in Cattle: *Ibid.*, p. 127 (1947).

(109) Sulphametharine (Sulmet) in the Treatment of Joint III in the Foal: *Ibid.*, p.128 (1947).

(110) Hjarre and Wramby Disease in Turkeys (Coli-Granuloma): *Can. J. of Comp. Med.*, 11: 141–143 (1947).

(111) Report on Investigation into a Fatal Disease of Mink on

Ranches in the Vicinity of Fort William: Schofield, F. W., Schroder, J. D., C. R. & O. M., No.12, O.V.C., (1947). *Report of the Ont. Vet. College*, p. 133 (1947), Baptist Johnston Press, Toronto, (1948).

(112) The Constant Occurrence of Macrocytic Anemia in Cattle Feeding on Rape: C.R. & O.M., No.13, O.V.C., 1947, *Ibid.*, p.122 (1947).

(113) Veterinary Service in Some European Countries: *The Fluoroscope* (O.V.C. Student Newspaper). C.R. & O.M., No.11, O.V.C., (1947). (December 1944)

(114) Sudden Death in Calves Associated with Myocardial Degeneration: *Can. J. of Comp. Med.* 11: 324–329 (1947).

(115) An Extensive Outbreak of Acute Gastro-Enteritis among Chinchilla: Schofield, F. W., Scollard, N. D., *The North American Veterinarian* 28: 756–760 (1947).

(116) Limitations in the Use of Penicillin in the Treatment and Eradication of Bovine Mastitis: Schofield, F. W., Barnum, D.A., *J.A.V.M.A.*, 60:92–95 (1947).

(117) Sulfamethazine (Sulmet) in the Treatment of Joint III in the Foal: *Can. J. of Comp. Med.* 12: 305–306 (1948).

(118) A New Disease of Swine: *Annual Report of the Ont. Vet. College* (1948), p.155, Baptist Johnston, King's Printer, Toronto, Ontario, (1949).

(119) Pathology of Atrophic Rhinitis in Swine: *Ibid.*, p.138 (1948).

(120) Virus Enteritis in Mink: *Ibid.*, p.146 (1948).

(121) Pulmonary Hypertrophic Osteo-Arthropathy (Marie's Disease): Rumney, W. J., Schofield, F. W., *Report of the Ont. Vet. College*, p.122–127 (1949), Batptist Johnston Press, Toronto, (1950).

(122) Carcinoma of the Adrenal Cortex in Cattle, (Hypernephroma): *Can. J. of Comp. Med.*, 13: 252–255 (1949).

(123) Virus Enteritis in Mink: *The North American Veterinarian* 30: 651(1949). 654, (1949).

(124) The Frequent Isolation of a Pracolon Strain from Virus Enteritis in Mink. *Can. J. of Pub. Health* 40: p.34 (1949).

(125) Pulmonary Hypertrophic Osteo-Arthropathy (Marie's Disease): Rumney, W. J., Schofield, F. W., *Can. J. of Comp. Med.*, 14: 385–392 (1950).

(126) The Pathology and Bacteriology of Infectious Atrophic Rhinitis in Swine: Schofield, F. W., Jones, T. L., *J.A.V.M.A.*, 116: 120–123 (1950).

(127) The Influence of Various Dosages of Dicumarin on the Prothrombin Time in the Horse: *Report of the Ont. Vet. College*, p. 101 (1950), Baptist Johnston Press, Toronto, (1951).

(128) The Value of a Histopathological Study of the Brain in an Atypical Case of Bovine Malignant Catarrh: *Ibid.*, p.104 (1950).

(129) Studies on the Treatment of Canary Pox: *Ibid.*, p.114 (1950).

(130) French Moult in Budgerigars: All Pets Magazine, August, (1952).

(131) A Report of the Experimental Feeding of A. P. F. Supplement to Pigs: Schofield, F. W., Macpherson, J. W., *Can. J. of Comp. Med.*, 16: 180–182 (1952).

(132) The Isolation and Identification of the Virus of Newcastle Disease in Trinidad: Schofield, F. W., Hutson, L. R., *Can. J. of Comp. Med.*, 16: 415–418 (1952).

(133) Two Unusual Cases of Lipomata in the Bovine Species: *Can. J. Comp. Med.*, 16: 22–23 (1952).

(134) The Prevention and Treatment of White Muscle Disease (Muscular Dystrophy): *Can. J. of Comp. Med.*, 17: 422–424 (1953).

(135) Further Studies in the Pathology and Bacteriology of Infectious Atrophic Rhinitis of Swine: Proceedings Book of the *A.V.M.A.* 90: 155–159 (1953).

(136) Some Important Aspects of Oedema Disease in Swine (Entero-toxemina): Schofield, F. W., Schroder, J. D., *Can. J. of Comp. Med.*, 28: 24–27 (1954).

(137) Abridged Notes on the History of Medicine: In Two Pamphlets, O.V.C. Press, (1954), C.R. & O.M., Nos. 30, 31. O.V.C.

(138) Enterotoxemia (Sudden Death) in Calves Due to Clostridium Welchii: *J.A.V.M.A.* [The Journal of the American Veterinary Medical Association], 126; 192-194 (1954).

(139) Oedema Disease (Enterotomemia) in Swine 1l Experiments Designed to Reproduce the Disease: Schofield, F. W., Robertson, A., *Can. J. of Comp. Med.*, 19: 240–242 (1955).

(140) Oedema Disease (Enterotoxemia) in Swine II: Experiments Conducted in a Susceptible Herd: Schofield, F. W., Davis, D., *Ibid.*, p. 242–245 (1955).

(141) Oedema Disease (Enterotoxemia) in Swine III; The Use of Thiamine in its Prevention and Cure: Schofield, F. W., Nielsen, S. W., *Ibid.*, *Can. J. of Comp. Med.*, 19: 245–250 (1955).

(142) A Message to the People of Gratitude and Warning: *The Korea Times*, Thursday, April 28, 1960. C.R. & O.M., No.34, O.V.C.

(143) Agranulocytosis Associated with Leukopenia in Bracken Poisoning in Cattle: C.R. & O.M., No.20, O.V.C.

(144) The Treatment of Muscular Dystrophy (White Muscle Disease) in Calves by the Use of Alpha-Tocopherol: C.R. & O.M., No 1 27, O.V.C. (1953)

(145) An Anaerobic Streptococcus Isolated from Cases of Bovine

Mastitis: C.R. & O.M., No.19, O.V.C.
(146) Anemia in Suckling Pigs: Pamphlet, Dept. of Agriculture, Province of Ontario. C.R. & O.M., No.5, O.V.C.
(147) Bee Sting Allergy and Desensitization: A Report of Cases and Review of The Literature. *Can Med Assoc J.* 1958 Mar 15; 78(6): 412–416.
(148) The Introduction and Spread of Atrophic Rhinitis of Swine in Korea. Schofield F. W., Chung U. I., *J Am Vet Med Assoc.* 1959 Oct 1;135:375-6.

3. 단행본 Books

Frank Schofield,《강한 자에게 호랑이처럼 약한 자에는 비둘기처럼》, 서울대학교출판문화원, 2012

Frank Schofield, *Ganghan Jaege Horangicheoreum Yakhan Jaegeneun Bidulgicheoreum* [Like a Tiger to the Strong, Like a Pigeon to the Weak], Seoul University Press, 2012

이상현,《호랑이 할아버지》, 성서교재간행사, 1986

Lee Sang-hyun, *Horangi Halabuji* [Grandpa, Tiger], Bible Text Press, 1986

이장락,《민족대표 34인, 석호필》, KIATS, 2016

Lee Jang-rak, *Minjokdaepyo 34in, Seok Ho-pil* [The Thirty-Fourth Patriot Schofield], KIATS, 2016

이장락,《우리의 벗, 스코필드》, 정음사, 1962

Lee Jang-rak, *Urieu Beot, Schofield* [Our Friend, Schofield], Jeongeum Press, 1962

이장락,《한국 땅에 묻히리라》, 정음사, 1980

Lee Jang-rak, *Hanguk ttange Muthirira* [Let Me be Buried in Korea], Jeungeum Press, 1980

4. 논문 Theses and Articles

김현영 (Kim Hyun-young), "수의병리학자 스코필드" ["The Veterinary-pathologist Schofield"], 〈대한수의사회지〉 [Korea Veterinary], 2006

남태욱 (Nam Tae-uk), "프랭크 스코필드의 영성" ["The Spirituality of Frank Schofield"] 〈종교연구〉 [Religious Studies] 53, 2008

안교성 (Ahn Gyo-sung), "선교사 프랭크 스코필드의 유산" ["The Heritage of Missionary Frank Schofield"], 〈한국기독교와 역사〉 [Korean Christianity and History] 36, 2013. 3

이만열 (Yi Man-yeol), "스코필드 박사의 의료(교육) 사회선교와 3.1 독립운동" ["Dr. Schofield's Medical (Educational) Social Mission and the March 1st Independence Movement"], 〈한국근현대사연구〉 [A Study of Korean Modern History] 57, 2011. 6

이삼열 (Lee Sam-yeol), "국립묘지에 잠든 벽안의 애국지사- 스코필드 박사" ["Foreign Patriot Sleeps in National Cemetery"], 〈쉼터〉 [ Samtoh], 2006

정운찬 (Chung Un-chan), "스코필드 : 조선을 치료한 의사" ["Schofield: The Doctor Who Cured Korea"], 〈한국사 시민강좌〉 [Citizen Lecture on Korean History], 2004. 2

정운찬 (Chung Un-chan), "비둘기처럼, 호랑이처럼" ["Like a Pigeon, like a Tiger"], 〈샘터〉 [Samtoh], 2007. 1

한홍률 (Han Hong-ryul), "스코필드 박사의 생애와 대한민국에 대한 그의 사회적 학문적 공헌" ["The Life of Dr. Schofield and His Social and Academic Contribution to Korea"], 2003

Section 2
## [영문 번역본 English Version]

### Part 1 The March 1st Movement and Its Spirit
··· 345

The Unity Shown by "Hail Independence"
Pagoda Park
The Victory of Righteousness, Courage, and Freedom
March 1st Movement
March 1, 1919–Back Then–and March 1, 1963–Now
Dr. Schofield's Congratulatory Words for the Opening Ceremony of the Memorial Tower of the March 1st Declaration of Independence
March 1st Movement Day, Japan, and Young Adults
The March 1st Movement Is the Symbol of the Korean Spirit
Dr. Schofield, the Bedridden "Thirty-Fourth Representative" of the March 1st Independence Movement

### Part 2 A Reformer Who Fought against Injustice and Corruption ··· 379

2-1 The Japanese Colonial Period
The Massacre of Jeam-ri
Report of the Suchon Atrocities
An Imperial Commission of Inquiry for Korea
The Discovery of the Korean Mind
Japan's Challenge to Korea–An Impossible Policy

Canada or Ireland? Need for an Investigation
A Critical and Constructive Survey of the New Regime
The Passing of the Gendarmes
Some Causes of Failure
A Rejoinder to the Rev. Frank Herron Smith
Korea Groans Beneath the Yoke of the Oppressor
Japanese Reforms in Korea
The Future of Korea: An Interview with Mr. Hara
Truth of the Seodaemoon Prison
Torture in Korea—A Matter for Dr. Midzuno
Torture of Prisoners in Korea
Missions Blamed for Korean Unrest
Origin of False Korean Reports

2-2 After Liberation: People Are Struck with Terror
Why Are There Armed Police in front of the National Assembly Hall?
My View on the Coup d'état
Dr. Schofield Talking about March 15th
Unsettled Second Homeland: Dr. Schofield Wrote to Chairman Park

I Have a Right to Speak. I Belong to Korea
Austerity Only by Example: Special Contribution by Dr. Schofield
A Person Who Deserves Imprisonment
A Full Account of the Scandal Should Be Revealed
Unrest in Korea
In the Middle of Division Everywhere
The Problems of Seoul University: Orthodox, Paradox, and Vanity
A Strong Responsibility for the Eradication of Illegalities and Corruption

# Part 3  A Friend of Joseon ··· 521

3-1 A Friend of Joseon: A Word of Encouragement Sent from a Friend of Joseon
The Key to the Development of Joseon
My Beloved Joseon Compatriots
My Dear Joseon Friends
Dear Joseon Brothers
Honesty Is the Only Way to Prosperity

3-2 A Word of Encouragement Sent to a Friend of Joseon, Orphange Building Fund
My Dear Friends (I)
My Dear Friends (II)
My Dear Friends (III)
My Dear Friends (IV)
Pearls

## Part 4  Schofield and Christianity ... 559

My Beloved Brothers of Joseon

Prayer for the New President Park Chung-hee on the Sunday before His Inauguration

The Greatest Power in the World

The Church in Korea, Yesterday, and Today

Why Did I Come Back?

Thoughts of the Time (I) – Good and Evil

Thoughts of the Time (II) – Resurrection

Thoughts of the Time (III) – Christian Thoughts Beyond Science

Thoughts of the Time (IV) – Atheistic Humanism

Thoughts of the Time (V) – A True Meaning of Chusok and Thanksgiving

Thoughts of the Times (VI) – Death of a Child and Death of Jesus

The Last Moments of Dr. Schofield with Baek Nan-yeong and Chun Taek-bu

A Long and Difficult Race

\* Explanatory Notes

This book contains primary sources written by Frank W. Schofield himself in principle but includes some secondary sources to help the reader better understand the text. To enhance understanding, Chinese characters were added, and helping words such as postpositional particles were supplemented as long as the meaning of the original writing was not altered. The parentheses in the original text were marked as [ ], and the added explanation was marked as ( ) to help readers' understanding. Next to the title of a writing, originally English text was marked as (E), and originally Korean text as (K) to show the original language of the text.

# Part 1

## The March 1st Movement and Its Spirit

The terror of the military policemen and police who had silenced and oppressed Korea for a decade disappeared before the loud noise of the people who shouted, "Hail independence!" That day was truly a day of liberation.

Today we celebrated a great victory. This victory is the victory of righteousness, courage, and freedom against all other elements belonging to an ugly kind, such as dictatorship, corruption, cruelty, and evil.

# The Unity Shown by "Hail Independence"(K)

A special contribution made by Dr. Schofield on the thirtieth anniversary of the March 1st Movement

Frank Schofield entered a Japanese person's house and photographed the vivid moments of the March 1st Independence Movement as people's shouts echoed throughout the capital.

I cannot believe fifty years have already passed since the thirty-three national representatives declared independence from Japan in an assertive voice in the form of a declaration on March 1, 1919. At that time, the news was unpleasant and sank the hearts of the Japanese officials, who had firmly believed the Koreans had been thoroughly assimilated by Japan. How could they (the Japanese) mention their accomplishments now they had lost face?

At 2:10 p.m. on that day, the hundreds of students gathered at Pagoda Park burst out their emotions that had been suppressed nearly a decade with shouts of, "Hail, hail independence!" Citizens living near the park were startled by the thunderous sounds. The students, pouring out of the park gate, ran on the streets of Jongro, throwing copies of the Declaration of Independence they had hidden out onto the street. The new world where self-determination of weak nations is fulfilled, as President Wilson argued, had begun. The demonstrating students paused a moment when they reached the gate of Deoksu Palace to pay homage to the deceased King Kojong.

However, now those who had gathered without knowing why heard the news of independence and lifted up shouts; joy and excitement swept over everyone once again. The plaza before the city hall began to fill with people. Seoul was already packed with those who flocked to see the funeral of King Kojong, and they witnessed the birth of the nation on the first of March, a piece of good news to bring to their homes.

Asked to be the photographer of this occasion by Mr. Lee Gap-seong, I began to become impatient. The human wave pouring out of the park was fast-moving, but the wave of humans that had filled everywhere was a bigger problem. I had to find a location where I could look down on the demonstrating crowd, no matter the cost. In order to do that, I had no choice but to enter the area sectioned off for the Japanese. I walked up to the second floor of a Japanese cake store, went out to the patio without taking off my shoes after noticing the door leading to the bedroom was open, and quickly pressed the shutter. Upon quickly coming out of that place, I came across the owner and told him thankful words, but his response was impolite. The picture came out really well, though.

The news of the March 1st Movement spread rapidly. Korea gained independence. The darkness of a life of slavery was over and the days of liberation came. They were sure of this. Students shouted "hail independence" deep into the night. Even after curfew, these illegal shouts continued and they lifted the morale of the citizens and made fun of the Japanese police and soldiers. The number of policemen gradually increased. Around 4:30 in the afternoon on that same day, policemen on horseback appeared and began to push away the people gathered before the city hall. After it grew dark, I stopped by the house of Mr. Yi Yong-seol, a man who was involved in the movement, and shared our agreement that the movement had a good beginning.

With a simple sketch about the March 1st Movement, one might be able to guess what all the demonstrations that took place in most of the major cities and towns in the nation must have looked like.

The reason Seoul saw less violence than other places was due to the presence of numerous foreigners. Soon, such demonstrations spread to every nook and cranny of the country as hatred for the Japanese rulers had been surging. Most of the Japanese in Korea were unkind, unrefined, and uncultured. They were either cruel military, or rough and violent policemen, or petty officials who thought Koreans were inferior to them in every way. Koreans were experiencing huge economic losses because of well-organized looters such as the Oriental Development Company or the Japanese. Namely, just as the pen is more excellent than the sword, though they had advanced culture, Koreans were weak and indecisive, and Japan, with a culture steeped in emperor worship and an extremely feudal and militaristic atmosphere, conquered Korea. If it were not Japan but Rome, with its great interest in justice in law apart from its military techniques and emperor worship, it would have succeeded in conquering Korea completely. In terms of legal justice, it would be difficult to find an empire that would rival Rome.

Early on, Mr. Lee sang-jae once said to the Japanese governor-general, "You do not deserve to rule others since you do not know really know how to distinguish between what is trivial and what is important. Think about how you became angry and sent a corps of firefighters because Koreans painted the taegeukgi, the national flag of Korea, on the Dongnimmun (Independence) Gate". The taegeukgi inscribed on Donngnimmun Gate was beautifully painted during the March 1st Movement. At that time, it was illegal to possess a taegeukgi or a history book not recognized by the authorities.

It is important that almost every citizen, whether they had received higher education or were ignorant, fought in whatever form they could for a week to ten days. The populace was united as one at that time. One good example is that all the stores on the streets of Jongro were closed for five days. The merchants demonstrated they were also in accord with the March 1st Movement. A couple of days later, they were ordered to open their stores. However, they refused to obey the command. Then the Japanese police began to demand that they choose either to open their stores or be taken to the police station. When the policemen were at the doors, they began to slowly open, but shut after they left.

At the news of a massacre, I ran to Suwon.

Let us do the work worthy of the Korean people.

The rumors reached Seoul that Japanese policemen, soldiers, and military policemen massacred the residents of Jeam-ri. That was so grand it had to be authenticated whether it was true or not. As I could not receive a travel permit, I took my bike and went to Suwon on a train bound for Busan in the morning. With the help of a farmer, I could arrive at Jeam-ri without going through police substations and MP checkpoints. When I went around a river on a rice field, a scene unfolded itself before my eyes that I cannot forget even now. The village was torched and smoke went up here and there.

Some twenty military policemen and soldiers were lined up in a single line, ladies standing before them as they were interrogated. The Japanese were alarmed at the sight of a foreigner. An officer approached me. He asked me through an interpreter why I was at the village. I begged him to let me know the truth since I was there after hearing a terrible rumor. He replied he didn't know anything because an investigation was underway. When I asked him, "Isn't it true that there are only ladies, but no man, in this village?" I could not get any information. No one tried to talk to me. All the villagers were scared.

I turned to Suchon. When I reached a hill where I could look down at the village, I was surprised when one old lady asked me, "Are you a Christian?" When I said, "Yes," she told me to go and check out the acts the Japanese soldiers committed. In the middle of the night when everyone was asleep, Japanese soldiers set fire to a thatched-roof house. Almost half of the village's thatched-roof houses were burned. It was their revenge for the protest.

A man lay in a room with his arm stabbed by a sword. Japanese soldiers occupied this village for several days, and the villagers were all fearful of their return. It was late afternoon when I returned to Jeam-ri. All the Japanese officials were gone, and the poor ladies who had lost their husbands gathered around me with their children and told me all the tragedies they had experienced until then.

Several days after I left tragic Jeam-ri, I went to Suncheon, Northern Pyongan Province, where seven or eight injured students had been hospitalized at a hospital run by missionaries. The police had arrested numerous demonstrating students and decided to teach a lesson so they wouldn't demonstrate any more. Each day, they had a student hung on a board shaped like a cross, and gave them thirty lashes. Within days, numerous students lost their lives and survivors had been hospitalized.

The police chief of Sinuiju police station was tipped off. A band of policemen was urgently gathered and arrived at the hospital while I was taking pictures. Their leader was extremely angry at me and yelled at me, "You shouldn't take pictures," while blocking the camera lens. I showed him something very valuable. It was a name card of Kojima that implicitly showed I was a friend of General Kojima, who was the commander of the Japanese Army stationed in Joseon. Since his name card was hard to obtain, it worked miracles by when changing the attitude of Japanese officials who were hard to deal with. However, it was different this time. Although I received the name card back, I was evicted from the hospital. Afterwards, I returned to Seoul, met with Kojima, and explained my situation to him, but he was upset and criticized me, saying I was causing an international dispute.

It was evident that I could not do anything significant in

Korea. Everyone from Hasegawa, a prominent militarist and the governor-general, to low-ranking policemen and soldiers all believed the way to calm Korean was violence. I quietly went to Tokyo and met with Hara Takashi, the Prime Minister, Kaneko, Kintaro, Shibata, and Saburo, who was the chairman of the National Diet, Abe, and Isu, etc. I soon found out two things after meeting with them. The first was that they were in the dark about what was taking place in Korea because of the tricks of the military, and another was that the Japanese in Japan were different from those in Korea. The Japanese in Japan were cultured and treated Koreans as equals. However, their counterparts in Korea believed Koreans were inferior to them and treated Koreans accordingly.

As I conclude the story of the heroics during the March 1st Movement, which people frequently heard about, I'd like to wish earnestly that all of us would do something, even something small, that is worthy of the great hardship the Korean people are facing. One can see hundreds of students lined up in front of the National Library for the door to open on a winter morning. There is no other place where they can study because their homes are too small and loud. No matter how grand a memorial ceremony is, no matter how solemn a statue might be, a memorial ceremony and a statue themselves cannot let the spirit of the March 1st Movement live, and it is clear that the spirit of the March 1st Movement will fade away without actions of love and justice.

If at all possible, we have to establish a March 1st student research hall near Pagoda Park. A just society must come to fruition before an abundant society or a welfare state can be established. This alone is the way to bring strength to the present world that vainly seeks security. Plato said in A.D. 600 that the creature that most resembles God among all creations is the just man.

*Dong-A Daily* (February 28, 1969 & March 1, 1969)

# Pagoda Park⁽ᴷ⁾

> The following piece is a special reflection of Dr. Schofield, a Canadian, sent to our main headquarters. Dr. Schofield witnessed the March 1st Movement in the year of Gimi, and photographed the historical scenes of the time against all odds at the request of Mr. Lee Gap-seong.

Certain place names or people's names create great inspiration in our hearts even when we hear them, and the past vividly reminds us of heroic actions. No name can give us more inspiration than the words "Pagoda Park" in the history of Korea. Words such as Pagoda Park are rare because the declaration of independence at Pagoda Park on March 1, 1919, truly announced the revival of Korea. The ten years of Japan's policy of assimilation stole from Koreans the hope to live once again in a free, independent country. In other words, they lost the hope of living together with others while growing in a free, creative manner.

However, there were many who did not let their convictions be broken in the face of severe suffering and despairing corruption. The convictions of the thirty-three patriots who signed the Declaration of Independence spread to the whole country, and as a result, everyone harbored a new hope and fought against the threat of the oppressors, responding with thunderous shouts of "hail!" Pagoda Park will always remain as this great symbol of hope.

On March 1st, we have no choice but to be thankful to those who ignored their own safety, fought against the violence of the oppressors, and declared freedom and independence with their convictions. Most of them left the world without seeing liberation, but we have inherited the freedom they fought for risking their own lives. Today as we praise and admire their courage and conviction, we will have to make a new resolution to preserve the invaluable gift of freedom we have inherited.

> Those who cannot speak for the suffering and the weak are slaves. Those who withdraw with mouths shut from the truth they have to consider, but do know how to hate, sneer at, or curse the oppressors are slaves as well. Slaves are also those who will not agree because there are only a few, even though it is the right thing to do.
> Tassel Lowell

*Chosun Daily* (March 1, 1959)

# The Victory of Righteousness, Courage, and Freedom(K)

The encouragement and a warning from Dr. Schofield regarding the success of the April 19th Movement.

> Dr. Schofield always said, "I find the spirit of the Korean people still living in students." Impressed with the great movement of the students, Dr. Schofield visited our main headquarters and gave the following talk to his beloved Korean people.

A Message of Appreciation and Warning to the Korean People

Jesus Christ said that everything will be prosperous if one first seeks the righteousness of God. Confucius said learning for one thousand days is not enough to do good things, but learning for one hour is enough to do evil things. Today we celebrated a great victory. This victory is the victory of righteousness, courage, and freedom against all other elements belonging to an ugly kind, such as dictatorship, corruption, cruelty, and evil. We should never forget that the monstrous evil, which made people cower in fear and threatened to destroy democracy and honor with tyranny and contempt, was challenged and destroyed by the courage and sacrifice of students. We all owe a huge debt of gratitude to these courageous male and female students. It was not only the solemn manifestation of courage and morally righteous indignation, but it was also the revival of the heroic spirit of the March 1st Independence Movement.

Now I am going to give you a word of warning. We face a situation where the victory of our young adults might be offset by the foolishness of us adults. First of all, we need to recognize the destruction of evil is not the same as the establishment of righteousness. Second, we have to make sure we put national interests first and foremost before personal or political interests. Third, during the extremely challenging transition period when things change from the political chaos and the abrupt weakening of authority to the formation of a government with healthy functions, we have to exercise patience, tolerance, and trust, and criticism should be constructive. The evil that made the life of a nation impure can't be eradicated overnight or within a year. It simply takes time. Fourth, we have to refrain from revenge and persecution of those who unavoidably and passively accepted the evil of the previous government. "Hail independence!"

*Dong-A Daily* (April 28, 1960)

# March 1st Movement(K)

The scene where I saw the many crowds, who did not care about their lives, fought bare-handed and bravely against the authority of imperialism, and demanded freedom, was unforgettable and splendid.

## Hope Is Revived

On March 1, 1919, the Korean people, with the students leading the way, finally declared freedom and independence after ten years of silence and humiliation from the Japanese rulers who created the new idea that Koreans and Japanese share the same ancestors and roots. This resistance that began on March 1st lasted for several months, the sounds of "hail independence" reverberated in every nook and cranny of the nation, and jails across Korea were packed with patriots like a tram full of passengers. Mr. Lee Gap-seong asked me to take photos. That is why I very professionally photographed the crowd gathered at Pagoda Park. The rank and file of Korea did not care about imprisonment, torture and lashes, or even death, as they committed themselves to this tragic event. They firmly believed freedom was the fruit of their tears and that independence would surely come at the end of their tribulation.

Betrayed Hope

Freedom and liberation finally came to this land in 1945. However, many people who had anticipated the freedom and independence of their country and suffered from such trouble were long gone. The patriot Rhee Syngman held power. Although all the people trusted him, he was old and stubborn and loved power only. He was soon surrounded by those who flattered him, and they focused on loving power and money only for their own sakes and for the sake of their Liberal Party. They became rich, corrupt, and arrogant. They also deceived the hope of those Koreans living in Japan. Truly they did not consider their own people even a little bit.

The new National Security Law they established was not used to arrest the communists who tried to infiltrate into the South from the North, but to capture their political enemies. The police and gangs were their agents, and rich entrepreneurs their friends. But evil always ends tragically. The anger of the people exploded when they saw the courageous citizens who opposed the regime of Rhee Syngman shot and struck down in the presidential election on March 15, 1960, and people, with the students at the forefront, toppled the corrupt and violent regime of Rhee Syngman and his faithful servant Yi Gi-boong.

Hope Is Extinguished

Mr. Jang Myeon's Democratic Party took power with a transparent election and a stack of promises. Although hope began to revive with the Democratic Party, the budding hope soon changed to despair. Reform became an empty word, and the Democratic Party threw the April 19th Revolt into oblivion through their inner-party biting and devouring of each other. All kinds of corruption became rampant, and even a blind man could see that the goal of the government was to maintain their regime.

Everything progressed in accordance with the orthodox democratic way, and this was pleasing to some minority of Americans, but nothing changed the fact that the national security of Korea was declining daily. The increasing chaos in Korea gave joy to North Korea, and South Korea was reduced to a very weak and leaderless country.

Hope Revives Again

Blind to this democratic slogan, several sacrificial and patriotic soldiers faced the dangerous situation of a Korea that was wandering like a ship without a captain or a compass. They decided to take emergency action. They took over the Korean government at dawn on May 16th. They possessed the spirit of March 1st of true patriotism, sacrifice, ideologies, and endless courage instead of certain myths. They decided to carry out the following five things:

1. They fought against any form of corruption wherever it was. Under the leadership of General Park Chung-hee, they knew very well that an authentic democracy cannot function completely in a corrupt country. They fought this corruption and won big, and are still fighting.

2. They believed that millions of poor farmers must be saved from the debt that would oppress them with interest

rates of two to six percent.

3. They practiced and promoted simplicity and frugality.

4. They felt the need to train the people in this country where morality could not be found anywhere.

A plan of large-scale industrialization commenced. General Park and the Supreme Council are making every effort to make Korea an autonomous country. The success of their efforts absolutely depends upon whether the people cooperate or not. If we possess the spirit of the March 1$^{st}$ Movement, characterized by duty, true patriotism, and a strong sacrificial spirit, Korea will succeed, but if we simply watch, we will fail for certain.

Another word I want to add is that the power of Korea, especially the power of the Korean Church, is un-categorically essential in raising the morale of the people, but it lacks that power. The church is sleeping and fighting over doctrines and ecclesiastical authority. The Korean Church is currently far away from a huge movement to rebuild Korea. The Korean Church needs to repent, unite, and should not spare any strength and mental guidance to this decisive movement. "Hail independence!"

*Dong-A Daily* (March 2, 1962)

# March 1, 1919–Back Then–and March 1, 1963–Now(K)

> For the occasion of the March 1st Independence Movement Day, Dr. Schofield sent us the following intellectual piece, which is a mixture of reflection on the past movement and several things our people must bear in mind for now and for the future through the spirit of March 1st.

### March 1st of the Year of Gimi

The first day of March, 1919 will remain an unforgettable day in the history of Korea because it was the day when the thirty-three patriots started their resistance movement against the tyrannical politics of Japan. The ten years of humiliation from the policies of Japan that forfeited national sovereignty and attempted to assimilate Koreans into Japan was both a tragedy and a bitter experience. The rich freedom and language, customs, and traditions from the old were gradually beginning to disappear under the annually worsening oppression.

Leaders of the March 1st Movement clearly knew the problem. They figured the only hope for survival was to declare independence nationwide, and if that did not take place, Korea would become a subject nation within years.

The organization of the independence movement was great, and its execution demonstrated unusual courage. This resistance in which all cities and rural areas participated already lasted for several months before the Japanese police and military policemen could oppress the defiant populace and suppress the outcry of "hail independence." The cost was not freedom, but imprisonment or ruin, even death itself. However, though it failed outwardly, the people won a mental victory. Even though Japan's imperialistic policy could continue, the forfeiture of the national sovereignty or the assimilation of Koreans into Japan became only empty talk. The Korean people came to understand all problems clearly and fought ceaselessly against all kinds of threats that tried to steal and destroy the treasure hidden in their hearts. If there was any competition among leaders, it was not for positions or power but for suffering and service.

March 1st of the Year of Gyemyo

Today we see Korea divided. The grand, rough, picturesque land in the North is being ruled by enemies obsessed with a new imperialism, which makes the Japanese imperialism simply fade in comparison. Their politics are inhumane and destructive, and if necessary, they annihilate things. The South is in the process of recovery after emergency surgery because of the malignant corruption that had spread throughout the South. General Park, who is like a surgeon, has now prepared a report regarding the condition of the patient, and it will be a warning to all patriotic citizens. Because of arguments and intolerance among his subordinate doctors, the general is extremely disappointed and worried about the health of the patient. "If there isn't going to be any change after the surgery, there isn't any hope for recovery." There is no need to check the chart for the history of its disease or mention the general's name. From day one of the coup, General Park exercised sacrificial leadership. His fight against corruption has never slowed or wavered.

With great interest in employment, the weak economy, weakening agriculture, and political instability, General Park made every effort to reform and rebuild them, but he made a small mistake due to too much unwarranted worry and lack of experience. When considering the importance of the task that needs to be done and the cause of the mistake, what is required more is understanding and bold effort.

Although all parties have been consistently arguing that establishing the welfare of the people by overcoming all personal greed and the interests of a party is most urgent above everything, it is a sad reality that politicians have been selfish without exception. Although democracy is defined as the government by the representatives of the people who were freely elected by the people, for the people, and of the people, the shameful democracy of Korea was a government of the people for the politicians and by the politicians.

If the sacrificial resolution of General Park, who abdicated his candidacy for president, does not become a chance for us to repent of our shameful greed for power and selfishness, his unprecedented patriotic resolution will go to nothing. We have to quickly decide whether we will fight an old fight in the midst of our selfishness and corruption or whether we will follow the serving and sacrificial spirit of the March 1$^{st}$ Movement. If we fail to make the right choice, our Korea will fall into a pit where traitors and cowards run wild without any room for salvation.

*Dong-A Daily* (February 28, 1963)

# Dr. Schofield's Congratulatory Words for the Opening Ceremony of the Memorial Tower of the March 1st Declaration of Independence(K)

Dr. Schofield, who will forever remain in our memory as the thirty-fourth person along with the thirty-three national representatives of the March 1st Movement, sent this congratulatory address he gave for the opening ceremony of the Memorial Tower of the Declaration of Independence at Pagoda Park in its entirety.

August 15th of 1945 was a holy day of liberation, and will always hold a special place in the history of Korea. Like March 1st of 1919, and without any exaggeration, it will be respected as another day of liberation. Diligent Korean citizens all look forward to another day of liberation. Our families, separated by the 38th parallel like an airy line, look forward to another day of liberation when they become a unified country as before, liberated from the oppression of the communists.

There cannot be a better day than today that fits the dedication of this memorial tower for the named and unnamed Korean patriots who suffered and passed away. One can ask for the life of his people when they have the courage and characteristics not to fear the challenge of the time but stand against it. On March 1st, 1919, the absolute power of the conqueror was challenged.

The terror of the military policemen and police who had silenced and oppressed Korea for a decade disappeared before the loud noise of the people who shouted, "Hail independence!" That day was truly a day of liberation. The Korea our ancestors suffered and died for is seen only from the viewpoint of conviction, but in reality it's still not visible to our eyes. Today we are being challenged by an enemy within. This enemy is as practical and dangerous as the imperialism of Japan that invaded us from without fifty years ago. But we are weak because of corruption, division, fighting, and failure. There are people who desire power and position in each party and committee. There are people who desperately seek food and jobs on every street.

We desperately cry out that male and female leaders who abandon self-interest but intend with only one holy desire to serve for Korea only would step up. This moment, dedicated to the memory of our patriotic martyrs who willingly served terms in prison and willingly faced death, will be a monument of glory to everyone who yearns to serve Korea today, but it will be a monument of shame to those who are only focused on accomplishing their selfish ambitions.

*Dong-A Daily* (August 17, 1963)

# March 1st Movement Day, Japan, and Young Adults(K)

Dr. Schofield's Diagnosis of the Present

Dr. Schofield said that on the March 1st Movement Day he becomes more grateful to those who didn't care about their own safety but fought against the violence of Japan and cried out for independence. "Though most of them left the world without seeing liberation, we live while enjoying the freedom they told us about." But Dr. Schofield points out that social conditions have changed greatly. "It seems like yesterday when they fought against the imperial Japan... Now an agreement was made between Korea and Japan and diplomatic relations were formed." This foreign patriot of independence argues that now is the time people need to tighten their belts and wake up. However turbulent the whirlpool of history was, he says it's not the time to blame and resent the past. He emphasized that "since the relationship between the two countries has been normalized and they compete against each other one-on-one, we need to seek the meaning of positive participation and the establishment of autonomy as we celebrate the March 1st Movement Day for the first time since diplomatic ties between the two countries were formed. The workers of the new future age are young adults, namely students."

The grey-haired Dr. Schofield continued his speech to the young by saying he puts a deeper and broader hope in the new generation rather the existing generation. "All the problems are not without but within." To use an analogy, if one can't go anywhere because he's scared of tuberculosis, he can't live in this world. "You have to understand the problem does not lie in others but in me. If someone is diligent, honest, and healthy, he can fend off any germ from the outside. You have to keep your spirit and body sound."

What we need to beware of in this neighborly relationship with Japan is to stop corruption within our country instead of watching the invasion of foreign forces. "The illegal sale of Sajic Park, suspicions about the National Railroad Administration, and the Dishonest Powdered Milk Incident– we cannot block the germs coming from outside if we go on like this–. If the new generation continues in the mindset of seeking their self-interest, then we are hopeless." Although thin and weak, Dr. Schofield was strong.

"What have I experienced through the March 1st Movement? I was working at Severance Hospital, and when the 'Hail Movement' broke out, I took pictures while avoiding the surveillance of Japanese police, and exposed the barbarous killings of Japanese imperialism abroad. It might have been right after the March 1st Movement, around the middle of April of the same year, there was news that villagers, shouting, 'Hail independence' in Suchonni, Jeam-ri, Hwasu-ri, etc. of Janganmyun, Hwasung, Gyunggi Province, experienced the revenge of the Japanese police and some hundred houses were torched and twenty people were murdered. I twice rode a bike down there from Seoul and checked out the situation. Avoiding the eyes of Japanese police that were on me like a swarm of bees, I took pictures and sent them to the United Kingdom."

Dr. Schofield said he can't ever forget the barbarous acts of Japanese imperialism, and that he always becomes more moved when it is March 1st. "We have to be on guard. Whatever the written stipulations… Old habits die hard and what is learned in the cradle is carried to the tomb. But Japan is not that foolish to reinvade Korea openly and directly like before. It will be an invisible invasion. It will be the erosion of economy… Young adults who have not experienced the reckless bravado of Japan should be especially careful. They need to have a better and more thorough understanding of Japan."

Dr. Schofield looked lonely as he made it a routine to teach the Bible to about ten high school students in a 350-square-foot Western house, part of the public space for Seoul National University foreign faculty and located at First Street in Donggyo-dong, Seoul. "But the normalization of the ties between Korea and Japan is an essential process that occurs consistently like the flowing tide of history." As he was finishing his words, the school medal he received from Kyunghee University for his great contribution to the March First Movement was shining on his chest as it was illuminated by the sunlight that came in over the curtain.

*Chosun Daily* (March 2, 1966)

# The March 1st Movement Is the Symbol of the Korean Spirit(K)

I came back to Korea. It is a reality which I always come back. The shouts of "hail independence" that exploded on Pagoda Plaza amidst waving taegukgi fifty years ago – the scene at the plaza sweeps over me as a great inspiration even now as if it had happened just yesterday. As it was the reality fifty years ago, I hear a real order regarding Korea which I cannot disobey. Koreans did not lose their integrity and righteousness in the face of pressure and contempt. I have an unshakable conviction that this integrity and righteousness are the assets of the Heavenly Father. While others were exploding in anger, I know some realists who stood on the side of the persecutors of their compatriots, selling out their brothers and betraying their own nation, and enjoying power and amassing wealth. God, who is the utmost reality, is eternal, but the so-called realists are not eternal.

I am a realist in another sense. A radical realist... My reality that I feel through Korea is the same as fifty years ago. During the last fifty years, Korea has been industrialized a lot like other countries. Seoul has changed like many cities in the United States with skyscrapers. In fact, I always wonder whether all these tall buildings are actually being used. I would like to think Koreans did not build tall buildings because of their vanity.

Whatever the changes in appearance, I believe the history of Korea I witnessed over the last fifty years has been consistently that of perseverance and heroic activities. I find the eternal reality of Korea and become enamored by it in this unchanging flow of history.

Japan is an example of a country that sacrificed the spiritual for material gains. The inhumanness of Japan with which they treated Koreans is worse than the way Americans treated African-Americans, and it cannot be washed away by anything. The March 1st Movement was a movement against these external pressures. It symbolized the spirit of Koreans that always faced foreign forces.

I do not know the political situation of Korea. My argument is that political slogans should be thrown into trash cans. I think Koreans will have to initiate a mental movement like the March 1st Movement. The reason I came to Korea despite my close friends' persuasion that I should not go was that I wanted to become an eternal support of such a movement.

Our movement must continue based on patience, love, and mercy. How beautiful patience and love are when an aged man in a wheelchair or a handicapped woman leaning against a cane treats people with a smile.

The current age is called an atomic one. Individuals and nations all seek safety, trembling in fear. Some seek safety by forming alliances, while others turn to intercontinental ballistic missiles, but these will disappear at some point. As the Roman Empire and the United Kingdom disappeared, the world order of today can disappear because of violence.

I know the reality of Korea. The reality of division makes me even sadder. Before North Koreans, who believe in communism as a religion, think they are Koreans, I think they are communists. It is very sad there does not seem any possibility of reunification.

I cannot express my deep feelings on this fiftieth anniversary of the March 1st Movement. All of us always have to make every effort to improve our reality. The reality of the March 1st Movement will never change.

*Jong-Ang Daily* (March 1, 1969)

# Dr. Schofield, the Bedridden "Thirty-Fourth Representative" of the March 1st Independence Movement(K)

Dr. Schofield, "the thirty-fourth representative" of the March 1st Independence Movement, who came from Canada three years before the movement as a missionary and appealed to international opinion by photographing the national resistance, is in a critical condition. He was hospitalized in Room 5, Ward 32 in the National Medical Center through the ministry of patriots and veterans' affairs due to cerebral arteriosclerosis and pulmonary emphysema, complicated by a cold and bronchitis. He lapsed into a coma on the 26th. While I was waiting in an ancillary room, his coughing sounded like the roaring of a beast.

Miss Tae, who was attending him, said he was controlling his breathing after eating rice porridge for breakfast. After a nurse left, Tae went into his room again and came out and said, "He is crying." He feels bitter that people come in flocks only when March 1st draws near and because of their need, too. Throughout the long, heavy, rainy season or the winter nights, no one knows how much he missed people. He is still angry. So Miss Tae was hesitant and afraid of guiding me in.

However, upon seeing this reporter on his sickbed he stretched out his scrawny shaking hands. "Oh, the *Dong-A*

*Daily*. You remind me of the great patriotic forefathers of yours. Mr. Kim, Kim Seong-su, I know him well. He deeply recognized the importance of education. Education, especially elementary education, is important. We should rightly nourish the spirit of people. They should become people who can fight against corruption. I will not leave. I will work with you forever."

The voice barely coming out of him created the illusion that I was maintaining his deathwatch. Nevertheless, he stressed the word "corruption" in our language so much that it was hard to understand quickly. In his special contribution to the *Dong-A Daily* last year for the occasion of the fiftieth year anniversary of the March 1st Independence Movement, he said, "We should establish a society of justice prior to an affluent society or a welfare state."

"If you compare the Korea of today with that of fifty-one years ago, what is the biggest difference?" the reporter asked.

"It is that everybody is money-oriented today. Commercialism is prevalent. This is a negative result of western influence. Your forefathers were not like that. They were originally people of the continent who regarded the spiritual as important. You were intellectual people. That was overpowered by material civilization. You should achieve harmony by nurturing the spirit again." Schofield told the reporter. I wonder who influenced this idea of his.

"Is there anyone you admire?" the reporter continued to ask.

"I admire any good person. I liked David Livingston. Also, Oliver Cromwell… Shakespeare…"

Livingston is a missionary from Scotland who went to a textile factory at the age of ten, taught himself theology and medicine, and was sent to Africa.

"I saw a labor union when I was young. At the time the power of the labor union was insignificant. But it has become too powerful now. It is very meaningful. My father was a scholar. He wanted me to succeed his studies. But I followed the will of my heavenly father instead of my father of flesh. I am an apostle of Jesus. He can make me anything."

He was short of breath and tears rolled out of his eyes. Tae, standing by his side, wiped away the tears with a towel. Nevertheless, when I asked, "What do you want to do if brought to life again?" he answered firmly without hesitation, "The same thing!"

"I will do the same thing. I will study the Gospels, along with biology, pathology and the science of law. And I will make the most of any possible chance with the wise Korean young people. A few years ago when my relatives asked whether I wanted to go somewhere else, I said, 'Wherever I am sent, I will find Koreans and teach them, and follow the teachings of Jesus together with them whether I live or die.'"

There was another long cough. It seemed too much to ask him to talk. When I said goodbye, he held out his two hands again.

"I hope you get well soon."

"Actually, that is not possible. But I am still glad."

The downward buds of a satsuki azalea pot on the table looked like tear drops about to fall. However, the red ribbon on the pot read, "We hope for your recovery." Several people including Prime Minister Jeong Il-kwon visited and there were those who sent telegrams that said, "I'll pray for your recovery." He stopped me again as I turned to leave while wishing for more consolatory telegrams. "I have prepared a brief message." he said.

It was a printout entitled "March 1st Independence Movement (1919-1970)." It was a message for young people.

"Never forget the great deal of debt we owe to the young and old of 1919. There are times that Koreans should offer obstinate resistance. Otherwise you end up losing even your soul. If you had not resisted you would have facilitated a kind of enslavement or covered it up."

*Dong-A Daily* (March 2, 1970)

# Part 2

## A Reformer Who Fought against Injustice and Corruption

# 2-1
# The Japanese Colonial Period

# The Massacre of Jeam-ri(E)

Report of Some Atrocities Committed by the Japanese Military and Police in Suppressing the Korean Nationalists, Investigated by Dr. Frank W. Schofield

Ever since the Declaration of Independence by the Korean People on March 1, 1919, the local government has used methods of extreme severity and cruelty in dealing with the nationalists. The acts of the police and soldiers became progressively more atrocious culminating in the massacre at Jeam-ri mentioned in this report. These methods which consist of threatening, arresting, beating, torturing, bayoneting, shooting, and burning alive have proved to be most successful from the government standpoint as quiet and order have apparently been restored.

"Mansai" may not be shouted again for fifty years, but "bansai" never, except perhaps at some state function when the lips but not the heart make the empty sound. The object has been to terrorize the people, and this has been achieved as completely by the Japanese police and soldiers in Korea as it was by the Germans in Belgium. In both cases the results have been the same, a surface calm covering a violent tempest that almost destroys both body and soul of the one who has to thus restrain it.

The following report of the massacre is a report by someone

who visited the place in question. It is supported by the reports of a large number of foreigners, not all of whom were missionaries by any means who visited the scene the day following the visit of the gentleman who give me the following story. One of the non-missionary members of the above-mentioned party told me on his return that when he was on the scene, the stench of burning human flesh was sickening to his nostrils. I may here mention that a report was made by responsible foreigners to the authorities in Seoul and that it was impossible for any evidence to be brought forward to disprove their statement. It can therefore be taken that the following statement is a fairly accurate summing up of the whole horrible business, although it may vary in certain minor details to the report made to the Government on account of my informant being on the ground a day ahead of the above-mentioned party who made the journey in motor cars. The following is the statement as made to me in an interview.

The Massacre of Jeam-ri, Suwon

On Thursday, April 17, news was brought to Seoul by certain foreigners that a most terrible tragedy had occurred in small village some fifty *li* (seventeen miles) south of Suwon. The story was that a number of Christians had been shut up in a church, then fired upon by the soldiers, and when all were either wounded or dead the church had been set on fire, in this way ensuring their complete destruction. Such a story seemed almost too terrible to be true and being of such a serious nature I was determined to verify it by a personal visit. On the following day I took train to Suwon and from there cycled to within of few miles of the village. A police station and gendarmerie lying this side of the village, and knowing the strenuous objections that would be made to my visit, I made a detour of several miles over a mountain pass and thus gained access to the stricken village.

Before entering I questioned many people as to the reported burning of villages, but none had any very accurate information, and all were very much afraid to speak about the affair. I finally met a boy who lived in the village where the massacre had occurred, but he absolutely refused to tell me anything. He protested ignorance. Terrorism was bearing its fruit–the people were almost paralyzed with fear.

Making a sharp turn in the road I came suddenly into the village and to my surprise found a number of government officials–military and civil–holding an investigation. After a conversation with some of these officials I was allowed to further look over the village and take some photographs. From Koreans I could get practically no information; they seemed to be dazed and stupefied, especially the women, while the younger men pretended ignorance of any details.

The Village

The appearance of the village was one of absolute desolation. About eight houses remained; the rest with the church had all been burned to the ground. All that remained were the great stone jars of pickles, chang and edibles; these stood in perfect order silent amongst the ruins. The people were scattered about sitting on mata, or straw; some had already improvised little shelters on the adjoining hillside; there they sat in silence looking down in bewilderment at the remains of their happy homes. What had they done that this terrible judgment should overtake them? Why should they suddenly be made widows and their little one becomes orphans? Surely some mistake had been made.

The Story of the Massacre

Before long the government party left the village, and when the last officer was well out of sight the tongues of some of these poor frightened people loosened and they revealed to me the story of the brutal murder. The story was as follows: On Tuesday, April 15, early in the afternoon some soldiers had entered the village and given orders that all the adult male Christians and members of the Cheondo-gyo were to assemble in the church as a lecture was to be given to them. In all some twenty-three men went to the church and as ordered sat down wondering what was to happen. They soon found out the nature of the plot as the soldiers immediately surrounded the church and fired into it through the paper windows. When most of them had thus been either killed or injured, the devilish soldiers set fire to the thatch and wooden building which readily blazed. Some now tried to make their escape by rushing out but they were immediately bayoneted or shot. Six bodies were found outside the church, these having tried in vain to escape. Two women whose husbands had been ordered to the church, being alarmed at the sound of firing, went to see what was happening to their husbands, and tried to get through the soldiers to the church; both were brutally murdered. One was a young woman of nineteen– she was bayoneted to death; the other, a woman of over forty, was shot. Both were Christians. The soldiers then set the village on fire and left. This briefly is the story of the bloody massacre of Jeam-ri. The blame for this can be placed upon the shoulders of the ignorant and boorish Japanese soldiers. Officials higher up were cognizant of if not directly party to the plot.

Some foreigners, who were at the village the day after the burning and photographed one of the dead and burnt bodies, said that "the smell of burning flesh was frightful." Do you wonder that the people were paralyzed with fear? This story was told to me by several of the villagers. All their stories were substantially the same. The poor people begged me to give them protection. They said they were living in constant dread of further atrocities. They did not know when some more police and soldiers would come and perhaps exterminate them. One young widow who had previously passed through a mission school came up and shook hands with me and told me in tears how her husband had been killed. Then another woman told me of her grief, then another and another. They wondered when the missionaries would come again, yet they were afraid if they did come it would make things worse. Their plight was heart rendering. Their tears and sobs would break a heart of rock.

I left them with some words of comfort, and while going one dear woman said, "They can kill us or do what they like, but we will always believe in Jesus." My presence seemed to have broken to some extent the spell that had been over them. They began to realize more keenly what had happened and then across the little valley came the sounds of the women wailing for their husbands and cries of the orphans for their parents.

I returned that evening, and again stopped to give a few hurried words of comfort. While I was speaking a youth came running to me; he had escaped, but said he had lost both father and mother. His mother, worried by her husband being in the church when the soldiers commenced firing, had gone to rescue him and as reported above she was murdered on the spot. I had to leave them, hard as it was; who would not want to stay and comfort these poor helpless souls? I left a little girl preparing the evening meal for her widowed mother with a little straw, in a pot held up by some broken stones. I left them desolate and broken yet they realized that while alone they were not alone, they had the company of one who has a special care for the "widow and the fatherless."

Remarks:

One will wonder why the Japanese soldiers were allowed to commit such terrible crimes as this, and also for what reason? I can answer only in part such questions.

### What the Villagers Said

The villagers told me that they had not shouted for independence in the village, but on the market day with many others they had, like all Koreans, shouted for liberty. They could not understand why they had been singled out for such a cruel punishment unless it was because many Christians lived there. Some thought it was because a Japanese gendarme had been killed, and the gendarmerie burnt; but they had not done this rash act, and it happened several miles away. They could not give a reasonable explanation.

### What the Policeman Said

In this I must be careful as the policeman was Japanese and the statements had to be interpreted. He said that the fire was the result of Korean carelessness–that it had started in one of the houses and had spread. As to the shooting of men and women, he said that there were very bad people in that village and that they refused to be arrested and had to be shot. This was the gist of his statements. It is impossible to state why such a crime was perpetrated; the soldiers and police alone know the motive behind their bloody acts. I was informed that a very high official casually made the remark, "A gendarme had been killed." This was apparently sufficient reason for such a crime from his standpoint. It should be noted that the Japanese gendarme was only killed after he had shot on a crowd of defenseless Koreans, killing one and wounding another.

Personally I think that the reasons are twofold: (1) the killing of the gendarme, and (2) the intense hatred for the Christians.

# Report of the Suchon Atrocities(E)

The following is an interview of a foreigner who visited Suchon and carried out an investigation of the barbarous acts that had been committed there. A number of other missionaries and foreign officials visited the scene the following day, and their statements bear out the following account. It may be mentioned here that the authorities in Seoul were formally informed of what had been seen at this and other places by foreigners, and in such terms that the authorities were not in a position to deny the statements placed before them. It may also be mentioned that the government also sent a committee of investigation, and as result the government decided to send supplies of goods and have promised to rebuild the houses that were burned down. This in itself is an admission that a wrong has been committed. It is also stated on good opportunity that when the Governor-General was acquainted with the facts, that he stated that such a thing would never be allowed to occur again. The building of houses, the handing out of food to the widows and orphans, while good in their ways, cannot recall to life those who were killed or repair the suffering that so many innocent people were made to suffer at the hands of brutal soldiers. The fact that so many foreigners went to the scene of this useless burning and murdering and killing has forced the government to act, which otherwise never would have. They are fully aware that it is useless to deny that these acts of brutality did not take place; the evidence against them is too strong. The following is the result of the interview.

The hamlet of Suchon is beautifully situated in a pretty valley some four or five miles from Jeam-ri where the previously reported massacre occurred. I arrived at the outskirts of the valley or village at four o'clock on the afternoon of April 17, 1919, and seeing a woman standing on the top of a high bank which here flanks the road on the left side, I asked whether I had arrived at the village of Su-chon

She replied, "Yes, it lies at the bottom of the hill." After a word or two or more with regard to the village she said in a broken voice. "Are you a Christian?"

I replied, "Yes, are you?"

She answered by rushing across the road and grasping my hands. She said, "Oh, I am so thankful. Oh I am so thankful." She continued, "Our village has been burnt, and church destroyed, and many of the people badly hurt. Please come and look at the village."

I said that I had come for that purpose, and would cycle in ahead of her. She then introduced me to two boys who were standing on the hilltop watching the direction in which a small company of soldiers was going. They were awfully afraid of the soldiers and were anxious to make sure of their definite departure.

### The Village
It had been a beautiful village, so prettily located, with such

cozy cottages, but the Hun had been there, and his fingerprints black and brutal lay heavily upon the landscape. The narrow streets were lined with ash heaps; out of about forty-two cottages eight alone remained. Little attempt had yet been made to clear away the debris, for what security of life and property had they? Might not their new homes perish like the old? Some old women were sitting by their few belongings; their grief had almost overtaken them. They were listless and indifferent and one wondered if they were not wishing that they too might have perished when the cruel flames swept away their homes, and robbed them of all earthly comfort. There were some little children picking herbs out in the fields–they must have something to eat, and all their stock of rice and other food had been destroyed. The police and soldiers being absent, the people flocked around me and seemed anxious to tell me of their misfortune. They had recovered from the first shock but were in constant fear lest the soldiers should come back once more and destroy them in the same brutal way they had destroyed their homes.

### The Story of the Crime on April 6

Before daybreak, while all were sleeping, some soldiers entered the village and had gone from house to house setting fire to the thatch roofs, which burned quickly, destroying the entire home. The people rushed out and found the whole village blazing. Some tried to put the fire out but were soon stopped by the soldiers who shot at them, stabbed them with bayonets, and beat them. They had to stand by and watch their village burn to ashes. After completing this nefarious work the soldiers left them to their fate.

They said one man alone was killed but many seriously injured. I asked if wind had spread the fire from house to house. The reply was, "The village was on fire in several places at the same time. The soldiers carried matches and lit the thatch of many houses."

A survey of the village soon showed the impossibility of the fire spreading to all the houses, the space between in some cases being many yards. Also the village was in three sections more or less demolished. I asked to see the wounded and was taken to the inner room of a house and there found a middle-aged man in a most pitiful condition. His left arm from the elbow down was swollen to twice its normal size; the sword cut at the elbow was full of pus as were the rags which had been used for dressing. The smell was sickening. The man was a Christian and said that when the village was set on fire he had gone out and was immediately attacked by a soldier who cut him with his knife (most likely bayonet). He had no medical attention and said he was feeling very ill. His respiration was about 36 and his pulse 120. He seemed to be in much pain and had become somewhat emaciated. I told the people that he must be taken to a hospital immediately or else he would likely die. After bathing the wound, and putting on a clean dressing, I left the poor fellow with a few words of cheer and a promise of further attention. Fortunately, the next day we made arrangements for him to be taken to a government hospital.

When the local policeman saw him in his house before removal to the hospital, he immediately said, "We did not do that."

I replied, "You did."

But he was insistent. Then he said, "This man is a very bad man."

I denied it but again he contradicted me.

As I left the house an old man came hobbling on a stick and told me he had been badly hurt. I asked him to show me. Rolling up his trousers I saw five or six puncture wounds on his upper leg, all of them healing nicely. I asked how it happened and he told me on the morning of the fire a soldier jabbed him with a bayonet. He then showed me the other leg which was greenish yellow in many places he said that another soldier tried to kill him clubbing him with his rifle. He may have been a terrorist, I don't know; to me he looked harmless enough.

I went into another house and found two men in one room lying quietly on the floor. I asked what the trouble was. They replied, "The soldiers beat us badly." As I remember the story they had been led out of the village and beaten on the roadside with a club. I saw their bodies; the brushing was indeed frightful.

Nothing definite could be said about the church, it may have caught fire accidentally or have been deliberately set on fire; they did not know.

I told the people I must go immediately and make arrangements for the wounded man to get to a hospital if his life were to be saved. There were many things they wanted me to see and many things that they desired to say. They pleaded for protection, saying, "Oh when would the soldiers go? When would people come and help us?" They were terrified, and in constant dread of being burned, shot, or arrested. I hurriedly said farewell and promised to return the next day with help for the wounded. They were so thankful and begged that I return.

### Remarks

Again one asks what frightful crime had these people done to suffer thus? They do not know; they only called "mansai," but all Korea had done that. Then there was the gendarme who had been killed but that was several miles away and already the local village had been burnt for that offense. This was an action of their conquerors, they could not interfere; what right had they to ask why such brutality had been meted out? They were but slaves and dogs; what right had they to live save by the kind benevolence of those who ruled them with a rod of iron? They said, "This is Japan our Mother who treats us thus; then we with our souls wage an eternal war on her, till we shall either die or gain our liberty."

### Note

The following day a number of missionaries visited the village, but due to the presence of the police the people were unable to say anything.

The common deeds of the common day are ringing bells in the far away. Burton.

*Presbyterian Witness* (July 26, 1919)

# An Imperial Commission of Inquiry for Korea(E)

I was more than surprised at Mr. Hara's reply—"traces of fact"—when questioned recently as to the accuracy of the *Advertiser* published reports of the Su-won atrocities.

It is quite apparent that the truth has been concealed from him by those underlings whose reputation is at stake in this matter.

The reports were true in all essential points—that at least twenty-three people were shot and then burnt in the church by order of a lieutenant; that two women were killed— one shot, the other's head nearly severed from her body by means of two sword cuts because she refused to go home when ordered to do so by the soldiers; that soldiers went to the home of Mr. Kim in the nearby village of Kongchew, and taking six men, the three sons and three grandsons of the old couple who lived there, tied them all together with rope, and bayoneted them to death. The youngest was a boy of fifteen years. The old man on his knees prayed that their lives might be spared. When this was refused he begged the soldiers to kill him also, which was refused. As they burnt the bodies of the boys the poor old man tried to throw himself on the burning heap; this they would not allow. I saw the old man a few days ago, and do you wonder that he is losing his reason?

I forget whether the published report mentioned that about seventeen villages had been on fire; in some cases only a few houses, in other cases almost all the houses being burnt, so that hundreds of people are homeless. It was a strange sight to see soldiers standing over the people hurrying them up as they removed the ruins and rebuilt. I know what the official report says about this and all the other things because I happen to possess a copy. The villages are supposed to have been set on fire according to an old Korean custom: "When the police or soldiers go to make arrest in a village the criminals quickly set the houses on fire, then all the people run out and the criminals mixing with the crowd make good their escape. This is an old Korean custom." I am not joking but quoting to you the words of as high a military officer as we have in Korea. I know he believes it because he knows nothing about Korean customs, merely believing the reports of his staff officers. While during the last few months there have been twenty-six thousand arrests in Korea, this strange old Korean custom has been localized in the Su-won district.

I don't think that the *Advertiser* reports mentioned that eleven thousand people have been beaten in Korea lately. How many have died as a result I know not; of two deaths I am sure.

I am glad that Mr. Hara intends to get after the newspapers which have been issuing false reports. We have many semi-official journals in Korea which I am afraid will be suppressed. Japan must know the truth, but how is she to be informed? At a time when the British were making mistakes in Egypt, the late Colonel Roosevelt happened to pass through the country while on his way from a big game hunt in Africa. Some officials, who had Britain's welfare at heart and knew that the existing policy spelt failure, said to Mr. Roosevelt, "When you get to London, for God's sake speak the truth. Tell them Egypt is being ruined." Everyone is familiar with what happened. Mr. Roosevelt went to London and in his famous Guildhall speech, he told the British government "to govern, or get out."

Who will do for Japan what Roosevelt did for England—tell her the truth about Korea? Japan's interests here in Korea can be achieved only when they find out the truth. Japan would be shocked and humiliated but she must know the truth at all costs, and she never will through the ordinary official channels.

This agitation may have been a joke as far as the military party is concerned, but it is no joke to the sixteen million Japanese subjects who inhabit the peninsula. It is the gravest matter which has ever entered into their varied history.

I plead to those who love Japan, who love righteousness and justice, come to Korea or send delegates so that the real truth of the Korean situation may be discovered by Japan and the belated remedies applied.

*The Japan Advertiser* (July 1, 1919)

# The Discovery of the Korean Mind(E)

Three hundred years ago the Japanese discovered Korean artisanship. Deep in the granite hills of Korea, many precious minerals have been found, while the Oriental Development Company, the close ally of the government, has increasingly found the value of Korea's paddy fields. The treasures of Korean graves and temples have been discovered and removed, but one thing as yet the Japanese have not discovered. Their genius has failed to penetrate the Korean himself. His thoughts are still a secret; he still rules in the council of his mind, and controls the gateway of his soul. The coat of arms of a conquering neighbor may be found on the sleeve of his ruler, or on the coin of his country, or even on the doorposts of his house, but if his heart is still free from its impress it might be questioned whether conquest and assimilation is not more fancy than reality.

The Japanese failure in Korea has been largely due to a failure to discover and win the heart of the Korean. The heart must be discovered before it can be won. Japan has failed to do either. The present agitation shows the need for Japan to know the mind of the Korean. Had the Japanese known what the Korean was thinking and had been thinking for a long time, there might have been no agitation, or at least the (Japanese) government would not have had a surprise attack.

A Secret Movement

A day or two before the demonstration for independence, I well remember a Korean coming to me by night and pulling out from next to his skin the famous Korean Declaration of Independence. I was surprised beyond measure. I thought I knew the Korean mind but I did not. I did know his many grievances against the government, I had heard them over and over again, and had frequently been told how someday when the time was ripe they would slip the leash and get their independence. I thought it an idle dream; I never thought they would have enough moral courage for such an act. Just at this time I happened to meet a Japanese friend who has unusual opportunity for meeting Korean students and who should have known something of their mind. I mentioned the unrest and probability of trouble, but he laughed. He told me that he knew the Koreans and that they were satisfied with Japanese control; they were far better off than they had ever been before, and that they would never think of going back to an independent national life because they had experienced so many advantages at the hands of the Japanese. This man was confident that he knew the Korean mind, but he did not, for within a few brief hours, the cry for independence had gone up from all of Korea.

Improvements

I was shown two pictures today which impressed me very much. One was a picture of the Seodaemoon Prison taken in 1910. The jail was small (the only good point), the buildings poor and of wood, while the hills behind were as bare as a sidewalk. The other picture was of the Seodaemoon Prison in 1919. The buildings were splendid and of brick, the jail area had been increased almost three or four times (the only bad point). Everything looked neat and up to date, while the hills in the rear were a mass of foliage. However, the jail cells were full to overflowing. Why? Because Japan had not discovered the heart of the Koreans.

I said to the Korean with me, "Are you not thankful for this splendid institution and all the reforms which Japan has made?"

He said, "Yes, but for two reasons they do not appeal to the people. Firstly, the Korean had not been asked or allowed to co-operate in all that has been done, as was promised, so we have no direct interest. Secondly, most of these things were directly for the benefit of the Japanese and indirectly for the benefit of the Koreans." He continued, "The jail is fine, but was it not so large and full, because it was just one organ of the assimilation octopus? The good roads, were they not equally beneficial to the Japanese and the Korean? Had they not been built on confiscated land and with forced labor? The railways were also equally a necessity for Japan and Korea. The schools, the banks, the afforestation etc. all were a Japanese necessity and even under a policy of assimilation."

But I said: "Is not this a selfish and ungrateful way to look at things?"

We Expected to Be Partners

He said, "These are all good things, we needed them all, but we did not want to get them in the way we did. We expected to be partners both in giving and receiving. You must remember that we were promised equality at the time of annexation. Japanese interests were our interests in roads, railways, schools and banks, so we got them. But Japanese interests clashed with our interests in position, in the Department of Education and in the schools, in the Communications Bureau and in the Station Masters' officer, in the Department of Finance and in the banks, and so we did not get what we wanted here. We became merely the hewers of wood and drawers of water, instead of brothers and sisters of the Japanese, in partnership with them in all they did. There we revolted."

Had the Japanese discovered only this much of the Korean mind, there might have been no agitation. I surprised a Japanese friend who considers himself well posted on things Korean, by telling him that almost every little Korean child calls a certain man, "the man who stole his country." He did not know that the Korean mind dwelt on past history in such a way. He did not know that the Korean looked upon annexation as a treacherous sale of his native land. He did not know that the average Korean looks upon the Japanese as stupendous thieves, who also stole sixteen million people and a great many millions of square miles of land, when Korea became a child of the empire. This may be bitter medicine but it is the truth. These are not the ideas of the writer, but it is discovering the Korean mind.

Making a Land Question
Few things rankle more in the Korean mind than the

operations of the Oriental Development Company. They regard it as a huge organization for squeezing Koreans out of their native land in favor of Japanese emigrants. They tell you that hundreds of Koreans have to go to Kanto each year. A few weeks ago I stayed overnight in a small village and before retiring I asked the Koreans to come around and have a chat. I asked them if they O.D.C. was operating in that section? Yes, they replied, they owned the whole village. I then asked each man to tell me why they hated the company so, and to state clearly their grievances. They said Koreans were driven from the land in favor of Japanese. Each year one, two, or three new Japanese families had come in till now there were fifteen. They had to pay a heavier rent in rice or beans to the company than they had had to pay to the king in olden times, or than freeholders did to the government at the present time.

They said that the agents were dishonest taking bribes, that if they complained they were told to get off the land, that there was no security of tenure; that only the Japanese could buy land, and then on easy terms. They all said they were no better than dead men. I do not intend to pass judgment on these statements or any similar statements in the article, they may be correct or incorrect, that is of minor importance; the matter of grave importance to the government is that the people believe it. Now whether the grievances are fact or fancy, the effect on the people is just the same. They hate the organization that causes the trouble and detest a government which allows what they believe to be injustice to continue. As a result we have revolt and agitation. Once again we see the need of discovering the heart of the Korean. One could continue indefinitely, but enough has been said to illustrate the absolute need of a government knowing the mind of the people governed.

### Government's Ignorance

Some may reply that the government does know all this. I do not believe the government knows. The statements of its officials never show it, and no enlightened government would know all these things without attempting to relieve them. Yet one thing has absolutely astonished the writer time and time again during this disturbance, and that is the trouble the government has gone to in order to avoid increasing its knowledge of the Korean mind, how hard the people tried to reveal it, and how determined was the government not to see it. As an example, one might mention the official denial that what was going on was a national movement. People shouted from every village, but this was not a national movement, just a few agitators, missionaries, and disgruntled students.

The strange thing is that the government officials have been the only ones to say this. I never met a Korean with that view, save perhaps Count Yi Wan-yong. The people tried again to reveal their heart and the shops closed, but no, there was no evidence of unity amongst the people in their demonstration for greater freedom. No, it was just the bad work of a few agitators who represented nothing but their selfish interests.

People did not call "mansai" because their whole souls were crying out for greater liberty. No, "mansai" was shouted for rewards like candies or dimes. How sad that these millions who shouted have revealed their hearts in vain. Their hearts are closed now tighter than any oyster shell, and it may be ten long years before again they will publish on the housetops the secret of the inner chamber. What then is the practical value to those who govern of knowing the heart secrets, the mind of those they govern? It means everything; a wise government would lay its foundations and build in accordance with the mind of people insofar as it was just and reasonable. Such a method would save a government from revolution, bolshevism, and anarchy. It would keep a government official from saying, as he did to me a few weeks ago, "We will assimilate them!" The mind of the people should be the textbook of the real statesmen.

### Reforms

Reforms are coming soon. One wonders whether they will be successful in establishing a suitable government in Korea. Insofar as they are based upon a study of the mind of the people whom they are supposed to benefit, the reforms will be successful. If they represent nothing more than a politician's compromise they will be a failure.

Lastly we come to the most important question of how can a government find out the mind of the people? Certainly not by a spy system. Japan has followed Russia in this method and it has failed as conspicuously in Korea as it did in Russia.

The best way and the way followed in all enlightened countries are by freedom of the press. How both Koreans and foreigners hate a paper which lies, then lies again, then once more in a final attempt to cover up the previous ones. As an editor of the *Mail Sinbo* said to me a few days ago in apologizing for the lies he had published under my name, "We are under government control, so we cannot tell the truth." The newspaper must be the mouthpiece of the people as well as of the government. The privilege to hold meetings is almost as important as having a free press. The energy of many a bomb that has finally blown up a monarch could have easily been expended in debate. If the people can blow off steam they are not so likely to blow up.

A man only reveals his mind to his friend, never to his enemy. The Japanese will never know the Korean until he has made the Korean his friend. I suppose any missionary or businessman knows more about the Korean mind than the officials who govern. You cannot take a man's heart by assault. Like a flower unfolding in the warm sunshine, so the mind of man unfolds under the warm influence of friendship. The rulers of Korea have a serious handicap in not knowing the native language. If you are not interested enough to learn to speak his language you are not likely to get far into the secrets of the heart.

Rambling as this article may seem to be, I feel it contains some fundamental truth. There can be no successful Japanese Administration in Korea until the Japanese have discovered more fully and sympathized with the mind of the Koreans whom they seek to serve.

*The Japan Advertiser* (August 2, 1919)

# Japan's Challenge to Korea–An Impossible Policy(E)

Dr. Schofield, of Seoul, has been in Tokyo for several weeks and has discussed the Korean situation with a large number of influential Japanese. His view of the changes announced last week is stated in the following article, written for the *Advertiser*, which will be completed tomorrow. Dr. Schofield writes as a friend of the Japanese and Korean peoples who recognizes that their national destinies ought to be united, but believes that assimilation is a mistaken and impossible policy.

The Korean reforms which have just been announced by the Prime Minister can be considered as little less than an ultimatum to Korea. The cry of "mansai" which went up from the whole of Korea had one definite meaning: it was the protest of a nation against national extermination-assimilation. Japan replied to this outcry in no uncertain language: "We will continue to assimilate you." In answering thus Japan has made a tremendous blunder. The Korean people asked for bread; they have been given a stone. Japan, further, reveals her absolute ignorance of the spirit of modern Korea. If assimilation failed ten years ago when the Korean national spirit was at its lowest ebb, can the same policy be expected to succeed when the national spirit is running at flood tide? Ten years ago Japan's problem in Korea was that of assimilating sixteen million unorganized rebels; today seventeen million organized rebels have to be assimilated.

With more than 1,000 killed and 1,500 wounded, with 13,000 flogged and 26,000 arrested, with 1,700 homeless and 17 million terrorized, all in the hope of escaping from that dreaded nightmare of assimilation—in the face of all this will Korea meekly accept the challenge and submit, or will she take up the fight in greater earnestness than ever, and marshal her spiritual forces against the material forces of Japan? Those alone who intimately know the new Korea can answer.

### Ignorance in Tokyo

I have chatted over the Korean situation with quite a few leading men in Tokyo, men who pride themselves in knowing the Korean situation. I found that much is known about the minor atrocities, much about the gross abuses and flagrant forms of racial discrimination, but practically nothing is known of the spirit of new Korea. Much is known about the Korean but little is known of the real Korean himself. For instance, it was now known that a young Korean schoolmaster parading at the head of his boys was ordered by the police to stop shouting "mansai" or be sabred. The young man shouted again, and as he sank mortally wounded cried out, "You can kill my body, but you cannot kill the spirit of independence—mansai." Neither was it known that another young man who was dying as the result of a police beating attempted to bite off the tip of his finger in order to write in blood the covenant, "Tonguip (Independence), mansai." Such stories—and there are hundreds of them— which reveal the spirit of modern Korea are unknown to the government in Tokyo. The government here has relied too much upon the reports of their servants in Chosen, and as a result has been grossly misled and cleverly duped.

For example the governor-general of Chosen never admitted, in fact steadfastly denied, that the Korean agitation represented a national movement. They also estimated the killed at about four hundred. These false statements and many others were unfortunately believed by many in the home government. This ignorance explains in part why such reforms are offered to Korea. I have wondered what part, if any, the vested interests played in urging the government to be moderate in her reforms.

It is interesting to find out that the trouble in India was indirectly due to the government foolishly lending its ear to the stories of scaremonger capitalists who were quite sure that India would be ruined by any further advance in democracy. Similar news comes from South Africa in connection with the Rhodesian Chartered Company.

I wonder what the Oriental Development Company would do in a self-governing Korea!

### Assimilation and Discrimination

What is really meant by assimilation? The word is glibly used without considering its meaning. Assimilation consists in eliminating the Korean from all positions of social power. With no power there can be no opposition. His language, his history books, and his customs must all disappear. Shinto shrines must be built throughout the country, an imperialistic spirit fostered in the schools, and a new language introduced into the home. Then in an almost automatic way the patient would become colorless, flaccid, and impressionable, a sort of human plasticene which could be molded and Japanized. To such a policy the Koreans strenuously objected.

Let us now turn for a minute to racial discrimination. Racial discrimination is as essential to the policy of assimilation as eating is essential to living. Racial discrimination does not occur as an accident in carrying out the policy of assimilation: it is the very soul and substance of that policy. Apart from racial discrimination assimilation is impossible. Always think of racial discrimination as the special instrument for the assimilation policy. (This of course refers only to forced assimilation.) A few minutes' reflection will satisfy you on this point. Suppose you give to the individuals (whom you intend to assimilate by the way) —individuals who hate you like sin— all the privileges which you yourself possess, such as freedom of speech, freedom of the press, and political freedom. Do you think that you could assimilate them? Naturally if those who are to be assimilated are given equal power and opportunity with the assimilator, the former instead of being assimilated would immediately proclaim their independence. It is foolish to talk about removing all the discrimination which exists against the Korean, and at the same time maintain a policy of assimilation. Freedom of speech to the Korean would be freedom to call "mansai." Freedom of the press to the Korean would be to allow him to publish an Independence Daily. If these cannot be granted, then the Korean is being discriminated against. To be assimilated the Korean must exchange all his purely Korean ideals and aspirations for the Japanese ideals and inspirations. The root of the trouble in Korea is Japan's policy of assimilation, not discrimination, and as long as Japan persists in this policy, reforms and rescripts will be equally valueless in solving the Korean problem.

### The Old Assimilation

General Terauchi understood the policy well and made great progress. In fact at one time he almost accomplished the fact of assimilating the Koreans, but he failed because he did not get sufficient support from the civil administration. Then came General Hasegawa, and although not such a successful assimilator as his predecessor, he followed the same policy but met with the same difficulty—no support from the civil administration which was the immediate cause of his failure.

I suppose the most serious shock to the policy of these generals came from the Department of Education. Education and assimilation cannot exist side by side, yet the attempt was foolishly made and naturally resulted in failure. But who do we see blamed for the failure? Everyone denounces the militarist; he is removed and disgraced—save for a pair of silver vases—while the men who ruined the general's program of assimilation still hold offices.

Anyone who has studied the present movement in Korea would admit that the trouble could most likely have been avoided had the people been kept ignorant and uneducated. A fundamental condition in the policy of assimilation is suppression of education, yet in Korea the government schools were allowed to increase year by year. Almost all the young men of Korea know about that most dangerous doctrine of self- determination of nations. They have understood the meaning of the great war. They also realize that there is a sympathetic world behind the Korean aspirations for more opportunity in self-expression. In fact they have even heard of an independent Poland and a Jewish state in Palestine. These are the real reasons why the policy of assimilation failed.

In a word, the old policy of assimilation placed the Korean in a straight jacket, which was guarded carefully by the gendarme, policeman, and spy. When there was any evidence of restlessness the order went out, "Tighten up the screws on the jacket," or in other words discriminate some more since a struggling subject could not be assimilated. Had the assimilation straight jacket been properly handled, and by an expert militarist, assimilation might have become a reality. Imperative to success are: first that the machine be exclusively operated by a militarist; second, that nothing of the nature of reform and only repression be allowed to the patient.

## The New Assimilation

Most people were shocked to discover that the new reforms retain the policy of assimilation. The reformers announce however that they are going to do away with all forms of discrimination. Very much like a general saying, "I am going to continue the fight but have issued strict orders that no ammunition is to be served to the troops." This means that the poor Korean is to be left in the straight jacket, the warders to be removed and their methods abandoned. This is clear from the statement, that the gendarmes are to go and racial discrimination to cease. At a time when the patient is wriggling more violently than ever, the anti-wriggling devices are to be abandoned. It will be interesting to see what happens. The reformers apparently believe the cause of the Korean trouble to be racial discrimination instead of assimilation. How terribly shortsighted.

So we see the patient is left in the "harmless" straight jacket while the reformers prescribe the following: "R. x. Talcum Powder, Soft Soap, equal parts. To be applied underneath the jacket to those parts which have become sore due to the abuses of the gendarmes or irritated by the excessive application of racial discrimination."

Retaining the policy of assimilation under the new administration is making the same old mistake of trying to put new wine into old wineskins. To prevent the bursting of the wineskins one of two things will have to be done: either the warders recalled and their old methods vigorously applied or the policy of assimilation abandoned. The assimilation straight jacket is a military machine and has no place in an increasingly civil administration.

### Argument for Assimilation

The argument advanced for the continuation of the assimilation policy is found in these words of the Prime Minister: "Korea is united geographically with the main islands of Japan, and the two peoples are closely related to each other, in race, in manners, in customs and in sentiment." If these statements are true, Korea and Japan would voluntarily come together, and nothing would prevent the attraction of like to like. But what do we see? We see the policy of assimilation forced upon Korea at the point of the sword and bayonet; we see the Koreans massacred, imprisoned and beaten; we see a nation rise and with the shout of "mansai" proclaim to the whole world their desire to be released from this terrible assimilation. I ask for the proof of "similarity in sentiment." If these two nations are so similar why is it that even when the Korean comes to Japan and lives here for years he does not become assimilated, but remains in his white clothes and thatched cottage–a Korean? If the Japanese influence in Japan is not strong enough to assimilate these people of similar sentiments, has the Japanese influence much chance in Korea? The Prime Minister must know that during the present year there have been over twenty fights, and many of them serious fights, between the Japanese and the Koreans residing in Japan.

An Illustration

Imagine, if you can, a judge in a divorce court settling a case of separation as Mr. Hara has attempted to solve the Korean trouble. First let me state the case. The marriage was not a love affair, but was arranged by the parents in order to unite the two households. Following the advice of the parson who supervised the marriage, the couple has endeavored to become one flesh, the endeavor persisting over the period of ten years. The husband at first tried to assimilate his wife by love and monetary gifts, but failing in this has had to resort to wife-beating. The wife tried at first to fit into her husband's queer ways, but finally gave it up and has spent the last three months proclaiming her independence on every possible occasion.

Now listen to the wise judgment of the judge: "I pray you to remember, Mrs. J., that you are geographically united. Mrs. J. as the evidence shows your birth place to have been Yorkshire while your husband is a native of Lancaster. Further you are closely related to each other in race both being Anglo-Saxon save for a little drop of Celtic blood in Mr. J. Further the evidence submitted shows you to be alike in manners, each one aspiring to be the head of the house. In customs, you are remarkably alike, both being vegetarians and large eaters of rice and drinkers of tea, I believe. And as to your sentiments they seem to be me to be identical, otherwise how could you have come together in this happy marriage? In dismissing the case I would recommend to you both to lay aside all discriminations and to love freely; and to you, Mr. J., I would urge the cessation of beating and other little things which must annoy, then feel sure that your good wife will cease that irritating shout which you say can only produce deafness in you and complete loss of voice in her if persisted in."

If such a settlement could be successful, then I believe Mr. Hara's settlement of the Korean question will succeed.

*The Japan Advertiser* (August 26, 1919)

# Canada or Ireland? Need for an Investigation(E)

Compositors do make mistakes sometimes and one seems to have crept into the statement of the Prime Minister. The statement as printed reads: "No distinction or inequality should be allowed to exist between them (Japanese and Koreans) as loyal subjects of the same sovereign, whether politically, socially, or otherwise. These considerations are understood to have been invariably kept IN view in the Imperial Rescript issued at the time of annexation as well as in that which has just been issued." Just the mistake in one letter—an I substituted for O—the considerations have been kept "on view" not "in view." Nothing could be further from the truth than to say such considerations have been kept in view, for the whole administration is one of discrimination, and all because of that impossible policy of assimilation. In discussing these reforms with Mr. Mizuno and Admiral Saito I could see how genuinely they were shocked at the flagrant abuses of the present administration, and they, like Mr. Hara, want to eliminate all the evils of discrimination, but at the same time retain the policy from which they all arise. It is like attempting to exterminate flies without paying any attention to the manure heaps.

Self-Government for Korea

Self-government for Korea is the only reasonable solution

to the problem. Viscount Kato realized this and advised the adoption of such a policy. Japan refuses because she is afraid that should Korea have self-government it will lead to final independence. This is not a necessary sequence, and would only result if the same hatred which exists between the two people today is allowed to continue. Britain has many self-governing colonies, and one of them, Canada, at one time discussed the question of independence. England replied that if Canada really desired her independence she could have it. Canada declined the offer. Korea is bound in time to get justice as a nation. Whether this is by assimilation, self-government, or independence, she could have it. Canada declined the offer. The fact should be recognized by Japan. It is to Japan's interests to be magnanimous with Korea, for if Korea has to pay as heavily for all her reforms as she is paying for the present ones Korea will always be the deadly enemy of Japan, and a serious menace whether assimilated or independent. This is a most important point for Japan to consider. England someday will have to satisfy Ireland in most of her demands. It would have been a much wiser policy to have granted Ireland her demands earlier, and in so doing have retained the friendship of Ireland. Korea during the last ten years has gained tremendously, in fact she has become a new nation, but what has Japan gained? Nothing but a revolution. At the close of another ten years Korea will most likely have made another tremendous advance. Will Japan's present policy reward her with anything more than a second revolution? With regard to independence Japan is surely big enough to see that just as she herself has a moral right to independence, so has Korea or any other country–the inherent and moral right. Korea forfeited her right and therefore lost the privilege of being independent. But if Korea can retrieve her lost character, and satisfy the family of nations that she is a new Korea and worthy of reinstatement into the family group, on what moral ground could a certificate of independence be withheld? A nation which sinned and fell ought not to be eternally punished. Korea never sinned against the family of nations in such a frightful way as Germany, yet Germany has been left independent, and the rest of the world is helping to feed and clothe her. But this is looking farther ahead than is necessary.

The great value of self-government for the Korean is that this would ensure justice and freedom from racial discrimination to a much greater extent than any other method of reform. The Koreans suffer from terrible injustices which will only cease when Koreans are a real power in the administration of their own country. The success of the British administration in India is by allowing the Indian a large measure of control in his own affairs. The failure of the British rule in India is due to not having carried this policy far enough. Britain governs in India over 300 million people with only about 1,200 white men in the whole of the civil service.

Count Terauchi saw the danger to his policy of the discourteous and unkind actions of the Japanese residents in Korea. I quote from the governal-general report of 1914: "It may be said, by the way, that prior to annexation there were in Chosen not a few Japanese who held themselves very haughtily towards the Koreans and treated them with scant respect. I, the governor general, thought that if such attitude on the part of the Japanese towards the Koreans was left un-remedied, the latter would harbor ill feeling against the former and it would prove a great obstacle in the way of bringing about intimate relations between them." General Terauchi was a prophet; such actions continued and have helped to bring about the present trouble in Korea.

Rescripts and proclamations will do nothing to alter this unfortunate attitude of the Japanese towards the Koreans; the only hope is in self-government.

### Removal of the Gendarmes

A high official connected with the gendarmerie said recently, "We are going to have our uniforms changed." There is a very real danger of this happening. The government has stated that gendarmes can enlist as police, but they will be discharged from the police force as soon as regular police can be recruited. This should not be done under any consideration. If the gendarme enters the police force the recruiting of regular police will never be brisk enough to replace him. Much better that the gendarmes be dismissed gradually, say over a period of six months; during that time sufficient police could be recruited.

The powers of the police must also be curtailed. Think of the police having the authority to arrest, judge, and sentence a man; this is called "summary police judgment." During the year 1916-17 the police handled 56,000 such cases involving over 82,000 people of which number more than 81,000 were sentenced. No wonder the people dread the police as well as the gendarme. The number of Koreans awaiting trial increased from 631 in 1910 to the enormous figure of 15,259 in 1916. Convicts have increased during the same period, from 6,290 to 17,577. This further emphasizes the fact that the only possible safeguard for the Korean against Japanese discrimination lies in the direction of self-government.

### The One Bright Spot

The statement of Mr. Hara that the crimes committed in Korea are to be investigated is the one bright spot in the whole category of reform. Such an investigation can only be made possible by sending a high commission to Korea. Koreans, Japanese, and foreigners ought to be able to testify before such a commission. If such an investigation were made and the offenders properly punished a most favorable impression would not only be created in Korea, but also in England and America. The Korean would say, "Well, at last I have been treated justly by Japan; there are apparently some Japanese who care for us Koreans." The Suigen affair is only a small part of all the atrocities which have been committed from one end of Korea to the other. Men, women, and children have been shot in the back then allowed to crawl home and die, and in many places the Japanese either refused to give treatment to the wounded or merely neglected them. I know one place when the wounded –eighteen of them– lay with broken arms and legs for twenty-two hours before any treatment was given, although a police doctor lived close by. No water was given for three days so that wounded men drank their own urine. I know where women were tied up to trees, and slapped and kicked frequently from morning to night. I know districts where the authorities made a definite attempt to exterminate Christianity by beating the Christians and burning the churches, or seizing the church, as in one case, and turning it into a government primary school. It is rather amusing to hear about a World's Sunday School Convention coming to Tokyo. The damage done to church property in Korea must amount to between ￥60,000 and ￥70,000, and the Koreans are not very wealthy people. However, it is most encouraging to know that Mr. Hara is going to investigate all these atrocities. This is the one bright spot in the reforms.

*The Japan Advertiser* (August 27, 1919)

# A Critical and Constructive Survey of the New Regime⁽ᴱ⁾

Following is the first of a short series of articles which describe the present position of the Korean administration, from the standpoint of a critic who fearlessly exposed the errors of the old regime and just as frankly recognizes the efforts of the new administration to remedy the grievances of the Koreans.

It is comparatively easy to sit down and leisurely write a criticism of the reforms introduced by the new government, but to administer Korea at the present time is a task which compares favorably with the subjugation of Ireland or the pacification of India. No Japanese statesman has been faced with a more complex and difficult problem than is Admiral Baron Saito in the administration of Korea. From within, handicapped on the one hand by an unworkable national policy of assimilation, and on the other by conservative politicians, terrorist police, and ultra-patriotic journalists, and from without by a nation still in revolt yet making demands for drastic reforms.

The new governor general assumed control of what might technically be called "an efficient administration," but one which in practice has broken down so completely in both principle and detail that it is only fit to be scrapped as inefficient, immoral, and unworkable. The reforms to be successful must mean more than mere technical modifications or minor organic changes. The situation necessitated a radical change with regard to the whole administrative policy. The wrath of an outraged people must be appeased; hope must be implanted into a nation super-saturated with pessimism. Some opportunity for expression must be granted to the new spirit which was evidencing itself in a national consciousness, but above all confidence must be inspired, where, as a result of frequent injustice and deception, nothing but suspicion and unbelief existed. It is impossible to predict at this early date what the net result of the new administration will be. That moreover is not the object of the writer; this article is written with the purpose of presenting an accurate account of the more important reform measures introduced, coupled with what might be called a moderate Korean viewpoint criticism of the same.

### Position and Prospects

Much publicity has been given to the Korean reforms. Much has been written and spoken about the changes "made, about to be made, on the eve of being made, to be made at an appropriate time," but no clear-cut statement has been made describing just what has been done, how it has been done, and more important than all, the effect of the reforms upon the Korean mind. The complexity of the problem confronting the reformer can only be appreciated when one remembers that a reform, to be successful from the Japanese viewpoint, must further the fundamental policy of assimilation, while from the Korean side a successful reform is one that weakens or frustrates the policy of assimilation. Thus in a strangely different way the policy of assimilation becomes the touchstone for the reforms with both the Japanese administrator and the Korean subject. In one respect all the Japanese reforms are very much in the nature of a gamble, for if they cannot be made to enhance the policy of the government they merely become ammunition in hands of the Korean, making him a more powerful and intelligent enemy of the Japanese. The phase of the situation is well understood by the administrators, and is undoubtedly the cause of much anxiety as well as the caution and timidity which has characterized some of the reforms. Apart from the profits of the private and semiofficial exploitations, the recent military administration of Korea terminated in unqualified failure from the imperialistic standpoint. After great expenditure of men, money, and brains the Japanese have been repaid by a costly revolution, while the Koreans have been transformed from a disorganized, ignorant, rebel nation, into an enlightened, organized, and united enemy. The result of the next decade of Japanese administration in Korea will be determined to no small extent by the effect of the present reforms. Let us now see what these reforms have been.

### An Excellent Choice

To the mind of the writer the most valuable change made in connection with the administration was the appointment of Baron Saito to the post of governor general. When the announcement was made there was much reasonable criticism of the fact that a naval officer instead of a civilian had been appointed as governor general. From the diplomatic standpoint the appointment was a foolish blunder and a direct insult to the Korean people who had expected a civil governor, yet in face of this handicap Admiral Saito has already succeeded in winning the confidence and esteem of many Koreans who have come into personal contact with him. The change was not from a Choshu General to a Satsuma Admiral, but from a reactionary militarist to a genial and democratically-inclined bureaucrat. It is aggravating to think that the stupid policy of assimilation hampers and limits the progress of a man who unquestionably desires to be a liberal administrator. It may take time, but finally the spirit of the head will permeate the members and the whole administrative body be leavened with a spirit of greater liberality.

An important reform that may conveniently be mentioned here is that of making the governor general responsible to parliament and not only to the throne, as heretofore. I mentioned this value of this to a Korean friend, and he replied, "That is no reform as long as Prince Yamagata and the other members of the genro survive." Not such a senseless remark either!

### The Old and the New

One cannot expect the general spirit of the new chief to work a miracle and change the hearts of all the old-timers. Nothing but a change of residence will prove to be a cure for some. A Korean delegate to the general conference which was called by the governor general shortly after his arrival related to the writer the following incident.

"We had listened to the addresses of Admiral Saito and Dr. Midzuno, and were feeling much encouraged by the sentiments which had been expressed. We began to believe that a new era had commenced, especially when these gentlemen told us to be perfectly frank and pour out our hearts and desires to them. But a sudden and terrible disappointment came. One of the old chiefs, a Mr. somebody, who was on the program to address us, did so in the old domineering and unsympathetic style characteristic of the military regime. We were informed that we had not been assembled 'to open a parliament but to listen to instructions.' From then on we all lost heart and the conference was to a great extent a failure."

Freedom of the Press?

Newspaper licenses have been granted at last to the Koreans. For ten years the Koreans have been without a real newspaper. *The Mail Sinbo* and other similar "official gazettes," as they were called, so distorted the truth and placed themselves in such an unlimited way under police control that the respectable Korean almost preferred to be without a newspaper unless he could obtain some Japanese daily. Whether freedom of the press will be granted with the issuance of licenses remains to be seen as up to present no papers have been issued. The chief of the division of political police, under whose supervision the papers will be published, had evidenced a spirit of marked liberality. A political refugee, an old and bitter enemy of the Japanese administration, has been allowed to return to Korea as editor of one of the dailies. Pardon has also been given to another political offender in order that he may take up an important position on the same paper. While in all three newspaper licenses have been granted, one paper alone—*the East Asia Daily*—is of interest to the Koreans. The other two are pro-assimilation and one at least is receiving financial backing from a little group of men whom the Koreans regard as traitors. An unfortunate blunder was made in granting newspaper licenses to some twelve Japanese companies several weeks before permits were given to the Korean promoters.

### Educational Reforms

Even though many wise changes have been introduced into the educational system, still the general feeling amongst the Korean students is one of discontent. They had expected substantially more than has been granted. The students have just cause for complaint as possibly no department of the administration had been so meagerly developed as the department of education. Far reaching and costly reforms were urgently required, yet the government apparently considered the inauguration of any extensive plan of reform an impossibility for at least the present.

The budget estimate of ¥15,000,000.00 for police reform as against ¥3,800,000.00 for school reforms has not helped to soothe the irritable mind of the student class.

First let us briefly note what reforms have been made. (1) Most important is the change in school age, which now allows the child to commence school at the age of six. Previously this privilege was granted to Japanese children only, Korean children having had to be a full eight years before study could be commenced. (2) The school period has been lengthened by two years. (3) The teaching of the Japanese language has been reduced by one hour per day. (4) The study of a foreign language has been introduced into the curriculum. (5) The teacher is allowed within certain limits to alter the teaching schedule in order to suit the special needs of his pupils. (6) Koreans have been made eligible for the position of principal of primary schools, and eighteen appointments have already been made to such positions. (7) One hundred new schools are to be annually established during the next three years. These represent the most important changes made by the new educational ordinance.

In order to comprehend the real value of the reforms one must have some knowledge of the existing need which the reforms granted were supposed to have met and to have satisfied.

(1) The government is providing education for about one in every 275 among the Korean population, while one in every nine of the Japanese population is being educated either by the government or through the Japanese school association.

(2) The Japanese and Korean school systems fail to coordinate. In spite of the reforms Japanese students are given one year more of high school than Korean students. This is very disadvantageous to those Koreans who desire to continue their studies in any of the Japanese higher educational institutions. The year must be made up somewhere, but unfortunately there is no place provided by the government where this can be done. It would have been very fortunate if this discrimination had been eliminated and the systems made to

harmonize. Such a change was anticipated in the following remark made by Dr. Midzuno while explaining his reforms to a large body of missionaries assembled in the Imperial Hotel, Tokyo. I quote from *The Japan Advertiser*, November 22, 1919: "The term of education in Korea has hitherto been four years for elementary education and four years for the middle school, but as the unreasonable nature of such a system is obvious, both terms will be altered so as to correspond to the system in Japan proper." Although the promised reform has not been introduced, the fact that the unreasonableness of the existing system has been appreciated is most encouraging.

(3) The building of 400 new schools will provide education for about 80,000 children making a total of about 150,000 being educated out of a possible 1,800,000 requiring education.

(4) The appointment of eighteen Korean principals was a step in the right direction but it still leaves many Koreans unemployed while Japanese school masters hold down the other five-hundred-odd positions.

(5) No provision in form of a university has been made for the hundreds of students who desire to obtain a higher education. In 1916, it was estimated that amongst the sixteen million Koreans there were but 968 receiving higher education while among the 350,000 Japanese, higher education was being provided for about 992 students. A university is one of the greatest needs of the Korean educational system. These minor discriminations and defects would have been overlooked had the one great desideratum been realized: the re-introduction of the Korean language into the schools.

Apart from the love of country, there is nothing that a people treasures more than their language. To have this eliminated from the schools, except in the form of the classics, has been, is now, and always will be bitterly resented by the people. The cause of this defiance of the popular will is not hard to discover—the same old trouble as the policy of forced assimilation. The same cause operates to prohibit the use of a satisfactory textbook of Korean history. One other thing that the reforms have failed to remove is the ban on the Bible. For some strange reason this book cannot be taught within the four walls of any mission school which has conformed to the government regulation and received its license as a recognized school. It is not only a matter of leaving religious study out of the curriculum; no religious exercise of any kind is permitted within the school building even before or after school hours. If the Lord's Prayer is to be chanted in the morning or the benediction pronounced in the evening it must be done in the back yard of the missionaries' house or in the cabbage patch or anywhere, but not in the school or on the lot of land pertaining to the school. Unfortunately, that which has been left undone has largely neutralized the value of that which has been done. However there are optimists among the student class, who believe that a hopeful start has been made which augurs of better things to come in the future.

*The Japan Advertiser* (March 12, 1920)

# The Passing of the Gendarmes⁽ᴱ⁾

"It is now proposed to have the gendarmerie replaced by a force of police to be placed under the control of the local governors, in a manner similar to that which obtains in Japan, except in districts where conditions make its immediate elimination inadvisable." This statement from Mr. Hara's proclamation of reforms was greeted with delight. Well, the gendarmerie as an institution has practically gone. The removal was made in a simple yet ingenious way. The sign board, "Gendarme Station" was changed for one inscribed "Police Station." This changed the building. The people in the building were "replaced" by changing the uniform from that terrifying Khaki for a soothing funeral black, and at the same time they were rechristened "police." Thus passed the gendarmes and Mr. Hara's pledge that they would be "replaced by a force of police" was considered to have been kept to the very letter.

Nothing was more essential than that the new administration should create confidence in the people. Absolutely no confidence existed and yet it is essential to any progress which may be made. It is not an exaggeration to say that 99.9% of the Korean people looked upon the "removal of the gendarmes" as a stupendous act of deception. One would have expected the new administration to have taken great care in avoiding everything that might arouse suspicion as to the sincerity of its acts. Surely the change could have been made in a more diplomatic way. Could there not have been a general transfer and redistribution of the men from north to south and from east to west, and somehow or other the uniforms have changed during transit? The people did not hate the khaki uniforms; they hated the men who for years had been so brutal and unjust. The people thought that the promise of removal referred to the men, and not to sign boards, removal of uniforms and regulations; it was the evil genius behind all this which had made the lives of the people so miserable. The slick excuse of the authorities is that the change is very much more than a change of uniforms; the men who were gendarmes are now police and under an entirely different, civil control. All this is perfectly true and as everyone admits, a good reform measure, but it has no connection with the promise that the gendarmes should be replaced by a police force, the former being a reform of the police system and quite independent of any removal of gendarmes. The millions of people in England and America who read the proclamation believed with some of the trusting natives and foreigners in Korea that the reform referred to the man and not to his clothes.

### Real Reform, Wrong Method

It is of no value now to lament the blunder. As the days pass by the people will discover that the reform, although introduced in such a blundering way, does mean something after all. There will be less bullying, a more limited authority, and possibly redress for wrongs now that the metamorphosed gendarmes have come under the direct control of the civil authority. The criticism is not intended for the principle of the reform but for the unfortunate method employed in introducing such a sensible reform. The mass of people in Korea know nothing about the administrative changes which have abolished the military control of the police. All they know is that a promise was made that the gendarme would go. He did not go; he is still there and swears at them or smiles at them from within a policeman's uniform. They say unanimously, "We have been deceived."

### Has Discrimination Been Abolished?

"In the Rescript, His Majesty was pleased to announce his desire that in all respects his Japanese and Korean subjects should be placed on a footing of equality. Accordingly one of the first reform measures taken was the abolition of all discrimination between Japanese and Korean officials in respect of treatment. In other words the rule was made that Korean officials should hereafter be paid according to the same scale of salary as that for their Japanese colleagues."

(Excerpt of Dr. Midzuno's address to missionaries, Imperial Hotel, Nov. 20, 1919)

"The government general has also drafted a revision of the regulations for the salaries of the Korean officials with a view to elimination of any discrimination between Japanese and Korean in the government service."

(*The Seoul Press*, October 10, 1919)

Admiral Baron Saito in a special New Year interview given

to the press made the following statement:

"Discrimination in treatment and status between Japanese and Korean government officials is abolished, with the result that both now stand on a perfectly equal footing."

The above are just three examples of statements made by responsible Japanese plainly affirming that all discrimination between Japanese and Korean officials has been eliminated.

A few days ago when visiting the chief of police of one of the largest police stations in Seoul, I mentioned that I was writing an article on the reforms, and asked whether the reforms in the police system had eliminated all discrimination in pay between Japanese and Korean police. The officer replied, "There is now no discrimination." I then asked what was the salary of the Japanese and Korean police respectively. I was advised to get such information from the governor-General, as he, the chief of police, was not quite sure. I suggested that we ask one of the many police who were on duty in the building and thereby save a trip to headquarters. This suggestion was not taken very kindly, and I was further assured that no discrimination existed. Seeing that I could get no information I volunteered to give a little, and remarked that I had been told that the salary of the Korean policemen was ¥28.80 per month while that of the Japanese policemen doing similar work was about ¥60.00. The chief now admitted that while the salaries were the same the Japanese policemen received a colonial bonus.

The Facts

Let us now look at the facts and see what foundation exists

for the loudly proclaimed reform of "no discrimination." The average wage of a Korean policeman is now ¥28.80. Of this, some ¥14.00 is salary, ¥9.80 bonus, and ¥5.00 "special bonus." The average wage of a Japanese policeman is ¥56.60. Of this sum, ¥18.00 is salary, ¥18.00 "bonus," ¥8.00 house rent, and ¥12.60 "special bonus."

Here is another example. The salary of an eighth grade Korea official is 52.50 while that of a Japanese in the same grade is between 100.00 to 130.00

Some of the Koreans spoken to did not resent very much the existence of discrimination as they realized that a Japanese living away from home and in a foreign land deserved a small bonus. They objected however to such a tremendous difference, and felt that it was most unjust of the authorities to persistently announce that all discrimination had been abandoned while such a difference in pay was being continued.

The reader will be anxious to know just what has been done by way of eliminating discrimination. I can only speak with accuracy about the change in the police force. Some days ago I asked a Korean policeman to give me some information in regard to the changes introduced. I received the following illuminating answer. "We have got a brass button our sleeves. We are no longer called soon-sa-bo (policeman's helper), and can swear back when sworn at." To some these may not seem like very progressive reforms, yet by inaugurating these changes unjust and unpleasant discriminations have been removed which for many years had been the cause of ill feeling among the Korean police. The policeman who gave me the above interesting summary also stated that the official excuse for such marked difference in salary was "you are only a Korean."

Meaning of a Button

I was told by a high official that I had no conception of the spiritual and moral significance of that button on the sleeve. I have not, but the policeman has, and he told me with much joy that since the reforms he had adopted the same tone of voice and used the same adjectives in replying as the Japanese had used in interrogating.

Since the new administration came into power, the Korean police have received an increase in pay of about ￥10.00 while the Japanese police have received an even larger increase. This has nothing to do with the reform but is due to the H.C.L. (high cost of living) in camouflaging the issue. The stock excuse of the authorities is that the salaries of both Japanese and Korean officials are the same, but that the Japanese policeman receives an extra colonial allowance. This is however not true. Even the basic salaries are different, that of the Korean being ￥14.00, while the Japanese receives ￥18.00. Thus in no sense can it be said that there is now no discrimination between Japanese and Korean officials. How the gentlemen quoted at the head of the paragraph reconciles his statements with these facts I know not. Certain police informed the writer that a Japanese policeman, after working for six years, receives an annuity of ￥15, while Korean policeman must work for ten years to receive an annuity of ￥100. Other policemen stated that at present no annuity is granted to Korean police, the rumor of such a reform alone being current. Here again, not only do the Koreans feel that they have been deceived by the promise of removal of all discrimination, but they also feel very resentful that the public should have been so grossly misinformed. If the public does not know the truth, the public will have no sympathy for what might appear as unnecessary agitation.

*The Japan Advertiser* (March 13, 1920)

# Some Causes of Failure(E)

One of the first acts of the new administration was to revise the regulations concerning cemeteries and the burial of the dead. These alterations made it possible for the Koreans to once more bury their dead according to the heathen ideas and superstitions of the people. Count Terauchi had instituted public cemeteries, and largely abolished the native custom of burying the dead promiscuously about the landscape. Such a measure was most bitterly resented by the Korean people who believed in the necessity of finding a suitable place for the deceased in order that the dead might get a good start in the new life. They thought that those who remained might be haunted by the spirits of the departed as punishment for their failure. This reform, whether wise or unwise from a sanitary and educational standpoint, was certainly well received by the mass of people.

Helping to Solve the H. C. L. (high cost of living) Program
By a revision of the abattoir regulations, a Korean is now allowed to catch, kill, and eat a dog without getting a permit. Formerly the sum of fifty cents had to be paid and a permit obtained. This meant that in some cases a poor farmer had to walk a far as ten miles to get a license to kill and eat his pet dog. The more sensitive Koreans felt rather embarrassed at the announcement of such a reform measure, fearing that

other nations would look down upon these white-coated gentle people as barbarians. While dog meat is not a common part of the diet in Korea, it is eaten by the poor country people.

Why should the Korean blush because his people eat canine cutlets, when the French regard snails and frogs' legs as "royal meat"' and the American swallows down a comatose oyster as if it were nectar.

A Mutually-Beneficial Reform

During the ten years of military administration the Koreans suffered in a most aggravating way from certain regulations which hampered commercial and industrial development to such an extent that the people generally believed that they could aspire to nothing higher than jobbers handling Japanese wares. These regulations which governed the formation of companies have been abolished by the new governor-general with the result that already hundreds of new companies capitalized at anything from ¥50,000 to ¥10,000,000 have been promoted. Previously it was almost impossible for Koreans to organize a company without taking Japanese into partnership, to which they objected. Most of the recently formed companies are purely Korean. The present enthusiasm is reflected in the establishment of a trading company capitalized at about ¥400,000 and controlled by four keen young Korean women. A license which might take three years to obtain under the old regime can be obtained in as many months under the revised regulations. The old laws were intended to hinder and inhibit, the new to develop and encourage.

This is the only reform which has in any definite way fostered the policy of assimilation. And from that standpoint it is a wise measure. For ten years the wealthy men of Korea felt that there was no opportunity for investment and satisfactory business development. They grew more and more restless and disgusted with the administration which refused to let them organize while the Japanese seemed to have unlimited privilege in exploiting and developing the natural resources of Korea. The more materialistic the nation becomes, and the more extensive the commercial relationship between Japan and Korea, the more improbable becomes a repetition of a businessman's agitation for independence such as occurred during the spring of last year. The administration has removed a potent cause for agitation in revising the regulations which had so unjustly discriminated against the Korean businessman.

Reforms in the Police System

Two most commendable reforms have been made in connection with the police department. First, the control of the police has been altered from military to civil. Previously a lieutenant general had complete control over the police in Korea. Under him in each province were military officers who directed the local affairs. These military men were not responsible to any civil authority not even to the minister of internal affairs. The unlimited power which they possessed was responsible for the many atrocities which occurred during the March uprising. By bringing this important administrative body under the control of a non-military police affairs department, an important reform has been inaugurated which although it may not bear immediate fruit, will as time passes prove to be of increasing value.

Second the change in police control has resulted in a far more humane treatment of the female prisoners. One hopes that such a welcome change may represent a permanent change in policy. Unfortunately the ill-treatment which has been withheld from the women seems to have been given and with added vigor to the men.

During October and November torture became an epidemic like influenza. It was commonly stated that torture had never been so violent since the days of the conspiracy trial. The new police brought with them new methods, the most notable being that of tightly wrapping a moistened and pliable piece of hide around the chest. The victim is near a stove to dry out. As the hide dries it contracts, causing excruciating pain and finally making it impossible for a prisoner to breathe. As my friend, in relating his experience said, "I could only breathe out." The great advantage of this method is that no visible evidence of torture remains after the treatment. This is an essential requirement as the police so vigorously proclaim their innocence and ignorance of anything even simulating torture.

All the police energies being concentrated on eliminating the agitators, other vices such as gambling and doping are increasing, much to the consternation of the respectable people. It is stated that in the town of Song-do a police doctor is doing a thriving business by giving morphine injections. Those who cannot pay cash can bring along any household article and exchange the same for one or more injection of dope.

With the reform in the police administration came an unexpected and violent attack upon the missionary body. No facts could be presented to support the charges, so those who had led the attack with such vigor beat an ignominious retreat under the cover of the words dendoshi and senkyoshi.

Some weeks after the storm had blown over, a Japanese gentleman gave the writer some inside information which was rather interesting. Apparently certain journalists were assembled and asked to join in a police plot. As the police possessed no incriminating evidence against the missionaries, these journalists were to arrange for interviews with such dangerous characters as say, the writer and others, and during the course of the interview an attempt was to be made to obtain the much-desired information. The scheme failed, due to the firm stand taken against such a plot by the man who always claimed to be the friend of the missionaries–the editor of *The Seoul Press*.

An Old Custom to Go

The flogging of criminals is to be discontinued after April 1, 1920. This will be a welcome reform to both the Koreans and the foreign doctors into whose hands the bruised and beaten victims frequently come. For two reasons this method of punishment was not immediately discontinued when the reforms were announced. First, the jail accommodation was insufficient so that there was no suitable place to confine those who might have refused to pay a substitute fine. Second, the fear that the abolition of such an old Korean custom might result in widespread agitation among the Korean people. This latter reason was given to the writer by the chief of the gendarmes.

With due consideration to both of these objections to immediate abolition, it is the opinion of the writer that a modification from the unnecessarily severe ninety-blows treatment to ten or twenty blows would have been wise and welcome. Not only were men frequently seriously injured but in several instances the beating resulted in gangrene and death. From the standpoint of moral reforms what is the advantage in beating the buttocks in to a pulp or beating them until a sting that will last for three or four days has been developed?

Effect of the Reforms

Ninety-nine Koreans out of a hundred, if asked what they thought about the reforms would reply, "What reforms? We have gotten no reforms." This may not be pleasant information but it is a fact nonetheless. At present the effect of the reforms in pacifying the Koreans has been practically nil. Take the Korean to task and go over each reform in detail pointing out the changes which have been introduced and he will under pressure admit that changes had been wrought, but will finish by saying, "Reform? Can you call that reform?"

This may seem to be a very ungrateful attitude but it can be attributed to at least four definite causes. First, owing to the careless way in which certain of the reforms were introduced, the Korean believes that he has been deceived. This is noticeably so in the case of the removal of the gendarmes. Also to a lesser degree in the reform called "removal of all discrimination between Japanese and Korean officials." As Dr. Berry truly said, there has been a lack of imagination on the part of the authorities. The millions of people in Korea are simple farming folk, and how is one to explain to such individuals that although the body of the gendarmes is still there, the gendarme has gone in principle and that this man from now on will be kind and loving because he is responsible, not to a lieutenant general of gendarmes, but to the governor of the province, who in turn is responsible to the newly created Department of Police Affairs of the Government General? Likewise the Korean policeman, although differing from the farmer, in being a fairly well-educated man, is rather aggravated by the sight of an extra ¥30.00 per month going into the pocket of his Japanese comrade. This ill feeling is only intensified by official proclamations which announce the abolition of discrimination.

Ill-treatment of Prisoners

Second, there is a lack of love and a disregard for Korean sentiment. The new administration has made frequent reference to the word "love," but there has been little real evidence of charity except in the connection with the famine relief work. The failure to proclaim amnesty for political prisoners was a great disappointment, not only to their relatives and friends but to the whole nation. The sufferings of the prisoners due to the extremely cold winter has added much grief and worry to the already distressed people. Numbers of the prisoners have been seriously frostbitten. They have been sick with no one to nurse or attend them. I saw one of our jailed nurses, the most faithful girl in her class, with hands frozen, while her cheeks and feet were frostbitten. Scores have suffered in this way, yet the authorities seem to care little. One student was discharged naked. Wrapped in an overcoat, he was brought to the hospital, and although immediately operated on, he died the following day. Several of the best young men in Korea have been discharged from the prisons in a dying condition, after lying ill for days and sometimes weeks in what is wrongly called a jail hospital. No heating, insufficient clothes, and weather below zero accounted for most of the freezing. One young man suffering from pneumonia was allowed to lie in a room so cold that his feet froze. These are by no means isolated cases. One of the finest girls in Korea recently entered the courtroom for her trial quite changed in appearance due to frostbite. It is folly to talk about "love'" and "living in the spring tide of happiness and in the warmest friendship with the Koreans" while the people are freezing in the prisons. I know that some people will question the truth of the statement but it is a fact that young men and old, in zero degrees, had to run stark naked across an open yard from their sleeping quarters to the work rooms. Frequently their bare feet were cut by spicules of ice. Reaching the work rooms they had to put on clothes which were sometimes frozen stiff, the sweaty garments of the day before having frozen during the night. The great sin of these criminal was that of shouting "mansai."

I quote from a letter received the other day which gives some idea of the unnecessary cruelty which still continues. A Christian teacher who was a fugitive from justice entered the Antung hospital suffering from inflammation of the brain. The Japanese gendarmes located him in the hospital and removed him to the prison. He was kicked and treated shamefully during his few days in prison, and was finally released in a dying condition. He was taken to an inn in Sin-wi-ju where he died after suffering from frequent convulsions. These unloving and unnecessary things have embittered the people, so that the reforms fail to appeal to them.

Oriental Development Company

Recently I asked one of the most influential and intelligent men in Korea what his attitude to the reforms was. He replied, "The reforms will accomplish nothing so long as the government allows the Oriental Development Company to bring hundreds of Japanese families into Korea to supplant the Korean farmers." Since the reforms have been introduced the company has brought about three hundred families to Korea which means that two or three hundred Korean families have had to leave lands which their ancestors had maybe farmed for centuries. His reply surprised me as it was made with much feeling and fervor. It must be remembered that the government is the largest single shareholder in the company and has, by law, the right to control the acts of the company. There is no love here. Once more, behind the scenes is seen the dark shadow of the assimilation policy.

The reforms have failed because of the serious nature of the wrongs which they attempted to right, and the crimes for which they attempted to atone. It hardly behooves an Englishman to say anything about atrocities and massacres after General Dyer's performance in India. But England, to her credit, is investigating and airing the affair.

## No Investigation

Mr. Hara, in his proclamation to the world, promised that the government would admit no excuse for any culprit, whether he is a government official or private citizen. This indicated that something would be done in the nature of a general investigation, but nothing happened. I have made many enquiries, and the men who allowed some of the worst atrocities either remain at their posts or have been transferred to better or equally good positions. The result of the promised court martial on the Suigen affair was never made public. There was no attempt made to draw up a list of criminals and punish them.

Thus it will be seen that a combination of unfortunate acts has prevented in a large measure the good which ought to have been derived from the inauguration of the reforms.

This article may be considered by some as unjust and pessimistic survey of the situation but anyone who knows the facts would agree that what has been written reflects a moderate criticism and would be considered by most Koreans as altogether too generous.

*The Japan Advertiser* (March 14, 1920)

# A Rejoinder to the Rev. Frank Herron Smith(E)

I have been tempted to comment on many of the statements made by the Rev. F. Herron Smith in his semi-official articles on the Korean reforms, but lack of time had made it impossible. I have never seen the case for the administration stated in a more masterly way, not even in the Annual Report of Reforms and Progress for Korea. I know that Mr. Smith is as conscientious in his analysis of the situation as are the officials who furnished the facts and figures; that however does not alter the fact that in some instances an entirely wrong interpretation of the facts has been made while in other cases a 'Smith' has been dragged across the trail.

First. It is unfair to say that the Korean is or was indifferent to education. What the Korean is not only indifferent to, but definitely opposed to, is a system of education which has as its object assimilation. The statement made that the children had almost to be bribed to get them to go to the schools may be true as the Koreans objected to the use of the Japanese language and the excessive inculcation of loyalty instead of learning. So that the reader may not think that I am dealing unjustly with authorities, I quote from an address delivered by the Hon. T. Sekiya, late-director of education for the government general of Chosen in Sangdo, June 1917: "In my opinion, the fundamental principle of Korean education, stated in a word, is to bring up the Koreans as citizens or subjects of the Japanese empire. In other words the Korean education aims to foster a loyal and patriotic spirit in the minds of the Korean pupils. The laws and instructions concerning education have no other purpose than this." No wonder the Korean showed little enthusiasm about either supporting or attending such an institution. After annexation the government closed a number of Korean schools either because the teachers refused to use the Japanese language, or lacked proper funds to support the school according to the new requirements. It must also be remembered that the annexation and assimilation robbed the people of all hope, which also accounts to some extent for the apparent indifference towards education. Now that the Koreans all believe that they are going to obtain their independence, they are full of hope and the applications for entrance to the schools are in some cases four or five times more numerous than the possible admissions. Recently in Fusan the principal of the Korean school asked the Koreans to supply ¥3,000 for an addition to the existing school building. The money was given but the Koreans further replied, "We are willing to give ¥80,000 annual towards Korean education in Fusan." If the Koreans can have complete control over their schools, and if their schools were established for the same purpose as are the Japanese schools, i.e. to educate, then the Korean would show a similar interest, and would form his School Association, and willingly tax himself like his Japanese neighbor. It is not fair to sneer at the Korean for having no School Association when under the old regime such was an impossibility. Four Koreans recently applied to the authorities to be allowed to form such an association; whether this will be granted or not remains to be seen.

Second. The absolute ignorance of either the writer of the article or the authorities or possibly both is reflected in the statement that "without instigation from outside...no demonstrations would have occurred, and it is true to the fact that it took three months at least to spread the movement through the country." Every Korean with whom I have spoken frankly admitted that all Koreans were determined to finally obtain their freedom and were awaiting a suitable opportunity. They had no instigation from outside (I refer to the years previous to the agitation). The opportunity largely came from without and maybe some of the plans, but the instigation chiefly came from within, in the policy of the association. True, it took three months to spread to the furthest mountain hamlet, and so did the epidemic influenza, which was if anything more contagious than the independence movement. The demonstrations were first organized and took place at large towns beside the railways, second in the center, and lastly in the interior where material to make flags had to be imported on pack ponies.

Third. The Oriental Development Company. Unfortunately I have not the article before me but as I remember this angelic company was defended by stating that the directors of the Company contained a number of men apparently of Samurai stock and with possibly blue blood in their veins. Unless I am mistaken, the whole military machine of Japan is made up of such altruists. But the reader was led to believe that most of the land held by the Company was land which the Company had improved. Also, the settlers which the Company brought over were settled on this improved land. Koreans have been turned off their richest fields to make room for these settlers. Not only that, although the Company according to its by-laws can only deal in undeveloped lands, yet by a clever trick they obtained about ten thousand acres of cultivated paddy fields. When the Company was organized "to develop the waste lands in Korea" they approached the old Korean Government and made it agree to take up ¥3,000,000 worth of the ¥10,000,000 capital. The Company however got its start in life by making the old Korean Government give over ten thousand acres of fine paddy fields and about ten thousand acres of uplands in return for the ¥3,000,000 stock. In the following year annexation was proclaimed, so the Company got the lands and the ¥3,000,000 worth of stock was turned over to the Tokyo Government, and the Company told them not to worry about paying any interest on the small investment. Much of the Company's holdings have been purchased from Koreans who were in debt or who had little knowledge of the real nature of the company. I have never heard of a small Korean farmer being able to purchase O.D.C. rice fields, while the Japanese settler purchases the land by paying small installments for a period of twenty-five years.

I said to one of the gentlemen mentioned in Mr. Smith's list of O.D.C. philanthropists, "You are a gentleman. Tell me at least, are you not ashamed of the Company's methods?" He replied, "Yes, I am, but have you not similar bad companies in your country?" I had to admit that we had. The Company once gave ¥1,000 to a friend of mine who was talking about doing a little journalism, and he had fewer facts than Mr. Herron Smith, but the Company did not know that!

Fourth. It is premature to say that torture has been eliminated from Korea. The order sent out by Mr. Akaike, chief of police, is well worded and I don't think that it was especially written for Mr. Smith's article, as there are those in the new administration who are strongly opposed to torture. But such orders have been issued many times during the last five years and yet torture has flourished. A few days before I left Seoul and after the statement had been published in *The Japan Advertiser*: "No Torture in Korea." I had the privilege of introducing to a high official a young girl who had been burnt with red hot irons. (This had been done in December.) The day before I left Seoul I was given the names and addresses of two students from Paichai School; one had been given a severe electric shock from which he had not recovered, and the other had been strung up to the ceiling by his thumbs. (This was during March.) The interesting thing in these cases was that a most critical investigation recorded on about thirty sheets of paper proved that none of the Paichai students had been tortured. These men were tortured at the police station. There is much to be accomplished in Korea, but the hopeful thing is that the government general and the lieutenant governor are anxious to eliminate the bad and give the Koreans the best which the policy of assimilation will allow.

I write this reply a few hours before sailing to Canada. It is very incomplete yet I feel it may be of value in supplementing the recent articles on Korea. Mr. Smith had many facts but he failed to interpret them correctly, due to a lack of knowledge of the Korean people, their mind, and their language.

*The Japan Advertiser* (April 10, 1920)

# Korea Groans Beneath the Yoke of the Oppressor(E)

Japanese Police System as Cruel as that of Imperial Russia

Japan's policy in Korea was vigorously assailed in an address delivered at the central Y.M.C.A. yesterday afternoon by Dr. Frank W. Schofield, a Presbyterian medical missionary who has recently arrived in the city from Seoul, Korea. The Japanese treatment of Korea was described as worse than that of Russia in the time of the czars, and the Japs were also charged with having introduced the old Russian police spy systems, including torture, in order to terrorize the Koreans and force them to adopt Japanese customs, language, and nationality.

Dr. Schofield described the Koreans as primarily pacifist. The Japenese, he said, were essentially militaristic. "Korea is formed geographically as the Koreans are psychologically," he stated. A range of mountains runs along the east coast, making the coast rockbound and forbidding, while on the west the fields stretch down to the ocean. The country turns its back to Japan whom it hates, and faces toward China, whom it loves.

A Sober People

He stated that the Koreans were loveable race, tall, strong, and robust. He also went into their history extending back for four thousand years, and stated that even as far back as 38 A.D. the Koreans had prohibition. As one instance of the sobriety of the people, and the stern manner in which prohibition was enforced, he told of the governor of a province in the year 1432 who was beheaded because the emperor found him imbibing, and his head exhibited all over the province he ruled. "We could hardly introduce as stern of measures here" remarked the speaker.

Some four hundred years ago the Koreans suffered on invasion by the Japanese. The Japanese intended to attack and conquer China and Dr. Schofield declared that they still cherished the conquest of China as their ambition. Korea had then saved China as Belgium saved Europe, but the country was ruined in doing so, and had never recovered. "Near Tokyo they have a mound underneath which are buried the ears of tons of thousands of Koreans taken home by the Japanese conqueror," he stated. "You can see how hard it would be for a Korean to love Japan. Yet they are trying to turn them into Japanese."

Refused Her Independence

He told of the Japanese war with China and Russia described by the Japanese as a fight to keep Korea independent. The Koreans had helped the Japanese against Russia. Then Japan refused them independence and established a protectorate, although an American missionary was already securing a protest from the United States government. The Korean army, ill-disciplined and worse armed, had withstood the well-armed Japanese for eighteen months after an order came for them to disband. The Japanese had murdered the old queen of Korea, who opposed them, and then deposed the Emperor to put his imbecile son on the throne. They had used force to secure the signing away of the country's sovereignty by the cabinet.

"The Koreans invented paper, they invented the moveable type, and they had a widespread system of education," stated the speaker. In some cases the schoolmaster took precedence over even the emperor.

### Abuses under Japan

When the Japanese took the country they flooded it with gendarmes, police, and soldiers. The schools were forbidden to teach anything but Japanese. Korean history books were burned. The showing of the Korean flag was prescribed under pain of imprisonment or torture. In 1911 there were eighteen thousand arrests without warrants and convictions by only police trial. In 1916 this had jumped to eighty-one thousand. In 1911, fourteen thousand Koreans were flogged by the police and in 1918 there were twenty thousand. The police not only had the power to arrest, but also to imprison, flog, or torture with only a police trial.

"People are grouching over here and say their liberty is being taken away because they have to pay taxes. Let them go to Korea where a country is being assimilated by force and see how they like it," remarked the speaker.

### Churches Were Burned

"The Christians have always led in the movement for independence," stated Dr. Schofield, "particularly the women.

We are making converts in the prisons; in fact, I might say that the native converts are making Christians among the men and women imprisoned faster than the churches." He told of the burning of many Christian churches by Japanese police and firemen, and how his protests to the authorities brought the excuse that it was Korean agitators who were responsible, even though he showed proof to the contrary.

He also described the torture inflicted by the police upon both men and women who took actively part in the revolution last year. This revolution was a peaceful one, in that the Koreans contented themselves with parading and cheering for Korea. They were met with charges by the police and military, with wholesale arrests and burned-out churches. The women had been particularly badly treated. "In Seoul it is not so bad, because there are too many foreigners there," he stated, "but up country conditions are fearful."

### Nurse Suffered Torture

"Koreans had come to him and shown him President Wilson's speeches on the right of self-determination for small nations. They thought that that United States would help them to secure independence. I told them that there was nothing but selfishness in the world and that they could not hope for anything from the League of Nations," said Dr. Schofield. The Koreans had thought him an imperialist because he was an Englishman but were speedily undeceived when they approached the Peace Council with their pleas.

He told of instances of torture, including a nurse who was burned with hot irons. When he approached the authorities, they denied the existence of torture, nor could he ever get them to admit it either officially or unofficially. However, he had written articles for Tokyo newspapers on the subject. He had also had an interview with the Japanese Premier. Korea was deluged with spies and every prominent man was closely watched. "In my last address in Tokyo to Koreans, I was informed that there were twenty-five in the audience," he stated. "When I told the meeting, someone shouted that there were more than that, so I told them that I would be able to address what was evidently an audience of spies."

Pleas for Justice

Dr. Schofield was at one time associated with Dr. Amyot on the Provincial Board of Health, and has for same time back been bacteriologist at the Union Hospital of Seoul. His lecture was on "Another Alsace or Poland" and he intends to give further addresses pleading for justice for Korea. Latterly the Japanese had decided on a policy of conciliation. While Koreans themselves admitted that the Japanese had made many reforms in a country where the aristocracy had ground the common people down to an extent never witnessed in any other country, yet they wanted independence. At present the Japanese filled all official positions and the Koreans are treated as an inferior race.

*The Globe* (July 12, 1920)

# Japanese Reforms in Korea(E)

The address delivered in the Y.M.C.A. last Sunday and reported in your paper was a review of the most important causes underlying the recent revolution in Korea. The Koreans have been criticized for starting an agitation which cost them so much in life and church property. (About $30,000 worth of native churches were destroyed by the Japanese soldiers and firemen.) Such criticism would not be made if the injustices involved in the Japanese colonial policy of forced assimilation were more generally known. These, having been stated, it is only just to Japan that an equally clear statement should be made as to the reforms which she introduced in Korea after the collapse of the military administration.

A Great Victory

The Koreans with their brave bands had won a great victory when Field Marshal Count Hasegawa had to retire in disgrace from his post of governor-general of Korea. They had seriously crippled the Prussianized military machine which had ruled the land for nearly a decade. In the fall of last year a new governor-general, Admiral Baron Saito, was sent to Korea with orders to inaugurate a new and liberal regime. The first concession made by the Tokyo militants was in appointing a naval man instead of a man from Choshu (the home of the militarist clan.) The reforms introduced have been rather a disappointment, but the man who brought them has proven to be a great success. Admiral Saito is the best governor-general Korea has had and probably ever will have. His position was difficult as many members of the old military machine remained in office. It is rumored that they tried to stampede him, but failed. His personal success is an omen of better things to come.

### Prussian Ideas

As to the reforms introduced, the first was an order which abolished the wearing of swords by schoolmasters, station masters, postal clerks, etc. It was an ugly sight, and very much a Prussian sight to see a schoolmaster with sword buttons and gold braid proudly marching down the street with a primary class. The Korean custom of burying their dead in specially-selected places around the mountains, which had been prohibited by Japanese law, was now again permitted. It means a great deal to the heathen to be able to select a suitable place for burial. A propitious site means everything to the departed spirit in getting a good start in the new world, which means the afterlife. A poor location would not only wreck the future of the spirit, but would also bring bad luck to the family for generations. This reform was naturally unpopular with the Christians, but they are in the minority. It was a great reform to the heathen population.

### Korean Journals Authorized

One of the best reforms given by the new chief was the granting of three newspaper licenses. Koreans have had no newspaper of their own for about eight years, but are now rejoicing in having some of the old newspaper staff reassembled, and in being able to read editorials which are not inspired by the assimilation militarists.

Promise of a great reform had been made to the Koreans and published to the world by Mr. Hara, viz. "the gendarmes who had ruled Korea were to be replaced by police." It was a cruel disappointment for the people when they discovered they had been deceived and that the gendarmes were not replaced by police, but were themselves changed into police. However, an important reform in the police system made the shock easier to bear. The police, who had always been under the control of a military officer, were permanently transferred to the control of a civil commissioner of police. In this way the metamorphosed gendarmes lost their rifles and long swords, as well as quite a bit of their almost unlimited power.

### A New Form of Torture

The police reform was excellent, but at the same time a new form of torture was introduced, which makes about the thirtieth variation. Its value lies in the fact that no marks remain. A moist chamois skin is fastened around the chest of a prisoner, who is now made to walk around a hot stove until the skin dries out. The excessive pressure results in the collapse of the patient and the release of his secret.

After the Japanese occupation in 1910 drastic laws were made which prevented the Koreans from forming companies unless Japanese were taken in partnership. These discriminatory statutes have been declared null and void, so that today

Koreans can go ahead in industrial and commercial development. A disadvantage which they have to face is that means of transportation are all Japanese-owned.

A new departure has been made in allowing Koreans to hold the position of headmaster in the Korean primary schools. Eighteen appointments have already been made. Also the number of years of schooling now allowed to Koreans is almost equal to the period granted to Japanese. The loudly advertised reform of abolition of discriminations in salary between Japanese and Korean of equal rank was largely camouflage and therefore cannot be considered.

Police May No Longer Punish

Possibly the greatest reform was the abolition of police beating. Many Koreans had been killed and very many seriously injured by the ninety-blow system of corporeal punishment. The prisoner, strapped with heavy leather straps to a cross, was beaten on the bare body with thirty blows on each of three successive days. The results were awful.

The native Christians and missionaries greatly rejoiced at being again allowed the use of the Bible in the mission schools and colleges. Truly a great reform. This brief survey will show that the Japanese have repented and tried to make amends for the dark past. But the Koreans cannot be won over by such reforms. They feel that they have suffered too long and too much. The policy of forced assimilation still operates under a new principle of "'love and kindness." The Korean is suspicious especially when the Reform Budget calls for $8,000,000 for police reform and only $2,000,000 for educational reform.

### Independence: The Korean Goal

The Koreans feel they have a right to independence, and everyone who knows the situation believes that they ought to be made a self-governing nation. Different in origin, ideals, language and civilization from the Japanese, denationalization and forced assimilation will prove to be as great a failure in Korea as to every other country where it has been attempted. They ought to be granted the right to express the national spirit which burns within them. Until this is done there will be nothing but tempest in the land of the Morning Calm.

*The Globe* (July 17, 1920)

# The Future of Korea: An Interview with Mr. Hara(E)

In an interview with Mr. Hara the Prime Minister, I learned what I was most anxious to know—the future policy of the government of Japan toward Korea. This can be stated in a sentence as "assimilation by love and justice." I quote briefly from our conversation.

I asked what could be expected in the way of reforms for Korea. Mr. Hara replied: "It is our desire to extend to the Koreans all the privileges and liberties which we ourselves possess. The Koreans must be treated as equals, and I hope that justice, kindness, and sympathy will be the watchwords of the new administrators." I mentioned that all this had been promised to the Koreans at the time of annexation, but that, due to the policy of assimilation, it had been impossible to give the Koreans such privileges.

I asked: "Is the policy of assimilation to be continued?"

The reply was: "The policy of assimilation will be continued, but the methods employed will be entirely different so that the numerous discriminations and other evils will be done away with." I urged that such evils were the unavoidable concomitants of the policy, and that the only possible way to secure justice was by increasingly placing the power of government in the hands of the Koreans. I asked if it were moral to force upon a nation a policy which it so bitterly opposed. I was assured that, while the name or the policy might be the same, the administration would be entirely changed, and in reality a far more liberal policy followed.

### "Wait and See"

I asked why the policy should be continued after it had been tried for ten years, and had failed as completely in Korea as in Alsace-Lorraine and Poland. Mr. Hara, in replying, requested that I wait and see, that it was only fair to give the new administration a trial. I replied: "If the government will persist in the policy of assimilation, the end will be a bloody revolution." I then asked that a High Commission be sent to Korea to impartially investigate the whole situation. Mr. Hara replied that Admiral Saito, the newly-appointed governor-general had full power to investigate whatever he might consider necessary, and that at present the sending of a commission would not be considered. I expressed my great disappointment, stating that I knew nothing that could be so valuable in helping to restore confidence between the two peoples.

### Atrocities Disavowed

I mentioned the fact that I was writing a book, so that an accurate account of the atrocities and persecution of the Christian Church might be recorded. I asked Mr. Hara for some definite statement on the subject that I might include in the book. I was first given the good advice to "stick to facts"; then Mr. Hara further mentioned that he wanted it to be clearly understood that the atrocities committed in Korea were not in accordance with the orders of the high command.

They were the doings of brutal soldiers and police who acted on their own initiative. Also not infrequently, due to the confusion of the times, mistakes were made in understanding the orders given. In replying I said, "I do not presume to know whether or not the orders came from officers of high rank, but I do know that when I and others went to the highest officials and reported the atrocities, the officials lied and lied, and made numerous excuses to cover up the sins of their servants." Mr. Hara replied that he would not dispute my statement, but hoped that in future if any such outrages should occur I would immediately inform him.

I thanked him for the interview and expressed my sorrow that the revolution in Korea should have occurred during his administration. However, he could take some comfort in remembering that everyone realized that the guilt lay not on him, but on his predecessor, Count Terauchi.

*The Globe* (September 4, 1920)

# Truth of the Seodaemoon Prison⁽ᴱ⁾

The article "A Visit to the Seodaemoon Prison" below was written by a reporter of *The Seoul Press*. In this article the reporter portrayed the prison not as a jail but as a nursing home or a vocational school. Schofield protested against it and sent a letter to the chief editor of the newspaper, and his writing appeared under the title of "Deeply Rooted Unfair Suspicion."

A Visit to the Seodaemoon Prison

A few days ago a representative of *The Seoul Press* was granted the privilege of visiting The Seodaemoon Prison to inspect conditions there. This prison stands near the Independence Gate and is located in one of the sunniest and most healthy places in the whole city, and has a beautiful pine-clad hillside as a background. The yard is enclosed by high brick buildings, beside an office and a number of workshops built of wood. The ground is kept scrupulously clean and everything is in perfect order. It is in this prison that leaders of the recent agitation and many who took part in it are kept pending their public trial.

The writer was courteously received by Mr. Kakihara, governor of the prison, in his office and was supplied with some interesting information concerning the prisoners in his charge. This official is, by the way, one of the ablest men the governal-general of Chosen has in its service. He is a man of broad and enlightened views and is most kindhearted. Asked what was the behavior of prisoners connected with the agitation, Mr. Kakihara said that it was generally very good. When first brought to the prison, many of them were found to be in an exceedingly excited and nervous condition. He caused baths to be prepared for them and cautioned the jailers under him to avoid as far as possible saying or doing anything that might provoke them. In a few days the prisoners recovered their mental equilibrium and have since been calm and orderly in their behavior. They are allowed to take their daily exercise in the open and every four or five days have a bath. As for food, those that can afford it are allowed to have it brought in either from their own houses or by specially-appointed purveyors. By way of precaution against epidemics, the food brought in from the outside is very carefully examined. All the prisoners are in excellent health. The prisoners are also allowed to have books sent in and the governor also arranged for Christians to be given the Bible, many copies of which were brought for their benefit.

After being furnished with these particulars, the writer was shown over the prison by the governor and the chief warder. As with the outside, the inside of the prison was faultlessly clean and all the prisoners were in very good health. The leaders of the agitation were confined separately, but others in groups of ten or a dozen. In spite of their unenviable position, none of them looked dejected or desperate but rather appeared to be in a cheerful frame of mind. The writer was allowed it speak to a few of them, with whom he is acquainted, and was pleased to hear thankful words from them concerning their treatment. The governor spoke kind words to them, inquiring after their health and all answered gratefully and with beaming smiles. There was not to be seen the slightest trace of rancor in the countenance of any one of the prisoners nor any sign of defiance in their behavior.

The writer was afterward conducted to the various workshops, where convicted prisoners were engaged in weaving, woodwork, and other handicrafts. Here, the writer was told, the men are taught in some handicraft or other, and many of them are good artisans when they leave the prison. In fact instead of being a prison, it had more the appearance of a technical school.

*The Seoul Press* (May 11, 1919)


Deep-Rooted and Unjust Suspicion

A foreign correspondent has written us the following letter: "Dear Mr. Editor: I feel I must thank you most heartily for the recent article on the West-Gate Sanitarium or Technical School, vulgarly and unofficially called 'the jail' by ignorant people. I am sure that the whole foreign community must have been greatly relieved after reading that picturesque and enlightening account of your official visit. Many had thought of their friends as being most uncomfortably crowded in a small room, with possibly vermin and maybe insufficient clothes and food. To picture them having regular meals and baths, with constant smiles from their foster parents, is indeed most gratifying. It is only a suggestion but I wonder if you could have the article translated into Korean and put in the native papers. It would relieve the unnecessary anxiety of many hundreds of fathers, mothers, and friends.

"Excuse me for writing such a long letter, but I met an emaciated, pitiful looking man today who had been beaten most frightfully; he will be unable to sit down comfortably for several weeks. In many places his skin had been broken leaving raw flesh. I mentioned your sanitarium to him as a possible place to get board and room for a while, with the fresh air, but he looked at me funnily and said that he had come from some big building that has high red walls around it, somewhere outside West Gate, Seoul. The description of the building and the location he gave sounded like the technical college (jail) but it must have been some other place because he had not learnt any trade or experienced the other luxuries of the Sanitarium. If you could locate this place and unofficially investigate, I think it would be worthwhile for the sake of humanity."

This sarcastic letter shows in what frame of mind a section of foreign residents in Chosen are and what attitude they take at present towards the Japanese. They place implicit confidence in what they are told by their Korean friends, but view with suspicion everything said or done by the Japanese. As long as they move with such narrow spirit, it will be well-nigh impossible to establish any friendly relations between them and the Japanese authorities. As we have repeatedly expressed ourselves, thorough understanding and hearty cooperation between foreign missionaries and the Japanese authorities are vital for the uplifting of the Korean people.

The latter know it and have always endeavored to secure the assistance of the former. It is a thousand pities that among the foreign residents there are still found some who, like the writer of the above quoted letter, harbor unwarranted suspicion of the Japanese authorities and refuse to respond to their advance. We suggest to our correspondent and all those holding similar views that they visit The Seodaemoon Prison and see for themselves whether what we wrote concerning it is true or not. If they desire to do so, we shall be glad to help them in obtaining permission from the authorities.

*The Seoul Press* (May 16, 1919)

# Torture in Korea: A Matter for Dr. Midzuno(E)

I believe that a mild sensation was caused in Japan proper, when a few days ago a Japanese citizen declared that he had been tortured while under police examination. It seemed rather strange to the writer for the part of Japan where I live torture is the very stronghold of the police system. During the last two months the torturers have been unusually busy, in some cases having to work overtime. As the methods employed are rather interesting and possibly unknown to some of our readers, I will briefly describe a case or two.

Case I.

Mr. C. is an educated young man about nineteen years of age. In July he was arrested in Pyoungyang with a letter found in his possession which definitely involved him in the Korean independence movement. He was sent to jail, kept there about six weeks, given ninety blows and then released. In September he was again arrested a questioned with regard to the throwing a bomb at Admiral Saito. The following is a brief summary of the methods used by the police in obtaining their evidence: the young man was seven times suspended from the ceiling by a cord tied around his wrists; his head was drawn back and tied to his hands, which had previously been securely tied behind him, on five occasions; plain water was poured into his nostrils off and on during a period of four days; for a further period of three days soap and water was substituted for the plain water; pepper tea was the final choice of the torturers, which was so severe in its reaction that the man became comatose. All these having failed the Japanese police now ordered the toenails to be extracted. A Korean was handed the tweezers but refused and instead pulled a piece of flesh from the inner side of the small toe. The bleeding was profuse, which seemed to satisfy the bloodthirsty appetite of the torturer.

Case II.

Another young man aged about eighteen. He was charged with having printed the *Independence Newspaper* which he readily admitted, but he refused to give information with regard to the other members of the newspaper organization. This man was beaten unconscious three times during six days and burnt with red hot irons once. When I saw him, he seemed to be a physical wreck. A few days ago I met a young lady who had been beaten so violently over the head that an abscess had formed in one ear. In addition to this her knee and hip joints had been twisted almost to the point of dislocation. She had of course been thoroughly spat upon, but one would hardly call that torture.

Such methods defeat their own ends, as most of the confessions made are false, with the result that more innocent people are captured, tortured, and imprisoned.

Until the damnable policy of assimilation is changed, there will always be bayonets and bullets ready to silence the cry of "mansai," and pepper tea ready for the nostrils of the young patriot who defies the laws and publishes an independence newspaper. Is there any morality in a policy which makes seventeen million people hopeless, and at the best offers exile or jail for Korea's noblest men and women?

Forced assimilation can never succeed because it is contrary to the laws of nature, whose laws are never broken, but sometimes break the one who attempts to violate them.

*The Japan Advertiser* (November 29, 1919)

# Torture of Prisoners in Korea(E)

## Evils under Japanese Rule

Dr. Frank W. Schofield contributed to *The Seoul Press* in October, 1919, an article in regard to the prevailing custom of torturing Korean prisoners to make them confess. After professing his faith in the promises of reform made by the present Japanese governor-general of Korea, and after remarking that the higher officials seemed to be unaware of the barbarous methods of their subordinates, Dr. Schofield continued:

One of the highest officials in the police department, when asked why he did not employ torture to find out who had burned the Christian churches, absolutely denied the existence of torture in the police system of Korea. It is, therefore, necessary that the high officials in the police and judiciary departments should be made fully cognizant of the fact. This is the more imperative because of the attitude of the under officials who believe torture to be necessary. Recently a judge, when speaking on the subject of torture, said that he deplored its existence, as it made the administration of justice difficult at times, yet he continued, "Torture is an old Korean custom, and the Korean will frequently only tell the truth when placed under torture." The fact is that the Koreans rarely tell the truth when tortured, but merely say what the torturer demands of them.

For the information of those officials who are unaware of the existence of torture I will mention a few of the most common forms used by the police.

Suspending the body from the ceiling by a cord tied around the middle finger, the toes just touching the ground; suspending in a similar way with the cord tied around the wrists; suspending or merely lifting the body by a cord tied to the wrists after the hands have been first tied behind the back; squeezing the body in a box, the sides of which can be made to draw in equally; holding in a fixed position and pouring water over the face until the person almost suffocates; burning the body with red-hot irons; placing a heavy stick above the ankles, the person being in a kneeling position, and two policemen standing one on either end of the projecting stick, which almost causes dislocation of the ankle joints; pricking the body with small, sharp splints; twisting the joints till they almost dislocate; placing some solid object between the fingers and then tightly squeezing the hand; beating over the head and body until unconscious; refusal to give water until, as in some cases, the prisoner is forced to drink his own urine; and stripping of women. These and many more forms of torture which the writer has not been able satisfactorily to verify are frequently practiced by the police on suspected criminals.

The strongest argument against torture is that it is inhumane and has long since been abolished in all civilized countries. In what other civilized country except Japan do prisoners constantly state to the judge that the evidence being brought against them is false and was extorted under torture? Apart from being inhumane, torture results in gross injustice. When a prisoner is under torture he will not only make false statements with regard to himself, but also with regard to other innocent people. While I was informed by a judge that few innocent people are finally condemned because of such false testimony, yet many suffer detention and other injustices. Spies and torture form the stronghold of the police system of Korea, the police relying upon these two agencies instead of learning the native language and studying the methods employed by European detectives.

In closing I briefly cite two cases which have been satisfactorily authenticated by the writer.

In one case a young man of about nineteen was beaten unconscious three times in six days and burned once with a red-hot iron. This was done to make the young man divulge where the independence newspaper was being printed. Having taken an oath of secrecy he refused to tell. When I last saw this young man he was a physical wreck.

The other is the case of a student who had been arrested no less than three times in the last six months and various charges brought against him. On one occasion the police found a letter in his pocket which after falsely translating in Japanese, they used as evidence against him. He absolutely denied the truth of one sentence which the police had added to the letter, stating that he was connected with the independence movement. He demanded that the original letter be produced so that he could prove his innocence. The police refused to do, and continued to beat him, trying to obtain a false confession that would only result in his own condemnation. After beating him until he was unconscious the police desisted, realizing that their efforts had failed. A few days later they tried another method; the young man was informed that a foreigner while under police examination had admitted that he—the prisoner—was connected with the independence movement. But the young man stood firm, and, although severely beaten, refused to tell a lie that would most likely result in his imprisonment. After being detained for sixteen days and beaten three times he was released as innocent.

About ten days ago—since the reform of the police administration—he was again arrested and this time subjected to torture. He was made to kneel on the ground, his hands tied behind his back, then a cord was placed around his wrists which when pulled upward by the police almost caused dislocation of the shoulder joint. The man, being innocent, received his discharge a day or two later.

I could cite several cases which clearly show that instead of getting the truth the torturer generally extorts from his victim lies.


** Ought not the police system be further reformed so that innocent and guilty people alike might be saved from the terrible cruelties of the police's "preliminary examination"?

*Current History*, XI.2 (January, 1920)

# Missions Blamed for Korean Unrest⁽ᴱ⁾

Head of Administration Gives Warning that He Will Deal Strictly with Impeders

"That Christian missionaries are behind the disturbances in Korea is an undeniable fact and a man named Schofield, belonging to the Severance Hospital at Seoul, is one of the most pronounced types of these agitators," Admiral Baron Saito, governor-general of Korea, is quoted as saying in an interview with the Seoul correspondent of the *Osaka Asshi*. "I met Schofield in Tokyo before my arrival in Korea," said the governor-general. "He has the most violent views, and he has always been striving to encourage Korean opposition to the Japanese government. Mr. Schofield has been asking me if the Japanese government has not been employing women engaged in immoral pursuits for the purpose of colonization in Korea and wants to know what my idea is for getting rid of this phase of maladministration in the peninsula.

"Mr. Schofield is a most dangerous man, assiduously carrying on the independence agitation in Korea, and even among the missionaries there are many who look askance at his vehement methods."

"I have no quarrel with Christianity itself, but with regard to the request circulated among the mission for prayers among the Koreans for the restoration of Korea independence, the authorities are clearly bound to take action and define their attitude."

"An exposition of what is being done by the missionaries in Korea may perhaps be regarded by them as the throwing down of the gauntlet, but the governal-general is not afraid of them, through it is desirable that in the better administration of Korea our plan be carried out in cooperation with these foreign teachers."

Little Doubt Possible

"There can be little doubt now but that the principal cause of the unrest among the Koreans is due to the propaganda carried on by the Korean political malcontents outside of Korea and by the missionaries in the peninsula. The government general has had frankly to declare its opinion regarding the missionaries with the recent arrest of many Koreans engaged in a political conspiracy, as the number of instances in which the missionaries have allowed themselves to be mixed up in the independence propaganda in Korea has been quite numerous."

"I have been listening with careful attention to the complaints or appeals of the Koreans who have been arrested, in the hope of hearing from them what they really desire. I will have no hesitation in mapping out a new administrative policy in Korea based on the lawful desires of the people if the complaints or wishes of the Koreans are reasonable and their demands practicable. What is wanted by the administration is the conclusion of some satisfactory understanding, but the danger of allowing independence propaganda to be carried on in the peninsula openly and in broad daylight must be duly appreciated."

"Since my arrival in Korea I have had occasion to hear the views of the missionaries on the situation and their help, but the governal-general has determined to deal strictly with all those, including missionaries, who throw obstacles in the way of Japanese administration in Korea."

### Schofield a Hard-Hitter

The missionary singled out by the Governor-General Saito in his interview is Mr. F. W. Schofield, who is connected with the Canadian Presbyterian Mission and who is one of the best known of the missionary workers in Korea. During the past he has been carrying on a most determined campaign against the system of licensed prostitution which has been introduced into Korea along the lines of that "business" in Japan and articles under his name have been appearing in *The Seoul Press*, the one English newspaper of Korea. One recent article stated that Japan, instead of "civilizing" the Koreans, is busy "syphilizing" them.

Last month, Mr. Schofield addressed a gathering of boy students in Korea, saying that while the moral condition of the Koreans regarding sexual vice prior to annexation was nothing for the Korean to be proud of, it was infinitely better than the condition brought about by the introduction of the Japanese licensing system. He called upon the young Koreans to organize and fight against any extension of the Yoshiwara plan in Korea.

In reporting this address in the Japanese papers of Seoul it was stated that Mr. Schofield had used words directed against the Japanese administration and that "more would be heard of it."

*The Japan Advertiser* (December 10, 1919)

# Origin of False Korean Reports(E)

> Emanated from Police Bureau, not from Admiral Saito, Says Dr. Schofield
> Willful Attempt to Discredit Missions
> Local Vernacular Press Publishes Exaggerated Stories of Korean Women Plotters

Perhaps the biggest mare's-nest in local journalism for this year was discovered by the *Osaka Asahi*, when its correspondent made false reports, attributing to Admiral Saito and to Mr. Akaike statements accusing the missionaries in Korea a body of encouraging the Korean revolutionaries in adopting an antagonistic attitude to the governal-general of Korea. These repots later received unqualified denials from Admiral Saito and Mr. Akaike, and *The Seoul Press* tried to explain that the correspondent of the *Osaka Asahi* confused the words senkyoshi and dendoshi, and that to this mistake was due a "regrettable misunderstanding."

The following letter of Dr. Schofield express the hollowness of the attempt to condone what seems to have been a deliberate attempt on the part of the correspondent of the *Osaka Asahi* to mislead the Japanese people. It incidentally shows what amount of truth can be reposed in the vernacular press.

Origin: The Police Bureau

Dr. Schofield writes, under date November 17, to the editor of *The Seoul Press* as follows.

Dear Sir,

I feel that your recent editorial attempt to manufacture an excuse for the Seoul correspondent of the *Osaka Asahi* was a mistake. No one could deny that the editor of *The Seoul Press* is a master in apologies, but this was a case which could not be concealed by more verbal camouflage. Even a Korean who read the editorial smiled and said, "The man who wrote that must think that you missionaries are simple children."

### Deserve Condemnation

A man who attempted in such an underhand way to destroy the good will which exists between the governal-general and the missionaries does not deserve excuse, but rather condemnation. Unless I am mistaken the words senkyoshi and dendoshi have at times caused some confusion, but in this case there is evidence to show that a willful attempt was made by the reporter to discredit the missionary body. It is not a matter of a misunderstanding in words; whole sentences incorporating serious charges were fraudulently manufactured by the correspondent and then credited to the governal-general. Also is either dendoshi or senkyoshi such a comprehensive word as to include the meaning "foreign teachers"? Yet the gauntlet was supposed to be thrown down to the "foreign teachers." The authorities do not discuss throwing down the gauntlet to Korean preachers no more than to

Korean coolies. These are already numbers of preachers in jail because of their connection with the independence movement.

### The Absurdity of It

Had the reporter merely made a mistake in using senkyoshi for dendoshi, then a proper substitution of these words should rectify the error. This can be satisfactorily done in some instances, but in others the report becomes more ludicrous than ever. Also I would like to know whether or not these Japanese words can be freely translated to read "Mr. Schofield is a most dangerous man," or any other similar phrase with which the article abounds. After reading the article I concluded that its origin is more likely the police bureau than the governal-general's parlor. I know that the little stories which you have been good enough to publish from time to time have not been given a very enthusiastic reception in certain quarters as it was felt that they might interfere with the working of the pulleys, presses, pliers, etc. But this merely a guess, and it may be a mistaken one at that. It is possible that this newspaper man–true to type– does not always stick to the truth–the whole truth, and nothing but the truth.

Yours truly,
Frank W. Schofield

Dr. Schofield's reply to the "editorial attempt to manufacture excuses" shows the emptiness of seeking to gloss over the attempt made to pass off fabrication as true statements. There is no possibility of confusion in, for instance, the accusation attributed to the governal-general that "Mr. Schofield is a dangerous man" to cite one of many such statements. Senkyosho and dendoshi have no part there.

The editor of *The Seoul Press* attaches the following footnote to Dr. Schofield's letter.

Naturally

In publishing the article referred to by the writer of the above, we did not intend thereby to defend the Japanese correspondent he names. We simply desired to clear away any misunderstanding that might have been caused by the interview he wrote up, attributing very objectionable remarks to the governal-general concerning missionaries. We must admit with great regret that some Japanese journalists entertain anything but good feeling towards missionaries and are always keen to publish sensational stories at their expense. Dr. Schofield surely knows, however, that even in Western countries there are journalists of similar character, solely bent on creating a sensation by penning exaggerated stories and unwarranted criticism.

The Arrest of Korean Women

Referring to the arrest of certain Korean young women, who are alleged to have collected funds and sent them to the Korean Provisional Government in Shanghai, and to have distributed inflammatory leaflets, *The Seoul Press* of

December 20 writes thus editorially:

We note with regret that some local Japanese newspapers publish with scare headlines detailed stories of a movement of some hot-headed Korean young women in connection with the independent agitation, as if it were an affair of tremendous importance. Doubtless these stories have been or will be wired at length to papers in Japan, and will be published in them in an equally sensational way, giving the impression to readers at home that things in this peninsula are still in a very unsettled condition. It does not need, however, much intelligence and scrutiny to find that the affair in question is a trivial one. A few Korean young women assisted by a few Korean young men secretly organized a society attributed a number of inflammatory leaflet among their sisters, collected a small sum of money and sent it to Korean leaders to Shanghai. This was discovered by the police and the leaders were arrested. This is the long and short of the affair. There is in fact no cause for astonishment in that at a time like the present, such movements are being hatched by impetuous Korean young men and women. Besides, the plot, having fortunately been nipped in the bud, came to an end many weeks ago and is now a thing of the past. It was surely unwise for Japanese newspapers to devote so much space to the affair, because by so doing they have made these implicated in it heroes and heroines and served the propaganda purpose of Korean agitators. We learn that the authorities do not regret it as anything of a grave nature and have no intention of prosecuting any but its leading promoters. This is a sensible attitude. We are confident that by pursuing such a broad-minded policy, they will succeed before many days elapse in defeating all seditious attempts of agitators and in restoring complete peace and order in this peninsula.

*The Japan Advertiser* (December 28, 1919)

# 2-2
# After Liberation:
# People Are Struck with Terror.

# Why Are There Armed Police in front of the National Assembly Hall?(K)

I have no right to be involved in the current political conflict nor do I have a desire for it. However, because I have loved the Korean people for a long time and received such unexpected hospitality when I came back to Korea, I think I am obliged to make a brief comment on two important phenomena that are overlooked now.

First, I want to talk about the open intimidation measures that suddenly appeared. On my way to the Bando hotel on Christmas Eve in a car, I was surprised to see armed policemen around the National Assembly Hall. Seeing this I was clearly reminded of the terror I witnessed in 1919. Is it wise to take threatening measures against each other like this when we are living under the real threat of the communist army? Is such armed police a sign of trust between the government and the people?

Though I traveled a lot, I have seen such only in communist countries. As a true friend of the Korean people, I would have deplored even any indication of such a thing to happen. It is indeed unfortunate that we are not united within while confronting the communist enemy.

Secondly, the freedom of speech was greatly suppressed. For the last few days people have been terror-stricken. They could have a conversation without any caution and answered my questions without hesitation even ten days ago, but now they either avoid this or come to talk or answer after examining the other person or making sure he is a friend.

Admitting this is exactly what transpired in Korea in 1919, I am enormously sad. Last August when we were celebrating the thirteenth anniversary of liberation, the whole country was filled with happiness and joy. But all of sudden fear and silence became our friend. We came to be unable to say, "Happy New Year" now from the heart. It is not easy even to write a letter like this.

Nevertheless, in 1919, this kind of writing was dangerous rather than difficult. In spite of it we wrote boldly and I believe we obtained freedom because of it.

*Han-Kook Daily* (January 3, 1959)

# My View on the Coup d'état(E·K)

For anyone born and nurtured in a democratic country a coup d'état comes as a shock. This is to be expected. However, when the shock is over, intelligent persons should make an honest attempt to understand the situation in Korea today, which precipitated this serious event. If this is done I believe that most people will come to the conclusion that the coup d'état was both necessary and inevitable.

Because the hopeful picture of Korea, standing on a firm democratic foundation, turned out to be wishful thinking due to a faulty appraisal of the real situation, we must not become annoyed or petulant because our hopes have been temporarily shattered.

If we really have concern for Korea—according to St. Paul, "love suffers long and is kind" —we must, for the moment, lay aside our hopes, accept the reality of the situation, and help, when possible, those who in sincerity are trying to build a new and better Korea. There is nothing to be gained at the moment by wordy discussions about the superiority of democracy over a military government. There is no ground for argument here. This is not the real issue, as we shall see later.

When the politicians who have been elected to administer good and just government do little or nothing to eradicate corruption, but show much concern for their own welfare, and allow irresponsible chatter about "neutralism," or how to approach communism for unification, then soldiers alarmed at the incompetence of the government, and knowing the necessity of discipline may seize power, try to establish order, and initiate reforms. Of course, this introduces new dangers, as well as new hopes.

Korean society was corrupt from the top to the bottom but especially at the top–the army itself was no exception to this vicious corruption. The possession of wealth and power corrupts most people. At the bottom the children attending the So Hakyo (elementary level) unconsciously learned the methods of corruption as they observed the techniques of the mothers' clubs. The most difficult problem in Korea today is the eradication of corruption in all its subtle forms: nepotism, leaking gasoline, hoodlums, income tax evasion, bribes, draft dodging, profiteering in rice and education, diploma mills, etc., etc. It is impossible to establish a genuine democracy or a healthy economy in a corrupt society. The real strength of all nations is the integrity of the citizens.

Democracy in Korea has not failed; it has never been tried. When the external military discipline of today has become the accepted internal self-discipline of the citizens of tomorrow, then democracy may have its first chance in Korea.

The only alternatives to a sham democracy were either communism or a military government. Communism with its contempt for God, degradation, and regimentation of man, would be, as everywhere, a terrible tragedy. A military government offers at least ray of hope, which so far has become a little brighter every day. I must say that almost all of my Korean friends have faith in the present government. Their reasoning seems to be that an honest soldier is better than a dishonest politician. If the soldiers who now govern Korea continue to give the people an example of integrity, austerity, discipline and show no partiality in the administration of justice, with favors for none, and benefits for all, then this land of sorrow may become a place of joy. But the eyes of enemies as well as friends are focused on the new government, and if it appears that army personnel receive milder punishment than civilians for the same offense, then once more the ray of hope fades away and with it the faith that was beginning to take root in our hearts. It is not necessary to make a gigantic blunder such as taking over either the Bando or Chosun Hotel as a residence for a field marshal; a little deviation in integrity, and the cynics will laugh, the corrupt rejoice, but the millions of poor will weep.

Pray, do continue to reject with contempt and imprisonment the bribes of the rich, and pressures of the vested interests. The thousands of orphans, the homeless, and aged look to you for more food and better shelter.

These are great demands, but nothing less can save Korea. Today the people have faith in the new government, but if they are disappointed once more, we are lost. This is our last hope, our last chance. Disillusionment will be followed by an incurable moral and spiritual decay which will destroy the souls of the people like a deadly plague kills the body. The tragic end can only be one more victory for communism.

*Korean Republic* (June 14, 1961)

# Dr. Schofield Talking about March 15th(K)

On the morning of the 15th, the second anniversary of the Masan Citizens' Resistance against dictatorship and injustice, I visited Dr. Schofield, a benefactor to the Korean independence movement. He happened to be celebrating his seventy third birthday on that day and he warmly greeted me in neat clothes, leaning upon his stick. As soon as he led me to the living room, I asked him how it feels like to have a birthday alone in a foreign land. He answered in a quiet voice, saying, "Nothing particular. A person who is busy with serving others is not likely to think about himself."

Concerning the March 15th Masan Protest, he was lost in memory, saying, "It was the explosion of the fury of people who were disappointed at the injustice and dictatorship... but it was different from the March 15th Movement of 1919 I witnessed firsthand. It was fury against other nations, and they risked more terrifying and merciless retaliation."

Dr. Schofield, who currently gives lectures at the Veterinary College of Seoul University, speaks highly of Korean college students, but at the same time, has sharply pointed out lots of harmful effects in the past from college education that leaned toward quantity rather than quality.

As for the rumor of Rhee Syngman's return to Korea, Schofield, who had been hated by Rhee's Liberation Party in the past, said, "It is understandable that he wants to come back. Living overseas does not always feel easy. Though he may return, he is old and sick now, and would not do anything." He kept mentioning current issues.

"The April 19th student revolution did not produce anything. After that, soldiers saved the country from incompetence and corruption by bringing about a coup, the only way at the time." He criticized that true democracy should accompany honesty, responsibility, and sincerity, but politicians of the past used it as a way to deceive people.

As for the present government, he said, "They are attempting to achieve too many things in too a short time," and hoped they would carry out works in a democratic way rather than a military way if possible.

"The most urgent problem of Korea is not politics but providing people with a way of make a living. However, no matter how urgent it is, one cannot make a relief measure in a few days. In the past, there were three kinds of corruption in this country: corruption of politicians, military, and education. It is true that we are improving in many aspects under the current military regime. I hope the past corruption does not go underground to avoid crackdown."

Though skinny and weak, Dr. Schofield talked for about an hour, and his eyes were clouded with tears as he firmly held my hands several times. To this man who said, "I will live as a friend of those who are humble and suffering rather than people in high positions," I bid farewell, and the way the grey-haired Dr. Schofield held my hands strongly once more and smiled was overwhelming.

*Han-Kook Daily* (March 15, 1962)

# Unsettled Second Homeland: Dr. Schofield Wrote to Chairman Park(E)

Today, the Korean people face a situation that may cause conflict, emotional confrontation, and weakness of domestic order and security if they do not resolve it quickly. We should do our best to avoid discord between people, especially division and distrust among military and political leaders and the people. The current clash between military leaders and political leaders should be solved by reasonable and honorable compromise.

Considering the recent Walker Hill[9] and stock market scandals[10], I can say no more that the military regime is

---

9. The Walker Hill scandal occurred in 1961 when the Korean CIA built Walker Hill Hotel in Gwangjang-dong, Seongdong-gu, Seoul as a resort for the UN forces in Korea as a means of earning foreign currency. When the hotel construction had financial difficulty, they lent over five billion won from government investment and misused a great amount of operational funds during the process. Also, they aroused public criticism by forcing the Ministry of Transportation and all military forces to offer various pieces of equipment and mobilizing manpower through exerting governmental power.

10. The Korean CIA, along with a security dealer, established three stock firms (Tongil, Ilheung, Dongmyeong) to practically dominate the stock exchange, and made stock prices skyrocket through buying stocks. Finally in May 1962, because of the overheated speculation, they failed to pay for stock trading value on the payment due day, and it led to the stock market crisis. The military regime made efforts

clean. The politicians are corrupt. In my opinion, Chairman Park's suggestion of extending the military regime for four more years came from innocent concern for the best interest of Korea. Whether military or civilian, two years are not enough to fix problems fundamentally. This was a serious miscalculation.

In reaching a compromise, both parties should admit to the following facts and evaluate them sincerely if they want to resolve this important crisis:

Concerning the compromise, they should always keep the millions of poor Korean people in mind.

Three administrations of Korea have so far failed to eradicate corruption. For example, there is no guarantee of success even if they extend the military regime by ten years, let alone four years.

At present, if there is more than one opposition party, it will without a doubt weaken the effective government.

Extending the military regime by four more years will not only work against selfish politicians, but also greatly discourage other honest and patriotic young and old people who want to participate in the politics.

If the freedoms of speech, press, and assembly are restricted, secret corruption within the ruling party will inevitably

---

to resolve it by approving a loan through the Monetary Policy Committee, but it eventually brought about great property loss for 5,300 small general investors along with the stock firm that caused the incident.

increase. Furthermore, enthusiasm for the five-year plan and other necessary national development plans will gradually disappear. We should maintain unity and encourage enthusiasm. Otherwise, despite all the efforts, only one thing, dragging death, would remain for Korea.

We should show tolerance in correcting old stereotypes, for instance, the idea that "generals are all good and politicians are all bad" and recognize that "generals like politicians can be either good or bad."

One possible standard to measure whether we should give a politician the privilege of political activities should be the past record of that person. Those proven to have a clear record of corruption should be excluded from political activities for the time being.

*Dong-A Daily* (March 23, 1963)

# I Have a Right to Speak. I Belong to Korea.(E)

Every day when I open the newspaper I become more angry. I had hoped to see a united and strong opposition party. Instead, I see groups of selfish politicians fighting among themselves, for the largest possible piece of the "political pie."

They are not fighting over principles or policies which might benefit the millions of poor people in Korea. No, the people were forgotten long ago. In Korean political history this power struggle will be known as the "Battle for the Blue House."

You politicians condemn Park Chung-hee for being undemocratic, but compared with you self-seeking politicians he stands out as a shining example of true patriotism: a man who inspires courage and hope. Yes, there were scandals–shocking scandals–under the military government. I agree heartily with Kim Jae-chun that Park must have the courage to stop the return of Kim Jong-pil.

Today we see another scandal, and a very serious one: the great sabotage of our democratic hopes at the hands of the men who claim to be the champions of democracy. What a sad sight. Hunger for power and prestige, and full of vanity, they squabble and fight day after day. The real character of these men is revealed. They cannot change, either in one year or twenty years. No, they will die in their sin. With five women like Park Scoon-chun and five men like Park Chunghee, we could save Korea. Where are the ten? Two years ago, at the time of the coup d'état, I wrote, "This is the last chance for Korea." I believe it more than ever today. The overall world picture has since then deteriorated seriously. I can no longer remain silent. I have a right to speak. I belong to Korea. Oh, foolish politicians. Awake, awake, before you and your country perish.

*Korean Republic* (September 8, 1963)

# Austerity Only by Example: Special Contribution by Dr. Schofield[K]

Aristotle said the state exists to protect men and for the sake of a good life.

Today, the government takes great interest in the defense of the country, since North and South Korea stand off against each other with the Military Demarcation Line between them, but fail to show sufficient interest in the welfare of all the people.

For the past several months, we kept advancing toward a society characterized by "more privilege to the privileged" and "more burden to the burdened." This is a very dangerous social order rooted in a great coldness to justice. The following are two examples of this influence.

First, the Ministry of Education grants unnecessary privileges to the Parent-Teacher Association[11] while allowing each educational institute to increase admission fees by fifty percent and tuition by twenty percent. Though this actually

---

11. Consisting of parents and teachers, it was formed to support the management of the school financially and to help the growth and development of students through cooperation of teachers and parents. After the Korean War, it changed from the Supporters Association of earlier and was incorporated later into the school supporting association after the May 16th military coup.

can be a great "bonus" to the rich, it becomes a great burden to the poor. Far more poor children from now on will wander the streets and youth crimes will increase. Orphans, at least, must be exempt from this additional penalty.

Second, almost everyone was shocked when a National Assembly member received a salary of eighty thousand won. When they recommended factory workers living on four thousand to six thousand won–often on even less–to be more patient and accept the revised labor law, the clash was inevitably serious. Here we can see again the principles of "more privilege to the privileged," "more burden to the burdened," and "a butterfly flying over the road explains the austere life to a toad below on earth."

If the best preventive measure to stop bribery is an increase of pay, policemen's salaries should be doubled. Every day the situation becomes worse and more dangerous. We must keep in mind that a miserable salary causes more evil than receiving bribes or committing suicide.

Anyone with half a brain agrees that an austere life is the most effective way to overcome the economic crisis we are facing today. There is no doubt that the medicine of austerity is necessary to treat this disease the economy will die of unless we deal with it in advance. Nevertheless, since the medicine is bitter, we do not take it ourselves but recommend it only to others while discussing its nature.

Austerity demands strict moral rules that all people should voluntarily accept. A study of the austere life of England during the Second World War shows this clearly. All the country, including the king and queen at Buckingham Palace and members of Parliament, endured the days without meat or butter. There were neither imports nor exports of luxuries and the high- end products. By doing so, England finally came through the hard times. If Korea has that kind of moral courage, it will be able to withstand austerity.

An austere life under the military regime failed because it was forced by law. Foreign-made coffee is used openly in wealthy families and hotels. At 7:30 in the morning, you can see more "taxis" than people on the streets of Seoul. During July, "the month of austerity" last year, the show "Holiday on the Ice" came from New York to teach flashy "skating" of the newest kind in the sweltering Seoul. Indeed, it was "a new type of an austere holiday" on the ice to the affluent in summer, while "an old type of an austere holiday" on the winter ice to the poor.

Economic, political, and social crises are not sicknesses themselves, but just symptoms of a serious illness. An important fact about the austerity plan is as follows. Austerity can only be taught only by setting an example and this lies in the enforcement of economic laws.

Kim Hyeon-cheol, the former head of the cabinet, emphasized the necessity of austerity in his farewell speech and took a flight to travel the world. While agreeing with his advice, we oppose his travels. It costs roughly $3,000 for two people to take around the world. But the government-sponsored, luxurious traveling costs $4,500 out of people's taxes. How to spend dollars is as important as how to earn dollars. Korea really does not know about this economic fact.

*Dong-A Daily* (January 16, 1964)

# A Person Who Deserves Imprisonment(K)

Dr. Schofield Was Furious with the Tyranny of the Chaebol (conglomerate)

Dr. Schofield, recognized as one of the thirty-four representatives (instead of the earlier known thirty-three) after he was known to work behind the March 1st Independence Movement, received attention by making a bombshell statement in the Ministry of Foreign Affairs on the morning of the 25th. After hours talking with the Minister of Foreign Affairs, Dr. Schofield revealed his opinion on the issue of Korea-Japan relations and immigration, and mentioned the ethics of Korean businessmen.

He has insisted since the revolutionary government that economic offenses should be especially well handled, and today he jumped to the issue of the destructive activity of the national economy by the Chaebol Samsung that evoked much criticism. Dr. Schofield harshly condemned a specific chaebol. "I insist a man who made unfair profits, like Lee Byeong-cheol, should be sent to prison. Since he alone made lots of unfair profits that resulted in the destruction of the national economy and dropped people into a state of distress, while his fellow countrymen bawled from hardship, the national conscience will not forgive him."

He seemed to criticize Lee not because he hated Lee Byeong-cheol the man himself, but because he hated the man's state of mind, namely, that this leading businessman on the front of national economic development committed anti-national, unpatriotic deeds but did not show any signs of regret. He looked like a preacher, warning that if Lee faced the reality of his country and repents thoroughly, the hand of salvation would reach out to him.

Dr. Schofield's criticism against Samsung surprised reporters, who faced him with wide-open eyes, but they all agreed they couldn't observe any sign of secular, human emotions or personal enmity from his face when he said those words. At this time when the three powder scandal[12] progressed into Samsung scandal, it is still unknown how this bombshell declaration of Dr. Schofield caused a stir, but it is something to savor for a long time.

By the way, even before these remarks by Dr. Schofield, an American missionary who regards Korea as a second motherland also mentioned the Three Powder Scandal. He condemned the acts of people who made excessive profits as inhumane. "How can they make such undue profits of billions while their own people cry out of hunger? Furthermore, it was not like they made dirty profits from luxuries. How can

---

12. The Three Powder Scandal is an incident that so-called powder chaebols who produced sugar, flour, and cement made excessive undue profits through price manipulation and tax evasion under the connivance of the republican administration who, in turn, took a large amount of political funds. This was exposed to the public in the National Assembly by congresswoman Park Suncheon, a representative of Samminhoe, which was a floor negotiation group of the opposition party, and later escalated into a fight between Congressman Yu Changryeol, who was active in probing the truth, and Chaebol Samsung.

they do this with flour, a staple food?"

*Kyunghyang Shimnun* (February 25, 1964)

# A Full Account of the Scandal Should Be Revealed(K)

Dr. Schofield Wrote an Article, Persuaded by an Employee of Samsung

I want to apologize for harshly saying, "Lee Byeong-cheol should go to prison." I was talking with reporters at the time about the unspeakable price of 920 won for a 25 kilogram bag of flour. I think that those who make unjust profits from food are very bad, especially in a country like Korea where many people go hungry. What I meant earlier was that Lee Byeong-cheol and many others like him who made undue profits from flour should be put into prison.

A few days ago, X, an employee of Lee [anonymous at his request], came and persuaded me that Lee Byeong-cheol has sold a twenty-five kilogram bag of A-graded flour at no more than the official price of 374 won. This is why I owe him an apology and actually do apologize to Lee Byeong-cheol.

X, of course, asked me this question: "Why did you single him out?" My answer is simple. I heard from several people that he is a rich man and a miller. I know many poor people who cannot afford flour, but I know only one wealthy man who makes flour. The name Lee Byeong-cheol is a "symbol of money, flour, and sugar."

If I want to talk about good people, I can give an example

right away of Ham Seok-heon. And these people all belong to heaven. Many students told me that he loves justice and good. He became a "symbol of good." X said that the big price difference between the wholesale price of 374 won and the retail price of 925 won for a bag of flour does not mean middlemen are all thieves, but they may be asked to give a bribe to corrupted politicians and have to try to make up for that money.

I am really thankful to X for telling me this truth. What kind of corruption is this? What good is there in teaching children morality in school when they continuously hear of these scandals?

President Park must investigate the full account of this shocking scandal to regain the trust of the long-suffering and hungry people. No healthy society can be built upon this corrupted foundation.

P. S.

This morning I visited a very brilliant but extremely poor female student's house. When I said hello to her mother and aunt, who make a living doing laundry for others while living on the floor, she just said this, "I am getting weaker and weaker."

*Kyunghyang Shimnun* (March 3, 1964)

# Unrest in Korea(E)

It is now almost four months since I left Korea, where my work is almost exclusively among students. Traveling extensively in both the United States and Canada, I have found a most inadequate understanding of the present unhappy situation in Korea, characterized by student demonstrations against the government-sponsored treaty with Japan.

While most people admit either ignorance or indifference toward the economic and political problem in Korea, some unfortunately believe the most likely "subversive elements" were responsible for the demonstrations. In any case the students seem "blind or short-sighted" to their own national welfare. During many discussions, I have never sensed the influence of "agitators," but opinions differed in regard to the effect of the Korean-Japan treaty on the economy. Almost everything depends upon the integrity of the Korean traders.

There are three main reasons for the great and prolonged student demonstrations: A deep-rooted hatred of Japan due to the bitter recollections of the suffering and injustices inflicted during the colonial administration. This hatred, instead of dying a natural death, has been exaggerated and perpetuated by pseudo-patriots, whose hatred of Japan had precedence over truth.

The students had good reasons for believing that corrupt officials and others would manipulate to their own advantage the millions of dollars credited to Korea, should the treaty be ratified. Possessed with the idealism typical of students, they believed that the young new generation of politicians and businessmen would be more trustworthy.

Also they felt that the treaty might lead to the economic control of Korea by Japan. Nearly half a century ago Japan tried to get economic control over China, but the astute economic adviser Sakatani was expelled from that country.

As a friend of the students of Korea, although differing with regard to the treaty, I am anxious that their viewpoint should be known. They are just as sincere in their denunciation of the treaty as the government is in ratifying the treaty. The students have been misinformed and misled, for which the government, especially the department of education, has some responsibility.

*Washington Post* (November 2, 1965)

# In the Middle of Division Everywhere(K)

"It seems that people of this country got tired of me because they heard of my story too much…"

Dr. Schofield, who is spending the rest of his life in a humble upstairs room of a western-style house in a corner of the Seoul University's medical school campus, nevertheless kept telling stories.

"It is the future, not the past that is most important. What good is there in bringing up again what happened forty or fifty years ago? The destiny of Korea lies in the future… but that future is not so bright. Why? There are several reasons. First, Korea is a small nation but the land is divided. Within this big division are again hundreds of small divisions. The government is like that and the National Assembly, too. Aren't the churches the same? This country is like a nation of factions. People are lacking in cooperation. They don't understand what cooperation is." His comments, clearly spoken, were full of enthusiasm though they sounded like English.

"The opposition party does not have a clear principle or reasonable argument, but they oppose the government or the ruling party simply because they are called the opposition party. Of course, there are times when it is right to oppose. However, isn't it true that this was not the case most of the time? So for the future of this country, you may need to wait for a few politicians to pass away. Though I'm not sure whether it will take a decade or two decades... Next, Korea is squeezed in between the three big powers of Japan, the Soviet Union, and China. China interrupted unification by sending their army Geographically Korea is in a bad spot."

His head seems to be full of a desire to make Korea, in such a difficult situation, prosper. "The first thing to do is to get rid of corruption. Korea is not poor because of a lack of democracy, but because that corruption weakens her. Look at the illegal felling of the trees on Mt. Jiri! Those who mercilessly cut the beautiful trees should be severely punished. Nevertheless, within several months they are released from prison on the occasion of a national holiday and walk with their arms swinging again. How can you expect the corruption to disappear, then? What is important is not the gravity of the punishment but its certainty."

Last spring when some colleges accepted more students than their fixed number, he asked an educator why they violated the government's instructions, and was surprised at his answer. "What's so bad about nine percent of the corruption when the government has ninety percent?"

"How horrifying this mindset is! Another diagnosis of mine about the Korean government is that it has no living religion. It has no standard of judgment for good and evil. How can 'morality' be destroyed like this? Moreover, there would be no place where the gap between the rich and poor is this big. The rich get richer and the poor get poorer. It is said that prices would go up and the bus fare too, then how can the poor people live? I just can't understand that!

I often have my fountain pen pickpocketed but that is nothing. Aren't rich businessmen burning account books and evading taxes? Where is a big pickpocket like this? Aren't they stealing from the government? Patriotism is rare in them…

Also, the negotiation for normalization of diplomatic relations between Korea and Japan must proceed because if they stop this, the poor people will get even poorer. I know you hate the Japanese. However, hatred harms you more than your enemy. It destroys the goodness in you… Unless the opposition party comes up with a better idea, this is not the kind of problem they can blindly oppose, right? Anyway, it shouldn't be dragged on.

I do not understand why the education of this country became so corporatized. It was said last year that a Women's University produced seventy-two graduates with degrees in French Literature, and if this is not vanity, what is? Korea does not need ladies now. She needs a worker who follows the rules and has a strong personality.

Nevertheless, what I take more interest in are students and Christian faith. I am almost seventy-six years old and why would I return to this country? That's because a man of faith should keep doing something until he dies. Isn't a newspaper the same?

*Chosun Daily* (December 6, 1964)

# The Problems of Seoul University: Orthodox, Paradox, and Vanity(K)

> What is wrong with Seoul University? Students have their shoes polished by shoeshine boys on the street and waste good studying seasons on events. Colleges unnecessarily subdivide education. Shouldn't they have more creative thinking? The thirty-fourth representative of independence movement, Dr. Schofield, declares honestly while teaching at a veterinary college.

In 1960, when I returned to Korea after forty years, I expected a great deal of social criticism or at least external changes in my beloved Korea. As a matter of fact, there were many changes, both good and bad. However, students having shoeshine boys polish their shoes was not a change I wanted to see. I didn't know how to interpret this strange phenomenon at first because I have heard that Korea is poor. This phenomenon is evidence of luxury and something you cannot find even among the life of prosperous European students. By looking around during my stay until now I found this behavior had nothing to do with the poor and tragic circumstances of kids in rural areas or the rules of the university academic affairs office.

I soon learned that since college students are generally given preferential treatment, boastfully having their shoes polished on the street as a way to maintain their status was not such an expensive thing to do. Modern psychology with little credibility will interpret the desire to have their shoes shining and polished may be compensation for the sunlight that does not shine on their sad hearts or the gloomy and dull regulations of Seoul University, or the sunlight that does not shine in the students' residences.

Furthermore, I was surprised all the more at a picture of students in a school magazine of a women's college. It was a picture of students training in fencing. How could this kind of vanity come to happen!

How good would it be if they taught the skill of brickwork to these "delicate" girls as preparation for becoming a housewife? This is the education Korea truly needs and something Denmark does not.

As for a veterinary college, the Korean virtue of mass-production education was carried out very well but the prospect of employment after graduation is only ten percent, almost zero. When I asked why they accept so many students when there are few jobs upon graduating, their answer was simple. It was because they need a lot of money to pay the professors. Because of small salaries, there were differences in the abilities and qualifications of the professors. Some are excellent because they received a great education, and others are not. There is a professor who reads notes copying Japanese or American textbooks, or teaches things he knows even less about than the hard-studying students. Nevertheless, those students have to write down what the professor says and memorize it for a test.

Doctoral degrees can be purchased in Japan, given to

dissertations that have little or no scientific value in this country. There is no way to make these professors, incompetent and useless to students, resign. Students have no choice but to endure all this.

The students' indifference results from several causes. Just as a sick horse, a cow, or a pig cannot visit a veterinary college, all educational content with highly departmentalized training about diseases they will never see in their lives is gradually becoming impractical and close to near nonsense. Students who sleep during class or slack off are either lazy or suffer from malnutrition, parasites, or overwork from tutoring at night to pay for tuition.

Students' community life is highly developed at least in several colleges of Seoul University. Professors, having not received any message, learn their class was canceled only when they enter the classroom. It is because students decided to go home to study for a certain important test.

Another interesting thing in Seoul University is the fall holiday season, from the beginning of October to the end of the month. Social events, picnics, and birthday celebrations are most noticeable. In any event, it usually takes a day to prepare, a day to carry out, and a day to recover from fatigue. As for the "list" of birthdays, there are Dangun, King Sejong, admiral Yi Sun-shin, the school anniversary, the UN day, and also many other holidays due to students' excuses. As a result of these traditional events, October, the best month to study in the year, becomes the month of complete no-gain from an academic perspective. Poor people like us cannot afford to waste so much valuable time. Some events should be removed and the rest combined.

As an example of vanity and a paradoxical phenomenon, look at the dental college that has a six-year-long degree program. Even in Europe, it takes four or five years. The "slogan" that supports this strange phenomenon is "I believe the mouth is the most important organ in the body." This can be repeatedly over ten times as a religious belief when we sleep, when we're not eating any food, or when we get up from the heated floor in the morning. Though there is no need to say more, according to linguists, the mouth is the most important organ in the body because "the tongue" is inside.

Look at the twenty million poor people. There is no other way but to prevent toothaches, buck teeth, and decaying teeth at any cost. Teeth became a luxurious and mysterious thing. Medical education expenses rose by fifty percent and the cost of treatment by twenty. Rich, civilized countries like England, Denmark, Sweden, and Germany show an extreme interest in this significant experiment of ours. Since Korea has the most excellent dentists in Asia, this experiment will end. It will come to an end while millions of poor Koreans still have the worst teeth. What kind of vanity and irony it is! The only measure is for the government to take this into consideration and implement a free dental treatment service like in England.

When will Korean educators stop copying the ideas and methods of America and have creative thinking themselves to solve their own problems?

*University Newspaper* (December 3, 1962)

# A Strong Responsibility for the Eradication of Illegalities and Corruption(K)

A Record of Dr. Schofield's Fragmentary Thoughts on His Sickbed

Dr. Schofield had so many words to speak to this people and leave this country "a record of his fragmentary thoughts on his sickbed" for the souls of the Korean people and the future of this country. The short writings he wrote dimly with a pencil while struggling with illness were fine like grains of sesame, but the meanings contained within it was so fiery and deep as to move the hearts of those who see.

## Two Ways of Life

There are two ways through life: the way of caring and the way of prayer.

The way of caring has the pressure of circumstance as its force, common sense as its guide, uncertainty as its path, and fear as its attendant and guard. The way of prayer has love as its force, the Spirit of God as its guide, truth as its path, and the peace of God as its invincible guard.

## Concerning Money

Jesus said that the necessity of money is great in a commercially-developed society. However, if man pursues only money, before long, his body expands but his mind shrinks.

Therefore, people will lose their balance and become like the walking dead in the end.

## Mental Modernization [The Second Economy]

The 70s will likely be an important period in Korean history. However, I can't affirm at present the degree of achievement Korea will make during this period. Regardless of any country in the world, illegality is prevalent in almost every country. President Park looked surprised as he saw the current situation. I still remember his speech as follows.

"Economic modernization is not enough. We need mental modernization." When I heard of mental modernization for the first time, I was confused for a second. However, how proper an expression is this? Whenever I am reminded of this word "mental modernization," I come to think like this.

First, in everything, the motive alone is not enough. Second, the re-born spirit of revolution is necessary. Third, Korean people are particularly keen on the mental aspect and more sensitive than any people in Southeast Asia. This aspect will bring about strong responsibility to eradicate illegalities and corruption. Fourth, if this mental modernization had blossomed a little earlier, would the corruption today have been eradicated in advance? Lastly, since the scope of the concept of "mental modernization" was too wide, I thought about practical problems like this for a long time to understand it.

Chaebol's crime... 2) ... 3)... [the writing is unclear]

Concerning Efficiency

The most efficient government works as the smallest organization possible. The most inefficient government tends to have many unnecessary organizations and systems. I think the introduction of automobile and construction of the industrial factory for national prestige are not efficient things. When there is a lack of capital, I think the proper use of the labor force is the most urgent priority. Not only that, education is also a problem... when it is expanding only in quantity.

*Dong-A Daily* (April 16, 1970)

# Part 3

## A Friend of Joseon

# 3-1
# A Friend of Joseon: A Word of Encouragement Sent from a Friend of Joseon

# The Key to the Development of Joseon(K)

When I had a conversation with a young adult of Joseon several months ago, he said, "We woke up."

So I responded, "Whether you wake up or not, don't fall asleep again."

The young adult continued, "In order to make our country a better one and assume my responsibility, I entered a technical school and am studying how to manufacture candles and soaps." What he said is true. Joseon is waking up. She won't fall asleep again.

However, Joseon has slept for several hundred years. Since she is waking up only today, the progress of other countries is truly phenomenal in each field, and in order to make up for the time she wasted while she was sleeping comfortably and being lazy, the strenuous effort she needs to make in the future is truly enormous. Men and women with foresight strove to insert the light of life by breaking "the sleep of death" and the long and comfortable sleep of the nation, but their efforts went to nothing. The populace didn't want to wake up and is still sleeping peacefully, and has refused all kinds of reform. Therefore, foreigners came to know Joseon as "the nation of a hiding scholar."

The great hope for the future of Joseon lies in the fact that Koreans were not a lazy people in the past. Korea is filled with wise kings, well-versed scholars, and an industrious populace, and that awakens us. If the general public intends to abandon evil thoughts and bad habits that paralyze and destroy them, will what happened in the past not possibly happen again in the future? If the people of Joseon desire success, there is only one way, and that is the way taken by the youth who manufactures candles and soaps and conversed with me. Namely, the first is to understand what one is capable of, and the second is to execute that wholeheartedly. Farmers should cultivate their own land, shoemakers should make the best shoes in the city, businessmen should run their business in the most innovative ways, students should study with all intellect, and even cleaners should be faithful to their job to the degree that there would not be any dirt or foul smell or flies. It is not a problem of scolding if you do not do what you are not capable of doing, but it is a matter of huge reproach if you do not do what you can do if you were just willing.

Generally there are more prerequisites of development. The first is education, the second diligence, the third finance, and the fourth ethics. I intend to address each one of them separately.

The first prerequisite is education, and Joseon has lagged far behind others in this area. That's why enough schools can't be founded without much time. The greatest value of education is to make people think, and to make them think properly is far more important. Germans received higher education early on, but they didn't learn how to think properly. Germans are the greatest people in the world. That's why the public was taught to think they had no choice but to rule the world. However, Germans got to a point where they declared war with the whole world with the ambition to subjugate all the peoples of the world. I met several people of Joseon who received an education, and I lament that they don't understand the great objective of education. Although they earned diplomas, what they do is pretend to be gentlemen, rather boasting the fact they have more wisdom and understanding than the general public.

How come they forget that they assume the responsibility of servitude once they receive an education? You have a duty to use the knowledge you intended to gain for others. If you do not use your knowledge for the general public as an educated person, you are not as worthy as a street cleaner who empties trash cans for the country. Then those who are educated will assist those who are uneducated, and those who are uneducated will devote themselves to gaining knowledge. Do not waste your precious time on smoking or idle talk. Rather, read *Dong-A Daily* or other good newspapers.

One of the invaluable women in Joseon is Mrs. Kim Jung-hye. Although she hasn't been educated herself, she was the first person to educate the young widows of Gyesung, and later she founded Junghwa Girls' Elementary School, devoting her money and life to running it. Even though I regret that I don't have enough room to provide you a detailed explanation about her, if readers have a chance to visit Gyesung, I'd like them to visit her and learn how she exerts herself to help those wishing to be educated. Truly, development for the people of Joseon lies in education, and there is nothing more urgent than that.

The second prerequisite is diligence and industry. The curse of Joseon is laziness. She was lazy before and is so still now. I've never seen a place as lazy as Kyungsung in my lifetime. Go and look at any street. You will find the public idling their time away smoking and engaging in idle talk. Their only thoughts are: "What will be the next story? Where will the next cigarette or a glass of drink come from?" Several weeks ago, I saw a man with a tobacco pipe in his mouth idly watching a woman mixing cement in cold weather, and I became so angry that I beat him up. Ah, think about men idly standing about and watching a woman making cement in winter.

Joseon has no hope until the youths of Joseon forsake the thought that labor is lowly. Several months ago, I had a young man working for me. One day he told me, "I can't work any longer. The work is too hard." And his parents said, "Since he is the only son, he must return home and rest." Ah, don't worry that work will kill you. If labor killed people, all the women in Joseon would have died.

The greatest need of Joseon is the very development of industry. But this is possible only by those who intend to labor. What Joseon wishes is for most of the educated men and women to disperse to farming villages and apply what is best for agriculture, so that where eighty kilograms of rice were harvested, it can now produce 120 kilograms. The source of the wealth of Joseon lies in farms. However, aren't they in the hands of the most foolish Joseon people?

The establishment of factories is also necessary. Thus, useful products can be manufactured using raw materials in the region, and then the raw materials can be exported to foreign countries. This will provide jobs to foreigners, but the import of products manufactured in foreign countries shouldn't be permitted so jobs can be provided to people of Joseon. The greatest shame of Joseon these days is that some factories are filled with girls while young men are idling away.

The third prerequisite is finance. Surprisingly, many events have occurred in Joseon so far. During the past several months, a wealthy figure invested a large sum of money and began a new enterprise. This is truly good news. However, great expense is necessary for education and the development of industry. Thus, much is expected of the rich regarding the development of both education and industry. If they use their money generously, everything will produce good results, but if not, progress and development will come very slowly. The rich shouldn't invest in companies which will produce high return. If a company is an essential one, it is right to invest in the company even though the return is small so that it can develop.

Last time I met Mrs. Kim. She used to be a nurse, but later founded a private elementary school in Handong-li, Joojin-myun and has been running it. I asked her, "How's the school doing?"

Mrs. Kim replied, "It's not doing well. There's no sympathy and there is no financial support."

During the last several months I've met dozens of youths. They were all smart and their futures were all promising. But because they didn't have money, they couldn't complete their education. How can you say everything is finished by simply establishing a school? It is necessary to provide money to those who can't use their talents and gifts because they don't have money. Ah, how great is the responsibility of the rich! Will they meet the need?

The fourth prerequisite is morality. What are most strenuous and turbulent are all kinds of movements in new fields to maintain morality. Materialistic progress doesn't have any worth at all unless it coexists with the morality of the people, namely the sensitive conscience of the people. People without morality will not prosper for long. Of course, they might be able to form a powerful nation, but they will have no choice but to face destruction in the end. Though they are attacked from without, they will destroy themselves within. There is one element that makes people truly great, and that is justice. Where does the greatness lie of the people of the United Kingdom? From generation to generation, the politician who led the United Kingdom was a Christian believer. Was it not Christianity that produced President Wilson, whose sympathy was so profound and whose ideal was so sublime? If the morality of a people is sound, everything will be prosperous.

How can a virtuous person become lazy? If industry develops, how can a virtuous person be stingy? Thus, necessary expenses of funds will be abundant. Hence, we assert that morality is the most important element for promising, sound development.

If I have a chance later, I also intend to comment on false development. It's not that I want to give uncomfortable words through the paper I intend to present. I want to do it because I want to give helpful words for the people I dearly love without reservation. If you found any words I spoke unpleasant, dear brothers, please forgive me by thinking about the truth which is your country's proverb: "Medicine is bitter for the tongue, but sweet for the body."

*Dong-A Daily* (April 1, 1920)

# My Beloved Joseon Compatriots(K)

I sincerely thank many brothers and sisters for their grand welcome. I left Joseon six years ago, and I loved her so much I couldn't forget her. Thus, I decided to visit Joseon. But because I didn't have any extra money working as a professor, I had to save part of my salary into a savings account. My original plan was to visit Joseon last year, but due to lack of money, I had to delay for a year. That is why I could meet you only this evening. Occasionally I went to Vancouver, a Canadian harbor, and saw a regular liner going to and from the East. Although it looked a regular liner to others' eyes, I imagined the liner crossing the Pacific Ocean, reaching the Joseon Peninsula, the beautiful land of Korea, and meeting my beloved Korean compatriots.

I requested a four-month leave from the principal of the school where I work. Not only did the principal not consent to my travel, but he also advised me to buy a car with the money I had saved for six years. However, when I told him, "Since I can neither love a car nor talk with a car, how can I miss and yearn for it because I cannot forget it?" the principal told me I must be crazy about Joseon.

When I was traveling in a certain region in Canada, I found a made-in-Japan trash can in an inn room and a thought dawned on me. The sign of the guest room was an American board, the cotton clothes English cotton cloth, the trash can a Japanese bamboo work. Every country in the world has its own export goods. What is the product of Joseon?

No matter how the material civilization improves, if it lacks virtue, that civilization will but disintegrate. What are the most important in the world today are the virtuous people, and I thought Joseon could contribute virtuous people to the world.

As people of the noblest purpose were born in Israel, then groaning under the persecution of the most powerful country in Europe, and contributed to the life of the world, I hear that such a person will be born in Joseon as well.

Although I returned home carrying the manuscript I wrote about the conditions of Joseon, I have not been able to publish it because of the cost. However, a rich American gentleman invested, so I progressed with publication, but stopped. I stopped because the gentleman harbored hatred toward Japan instead of publicizing the conditions of Joseon. I don't want my work to be used as a tool to hate people. I am not inclined to reject people of other countries. I simply want to love Joseon, my second homeland.

When I find dishonesty in an individual or a nation, I don't rage but state my convictions. Like old Mr. Lee sang-jae said this evening, I have neither wealth nor power, but I am an owner of honest words. I am simply, honestly confessing that I am an honest man. I wish for the happiness of my brothers in Joseon with single-minded devotion. Whatever the work, you will be successful if you only have the resolution.

*Chosun Daily* (June 27, 1926)

# My Dear Joseon Friends(K)

A Letter from Mr. Schofield on His Way Back Home to Canada

My Dear Joseon Friends!

It's beyond words to express how glad I am to meet with you again. From the moment I set foot on this land to the day I left, I was only loved. I came back because I loved you. You repaid my visit with the single thing I want, your love.

Since I can't remember and thank everyone who showed love to me, I send this letter to you all. You gave me good clothes, and you also gave me a boat ticket for a beautiful room in a regular liner. You also gave me food which is still left in my room on the boat. You also gave me various gifts to fill my bag. However, what is more precious than anything else is your love that I carry in my heart. I don't know whether the gifts you gave me will disappear or be stolen before I arrive in Canada. But no one will be able to take away your love that I hold in my heart.

The Future of Joseon

I heard the question, "Do you have hope for our future?" several times while I was in Joseon. Without any hesitation, I responded, "Yes, I do." Since Joseon already accomplished great tasks, what has been accomplished can be accomplished again. The people of Joseon will not lose to people of other countries in carrying out this great task. Most of the time whether you accomplish a great task or not is up to you.

Everywhere I went, I saw people of Joseon who gave up the bad lifestyles of the past and their own lives to devote their entire fortunes in helping numerous poor compatriots. In order to accomplish tasks, this most challenging present situation of Joseon requires great courage, resolute conviction, patience, strong will, and flawless character. Although it's difficult for everyone to exhibit these qualities, how can you accomplish great tasks unless you tackle the challenges?

Take Heart. There are many people even now who have courage. Those who don't have courage now can have courage if they intend to. People among you always think about pessimistic aspects and unfortunate things, despair as a consequence, and lose the power to take action altogether. This is unfortunate. The people you demand are male and female leaders who have courage and move forward, seeing hope. Think about fortune and hope and discuss them, instead of thinking about misfortune and pessimism. Seize a chance whenever possible and use it. Now I am going to say a few words on several most important matters.

### Joseon and Education

I rejoiced greatly when I saw numerous male and female students attending school. We shouldn't forget those who worked hard for education such as Mr. Yoon Chi-ho, Mrs. Kim Jung-hye, Mr. Kim Sung-soo, and many others. However, education is not always a blessing. It can be a disaster to some people. It is because they study in order to live idly. Those who intend to study in order to lead a more lazy life are nothing but shameless hypocrites.

Educating yourself is to prepare yourself in order to do greater work. You have to think it is not only a great privilege but also a great responsibility. Beware of the evil of looking down on those who haven't received education because you did. There shouldn't be any division among compatriots because of education. You should unite more firmly. I sincerely hope that thousands of students would get involved more intimately in the lives of their rural compatriots.

### Deeds Are the Best

Talking is easy. It's a very easy thing to talk, talk again, establish a theory, and engage in arguments. The people we call for are men and women of action deeds. If there is a dirty creek in the village, first clean it up, then give a lecture, whether it is economics or whatever. If a village road has been broken and people come to fall into it, repair the road first. Then you can put on clothes of the newest fashion and make yourself look great. If a wall has been broken down, rebuild it, and if a room is dirty, first clean it up and paper it. Then, help each villager to understand that university education, which is a very expensive product, is immediately rewarding. Unless you do what is worthy of doing immediately, you shouldn't talk about matters of the future that are not possible.

Promotion of Frugality

Joseon is a poor country, and it will be difficult for her to become rich with cash. Thus, Joseon must live in frugality thoroughly. People should only buy necessities and live on their income only. Please sternly prohibit getting into debt because of weddings or business. It is easy to imitate a luxurious life because neighboring Japan is rich. Remember, they have money, but you don't. There is a need to initiate a movement of frugality. The small money you spare over small things becomes big money. Everyone except those who do not have anything to eat can save money.

What is important along with frugality is to increase production. When comparing Japanese and Joseon farmers, you can easily see the difference. Japanese farmers make profit, tapping into other industries other than farming. An example is silkworm farming, and others include weaving, manufacturing straw bags, manufacturing straw ropes, sweet potato farming, vegetable farming, and many orchards. In some places, they even make noodles with machines and sell them. If they raise hens, they will have great profits from eggs. In Japan, a hen produces 70 eggs per year, and in the United States a hen produces 250 to 300 eggs per year.

Abolition of White Clothes

Women of Joseon will hate this (men might do the same thing), but I know using cotton in white clothes will be abolished sometime soon. I also know that white clothes will be worn only special occasions such as birthdays or Sundays. Although they are beautiful, white clothes cost too much to wear them daily. By reducing the time it takes to do laundry, people can use that time for production. Moreover, people need to be frugal with their use of soap and cloth because laundry bats ruin clothes. The Chinese have worn blue clothes since long ago. What color will the people of Joseon choose?

Worship of Morality

Modern times are the most dangerous time for the youths of Joseon. The old morality has been all but destroyed, but the new morality has not been established yet. The freedom modern young adults have will lead many of them to destruction if used wrongly. Such a thing has happened already. The development of a people is not possible without the power of morality. Without morality, education and money only turn into dangerous devices. There is only one way, and that is to dedicate yourself to a great enterprise, namely to sacrifice yourself for others. The secret to the success of all great men and women is to sacrifice yourself for others. This is what makes Jesus so great. Therefore, I encourage the young adults of Joseon to know Jesus and follow Him. As I part, I send my love to you all.

Sincerely Yours,
Your friend Frank Schofield

*Dong-A Daily* (September 17 & 19, 1926)

# Dear Joseon Brothers(K)

As a Canadian, Mr. Schofield worked as a physiology professor at Gyungseong Severance Medical School in 1915, and made many direct and indirect contributions to the world of medicine in Joseon for three to four years. When he stayed in Joseon, his denomination was not the only stage he had. As time permitted, he contacted Joseon youths and made efforts to become a friend to Joseon as a researcher of the problems in Joseon. Even after his return to his home country, he always wanted to meet youths of Joseon whenever he had a chance, and is said to have introduced the problems of Joseon to his own people or to Americans. He also sent us a letter of Christmas celebration without forgetting us also.

I think I am a man of Joseon rather than Canada. Thus, I am sending you a Christmas card. Although I would like to tell you about difficult world affairs, you all already know them yourselves, and it will be only sad news. However, I'd like to inform you of one comforting matter. Namely, it is the fact that I love and respect you and continue to do so. If one man's love and respect would reduce your agony even a little bit, I will devote myself to it. I think the fact that you love me is my constant joy. Tell me this is divine love.

It was a joy beyond compare that I spent a night with Mr. Kim Sung-soo, a great figure, in Canada. We talked about Joseon all night long. He worked hard for you. Please extend your gratitude to him.

I met with Kim Hwal-lan in New York, Kim Maria, Chang Deok-soo, and the like. What great teachers they are! There is not anybody who is greater than they. Mr. Park In-deok gave a speech about Joseon when he came to the University of Canada. Canadians are now gradually beginning to understand Joseon. I always give speeches about Joseon.

I wore the clothes someone in Suncheon sent me until last summer. When I couldn't wear them any longer from wear and tear, I hung them where I could see them always. That is how I always remember your love.

How's Mrs. Kim Jung-hye in Gyesung doing? She is a courageous lady. Women of Joseon are more courageous than men of Joseon. How many men are there who worked so hard for Joseon like Mrs. Kim? Of course, there must be many. I don't forget the venerable Mr. Lee sang-jae. If you young adults become like Mr. Yi, you will become great people of Joseon. Merry Christmas!

*Dong-A Daily* (December 26, 1931)

# Honesty Is the Only Way to Prosperity(K)

Although we often hear "honesty is the best policy," it is not only the best policy, but also the only policy. When I was leaving Korea to go to Canada two years ago, I needed a travel suitcase, so I went into a department store and bought one suitcase that looked fine for eighty thousand won. My itinerary was to go to Canada via India and Europe. Before I arrived in Germany, one string came off and the metal that was supporting the cover came loose and stuck out on the side. This is only one example of how poorly made the product was. As long as I live, I will never return to that store and buy products. That's why I had no choice but to buy a suitcase in Germany. Although I paid only twenty thousand won, it is still almost like a new one. I am truly sorry to say this, but I think the word corruption and Korea are closely related among many nations and peoples.

Have you ever imagined a pencil manufacturer who is so foolish and dishonest? They only think about their own profits and make pencils by putting lead only at both ends and then sell that! Aren't we all somewhat dishonest? Even in Canada where I had been living for a long time, I often saw people adding water to milk before they sold it or put ripe strawberries on top of rotten or unripe ones. People sell bad meat by making it into sausages so that people won't recognize it. In fact, meat shops deceive people with various tricks so much that there's even a saying, "If there is an honest man among those who run a meat shop, hair will grow on his palm." Merchants also have their own tricks, so deceit has become ordinary. Thus, those buying products should always be careful. However, these days honesty is found more often in Canada and the United States. Merchants are beginning to understand that when they sell products, being honest in selling valuable products is the secret to success. Doing dishonest business to become rich quickly is a risky matter.

### Competition in the Market

Fighting is a bad thing originally, but the fighting taking place in various countries in the world such as the United States, Japan, Germany, the United Kingdom, and the Soviet Union compete to sell their own products are fights in a good sense, because those who win in such economic fights are countries that provide the highest quality products at the cheapest price. Of course bad things can intervene even in this good competition. Namely, an example might be to give very low wages to those who make such quality products. There can be various ways to prevent such a wrong.

### How about Korea?

In order for the standard of living of Korea to improve–it should surely improve– I think there is only one way to live a better life. You have to make sure products with 'made-in-Korea' tags are ensured supreme quality by doing better work more diligently, and doing better work more often. If that happens, Koreans don't have to go as far back as the Goryeo era and boast of the excellence of Goryeo pottery, will they?

*New Family* (April, 1961)

## 3-2
## A Word of Encouragement Sent to a Friend of Joseon Orphanage Building Fund

# My Dear Friends (I)(E)

Brief History

The Yourin Boyuk-won, or "The Neighbor Home for Children," was founded in the city of Song-do in 1945 by Dr. Han Chul-ho, a compassionate and generous Christian doctor. He is still alive, aged seventy-five, but during the last year has been completely bed-ridden. During the war, Dr. Han, with the staff and orphans escaped to Seoul, leaving all property in communist territory. A property was purchased in Mapo, a suburb of Seoul, where the orphanage was re-established.

Necessity for Moving

There are three main reasons.

(1) The growth of Seoul during the last few years has surrounded the orphanage with buildings and dangerous traffic.

(2) Most of the buildings are old and inadequate.

(3) The Sogang River floods during the rainy season, and on several occasions, as during last summer, floods the orphanage causing serious damage, and the children have to be evacuated.

The New Site

We have taken an option on ten acres of land in the vicinity of Seoul, within easy distance of a church and school. There is enough land for planting trees, vegetables, and the raising of rabbits, chickens, etc. Ten acres will give us ample protection from buildings which may be erected later. At present the property belongs to the city of Seoul.

Finance

This will not be easy, but if everybody helps we can succeed.

Cost of land–several payments of $26,000.00 plus a yearly rent of $1,200.00. One down payment $18,000.00 plus rent for one year of $1,200.00.

The Independence Hall of Korea (1-004844-010) (May 15, 1966)

# My Dear Friends (II)(E)

This is the morning after the big birthday party last night about which I will tell you someday.

I have just finished reading the words of St. Paul to the Greeks on Mars Hill in Acts 17:32, "And when they heard of the resurrection of the dead, some mocked, and others said, 'We will hear Thee again of this matter.' When will we begin to believe "that as high as the Heavens are above the earth, so high as my (God) thoughts, above your thoughts" Is.55:9 "Man still believes in his own wisdom, that he is smart enough, clever enough to do something of real importance in the spiritual, political, or economic areas of life. But Paul, with his remarkable insight writes, "The foolishness of God is wiser than men and the weakness of God is stronger than men; Christ is the power of God and the wisdom of God" (1 Cor. 1:24-25). None of my friends in Canada or U.S.A. knew when I left for Korea, I was like Paul "in weakness fear and trembling" (1Cor. 2-3). But there was always a voice within which said, "Go on, go on" –and every man must obey the command which speaks within him

Well, I have never regretted for one minute that I came back to Korea. Here life is full of challenge and opportunity for helping in a hundred different ways. It is rich and satisfying. In Canada I was just marking time and had the unenviable occupation of deliberating upon the most suitable place for burial. Here every day brings a new and unexpected task and joy. About six years ago I picked out a good but very poor student from the slum school which we were carrying on at that time, with the help of voluntary teachers. Park Young Soon was outstanding in three ways– (a) passion for learning; (b) great faith in God; (c) love for her sick & widowed mother. We sent her to commercial high school. She graduated top of her class. She could find no office work. The lowest positions are taken by university graduates with Bachelor's degrees. I Finally I had to pay twenty dollars to an employment agency, and she got a job with a book publishing company at ten dollars a month. One year ago she said to me, "We have left the slums, and got a shack on the side of a mountain! We have nothing much in the shack, but we are happy!"

I replied, "Yes, because you always have God with you in the shack." With the smile which was never far away she answered, "Yes, of course!" Imagine my surprise and joy when Miss Park entered my room the other day with the same smile, a neat "hairdo," a nice blue serge-coat, and the wonderful news that she had passed the examination and was now a junior supervisor in the Reformatory for criminal women. I thought it was a very sad place but it was just what she wanted, and she loved working with the juvenile delinquents. But how shocking, more than five hundred, in one building, ages sixteen to sixty years! You may hear of a request for cash so that an adjacent building for the juveniles may be built.

Second Big Joy – All the Seoul National students which were in our Bible classes have remained faithful to Jesus, and they are out organizing three more groups. This is what they were feeling reaching out for where the winds of changes and challenge were blowing among the students.

Third Grief–One of my dearest students, whom I had helped to put her trust in Jesus, lost her husband a few weeks ago from an accident. He was a very strong Buddhist, and always rejected Jesus. He was a good and kind man. She is very distressed, and when we all were asked, we give a different answer to her relentless question–"Where is my husband?" Pray for her – such a liveable person

All that you need to know about my eightieth birthday party is that was a great day. Early in the morning came the biggest birthday cake which I had ever seen– 3'x3'x3' and weighing about one hundred pounds– from President Park, and a lovely pot of lilies from Madam Park. Six large azaleas in blossom– how beautiful! The poor brought their gifts of eggs or rice cakes. The party was in the Y.M.C.A and about 250 friends came –by far the largest birthday party.

I can tell you no more this time. Really I have little time or inclination to think about my health. As hundreds of Koreans are praying for my health, I can think about more important things. It is impossible me to understand why God continues to shower His blessings upon me. There is no evidence to help explain it in the Presbyterian doctrine of election! He is a grace beyond our power to understand. It does constantly remind me of my great obligations and necessitates a more profound insight into the great word "grace."

With love to you all
Frank W. Schofield

P.S. The tiger is not often seen, but is not dead, as a reporter for a newspaper published by a rich rogue discovered this morning. I invited them to bring his boss, the clever rogue with him next time, and the newspaper would be "sold out" in one hour and extra editions –if he reported honestly! It is exhausting.

The Independence Hall of Korea (No. 1-008642-003) (March 20,1969)

# My Dear Friends (III)(E)

You are fortunate to get this letter, because after such a delay, I was almost inclined to wait for a few more months, and your wrath at my apparent inattention would only be a little more!

When "old age" has finally arrived, how little one can do! I have to constantly marvel at the mercy of God, and the great grace of our Lord Jesus Christ. Ever since I set foot in Korea, the government has cared for me as though I were the ambassador from Canada. My desire was something more important; an ambassador for Jesus Christ and His kingdom. The credentials are much more difficult to acquire. St. Paul says that we are "living epistles read of all men." Forged or even real documents, from B.A. right on the list to the Very Reverend, have no value unless written in our hearts by the Holy Spirit.

I have a really nice little apartment which the government insisted in providing for me. One lovely big room for student classes, a kitchen, two bedrooms, etc. I moved in last week. When the great heat and rainy season comes, it will be difficult to obtain an apartment in the city of Seoul; Mapo is a suburb.

The Orphanage
I was driven there last Saturday (April 26th). It is on the

edge of the city, where the air is good, and at present there is not very much building, but it will come, as the population has almost doubled in fifteen years. Seoul has about four million. The number of little boys remains the same as always, or about seventy. They are well fed and clothed. My immediate concern is for the teachers, and workers; their salaries which were as low as nine dollars a month with board now increased from 50% –100%. The cost of living is up about 50% since 1965. Most of the orphans are old enough to go to the state school. As they become older, fourteen to sixteen years, we try to get them into an industrial school. Primary school is free. All other schools are far too expensive. I have been made an Honorary Director, which so far has neither benefitted me or the orphans! But it will, as we have to deal with some difficult government officials.

General News

My grandson Chung Un-chan has received the Medal of Honor, Department of Economics, based on his 1968 marks. All honor students were invited to the home of President Park for a short chat. All were much impressed by his humility and kindness. Fancy this young man only eight years ago, although top out of seven hundred in primary school and the son of a window washer woman, unable to go to high school, just helping this mother at home. We gave him the best education possible and today he is one of the top students. He knew nothing about God; today, he is committed to the way of Jesus Christ. (He brought his fiancée today, such a lovely-looking and intelligent young woman but sadly, she is studying modern art– something like the puzzles we worked out as children!!)

### My Health

Up and down; little energy and much bed rest but better here than dying of homesickness and idleness in Canada. I made arrangement for my funeral then in California: to save complications: a net cost of $250,000.00; with extras -$500.00, I settled for $250,000

### Bible Study Classes

These are difficult, but very rewarding–will report in the next letter.

Thank you for your continued interest. By the great grace of God, I am happy to be in the service of Jesus Christ.

Sincerely,
Frank W. Schofield.

The Independence Hall of Korea (No. 1-004841-063) (May 4, 1969)

# My Dear Friends (IV)(E)

With all my heart, I wish you joy at Christmas. The real meaning of this holy day (holiday) has almost vanished, but we must still wonder when we recollect that God selected a stable, rather than a palace, as the birthplace for His Son. This is a fact of great significance for both east and west. There is still wisdom in the words "Blessed are the poor and woe unto the rich." But hunger, undernourishment, and death from exposure in these cold nights is a curse.

December 7th–*The Korea Times*–"Seoul city urges churches to extend a helping hand to hundreds of vagrant juveniles shivering in the cold weather. Several persons were frozen to death on the city streets since last month." There is something wrong with the churches in their indifference to the cold and hungry people–the Anglican Church has taken in sixty boys.

## Friday Club

The "Friday club" composed of student teachers is doing an excellent piece of work in one of the poorest and most evil districts in Seoul. The teachers, unable to get the help expected from Korean sources, begged me to raise money for this project. These boys and girls, six hundred of them, many coming from the home of prostitutes, must be cared for. Also the teachers, thirty in number, must be encouraged. The enclosed article written by a dear and capable Korean granddaughter gives a good picture of the situation. We are arranging to give two hundred of the youngest a Christmas party at a church two miles away. How will we get the transportation?

The "yul-shim" Bible class.

"Yul-shim" means "enthusiasm"! I do not think that there is another Bible class like this anywhere; certainly not in Korea. Twelve very bright high school girls, all speaking English, from a top-notch high school. We meet after school every Saturday from 4:30 to 6.00 p.m. It is a great honor to be admitted. Homework, scripture study, memorizing verses, hymns, and attendance are governed by inflexible laws–five in number. I.Q. must be over one hundred, enthusiasm about two hundred. Monthly examination is compulsory. I am sure that most: if not all, will become Christians. I have selected as the class motto "Let the dead bury the dead. Come follow me." (Secret–they told their English teacher that they hope harabuji (grandfather) would not die till they had all graduated from high school and university five to six years from now!)

Mapo children's home.

Many of you know of this orphanage, and helped to pay the five hundred dollars for additional land. This has provided more cabbage for the children and food for rabbits. The latter have been a great success, providing meat–a luxury–for the children. Four of the sixty-one children have been "adopted" by Canadians. My little and saintly "sister," now eighty-two, and very frail, still goes to church with them on Sunday. A workshop for the boys is badly needed.

Bong-un orphanage.

"Approximately one hundred thousand orphans in Korea"- *The Korea Times* on December 8, a group of about thirty men and women met to celebrate the eighth anniversary of the orphanage. This was a great and unique event, because the meeting and dinner which followed were in the new buildings. What a change from the ugly, patched up shacks of last year! These buildings will always be a monument to the untiring faith and devotion of Lee Kyung-jee. For the last eight years she has lived with one objective: a real home for the eighty or ninety orphans. In the country, with fresh air, grass to play on, pigs and chickens to feed, and a church and school not far away. Here also we must build a workshop for the boys and a small library of good Korean books. The present cost is about five hundred dollars per month.

For Special Mention

1. The Ab Quinn Fund, sponsored by Veterinary Medicine, evoked a most generous response of almost six hundred dollars. We are deeply grateful to you, Dr. Quinn, and also to Veterinary Medicine.

2. The Progress of Little Chung. The widowed mother and three children live in one small room. The mother, a good but uneducated woman, had no sleep for three nights, wondering how she could possibly educate her little boy of thirteen years. He was the top student in school of six hundred boys! Her income doing odd jobs of washing was about five dollars a month. The fees for middle school were terribly expensive in Korea—about fifty dollars for entrance. Ex-Dean Rhee of the

Veterinary College, a good and kind man, knew of the money which I had received from the Veterinary Medicine Fund, so brought the mother and little boy to see Harabuji (grandfather). We paid his way into one of the best schools in Korea. Within six months, being the top among 427 boys, has been granted a scholarship. Also both are now for the first time hearing of the love of God. There are so many good stories, but no more space, so must keep till the next letter.

FINANCE:

Total receipts for 1960         $1,998.19
Total disbursements for 1960    $2,169.00
Debt                            $170.81

Deficit eliminated due to unlimited overhead resources (The inexhaustible riches of Christ according to St. Paul)

As well as the orphanages, four Korean families, one Chinese, one Latvian refugee family in Germany, and one widow with three children in East Berlin receive regular help. Jesus came to give us expanding life, not contracting self-centered existence.

With much gratitude,
Frank W. Schofield

*Archive in Guelph University* (December 8, 1960)

# Pearls(E)

Park Choon-shim was kneeling beside my chair, and about to go, when I said, "I would like you to read these words of St. Paul for me." She shut the New Testament, saying, "Not tonight grandfather, I am going to pray to God about you and it will be a long prayer."

Four years ago, little Park Choon-shim was brought to my house by a very loving school teacher, begging for help. Driven out of her home by a hard stepmother, she lodged with an elder brother, till he got married and left Seoul. Then a schoolmate let her share her room but could not provide any food. As soon as school was over (4:30) she walked more than a mile, and for three hours tutored the child of a businessman for three hours a day every day of the month for four dollars. Then, running home, she got a bit of supper, did her homework, and was happy to be in the land of dreams. It is a long and fascinating story. After a fight I managed to get her into a better school. Then a very kind American lady came onto the scene, and for the last three years has supplied all that she needed.

She came a few days ago to show me the state certificate which grants her permission to apply for entrance to any institution of higher learning. The photo attached to the certificate showed a face of intelligence: purity, happiness, as well as unusual determination.

The Independence Hall of Korea (No. 1-004844-014)

# Part 4

## Schofield and Christianity

We are blind; give us Thy light.
We are weak; give us Thy strength.
We are corrupt; give us Thy purity.

Jesus Christ beside us in the world. And all sufficient protection from the evil in the world. Jesus Christ before us in the world, And all sufficient advocate in the presence of Holy God.

# My Beloved Brothers of Joseon(K)

Please forgive me for calling you this familiarly. The discrimination found in the discriminatory language against races is all meaningless. Are we not all members of a huge family under the Heavenly Father we all love consistently? Although the world doesn't know this, it will come to know so in the future, and when it happens, how happy will the heavens and the earth become? Will you allow me to send you writings such as this? Joseon seems like my homeland. Thus, is it not my duty to write letters to my family? Although I don't have a long story to tell you, I'd like to write a few words as a sign that I didn't forget you even though 6,600 miles of seas and mountains separate us.

Last summer I went to Joseon and received great hospitality. I still remember and rejoice. Thus, before many years went by, I began saving again to go to Joseon. The next time I go to Joseon, I am thinking of taking my son so he can make some Oriental friends. I gave many lectures after returning from Joseon. Of course, there are many people who want to know Joseon, but few in the United States think about Asians. They only think about their own work. Although there is much money here, they only put themselves first and spend money for luxurious lives. Everything is fine with them as long as they live well, whether Asians live or die.

I met twenty students from Joseon, six Japanese students, and two Chinese students on a bus travelling from Shimonoseki to Yokohama and had a great time hanging out with them. It seems that there is no hatred among them, only kind thoughts for each other. However, when the students grow up more, they will hate one another because of things such as political relations. How sad is that? Alas, I forgot. This letter might be forfeited if I say these things carelessly.

By the time you read this letter, tens of thousands of people in America and Europe will be observing Christmas, the greatest holiday of every year. This holiday was established to commemorate the birth of Jesus of Nazareth. As many of you know, Jesus from the East is the person who exerted good influence on each country of the West above everybody. He was born about 1,900 years ago and died a terrible death, but there have been countless people until now who intended to live and die for him.

Brothers and sisters in Joseon! Please carefully think over the works of this man. He said he came from God with the news of love and kindness. He said the Lord of heaven and earth is like a friendly and loving father, and wants His children to trust and love Him and love one another.

I want you to read the works of Jesus and know how pure and beautiful he was. Know how kind he was to the poor, healed the sick, fed the hungry, and the only purpose of his life was to help the evil to overcome the evil, while he himself was sinless. Many people believed in him and became pure, good, and true like him, so his work was a success. Those with bad temperaments became good, and those who put themselves first came to love others, the arrogant became humble, drunkards became sober, prostitutes became clean from an unclean life. How could they change like that? It was possible because Jesus gave them the power to become like that when they let Jesus know that they wanted to escape their sinful lives, and they wanted to change themselves and become good and true people. All you have to do is depend on him.

Please listen to me. The most joyous news I give to my beloved friends in Joseon is nothing but the good tidings that Jesus is still alive and doing the work he did for the Jews for the people of Joseon. Because Jesus strengthens me, I live each day with His strength. I have in my heart the peace, joy, freedom to escape from sin, and the great hope you all want. That hope is nothing but the hope that when I die, I will live with my Savior Jesus and God the Father I love forever. Is this not truly great news? Dear brothers and sisters! Believe in him and follow Jesus Christ who is the king of peace, life, and joy.

If anybody knows how the orphanage outside Seodaemoon is doing, please send me a letter. I rejoiced greatly over the birth of that orphanage. Please educate those poor children, teaching them an honest and diligent life. Then, who knows if a teacher like Lee kyung-jee I or a great entrepreneur or a great scientist might come out of them? How's the business of Mrs. Kim Heung-jae, the great educator of Songdo, doing? Has construction begun on a Girl's Middle School? I know that a half-day school is a very good thing. Isn't there anybody in Seoul who can donate five thousand won for her school? Her enterprise is a useful and great one, and people need to help and cheer her on. I saw several libertines in Seoul, and my exhortation for them is that they abandon such foolish and lazy lives and devote their properties and efforts to more useful and meaningful work other than Korean geishas. *Gisang* (寄生) is a mixture of gi (on or in) and sang (live), and thus let us remember that it is a parasite [Translator's Note: Schofield is using a pun since the word for a parasite and the word for a Korean geisha are spelled and pronounced the same].

What you want to hear is the news that an imperial meeting was held in the United Kingdom, and Canada received complete autonomy, and as a result we Canadians can now send our ambassadors wherever we want to send them. However, I cannot address the issue in detail in this letter, so I will have to postpone it for next time. I finish my letter sending you my love.

Frank W. Schofield
Ontario, Canada

*Dong-A Daily* (January 5, 1927)

# Prayer for the New President Park Chung-hee on the Sunday before His Inauguration⁽ᴱ⁾

O God, the Ruler and Judge of all men and nations, we have come before Thee this morning to confess our sins and failure and to beg to Thee to forgive us. We speak from our hearts, not from our lips. With Thee is truth and wisdom. With us is deceit and vanity.

We have worshipped the false gods of success, money, and power, and have neglected the poor, the widows, and the orphans. We can hide nothing from Thee, and before Thee we dare not make any excuse. We have been foolish and vain; from our hearts we beg Thy forgiveness. Thou hast declared that in righteousness only is a nation made strong. This holy law we have ignored, therefore we suffer from weakness and confusion. Forgive us we pray. Here worshipping with us and before Thee is our president, Park Chung-hee. We ask Thee that our leader may become Thy servant. We thank Thee for his hatred of all that is corrupt. Give him courage to fight against every kind of evil, and grant greater courage that he may believe only in that which is good. May he come to know Thee, love Thee and obey Thee.

We ask Thy blessing on this new government; may their discussions be with wisdom, and free from bitterness and futile strife.

> We are blind; give us Thy light.
> We are weak; give us Thy strength
> We are corrupt; give us Thy purity.
> We ask all in the name of Jesus Christ our Savior.
> Amen.

*Office of the Prime Minister Ottawa* (December 15, 1963)

# The Greatest Power in the World(K)

The Young Korean Academy invited Dr. Schofield, admired as the thirty-fourth national representative in addition to the thirty-three national representatives of the March 1st Movement, and held a Friday lecture. The love demonstrated to our people by the Canadian-born British veterinarian Dr. Schofield is deeply rooted in religious faith. The following is a writing of the recorded lecture, interpreted by Joo Yo-han.

Although I know you have many painful thoughts in your minds, I believe that you can have great hope once you hear my message. The first thing I'm going to tell you is that I think the Young Korean Academy that hosted today's lecture is an important enterprise for Koreans. Since it is a most fundamental matter in saving this nation for the people to have sound moral character, I think the movement of the YKA is very important.

While we say that we need scientists today, what is needed more are people of great character. When I was quite young in my homeland England, there was a famous prime minister named William E. Gladstone (1809-1898). He graduated from Oxford University, and it is said England became a better country to live in, in 1860 because he studied at Oxford University in 1840.

That's why I hope that a university in Korea, for example the Seoul National University, because a young adult named

"Kim" or "Lee" or "Choi" studied at Seoul National University in 1959, this country would become a better country in 1979.

Once when I was a student, I went to Toronto, Canada, and met a student from China. He had many Chinese characters written in his room, and he said, "Do you know this word since you've been to Korea?" Although he asked me so, I couldn't make out any of them except for two characters. Thus, I told him that I knew two, and one of them was 中, which means "center," and the other one was 大, which is translated as "great." Then the student told me about the interesting point of the word 大. The word 大 is a combination of the word 人, which means "person," and the word 一, which means "one," and I remember his explanation to be quite interesting.

While Chinese students were making words some four thousand years ago, they made various words, and they long discussed how they could express "great". As a result of their long discussion, they first wrote 人 since nothing can be large or great without a man. Then they discussed what word they should add in order to express the meaning of "great." If we paint that he has much money, will that express "great?" If we show that this person has certain books, will that express the meaning of "great"? If we show that he's holding his son, will that communicate "great"? After a long discussion, they ended up adding a line on top of the word 人 and said, "This is the word 大, meaning 'great.' How does that word become a word that shows great? It is because he's carrying a heavy burden on his back. The greatest person is a person carrying a heavy burden. Thus, they decided that it's the word that means "great." That's why the idea of being great or large is always a mixture of two ideas. The first is that men have to make sacrifices, and the other is that bearing a burden is a noble action.

Next I'll tell you a story I heard from a Japanese man. He said it was a story that took place in old Taiwan. Ancient Taiwan was a place where a race called "wild tribesmen," who would cut off men's heads like cake, used to live. According to the story, a Buddhist monk went into that place and influenced them so greatly that they later lived without cutting off people's heads.

But then one day, the leader of the wild tribesmen said to the monk that although he lived without cutting off people's heads, he would have to kill a person this time. Then he asked the monk to grant the request to kill a person for the last time. At that the monk tried to stop him. Although he said he couldn't let him kill a man, these men managed to find a way to kill a person. The leader said that there was a merchant coming into the tribal village from outside and he couldn't stand the way he dressed or looked. Thus, the monk unavoidably said, "If you really want to do it, kill that man only. Don't kill others."

Thus, these barbarians waited for the day when the merchant would come into the tribal village. When at last they saw the merchant dressed in strange clothes carrying goods, they ran out to him and cut off his head. After they cut off his head, they examined his head. It turned out that the person was the monk. The monk had disguised himself as the merchant, came into the tribal village, and sacrificed himself. According to the story, the wild tribesmen never killed people again. What you can learn from this story is that the monk's character was great. You can also say that because the monk had the spirit of sacrifice as well as burden-bearing he made it possible for so many people to repent of their sins. Thus, we can know that being great lies in the spirit of sacrifice or the spirit of bearing a burden.

If you travel to the United States or Europe, you can see many buildings with a cross on the top. If you ask me about the cross after seeing it, I can tell you that those buildings are churches established to commemorate the person who came to this earth some two thousand years ago. Speaking of this person, he did all sorts of good things upon he came down. He taught people, loved people, and helped the poor. Even though he led such a beautiful life, those in authority arrested him and crucified him according to the Roman custom of execution. That's why there are crosses on those buildings to commemorate that, and the cross remains as a symbol of a great spirit.

Thus, the person who sacrifices himself or has the spirit of sacrifice is the greatest. Namely, the greatest thing is love. So far I've told you these three stories. What is truly great in China, Taiwan, or the West is the spirit of self-sacrifice for others. To put it differently, the devoted love that sacrifices one's body for others is the most active force in this world.

An American went to Gandhi, considered to be the saint of India, and asked him to come to the United States and give a lecture. At that time the aged Gandhi was past sixty and in late adulthood. His reply was, "I can't go right now, but I intend to go later. The reason is that I have just learned how powerful love is. Even though I go now, I don't have anything to give to Americans. But if I get to know more about this love and understand it clearly, I will go to the United States then and share it with Americans. Particularly, even when I go, I'll go to the South, look for places where blacks live, and share my will. Those in the North might not know the power of love of which I speak."

What is most needed in the present world is to make love live and grow. The reason is that hatred is too rampant in the present world. I think that the way to heal the world is to make the power of love greater and more powerful.

If love, kindness, and thoughts of helping one another abound in our society and in our lives, our society can become a progressive one, but if it lacks them, it will be a very difficult one in which to live.

Since there is the so-called Cold War in modern times, this world lacks the power of love, and love is becoming rare. That's why I think today's society is becoming sick.

When we think in terms of religion, we say that there is a Creator in this world or that God created the world, but the concept of a Creator or God has a certain characteristic. We can say "God is love." This thought that "God is love" is the greatest and most outstanding thought out of all human thoughts. Since God created them in his own image when he created men, he created them according to his image, namely, love.

Thus, if men live depending on love which is the image in which they were created, they can live as men, and this society can develop in a sound manner. When you look at history, when you look at everything based on love, you can know that love is truly powerful. How was the United Nations born? How about the Red Cross? How about hospitals that admit mental patients? How about orphanages? They were all born out of the power of love.

What was born out of the opposite, namely, hatred? When we look at history and when we look at things that were born out of hatred, many truly horrible things transpired. When we compare these two: love and hatred, we can mention their three characteristics. The first characteristic is that both are creative and can accomplish something. We can see things such as pieces of art or good music in this world created by the power of love. However, hatred is destructive and has no permanency. Namely, love is continual, but hatred has no continuity.

When the peace treaty was made in Versailles near Paris after the First World War was over, representatives from many countries were present. I will talk about two of them. One of them was Georges Clemenceau (1811-1929) from France, and the other one was Pieter Williem Botha, a politician from the Union of South Africa. During the meeting Germany surrendered and the representatives discussed what kind of peace treaty would have to be made. That's when Botha wrote something on a small notebook and circulated it. The note read, "Our Union of South Africa lost to the United Kingdom in a war. Since the United Kingdom kindly treated the lost Union of South Africa with love, the Union of South Africa became a friendly nation to the United Kingdom. But it wouldn't have happened that way if the United Kingdom treated the Union of South Africa with hatred in their hearts. Today, Germany is surrendering and we're making a peace treaty. This peace treaty should be one of love, and it should not be a peace treaty that hates Germany."

However, upon seeing the writing, the French man Clemenceau insisted, "I don't know about that. I don't understand what you said, and we will seek revenge on Germany to the end," and the treaties formed at the peace conference at Paris after World War I, grounded on such hatred, gave cause for the horrible World War II later.

Today communism is a matter of great concern in the world. We suffer in many ways because of this. As you know, why did this communism arise? It is because in the West, especially in Britain where I was born, there was this phenomenon a century ago that the capitalists exploited, oppressed, and restrained the labor class, and as a reaction, communism came to pass. In other words, it can be said that communism appeared as a judgment of the various evils of capitalism.

Nevertheless, when Karl Marx advocated his communist claims, he made a grave error in a couple of ways. If Marx had truly been a great person, he would never have made such mistakes. Where did he go wrong? Namely, because communism is based on a philosophy of hatred that says "hate those who have money and kill the wealthy ones" in uniting the oppressed proletarian class, it inflicts great harm on us today. If Marx had not initiated such a movement that united the proletarian class based on a philosophy of hatred and if he had proceeded with a mindset of bringing about a revolution relying on political evolution, a modern tragedy of this sort would not have happened.

Among the words of Karl Marx, this one actually rings true. That is, he said, "You Christians! You still keep the first commandment in the Ten Commandments, but forgot the second one. The first commandment is 'Love God. Love him just like you love man' and you observe that commandment. Yet, you forgot the second commandment that says, 'Love other people just as yourself.'

What are some ways to love God? The words "love God" can be said as "loving our friends who are next to us." Then, if we truly want to go forward in Korea today, we should practice this love even in small ways. We can move forward only when we practice love at home, at the same school, at work, or in the government.

Love can move forward always but hatred stalls, never advancing. I think the way to fight communism lies in removing its cause. Namely, only by eliminating this unfair state where the rich have too much and the poor have too little can we can get rid of communism. In this respect, I think my homeland Britain has accomplished something more progressive than any other country.

For instance, after the Second World War, British voters dismissed the Churchill cabinet that had won the war at the time and instead supported the Labor cabinet. At the time, Americans were surprised at this. Why did they push out the victorious Churchill cabinet and allow the Labor Party to organize the cabinet? In the mind of the British, since Churchill represented the capital class, and the capital class had little consideration for the whole people, particularly the poor people, they supported the Labor cabinet that promised to care for and help all people, especially the poor, once the war was over.

Thus, it can be said that there are almost no communists in Britain today. Even twenty-five years ago, Britain regarded communism as something dangerous. However, isn't it true that today no one fears communism or takes interest in its idea in Britain because the government strives for social policies? Speaking of the phenomenon of Britain today, it is rare to find a country like Britain where the poor, the proletarian class, receive so much help and relief from the government while the wealthy are taxed so much.

If a spy from North Korea comes now and sees the South, he may see many phenomena that he deems good. Taking Seoul for example, the rich seem to have too much, and the poor look too poor. There are many unemployed people, and people can't study at school because of lack of money. Seeing this social phenomenon, that spy may be pleased.

What I know for sure is that we cannot remove communism with a gun or a sword or a bomb. If we try to eliminate it with a gun or a bomb, the whole world will vanish, not just communism.

There is no one who thinks of war to resolve this world problem. There are two reasons for this. First, in light of past experience, war cannot solve a problem, but rather it complicates the problem all the more by producing even more difficult problems than the solved one. Second, if war breaks out now, the whole world will be destroyed and become extinct. Due to these two reasons, I think there would be no one who wants to solve world problems through war.

It is very unfortunate that many think to fight with violence today. If those who are capable give up the idea of violence now and choose to overcome it with love, there will be a new way to solve this hard problem.

When I was in Canada, I once attended a communist gathering. I said there, "I do not believe that we can solve political problems by depending on a revolution of blood, or violence. All these social problems can be solved gradually by relying on political evolution, not by blood causing a revolution of violence."

Then a communist rose up and said, "You are wrong. I firmly believe that problems can be solved only by a revolution of blood," hurling insults at me. Nevertheless, I did not oppose him there but rather became his friend by getting acquainted with him for two years. He changed, and discarded all revolutionary and violent beliefs.

Last year I happened to go to Yugoslavia to teach at a college there. When the time came to leave the country after I taught, I signed my name in the visitors' book. There were signatures of people from many countries like Russia, China, and Bulgaria. There I wrote, "I came from Toronto, Canada," and then, "God is love." Then a year later, which is this year, the Yugoslavian college asked me to come again, saying, "Teach us. We regard you as our friend."

Back then when I went to a communist country, I said, "I do not like communism. But I love you as people," and they invited me again. I do not believe in the thing called hatred at all. What I believe in is love. Speaking of this love, since God is love, I think only when we know God can we come to know what love is.

Finally, one more word to you is that if you want to know "God is love" clearly, you'd better read the biography of the life of Jesus Christ.

*Dawn (March* 1959)

# The Church in Korea, Yesterday and Today(E·K)

Introduction

The limited value of this article dealing with certain aspects of the Korean church today is fully recognized by the writer. Forty years ago I was frequently in Korean churches either as worshiper or speaker. Now, having to my sorrow forgotten the language, which I never spoke fluently, and due to other religious activities, it is rarely possible to even attend a Korean church service. The latter part of this article, dealing with the church in Korea today, is based almost entirely upon information obtained from conversation with scores if not hundreds of students, most of whom profess the Christian faith.

The Church Forty Years Ago

Even before coming to Korea in 1916, I had heard of the vitality, enthusiasm, and sacrificial spirit of the church in Korea. It was known as an evangelizing church and its members as "Bible Christians" because of their diligent study and remarkable knowledge of "the Book."

The sight of the crowded churches in the cities of Pyeongyang and Suncheon was a sight which one would never forget. I have often heard that such an intimate knowledge of "The the Book" and such large meetings for prayer and worship were unknown in either Japan or China.

Many reasons have been given to explain these phenomena. The following seem to me to be the most valid. First, the Korean people, sorrowing and hopeless because of the loss of their country, turned to the gospel, which offered both comfort and a new hope. Second, under the rule of Japan, the church was for some time the only institution which allowed freedom of assembly, speech, and scope for organization as long as limited to ecclesiastical matters. Third, persecution, which was severe after the annexation, has always had the same effect of strengthening the spiritual life of the church, wherever it has been employed. Fourth, the existence of an alphabet, not difficult to learn, even by the poorly educated, made propagation of the Christian faith by the printed word a comparatively easy task. Fifth, missionary policy in Korea was to evangelize the rural church, and concentrate their effort on Bible study.

Whatever the reasons, the church in Korea forty years ago was a vigorous and healthy institution. True that even in 1916 there were (a) theological differences between the fundamentalist and liberal interpretation of the Scripture, (b) a more serious issue, although then not recognized as such, was the difference in mission policy over the recognition of Shinto and the compulsory attendance of teachers and students at the shrines.

One very important fact which differentiates the church of 1916 from the church of 1960 is that the earlier church was never accused of "corruption," while the church of 1960 is usually described as "corrupt." In 1916, the church might be criticized by the *hakja* (learned people) as being composed of ignorant people, as the majority of Christians did not know *hanmun* (Chinese characters), but the accusation of corruption was unheard of and unknown.

## Corruption and the Contemporary Church

Before we say one word about corruption, two facts must be emphasized.

(1) Corruption is chiefly confined to the city of churches, and some of these are free from corruption.

(2) Among students, the people with whom I work, there are many young men and women whose Christian character is equal to that of Christians anywhere. The Holy Spirit has no limitations except where there is a lack of hunger and thirst after God.

There can be no doubt that the Korean church has suffered much from corruption. First, let us look for those conditions which have contributed to corruption. It is easy to criticize the Korean church, but we must remember that life in Korea has been an unusually severe test of Christian faith and values during the last forty years. Also some corrupt practices have been introduced from without.

(1) Under the Japanese regime the desire for material advance often resulted in a betrayal of Christian principles. "You cannot believe in me because you desire the honour which cometh from men and not the honour which cometh from God only" (Jn. 5:44).

"Corruption," as used in this article, means a substitution of worldly techniques for godliness and the definite, purposive deviation from the principles of faith, love, righteousness, humility, service, and a recognition of the great danger of riches as exemplified and taught by our Lord Jesus Christ.

(2) Although controversial, the compromise with Shinto religion, which the Japanese government increasingly demanded from mission schools and colleges, was a serious surrender of Christian faith for educational and worldly advantage. (Some schools and colleges refused to compromise.) The early Christians usually preferred to be devoured by lions than recognize the deity of Caeser.

(3) The liberation of Korea initiated an era of intense political rivalry, economic opportunism, and valuable material benefits for favoured sons and daughters, which placed a great strain on the Christian conscience of a young and ethically-immature church.

(4) After the liberation came war of a most terrible kind—civil war—with its lust, hatred, cruelty, and denial of all moral values—the evil spirits which accompany all wars. Then came the tragic life of the thousands of refugees. There are the calamities which make many doubt the love of God, and even the existence of God.

(5) A dictatorial president was elected who confessed the Christian faith. The effect on the multitudes of men and women, both within the Church and without, was similar to that which followed the proclamation of the Christian faith in the Roman Empire following the conversion of the Emperor Constantine. The worldly wise were quick to accept the religion of their master and hope that benefits would follow.

(6) The final and fatal testing came with the arrival from America of millions of dollars, and unlimited supplies of food

and clothing from the generous people of the churches, clubs, and families in the U.S.A. Jesus knows better than we of the great danger to the soul of man of changing stones into bread. In spite of that fact that Jesus said again and again, that the possession of wealth was a disaster to the soul of man, most who could get their hands on the wealth did so, forgetting the disaster of the soul thinking only of security for the body.

Under such terrible and trying circumstances we must be very cautious in passing judgment that life in Korea had become corrupt from the top to the bottom. Those at the top had become corrupt by the possession of wealth, power or ambition, and the men at the bottom, by the bitterness of poverty and petty theft. The church could not remain uncontaminated surrounded by a sea of corruption. With this background it is not necessary to enumerate in detail the different forms of corruption which afflicted the church. In a word the church was being used by a man ambitious for power, or seeking positions where wealth could be acquired in a corrupt government. The infiltration of the church by such worldliness is disastrous to its spiritual mission.

This is the disaster which has for the time being destroyed the power of the church, and alienated the sympathy and respect for the church among many honest people. The salt has lost its purifying virtue. Some of the evil commercial methods of the American church have been introduced, such as paying cash for solos directed to the congregation instead of God. The semi-blackmail of publicizing the names of the rich men and their contributions for the purpose of sharing others to increase their giving–not to God but to a divine institution which has lost its way in the deceptive path of a cunning enemy—the world. The virtue of the widow's mite has been forgotten.

In spite of all these errors, the faithful must not renounce the church, but with courage and humility, pray and work for its redemption.

*University Press* (January 4, 1965)

# Why Did I Come Back?(K)

> The following piece is a contribution Dr. Schofield, a professor equivalent in the College of Agriculture, sent to our headquarters when he came back to his second homeland, Korea, before returning home to Canada last April after six months travelling round the world.

Many people asked me why I came back to Korea. In particular, newspaper reporters are difficult people per se and have a tendency to pursue weird things, distorting what is normal. Although for people to come back to their homes is extremely natural, I thought a word was necessary, since some of you students also wonder about this and many are randomly interpreting the matter. I will briefly explain with a few points.

First, I'm a Christian. Those who intend to live by faith can't regard comfort more important than their duty for their friends, and they can't enjoy a luxurious life. Moreover, when their friends can't escape difficulties, they will think about this more deeply.

Second, I received many letters from your Korean students while I was staying in Europe. They appealed to me about the embarrassment and despair presently controlling Korean youths. I understand this. I think faith has the power to give hope to those in the pit of despair. Humanism and idealism are mere alternatives to the gospel of Christianity. Human beings can feel joy and overcome difficult barriers only when they find God, and understand they are tapping into the utmost truth.

Third, even though I can't help you completely in every way, I'd like to tell you I came back to assist you in areas I can help in with all my strength. I am always waiting for you in my house in the Medical School, so please visit me anytime. If I pass by you without recognizing you on campus, please take my poor eyesight into consideration and don't feel bad about it. Happy New Year!

*University Press* (January 4, 1965)

# Thoughts of the Time (I) – Good and Evil[E]

In the January 13 "Thoughts of the Times" column, Mrs. Davis Kim includes in her article dealing with temptation an opinion or theory about evil which has become quite popular. Evil is no longer regarded as being related to a malignant power to be resisted at any cost, but is essentially something negative, the absence of something rather than the presence of something. Quote: "Evil has no power of its own. Science points out that there is no such reality as cold; there is only the absence of heat. Also there is no such reality as darkness; there is only the absence of light. Likewise there is no such power as evil in the sense of its being a power in itself, there is merely the absence of the goodness of God."

We are on dangerous ground when we begin to make comparisons between the purely physical phenomena of matter devoid of life, and the living, whether of man or beast. Three observations of a comet and its course can be predicted. Three observations of a cat and we know nothing about its next move.

There is no relationship between a "dark room" and a "dark heart." The dark room is due to the absence of light, but the dark heart is due to the presence of a rebellious will, loving darkness and determining to keep out the moral and spiritual light. The great Light of the World never even suggested that evil was the absence of something, but declared, "Light has come into the world, but men preferred darkness to light because their deeds were evil."

Socrates said, "There is a lie in the soul of every man." This lie caused man to pursue the wrong values of pleasure, instead of beauty, goodness, and truth. Plato is more pessimistic, believing that evil has caused such extensive deterioration, that a completely fresh start must be made, and so introduces his Utopia.

Jesus, I think, would agree with Plato, but offers something better than Utopia. He offered a new quality of life, the abundant life or eternal life, which he possessed and was willing to share with all who had enough faith in him to exchange their old shoddy life for the new one.

I know of no ancient teacher of the "good life" who taught that evil was simply the absence of good. I have often heard from moderns that there is no such thing as sickness or disease; it is just the absence of health! Quite true, but that does not give me any information about the nature of the disease so necessary for recovery.

During the war a sweet old lady corrected me rather sharply because I said, "Mr. X-is a bad man."

"You must never say that anyone is bad; evil is not a reality, it is the absence of good."

I replied, "Adolf Hitler had an unusual amount of this absence!"

Man possesses that dreadful gift of choice. We can choose to obey the moral law and become the servants of God and good, or we can reject and become the slaves of Satan and sin.

If anyone wishes to see at first hand a demonstration of the mighty power of evil, providing a mirror has not sufficed, visit a tough spiritualist séance, where the mediums are getting messages from both hell and heaven. Watch carefully to discover the tricks which they are using, then denounce them openly as tricksters and charlatans. Satan appears in every face and you will be lucky to escape alive.

The modern tendency to modify the dynamic concept of evil, which is portrayed in the New Testament as well as in other sacred literature, is a mistake, and would indicate a failure to grasp the innermost meaning of the Calvary the cross.

Possibly due to the use the King James Version the Bible, Mrs. Kim has taken the meaning of words of Jesus when she quotes– "You have been taught, you may only demand an eye for an eye, and a tooth for a tooth, but I say you, 'Do not resist evil; anyone shall hit you on the right cheek, turn the other cheek to him also. And if anyone shall go to court with you and sue for your coat let him have your cloak also.'"

Any modern translation of the New Testament makes plain the meaning of these unusual and highly figurative words. "I tell you that you should not offer resistance to injury." (Translation by Ronald Knox from the Latin Vulgate, Jan. 1945.) "Do not set yourself against the man who wrongs you." (New English Bible, Oxford University Press, 1961.)

The teaching is obvious. Christians should not resist personal injuries or attempt to retaliate. Taking vengeance is forbidden. This attitude of the injured person must not be interpreted as indifference to either injury or justice. Such acts of non-resistance are an appeal to a higher quality of life and virtue which are potential in man and may be activated by the very unusual response of the injured person.

At the time of his trial, Jesus, obedient to his own teaching, suffered without showing resentment. The early Christian church was faithful to this teaching, and even today some religious sects, notably the Mennonite, refuse to take action against personal injury. Resistance to evil or the Evil One is without exception the teaching of the New Testament and the church.

*The Korea Times* (January 24, 1967)

# Thoughts of the Time (II) – Resurrection[E]

"But we cannot help but speak of the things which we have experienced" (St. Peter).

In the church there are two great celebrations: Christmas when we celebrate the birth of Jesus and Easter when his resurrection is commemorated.

The joy of Christmas is slowly being replaced by an ugly commercialism, which has found a profitable market to be exploited in this sublime event. A far more serious disaster awaits the church as doubt in the Easter story continues to dispel "belief in the empty tomb and risen Lord."

"You killed the Prince of Life, whom God hath raised up from the dead: of whom we are witnesses" (Peter preaching in the temple).

"Who died for our sins, and was raised again for our justification" (St. Paul).

The early church was founded on the fact of the death and resurrection of Jesus Christ.

Now, the serious thing is that disbelief in the resurrection, which has become so prevalent, has come from within the church, and very little from without. Why is this? Has a more profound and critical scholarship discovered serious mistakes in the Gospel stories? No, there is absolutely no reason why they should not be believed today with the same joy as when related.

If the story ended at the tomb it would be too sad to repeat, and the glorious word "gospel" would be replaced by the dismal word "fiction."

There is one thing which many popular preachers and pseudo-scholars seem to have overlooked: that it was Jesus himself who first told about his resurrection. So often Jesus told his disciples not to be over-optimistic, because he would be arrested, tried, and killed but on the third day would rise again.

The poor disciples thought about the glory, but Jesus knew of the terrible conflict with Satan and his hordes of evil spirits; the agony in the garden; the kiss of Judas; the mob shouting, "Crucify him, crucify him"; his brutal death; the darkness, which seemed to separate him from his loving father.

In spite of all he believed that God would raise him from the dead, therefore, he said, "I will rise again on the third day." His faith was justified, and we, instead of hunting for flaws in the story of our salvation, should be speechless with the same attitude as the dying Anglo Saxon lad who when he heard the story, said to the monk, "Please thank Him for me."

My anger was kindled some months ago when the farmer with whom I lived handed the newspaper containing part of an address given to a livestock association, in which Rev. G., a popular preacher stated, "Do not give my people those bromides of the virgin birth and the resurrection." The farmer, a very intelligent man, regretted the time wasted on such nonsense.

I wrote asking the minister to inform me as to the criteria used in distinguishing "old bromides" from the truth. I received no reply. (When I was a student, we would apply the designation "old bromide" to one incapable of arousing our interest, a dull person.)

Fortunately most of these rationalistic clergy are usually men devoid of logic, so that when the great story of the empty tomb and risen Lord has been well seasoned with doubts, the choir partly saves the sad situation, by singing with all stops pulled out on the organ that great hymn–"Low in the grave He lay; Jesus my savior; up from the grave he arose with a mighty triumph o'er his foes."

Only once do I remember seeing the disgust and thundercloud appearance which disfigured the face of a professor who had demolished faith in the resurrection, when the choir sang joyfully of the resurrection story.

In closing, a few reasons must be given to account for this spiritual catastrophe.

(1) Cowardice in the presence of a science-dominated culture. The true scientist recognizes the limitations which make it impossible for him to either deny or affirm the miraculous acts of God;

(2) Spiritual truth is spiritually discerned, even as scientific truth is scientifically discerned. All truth is of God, whether spiritual or scientific; and

(3) A knowledge of philosophy, science, and religion may offer us no help in a saving knowledge of God. The fathers of the church were correct in declaring, "Jesus is best (only) known by the benefits which he has bestowed upon us."

"Christ the Lord is risen today. Alleluia!"

*The Korea Times* (April 6, 1969)

# Thoughts of the Time (III) – Christian Thoughts Beyond Science[E]

The successful flight of Apollo 11 demonstrates in a vivid and unique way the fact that the universe is governed by law and that he alone who knows her laws in greatest detail can hope to discover her workings.

I do not like the constant use of the words "conquer nature." It gives the erroneous impression that nature is basically hostile to man. The God of nature is also the God of grace in spite of certain seeming contradictions.

The recent brilliant scientific achievement was only made possible because man with his limited intellect was able to discover the workings of the master mind, and obeyed in every detail.

Is it not a reasonable deduction to believe that there is a genuine kinship between the master mind and that of the pupil? This is undoubtedly the truth the author of the Genesis story was trying to express when he wrote,"... and God made man in His own image" (moral, rational, emotional, and possessed of personality).

As almost daily scientists continue to draw aside the veil and reveal new facts, it should not only excite to wonder, and gratitude, but also make doubt in a Supreme Intelligence impossible. But man, like God, possesses freedom–freedom to believe or disbelieve.

Professor Romaines, who followed Darwin at Oxford University, in his book, *Thoughts on Religion*, reports an interesting experiment. As a young man he had believed in the Christian faith. Due to many years of intensive scientific study, and neglect of spiritual things, he had become a skeptic. The presence in his laboratory of a technician whose life was unusually attractive and gracious caused Romaines to reflect upon the problems of religion.

He would argue thus with himself: "How can an intelligent man kneel down and pray before he is certain that there is someone to listen?"

One day he saw the unreasonableness of his position in the following logic: "If I demand of my students implicit observance of the rules which decide the success of the experiment, surely if there be a God, he will demand the same obedience to His spiritual conditions."

He tells how one day in humility and sincerity he knelt down and prayed, and that before he got up, he knew that there was a God, and that he had spoken with Him.

Our major problems are moral not scientific. It is difficult to see how the most successful and ingenious scientific achievement can help in our moral crisis. There is a universal deficiency in charity or love, this increases our fear, and fear turns to more effective armaments in a vain hope to find security.

Nearly nineteen-hundred years ago now, our planet was visited by a stranger, possessed of a quality of love never before seen. Although intensely hated by the legal powers (ecclesiastical) and finally murdered the light of that love, the fire of that love never diminished. Our only sure hope of survival depends on the rediscovery of that love.

*The Korea Times (August 12, 1969)*

# Thoughts of the Time (IV) – Atheistic Humanism(E)

It was good to see Mr. J. B. Reynolds back in the Thoughts of the Times (Aug. 28) battling for a much more worthy cause than his pet hobby of atheistic humanism. It was indeed disgraceful that perfectly healthy children were denied education due to the commotion made by the parents who refused to allow their children to study together with children of parents who suffered from leprosy (H.D.). This is one area where our culture is very shallow.

There are at least three things which could be done, if not already in operation.

(1) Every textbook dealing with hygiene and disease control should include an interesting statement on leprosy.

(2) The superstitions which surround this disease should be exploded.

(3) Leprosy should be made one of the subjects for school essays or speaking competitions, with small prizes attached.

Now I will switch over to "atheistic humanism" and deal with two very important matters not touched on by Mr. J. B. Reynolds in his Thoughts of the Times article (May 10). I was ill at the time, and unable to reply.

In the journal *Man*, the official organ of the Canadian

humanists, their belief is stated as follows: "We believe that man of himself is able to overcome all the evil for which he is responsible and construct a good society" (quoting from memory). Humanism might be described as "belief in the all-sufficiency of man."

The first important matter I'd like to point out is that humanism unwittingly may be quite cruel.

An example—In 1919, I spent Christmas Day with Dr. Wilson at his leprosarium near Kwangju. It was an unforgettable experience. I have never seen a group of about three hundred people more genuinely happy, yet they were all afflicted with leprosy, and many showed disfiguration due to tissue destruction.

At that time there was no cure; at best the disease could be arrested. At the chapel service, I had the pleasure of talking to the inmates about Jesus Christ, and his love for lepers. But to hear them sing and see the joy in those scarred and disfigured faces as they sent their praises heavenward was an unforgettable sight.

In the afternoon they played all kinds of games. I was shown around the colony by a dear old man—Elder Kim. In answering my questions, he almost always prefaced his answer with the words "because we are living in the middle of the grace of God."

To deny these suffering people the joy which is inseparable from the discovery that God is love, and that lepers are included in that love, becomes an act of cruelty, however unintentional.

I enjoy telling this story when speaking about Korea or the

uniqueness of the power of God.

Speaking in Dalhousie University, a young professor got up at "question time" and challenged the validity of my whole position. At first his attack seemed to be rather devastating. He emphasized the points which had just been made—that lepers were social outcasts or "pariahs" living in rags and poverty, as if under a curse. The transition to a society, basically friendly, along with good food, clean clothes, and homes to live in was more than sufficient to amount for their happiness without the introduction of some dubious transcendental power.

Now came the satisfaction of telling another and rather upsetting anecdote.

Located a few miles away was a Japanese government leper colony. The patients had equally good food, medicine care, and homes to live in. In odder words, the material needs in both groups were similar and well provided for, yet strange to say the Japanese group was characterized by sadness while the Korean group was characterized by cheerfulness.

Hearing of this unfortunate situation, a small group of cheerful Christians began negotiations to be transferred to the sad Japanese colony. These men both lived the gospel story and told about the love of God. Some had the courage to believe. Before long, inmates in the Japanese colony became cheerful.

Another example—following World War I, I was visiting a large orphanage, just outside Beslieu; the management was good but few mementoes were seen in the bedrooms.

In most cases the flight must have been hurried; a crumpled

photograph, a few toys often broken, religious books, a pretty little purse etc. All seemed so sad, so I said to one of the directors, "You must get pictures for the walls. I have some large interesting and colorful ones at home."

By no means, could lepers be accepted if they depicted religious scenes? Yes, it was an inhumane action to separate Jesus from his little children.

The second important matter is that genuine humanism in denying the existence of God has made man a perfect enigma, an insoluble problem. Since the dawn of history, man has been urging by nature to seek for a better greater than himself. The world is strewn with the ruins of temples and shrines of the past, or embellished by the most sublime architectural forms of the present, the direct result of this inner urge of God-consciousness.

*The Korea Times* (September 11, 1969)

# Thoughts of the Time (V) – Chusok and a True Meaning of Thanksgiving(E)

Only a few days ago I was sure that we were in for the worst possible Chusok or Harvest Festival, when the rural community expressed their gratitude to the spirits of their ancestors and others for another harvest.

Now things look a little brighter. The rice crop even in the flooded areas is estimated as even better than last year, which was a bumper crop. Then the good news of a sweet potato crop of five hundred thousand tons, almost twice that of last year.

Best of all was the final decision of the experts to call the "mysterious disease" by its true name–cholera–and appeal to the Red Cross for vaccine. Now supplies of cholera vaccine are arriving in sufficient quantity to control further spread.

After teaching bacteriology and epidemiology all my life, I know something about the problems which may arise, not entirely due to the organism whether *Vibrio parahaemolyticus* or *the old Vibrio cholera*.

From time to time I discovered new varieties of organisms. They belonged to one main group, which I named Bacterium polyticans. *B. inteferans and B. obstructans.* These necessitated sterilization at high temperatures, usually above boiling point, when they were discovered contaminating the culture. But we must reserve our judgment until all the information is available.

One correspondent seemed angry enough to have the minister of health hung. This is unfair, and in any case should never be done just before Chusok. We should turn our hearts in gratitude to that brilliant scientist Louis Pasteur who in the face of ridicule and much opposition demonstrated without a doubt the facts of immunization.

As a child in England, I well remember what was called Harvest Home (Chusok). It was a religious festival. The church was decorated with "all the produce of the soil and fruits of the land" –luscious grapes, plums, apples, and pears. (It made it difficult for even a good little boy to worship.) There were also beautifully scrubbed potatoes, turnips, carrots and of course elegant sheaves of wheat, standing erect and proud as a soldier on guard duty at Buckingham Palace.

The minister usually said something about gratitude to God, the source of all life. The choir and congregation then sang a simple but beautiful hymn:

> We plough the fields and scatter
> The good seed on the land
> But it is fed and watered
> By God's almighty hand;
>
> All good gifts around us
> Are sent from heaven above,
> Then thank the Lord,
> O Thank the Lord,

For all his love.

With the use of suitable fertilizer, pesticides, and irrigation if necessary, man's sense of gratitude to God is shrinking fast and the tendency is to give science the glory. If we forget to be humble before the creator, our scientific achievements will bring about our complete destruction.

I nearly forgot the last and most important words. All the good things in the church were distributed to the poor of the village. If you would like to have a happy Chusok, take a box of "ttok"(rice cake) and a few eggs to needy families.

*The Korea Times* (September 26, 1969)

# Thoughts of the Times (VI) – Death of A Child and Death of Jesus[E]

I was reading about the death of Jesus Christ yesterday, and came across the brief statement there that they crucified him.

It immediately brought to my mind the shocking tragedy of last week–the death out of despair of the little, thirteen year-old school boy because, due to poverty, he was unable to pay the little money which he owed the school for cost of exam paper, usually five hundred won or less than two dollars a month. Unable to get any money from his father, he could bear no more scolding or harassment at school, so he drank car-botis acid and died.

I am not trying to compare the "death of the Son of God, which taketh away the sins of the world," with the suffering and death of this little boy.

The death of Jesus was a deliberate act of love, the only way possible for man to catch a glimpse of the magnitude of the divine love. The death of the little boy was as far as we know an act of pure escapism. But I believe that there are some very important resemblances.

"They." Who are represented by the "they" in the death of Jesus? The usual answer is Caiaphas and his friends jealous among the high priests. So jealousy just like we experience was there. The mob which shouted "hosanna" one day, and crucified him on the following day, represent our fickleness and cowardice. Pilate did not know what to do to please everybody, so he evaded his responsibility by pretense.

The more thoroughly we examine the scene we see how complex it was, and in justice have to refrain from pinning the guilt on a few of the more better-known accomplices.

Who are represented by the "they" who are related to the death of the little boy?

I hear that the headmaster has already been dismissed. He may have deserved it. But it is quite possible that underpaid teachers behind him were constantly asking permission to "pick up a little money here or there."

There may have been greedy investors beyond the principal. In fact we were all in the picture, unless we have been working to get better pay for the teachers, and primary education free. Before we talk any more about our culture we should at least see that primary education is free. I would predict that within five years the death of this little boy from drinking poison will have brought salvation from fear to thousands of primary school children.

The raising of the necessary budget is not an insoluble problem. There are several luxuries waiting to be taxed. One of them is the school album (a group picture is quite sufficient), soft drinks, sweets, and autos.

*The Korea Times* (November 28, 1969)

# The Last Moments of Dr. Schofield with Baek Nan-yeong and Chun Taek-bu[K]

Dr. Schofield, who always called himself "Tiger Grandpa," left us forever at the age of eighty-one at the National Medical Center at 3:15 p.m. on April 12th.

Up until two or three years ago, he used to answer gladly whenever we called him "Tiger Grandpa," but as his health worsened, he made us laugh by saying, "I'm not a tiger. I am just a cat." Then, a few months before he passed away, his illness worsened further and he said, "I'm not a tiger. I'm just a sparrow. Very weak."

Indeed, Dr. Schofield's health had deteriorated gradually since several years ago, and for several months he could only barely speak as he was confined to bed. Even his voice was weak and his heart felt miserable. Thus, this Tiger Grandpa sometimes shed tears and spoke as if he were begging, "God does not abandon even a sparrow sold for two cents. He will have at least that much mercy on me."

He once called me to come and asked me to write a letter on his behalf. For example, "My dear, Bob, I am too weak to write, I am unable to write, please understand my silence, … thank you very much for your prayers, money, and medicine, … My work is being carried out by the special Committee of YMCA. The money is stocked, … Uncle Frank."

After he told me a certain name, he said, "He is a saint, but I am a sinner" with a look pleading God's love and mercy. Dr. Schofield often made jokes. However, there was always a deep meaning behind the joke. One time, when his Bible class students visited him, he had a gloomy look and did not greet them well. When they asked why, he answered, "My brother died today!" Surprised at this news, the students kept asking questions wondering whether he received a letter from Canada or received sad news from London, etc. However, he unexpectedly said, "My brother is in Korea! Don't you know that?" Confused, they asked where in Korea and he teasingly answered, "Of course, he is in Changgyeong Zoo! You don't know it?" That brother he was referring to was a tiger who died in Changgyeong Zoo. This Tiger Grandpa was sad to see in a newspaper that the tiger in Changgyeong Zoo had died. He must have thought to himself, "What a pity! The zookeeper must have not fed him well. There must be some kind of corruption and injustice!" Nevertheless, the thoughtless students just laughed away assuming that he was joking as usual.

It was about ten days before he passed away. When I visited him that evening, he asked me to pick up a pen so he could sign a check. I couldn't find it on the desk or inside the drawer. He asked me whether there were a leather bag in the drawer and when I said yes, he wanted me to give it to him. Though it was hand-stained, it felt soft to the touch and there were pencils and ballpoint pens in it. With a smile he said, "Do you know what kind of a leather bag it is? This is a skin of an animal wealthy women riding on horseback in Alaska hunted and shot to kill. I feel so sorry about the animal that I cherish this leather bag forever." This veterinary doctor Tiger Grandpa loved animals just as he loved people. His love was not just for Koreans or black people, but he had a profound love that reached even tigers, deer, sheep, cats, dogs, and sparrows.

Since he was such a man of love, Dr. Schofield had a romance hidden deeply in his heart for his whole life. He was holding a secret love, an eternal love not known to others but kept to himself without any confession. When he showed a bit of this precious love to his close friends on his death bed, he was shedding hot tears.

Anyway, there is no room in this paper to unfold this story of love. Rather, I want to tell an amazing story of another criticism, another warning, of how this "Grandpa Tiger" took deliberate jabs at the church and society at once.

It was last March 8th. On my way back from the groundbreaking ceremony of the Christian Academy Training Center, Pastor Chang Seung-hwan happened to ride together with me. In the car, Pastor Chang and I had a wonderful time talking about Dr. Schofield. Overwhelmed, both of us visited his hospital room. When I introduced Pastor Chang as my close friend and pastor of a church, he asked which church, and I answered that he was the pastor of an evangelical church. He immediately lampooned Christian pastors, saying, "Oh, it is not easy to become evangelical!" When I recommended this evangelical pastor to pray for the grandpa, he thanked us with a smile but added, "You will say a great prayer. However, after you finish your prayer, I'll talk about a bad prayer."

Pastor Chang's earnest prayer ended. Grandpa continued to

talk. With a low but strong voice he said, "During the Second World War, after the British Prime Minister Chamberlain came back like a triumphant general from a visit to Stalin in Soviet Union and Hitler in Germany, he announced to the British people that there would be no war in Britain and they would be all safe. Then he ordered the archbishop at Edinburgh to ring a bell in every church in Britain and Canada and give thanks to God and pray for not having a war. However, what were the consequences? Afterwards a war broke out and they got bombarded by German air forces for a year. Do you know why? It's because their prayers were not received by God! When Chamberlain made a secret agreement with Hitler, he committed an injustice by acquiescing to the German invasion of Czechoslovakia and only looking out for the safety of Britain. British churches joined in this. Thus, I turned on and fought against him, and I call this kind of prayer 'a bad prayer!'" Needless to say, this Tiger Grandpa wanted to warn the church of today, which is filled with formality and lies, and also criticize the general society filled with injustice and corruption.

Tiger Grandpa rebuked injustice and corruption until he breathed his last. Furthermore, Dr. Schofield preached while thinking of death and resurrection. His last will to me was entitled "Easter Sunday" and the day he gave me the will was March 28, namely, the day before Easter Sunday. Particularly, around this Easter Sunday, he preached for a month about resurrection to every visitor while preparing intently for death and thinking about resurrection.

Fortunately, there is one person who wrote down the last

sermon of the Tiger Grandpa. It is Baek Nan-yeong. She was a woman who closely waited on him for a long time and was loved by him as a daughter. From the time she began to teach at Sookmyung Women's University, she helped his Bible study class with students. Because she majored in English Literature, she could understand English more accurately than anyone else. I think it was the first day of April. When Baek visited the hospital room, Grandpa warmly welcomed her. Pouring out his last energy, he said, "Write down my words. I want to leave this one word."

"Jesus Christ beside us in the world. And all sufficient protection from the evil in the world. Jesus Christ before us in the world, And all sufficient advocate In the presence of Holy God."

On April 7, when Baek visited him again, he was weaker but his mind was frighteningly sharp. He said, "Write down what I say." Because Dr. Schofield used more difficult English words than normal people and his pronunciation was unclear from weakness, it was hard to take dictations. Nevertheless, Baek began to write desperately while sitting on his bed. It was a sermon about resurrection.

"He is risen!" with these words on their lips, tens of thousands of Russian soldiers leaped out of the trenches on the first Easter of the I World War. Today, there is no army in the world whose soldiers would call out such religious words to his appointment, but Russian Churches consider the Easter most important event of the church. A great surprise indeed for the enemy troops (chiefly German soldiers) to see this sight!

The Russian church, by patriarch Constantinople, separated from the Roman church, but they retained their great reverence for the resurrection of Jesus Christ. Today, in any modern city in Europe or America, Easter Sunday has become more of a commercial fashion show than a Holy Day. Some years ago, I attended a British church in Toronto where most of the ladies clad in beautiful clothes. I found my way back to the office of the minister and asked him, "How is it possible for you to preach to such wealthy and beautifully clad people who put their attention to hats and clothes more than to the sermon?" He was an honest man. He said, "I don't know whether my preaching did very much good."

Some fifty years ago, spending Easter in Yogoslavia, I found that the British church was full of people whose clothes were remarkable in that the women clothed themselves with simple clothes ... three of four with long black dresses but nearly all in plain clothes, several carrying a great family Bible to church. This was a unique area which had been supported by the Empress Maria Teresa, a hundred years ago.

Science with its oppositions to the miraculous has found the resurrection the most difficult of all miracles. The result is that in many churches the minister is very doubtable in what he says about the resurrection and would be happy indeed to find that it is a stupendous historical fact which could be eliminated from the belief of the Christian church. However, if the tomb was not empty or the transformed body of Jesus had not been seen, questioned, and finally believed, there would be absolutely no Christian church in the world today. This great act of God in raising Jesus from death is to so guarantee of forgiveness of sin and life everlasting."

After dictating up to that point, he told her to finish for the day and come back and rewrite it since she had to change some words to "stronger words." However, Baek couldn't go back and visit him again. She regretted, "As an orphan of the poor Grandpa, I was stricken by life, I didn't go back and visit him again. I only ran to him during the last moments of his life." Even if she had gone back, Dr. Schofield had already lost consciousness and couldn't continue his words.

"Nan-young! How come you don't know how to think deeply? Why are you so superficial?" Grandpa's sad words were meant not just for Baek but for me, his friends, and the students who followed him. He tried to work so painstakingly for Koreans, but Koreans didn't know why he was doing that.

Grandpa would always ask students why Jesus prayed in such pain and suffering before he was crucified. "Those who don't know how terrifying sin is can't understand the suffering of Jesus... He assumed the sin of the Jews who arrested and crucified him, and he also assumed the sin of all human beings. Thus, the suffering of Jesus must have been several hundred million times more unbearable! That's why he pleaded that the cup would be removed from him! I worked for Koreans my whole life... I worked hard to correct corruption... But I am a sinner! I have so many sins I have committed during my lifetime! I can't avoid the ways of my sin! I have to bear the wages of Koreans' sin!" This Tiger Grandpa was suffering for the last time as he said all these words.

However, he didn't fear death at all. On the contrary, he yearned for heaven and rejoiced. That's why we were able to freely talk about death before him. Even when we said, "When Grandpa goes to heaven, you will take several days to meet friends, and on the last day you will drop by Namdaemoon Church and meet many people," there was no hesitation.

Several days before he breathed his last, a man came to visit him at the hospital and told him to take eternal rest in heaven. As he said, "Why rest! I will work for Koreans even when I go to heaven! I will witness!"

I asked him, "Do you have people to witness to in heaven?"

He laughed, saying, "There is corruption where there are Koreans."

When he was breathing his last, he looked so miserable. Even though I knew there is none but God who can comfort him, we sang to him the song "The Bright, Heavenly Way." The reason was that the tune rather than the lyrics was that of a Scottish folk song which would help him feel nostalgic about his childhood. We shrouded him a traditional Korean costume which we had already prepared, and had a Canadian missionary, Irwin, officiate the service for the placement of the body into the casket. I made arrangements for the funeral in such a way so that the passage about the new heaven and new earth in Revelation and 1 Peter 1:1-12 about resurrection would be read. No matter what people said, I watched the whole funeral so that everything would be conducted in accordance with the will of Grandpa, even though a public funeral is impossible. I can put up with the dirt in people's hands coming onto Grandpa's clothes and body, but I can't stand people abusing him by carrying his body around, reeking in his heart and in his chest. Pushing my way among the waves of people to the funeral, I sincerely observed the public funeral of Tiger Grandpa.

*Christian Thoughts* (May 1970)

# A Long and Difficult Race(E)

A few weeks ago when visiting a well-known school in Seoul, I watched with interest the pupils practicing for Sports Day. It is always exciting to watch a race, because it is often impossible to know, until the last moment, who will be the winner and obtain the prize.

At the Olympic Games in Germany, 1938, a friend of mine surprised the thousand onlookers, as in the last few minutes, he rapidly paddled his canoe past the two leaders, and came in first to win the race for Canada.

Watching the students at Boseong Girls' School, all dressed in their neat white sports clothes, running with energy and determination the many different races with either success or failure, I was vividly reminded of the fact that there is a very important race which everyone must enter and run–the "race of life." For most of us it will be a long and difficult race.

Some will finish with victory and honor, some with defeat and dishonor, while others, for various reasons, will fall out before the race is over.

But we must never forget that "whether we stumble or fall, we must think only of rising again and going on our course." Of course there are many differences between the short quick race run in the school yard, and the long hazardous "race of life," yet there are at least three important things which are necessary for both of those races. In both, to be successful, the contestants must possess determination and endurance, as well as thorough preparation for the race.

On any Sports Day you must have seen students "falling out" along the track because they were lacking in these three essential qualities. So in the "Race of Life," the hospitals, the prisons, and the "grace-yards" contain many people who failed to finish because they were not properly equipped for the struggle.

Now what shall we say is the prize or reward? Here there is a great difference between the two races, because one is physical and the other spiritual. In the schoolyard races, the prizes are many, and the values differ, but in the "race of life," there is only one reward, a prize hidden in the hearts of all who are victorious, and the name of this prize is "noble character." Many people believe that Jesus Christ had the most beautiful character ever possessed by man.

I believe that is true. But even more wonderful is the fact that he will give this prize to all who run with faithfulness this long hard "race of life." I suppose that is the best news which man has ever heard.

Now let us take a look at three of the races which were listed in the sports program, for they suggest different aspects of the race of life.

The Independence Hall of Korea (No. 1-00844-00) (May 1970)